普通高等教育“九五”国家教育部重点教材

新闻采访学新论

第二版

罗以澄/著

WUHAN UNIVERSITY PRESS
武汉大学出版社

图书在版编目(CIP)数据

新闻采访学新论/罗以澄著．—2版．—武汉：武汉大学出版社，2000.3(2019.12重印)
普通高等教育“九五”国家教育部重点教材
ISBN 978-7-307-03664-2

Ⅰ.新…　Ⅱ.罗…　Ⅲ.新闻采访—研究　Ⅳ.G212.2

中国版本图书馆CIP数据核字(2000)第15912号

责任编辑：高　璐　　责任校对：黄添生　　版式设计：支　笛

出版发行：武汉大学出版社　(430072　武昌　珞珈山)
(电子邮箱：cbs22@whu.edu.cn　网址：www.wdp.com.cn)
印刷：武汉图物印刷有限公司
开本：850×1168　1/32　印张：13　字数：332千字
版次：2000年3月第1版　　2002年7月第1次修订
2019年12月第2版第16次印刷
ISBN 978-7-307-03664-2/G·582　　定价：32.00元

内 容 提 要

本书是武汉大学博士生导师、新闻学教授罗以澄在对原著《新闻采访学教程》（该书曾获国家教委第三届全国高校优秀教材二等奖）作全面修改的基础上推出的又一部有关新闻采访学的力作。

本书紧密结合社会主义市场经济体制下我国新闻实践面临并提出的一系列新情况、新问题，运用历史与逻辑相统一、具体与抽象相统一、事实与价值相统一、批判与建设相统一的方法，系统地、周全地阐释了当代新闻采访学的基本原理和基本知识，尤其是对当代新闻采访的一般方法论和各种不同类型新闻采访的特殊方法作了具体、详尽的论述，从而显现了本书的理论性、实用性和前瞻性特色。

目　　录

第二编　采访方法论

第三编　采访分类论

前　　言

本书脱胎于1984年笔者为教学需要而编写的《新闻采访学讲义》。该讲义经校内外多次讲授使用，反映尚好，便于1990年交由武汉大学出版社出版，取书名为《新闻采访学教程》。因此，本书原型的构思写作距今已有十余年的历史了。其间，笔者曾对《新闻采访学教程》作过一番修改，并于1995年再版，但其理论的框架与内涵基本上还是十余年前的东西。

《新闻采访学教程》再版至今又过去了六年。这六年是我国改革开放经历新一轮的历史性的剧变和腾飞的六年。在这六年里，不仅社会主义市场经济体制在我国正式确立并不断走向完善，而且我国还正式加入WTO（世界贸易组织）。由此，我国社会的变革和发展更显得风云激荡、波澜壮阔。在社会大变革的“熏陶”和“冲击”下，我国的新闻传播事业也随之出现了前所未有的蓬勃发展的喜人景象；与此同时，新闻传播活动中，新情况、新问题、新思路、新策略、新经验也层出不穷地涌现到新闻实务工作者和新闻理论工作者的面前。实践需要理论对此作出科学的回答，以更好地规范实践的行为，为实践指明一个正确的方向。显然，《新闻采访学教程》已无法承担此重任。这就是笔者重新撰写这本《新闻采访学新论》的社会动因。

与《新闻采访学教程》相对照，本书主要在以下三个方面有了较大的修正与变动，以突出“新论”之新：

（一）重新建构了一个新的知识体系。对科学而言，认识的发展是范畴的内容及其知识体系的完备，一门学科的成熟，往往是以建立合乎科学的基本概念以及这些概念的演绎系统为标志的。正是关注到这一点，所以本书的撰写注意以建构具有中国特色的当代新闻采访学为立论的宗旨，力图把马克思主义新闻学的一般原理和现实的新闻采访活动的具体实践结合起来，寻找一种科学的理论规范，即以“认识”为基点，“方法”为重点，从“认识”和操作相统一的角度，着力探求当代新闻采访学的基本内容和体系结构。本书分为三编，前后十七章。第一编“采访原理论”，从辩证唯物主义的能动反映论和系统整体观入手，阐述新闻采访活动的历史演变、性质、特征，以及记者的工作任务及其素质修养等；第二编“采访方法论”，主要是从新闻采访活动的过程——结构这一层面，阐述其一般的、普遍的方法论的原则规定；第三编“采访类型论”，分别阐述各种不同样式的新闻采访活动应遵循的特殊方法与规则。

（二）重新确定了一个新的理论关照视野。针对当前市场经济体制下，我国新闻传播活动所出现的新的变化，尤其是新闻采访实践中提出的、在新闻理论界又引起广泛注意和兴趣的新“话题”，诸如“新闻策划的合理性”、“体验式采访的规范化”、“互联网上采访的运作规则”以及“暗访与新闻侵权”、“新闻竞争与炒作现象”等等，本书都从理论视野上予以关照，并力求运用历史与逻辑的统一、具体与抽象的统一、批判与建设的统一、事实与价值的统一的研究方法，对这些新“话题”作出尽量合乎科学要求的解释与评估。

（三）重新选择了新的论述依据。本书先后采用了一百多个新闻采访实践中具有典型意义的个案资料，来作为立论的佐证，以增强论述的说服力。这些个案资料，绝大多数是20世纪80年代以来我国改革开放20年中出现的，其中尤以90年代以后出现的为“重头”，其用意无非是希图提升本书的新鲜感和时代感。

在本书的写作过程中，得到了国内新闻界和新闻教育界许多前辈和朋友的热心指点，也得到了笔者所在单位——武汉大学新闻与传播学院领导和同仁的热忱帮助。笔者的教学“搭档”和助手夏琼、强月新、夏倩芳同志为本书的编写出了不少好“点子”，并提供了不少材料。笔者的硕士研究生谢述群同志，参加了本书部分章节初稿的编写。笔者的另一位硕士研究生肖意同志，则参加了全书的校正工作。在此，谨向他们表示诚挚的谢意和深切的怀念。笔者还要衷心感谢本校教务处及出版社的领导对本书出版的关心和支持，衷心感谢责任编辑高璐同志在编审此书稿过程中所付出的艰辛劳动。

本书引用的一些观点和资料，大都注明了出处，但有的资料因转摘于内部刊物或讲话稿，一时无法查明。编写时，还参考了一些兄弟院校采访课程的教材或讲义。尤其是本书有关“专业类新闻采访”的阐述中，借鉴了蓝鸿文老师主编的《专业采访报道学》中的一些观点和材料；还有本书第十一章第四节论述“心理控制手段”时，也借鉴了朱家麟先生的《采访访问：一种特定的人际传播》和李茂政先生的《传播学》中的一些观点和材料。在此说明，以示不敢掠美。谨此对原作者和译者致以谢忱和歉意。

现在，本书将同读者见面了。尽管笔者力求在学科理论体系上作些新的探索，在内容的安排上尽量系统、全面，在语言的表述上注意深入浅出，以体现高校文科教材的特点，但由于当代新闻采访学还处于创建与完善时期，加之笔者自身水平的限制，在写作中不免存在着这样或那样的缺陷和问题，恳请阅读本书的专家、同行及读者诸君批评、指正，以便进一步修订，使之日臻完善。

罗以澄

2002年3月6日修改

第一编

采访原理论

第一章　导　　论

所谓“新闻采访学”，就是专门研究新闻采访活动的现象与规律的科学。新闻采访学是新闻学的一个重要分支，同时又是一门相对独立的学科。这是因为它有着自己的特定的研究任务和特殊的研究对象（当然，这一对象有着自身的、不以人的意志为转移的客观规律性），有着自己的合乎科学规范的研究方法，有着自己的一套相对完整的学科理论体系。

第一节　新闻采访学的任务与对象

新闻采访学的任务，就是研究新闻采访活动的现象，揭示新闻采访活动的内在规律，从而科学地概括出反映这一活动规律的知识体系，并确立实施这一活动应有的行为规范，更好地指导新闻采访实践。

现象，是指客观事物的各个方面的外表形态和发展变化过程中的外部联系。而规律，则是事物在一定条件下的本质的联系和发展的必然趋势。研究客观事物，一般都是从现象入手，进而揭示其内在规律，以正确把握整个事物。新闻采访活动的现象，就是新闻采访学研究的依据和“入口处”。

“采访”一词源于何处，目前尚无确凿的考证。但采访作为人类传播活动的中介，则早已有之。《申报》早期主编秦理斋，在他1922年写的《中国报纸进化小史》中说：商周之际，“政府已设置专官，春秋二季，出巡列邦，采风问俗，归而上诸太史”①。大体上今天流传下来的上古诗歌、国语、国策等，都是当时采访活动的结果。我国其他不少研究新闻史的学者也同意这一看法，认为“采诗”、“采风”就是古代的采访活动。今人所谓的新闻采访，是伴随着近代新闻事业的诞生而出现的，迄今已有400多年的历史了。社会的日益发展，人类生活愈丰富，科学技术愈进步，新闻采访活动也日趋繁荣、发达。现代新闻采访不论是在内容上，还是在方法、技术上，已决非往时的采访所能同日而语的。现今的人们已愈来愈离不开新闻传播，自然也离不开新闻采访了。研究新闻采访活动的现象，势必要了解这一活动的发展变化的全过程。

毛泽东在《矛盾论》中有一段很精辟的论述：“科学研究的区分，就是根据科学对象所具有的特殊的矛盾性。因此，对于某一现象的领域所特有的某一种矛盾的研究，就构成某一门科学的对象。例如，数学中的正数和负数，机械学中的作用和反作用……哲学中的唯心论和唯物论、形而上学观和辩证法观等等，都是因为具有特殊的矛盾和特殊的本质，才构成了不同的科学研究的对象。”② 新闻采访学也不例外。研究新闻采访活动现象的关键，就在于正确确定这一现象的特殊的矛盾性。

新闻采访活动，从本质上说，就是采访者围绕着特定的采访目标，对现实的社会生活所进行的一系列认识和把握的活动。这一活动的社会作用，主要体现在它沟通了属于社会意识的新闻报道同属于社会存在的客观事实之间的联系，沟通了社会信息同信息需求者之间的联系。其间，不同的采访目标，不同的现实生

---

① 引自梁家禄等：《中国新闻业史》，第2~3页，广西人民出版社1984年版。

② 毛泽东：《矛盾论》，见《毛泽东选集》第1卷，第309页，人民出版社1991年版。

活，不同的采访者，乃至不同的新闻接受者，都会使新闻采访活动呈现出各种纷繁复杂的姿态。这就是新闻采访活动现象的特殊矛盾所在，即精神领域对客观世界的认识和把握的矛盾（存在与意识，把握与被把握的矛盾）。这一矛盾构成了采访者与客观现实之间的特殊关系——采访关系。对这种特殊矛盾和特殊关系的研究和阐释，便构成了新闻采访学研究对象的三个不可缺少的基本要素：

一是作为采访活动主体存在的采访者，亦即专业的新闻记者和业余的新闻通讯员。其内容主要是采访者自身应有的采访素养、采访行为及其技能要求等内在机制。

二是作为采访活动客体存在的各种客观现象，亦即采访主体以外的社会现象、自然现象、被采访者现象，以及新闻受众（指读者、听众、观众等）现象等。其内容主要是这些现象的存在形态、主要特征及其变化规则等。

三是作为连结采访活动主体与客体的采访关系，亦即采访活动主体对客体的认识与把握的关系。其内容主要是采访活动本身的性质、特点及其具体的运作方式、方法等规定。

新闻采访学研究对象的这三个基本要素是辩证统一的。没有采访活动的主体，就无所谓采访活动的客体和采访关系的确定；没有采访活动的客体，采访活动的主体和采访关系的确定同样毫无必要；而采访活动的主体和客体，又都受制于采访关系的“认识——把握”系统，离开了采访关系，采访活动的主体和客体的存在也就失去了意义。采访关系的存在及其产生的作用，像一根纽带把采访活动的主体和客体连结在一起，形成了新闻采访学的“主体——采访关系——客体”这样“三位一体”的特殊研究对象。

第二节　新闻采访学的研究沿革

新闻采访学是新闻采访实践经验的概括和升华。随着近代新闻事业的发展，新闻采访活动日益为人们所关注，特别是由于新闻研究工作的开展和旨在培养新闻从业人员的新闻教育机构的建立，新闻采访学才开始崛起，并且逐步发展和完善。

新闻学作为一门科学，是资产阶级报人、学者首先提出的。新闻研究工作最初以报刊为对象。报刊的发展，既为新闻研究提供了基础，又促进了新闻研究工作的开展。报纸作为定期的连续出版物进入社会，是新闻事业的一个具有历史意义的发展标志。日报的出现，尤其是在资本主义兴盛时期廉价报纸的出现，使报业走向了专业化，内部正式开始了印刷、编辑、采访、发行的分工，需要大批报纸从业人员。早先那种靠师傅带徒弟的办法已远远不能适应事业发展的需要，这就要求兴办新闻教育，成批培养专门的新闻从业人员。正如马克思在《资本论》中指出的那样，要改变人的本性，使他获得一定劳动部门的技能和技巧，成为发达的和专门的劳动力，就要有一定的教育和训练。随着新闻教育的建立和发展，新闻学逐渐形成一门独立的学科。

国外的新闻教育及新闻学研究始于 19 世纪初叶。当时，近代报刊发源地之一——德国的一些大学里便有人以报业为研究对象撰写学位论文。1845 年，德国学者普尔兹率先发表了世界上第一部新闻史专著——《德国新闻事业史》。1895 年，德国的一位大学教授科赫在海德堡建立了世界上最早的新闻研究所。之后，德国不少大学也相继成立了新闻研究所。那时，德国新闻学的研究，主要侧重于报刊史的探讨以及一些新闻理念的阐释。因此，人们一般把德国视为理论新闻学研究的摇篮。19 世纪后期到 20 世纪初，美国新闻学研究开始勃起。1878 年，美国密苏里大学首开新闻学课程，讲授新闻史和新闻实务。1908 年，美国著名报人威廉在该校创办了新闻学院。这个独立的新闻教育机构的诞生，标志着新闻教育开始走向成熟。与此同时，美国新闻学研究不再停留在史学或学理的层面，而是侧重于新闻实务的探讨。因此，人们一般认为美国是应用新闻学研究的开创者。在美国的新闻学研究中，由于新闻采访是新闻工作中必不可少的、最基础的业务活动，它自然成了研究的一项重要内容。浏览一下美国部分新闻采访学论著，从20世纪初叶休曼的《实用新闻学》（介绍到中国来的第一部美国新闻采访学专著）问世，到40年代朱里安·哈里斯等人写的《全能记者》，再到60年代贺亨柏写的《新闻实务与原则》，一直到前些年我国翻译、介绍过来的《怎样当好记者》（杰克·海敦著）、《新闻采访与写作》（詹姆斯·阿伦森著）、《新闻报道与写作》（麦尔文·曼切尔著）、《采访技巧》（约翰·布雷迪著）、《新闻写作教程》（美国密苏里大学新闻学院写作组编著）等等，可以看到美国新闻采访学的研究发展十分迅猛，不仅研究的成果很多，而且研究的问题日益深刻、全面，研究的角度和方法也不断推陈出新。

我国虽然有着悠久的历史和文化传统，中国的古代报纸也最早出现于世界，并且早在2000多年以前就有了关于传播和舆论方面的学说；然而，由于长期封建制度的桎梏，新闻事业一直处于落后态势。19世纪中叶，我国才出现华文日报，比国外整整晚了3个世纪。但是，我国新闻学研究的起步时间，却与西方相差无几。早在19世纪70年代，著名报人王韬、郑观应等人便开始对报刊在社会生活中的地位与作用等问题作过初步探究。王韬在创办《循环日报》时就提出，办报的目的是为了“立言”。他认为报纸应使国家军政大事迅速地“上行而下达，朝令而夕颁”；还应使“民隐得以上达，君惠得以下逮”，“达内事于外，通外情于内”。之后，梁启超、孙逸仙等人也都曾对新闻工作的性质、任务、作用等作过多方面的阐述。应该说，我国早期的新闻学研究便孕育在这些先辈的新闻思想之中。

1918年，北京大学成立了新闻学研究会，这是我国最早的新闻学研究和新闻教育组织。此后，圣约翰大学（上海）、厦门大学、燕京大学、复旦大学等校先后办起了报学系或新闻系，并开设了《新闻采访》课程，同时还出版了一些有关新闻采访的著作。我国新闻采访学的研究自此正式兴起。从早年的任白涛的《应用新闻学》（1922年出版）、邵飘萍的《实际应用新闻学》（1923年出版）、陶良鹤的《最新应用新闻学》（1930年出版）等，到前些年香港、台湾出版的《新闻采访学》（王鸿钧著，1955年出版）、《新闻采访与编辑》（郑贞铭著，1978年出版）、《实用新闻采访学》（欧阳醇著，1982年出版）、《我是记者》（张圭阳著，1984年出版）等，无不倾注着我国新闻学者的心血。同前文所介绍的一些国外著作一样，这些著作尽管存在着阶级的、社会的局限，研究方法上也受到了实用主义、唯心主义的禁锢，但是它们总结了资产阶级记者的采访经验，提出了较为系统的采访原则和技术，并且积累了较为丰富的采访实践资料，这对我们今天研究现代新闻采访应该说不无借鉴意义。

我国无产阶级新闻教育，始于1939年延安中国女子大学创办的新闻系。接着，各个解放区都相继办起了各种类型的新闻学校（或新闻干部培训班），着手研究新闻学和训练新闻采写人员。严格地说，我国无产阶级新闻采访学的研究发端于40年代的延安整风时期。之后直至新中国成立初期，在中央领导同志的倡导下，一批富有实践经验的老新闻工作者和学术造诣很高的专家、学者热忱参与，新闻采访学的研究很是红火了一个时期。但50年代中期后，由于众所周知的人为原因，新闻无“学”的观点作怪，特别是十年“文革”期间，林彪、江青反革命集团的干扰、破坏，新闻采访学的研究被迫中断。70年代末，中国共产党的十一届三中全会召开后，随着思想解放的深入，社会改革浪潮的兴起，新闻事业蓬勃发展，新闻采访学的研究才“枯木逢春”，重新活跃起来。一批卓有成效的新闻采访学研究文章、著作不断涌现。其中较为突出的有艾丰的《新闻采访方法论》（1982年出版）、海棱的《论新闻采访与报道》（1983年出版）、穆青等人的《新闻采写经验谈》（1983年出版）、蓝鸿文的《新闻采访学》（1984年出版）、申凡的《采访心理学》（1988年出版)、邱沛篁的《新闻采访艺术》(1989年出版)、刘海贵等人的《新闻采访写作新编》(1991年出版)、林玉善的《实用采访学》(1992年出版)等。这些论著从不同的研究层面对新闻采访的基本知识和基本规律进行了论述，有的归纳、总结了无产阶级新闻采访的经验，有的还提出了新闻采访学新的研究视点、新的研究方法和理论建构。这些研究成果为现代新闻采访学的建设和发展提供了极为宝贵的财富。

纵观中外新闻采访学研究的历史进程，大体上都经历了这样几个阶段：

一、表层研究阶段

按照马克思主义的观点，任何事物都有一个由低级到高级的发展过程。新的学科在其崭露头角时，总是被人们感性地认识、粗糙地使用或初步地涉及。早期的新闻采访学研究大都属于微观性的直感体验，是零星的采访实践经验的归纳和汇集；研究问题则停留在就事论事的地步，以表面现象的描述代替本质问题的考察，只道其然而不道其所以然，缺乏理论的概括。这一阶段的新闻采访学研究尽管积累了大量的知识性材料，但由于这些材料还没有得到系统的、本质的、规律的概括和抽象，因此还谈不上是科学意义上的研究。

二、里层研究阶段

在这一阶段，新闻采访学的研究开始从对新闻采访活动的直观的、朴素的表面认识，逐步转入到对其内在的特性、规律的探索和揭示。有些研究成果还提出了自己的理论框架，比较系统地阐述了新闻采访的基础理论和基础知识。然而，从整体上看，这个阶段的研究由于还没有摆脱传统的思维模式和旧观念的窠臼，研究的角度、方法还是单一的、封闭式的，且继承大于创新，因此，新闻采访学的研究在这一阶段还难说真正步入了现代科学的殿堂。

三、立体研究阶段

近几年，随着科学领域的拓展和科学研究的深入，现代科学呈现出既高度分化（内部）又高度综合（外部）的两元态势。面对这一态势，一切传统的科学理论不能不受到冲击。新闻采访学的研究也由此出现了崭新的变化趋势。这表现在：

1. 在研究的基点上，变静态研究为动态研究。

新闻采访学的研究者对采访活动的现象的研究，已不再满足于作直观的、静态的一般告知或解释，而是站在理性思维的高度，着重对其进行动态的考察，以揭示其本质。同时，研究者不仅注视着现今的采访现象，而且意识到新技术革命的挑战，看到社会的变革、电子新闻媒介的普及乃至“互联网”的出现对新闻采访的影响，注意以动态的观点去研究新闻采访现象的变化，预测其未来的发展。

2. 在研究的方法上，变封闭式研究为开放式研究。

新闻采访学的研究者已不再是停留在孤立地从采访活动本身的过程去探讨其方法、技巧，而是把新闻采访看成是一个活动系统，注意揭示其整体性；并从整体性原则出发，既研究其系统内部各组成部分之间的关系，也研究该系统与其他系统的关系。这样，就把新闻采访活动同整个社会联系起来，从时代、采访主体、采访客体、新闻受众等各个方面对新闻采访现象进行全面的考察，从而改变了以往新闻采访学研究的自我封闭的落后状态，大胆吸收、融合了其他学科的有关概念、知识和方法，丰富了本学科的研究内容。

3. 在研究角度上，变微观研究为宏观研究。

新闻采访学的研究者已不再热心于对新闻采访现象的一个个具体问题的探讨，通过个体去认识整体，而是注意从宏观的角度去对个体进行考察，或者注意把个体放到宏观的背景中加以思考，从而着力于整个新闻采访理论体系的构建。当然，其间也要研究一些新闻采访现象的具体问题，但不再是进行单个的、一般性的描述，而是把它作为整个新闻采访活动链条中的一个环节来进行考察，以作出新的科学解释，找出规律性的东西。

总之，新闻采访研究正由封闭向开放发展，由静态向动态发展，由平面向立体发展。当代新闻采访学的建设势必走向一个全新的境地，前程似锦。

第三节　新闻采访学研究的方法论原则

科学研究的方法论原则是研究主体的世界观、哲学观的体现，也是研究主体的思维方式以及观察、分析、处理问题的基本出发点。方法论原则的确定，不仅会影响甚至支配研究主题、研究途径、研究方法的选择，而且还会规定、制约研究主体的观点、态度和倾向性，最后会直接影响到研究结果。印度学者拉姆·纳斯沙玛说过："一个学科之所以称之为科学，是由于应用了科学的方法，科学的成功是由于科学方法的成功。"① 这个论断是很有见地的。

新闻采访学的研究方法和途径虽然多种多样，但是作为社会主义新闻学中一门相对独立的应用性学科，要想真正步入科学的殿堂，取得应有的科学成果，它就有着自身的必须遵循的方法论原则。

一、要确定马克思主义哲学是新闻采访学研究的方法论的根本原则

科学研究的方法，如果按照各自的概括程度和运用范围，可以分为三个层次。 是专门科学方法，即各门科学中所运用的具

① 转引自陈波等编著：《社会科学方法论》，第21页，中国人民大学出版社1990年版。

体方法和技术。如历史学研究中的考证法，化学研究中的滴定法等。二是一般科学方法，即普遍适用于自然科学或社会科学领域，以及对两者都适用的研究方法。如自然科学研究中的实验法、观察法，社会科学研究中的调查法等。而逻辑方法、数学方法、系统科学方法则可普遍应用于自然科学和社会科学的研究中。三是哲学方法，这是适用于一切科学研究的最普遍的方法论原则。马克思主义哲学，作为普遍抽象的科学，既是指导人们进行科学研究和社会实践活动的唯一正确的思想，又因它比一般科学方法的概括程度更高，从而指导一般科学方法的研究，为一般科学方法规定了必须遵循的普遍原则。离开了马克思主义哲学的指导，新闻采访学的研究同其他科学研究一样，势必会迷失方向，难取“正果”。

从新闻采访学学科的个性看，更必须遵循马克思主义哲学的方法论原则。新闻（指报道）是客观事实的反映。根据马克思主义的哲学观点，客观事实属于存在、物质的范畴，新闻属于精神、意识的范畴。两个不同范畴的东西为什么能统一起来？或者说，记者是怎样把新闻事实转变成新闻报道这一社会意识的？辩证唯物主义告诉我们，实践是沟通存在与意识之间的桥梁。记者的采访与写作实践，首先是采访实践，在事实向新闻报道的转化中起了关键性的作用。新闻采访的实践，从本质上看具有主观认识客观的特性。记者通过采访，在客观世界里“认识”了事实，并且经过感性到理性的“改造”，便为新闻报道的诞生提供了毛坯——新闻素材，为新闻报道的加工成型做好了准备。既然新闻采访是一个认识过程，它就必须遵循物质是第一性的、认识是第二性的唯物主义的法则。离开马克思主义哲学的指导，便无法正确地认识和探寻新闻采访活动的现象及其规律。

遵循马克思主义哲学的方法论原则，新闻采访学研究应该力求做到：

1. 历史与逻辑相统一。

这要求采访学的研究者在研究中既注意运用历史的方法，尊重历史，忠实于历史时空系列中所存在、所发生的涉及采访活动的种种现象或事物，又要注意运用逻辑的方法，通过分析、研究这种种现象或事物的内部矛盾运动来揭示采访活动内在的本质及其运动过程的内在规律性。

2. 具体与抽象相统一。

这要求采访学的研究者在研究中不但要重视对社会存在的涉及采访活动的个别具体事物的研究，以便从中抽象出“一般”、“普遍”的东西，更要善于把抽象的个别概念所表达的各种规定性放在采访活动的整体的相互作用和相互联系的背景之中考察，也就是说要把抽象与整体的具体紧密结合在一起，把整体的具体始终当作抽象的前提、出发点和归宿。

3. 批判与建构相统一。

这要求采访学的研究者在研究中一方面要敢于面对采访活动的种种“现实存在”和已有的各种概念及概念体系，要以扬弃的态度对其进行学理上的辨识和批判；另一方面要善于在辨识、批判的同时，积极建构新的真正科学意义上的新闻采访学理论体系和方法论体系。

4. 事实论证与价值评价相统一。

这要求采访学的研究者在研究中既要坚持实事求是的态度，通过事实描述和客观实证来认识采访活动，同时又要坚持正确的立场、态度，带有明确的价值目的进行研究。也就是说，新闻采访学必须坚持用科学精神和人文精神双重关照和双重视野的统一来进行研究，从而使研究获得既合乎研究客体的规律性又合乎研究主体的目的性完美统一的结果。

二、要改变传统的思维模式，引进系统科学方法，从整体上、立体上进行研究

现代新闻采访学的研究，必须以开放的多向思维代替封闭的

单向思维，以综合的动态考察代替孤立的静态分析。而系统科学的基本观点，诸如有机整体的观点、综合的观点、最优化的观点、动态的观点、结构的观点，以及通过模型手段进行定量分析的方法等，则使人们获得了一个重新审视新闻采访活动现象的角度。在这个意义上说，系统科学方法为我们提供了一个崭新的、更有效的思维手段和方法。

对于科学而言，认识的发展是范畴的内容及其体系的变化。一门学科的成熟，往往是以建立一系列新的基本概念，以及这些概念的演绎系统为主要标志的。以往的新闻采访学研究，由于受传统的思维模式的束缚，囿于一些过时的、不合时宜的旧观念，而对新的观念、新的思想、新的方法实行自我封闭，这样势必无法真正步入科学研究的境地。系统科学方法论关于事物是多要素、多层次组合而成的，具有特定功能的系统的观念，可以帮助我们在研究新闻采访活动的现象时，采取多维视野，而不胶着于一点上作观察分析。这样，就有利于对旧有的新闻采访观念的更新和升华。根据系统科学方法，从新闻采访的定义、特性，直到新闻采访的一般过程、采访主客体间的关系，以及采访主体的素质要求，等等，都应重新加以审视和思考，以求获得新的论断和界说。

当前，新闻采访学的研究正处于现代科学的不同学科由分化逐步走向重新组合的历史时期，学科间的相互渗透与整体化的趋势日益加剧。传统的新闻采访理论的纵向链条体系已经很难适应现代科学发展和新闻采访学自身发展的需要。运用系统科学方法，有助于拓宽新闻采访研究者的思维空间，实行引进和创新，从而促进新闻采访理论的横向网络的发展，建立起新型的学科理论体系。根据系统科学的观点和方法，能够把一门学科的认识客体分解成各学科研究的多种对象，不同学科的认识客体又可以互相结合、重叠。通过研究事物的普遍联系，把一些学科横向地贯通起来，彼此交错，互相联系，形成一个多层次、多结构的网络。新闻采访活动所需要的多种智能、技能，涉及到思维科学、心理学、社会学、伦理学、交际学、行为学等几门学科，在它们的交叉中，可以生长、分化出一些新的边缘学科。而新闻采访学理论更需要将上述一些与培养、训练采访能力相关的学科的理论知识和研究方法综合起来，进行系统的、周密的研究。这样，新闻采访学的研究便由平面、单线转向立体交叉、纵横渗透，整个学科势必出现令人吃惊的变化。

三、要理论联系实际，使理论研究基于丰厚的实践基础

新闻采访学是一门知行统一的科学。新闻采访是人类特有的一种社会实践活动，具有很强的实践性品格。研究新闻采访学，自然要建设、完善自身的知识体系，因此必须十分注意钻研和领会已有的新闻采访理论。因为这不仅在于这些理论是人们对新闻采访活动现象及其规律的长期认识的成果，接收这些成果，有助于避免重复过去人们在新闻采访实践中所走过的弯路，而且，可以使我们今天的科学研究立足于一个新的、更高的起步点上。但是，诚如斯大林所说：科学所以叫作科学，正是因为它不承认偶像，不怕推翻过时的旧事物，很仔细地倾听经验和实践的呼声。否则，我们就根本不会有科学，譬如说，不会有天文学，而直到现在还会信奉着陈腐不堪的托勒密体系了；那我们就不会有生物学，而直到现在还会迷信上帝造人的神话了；那我们就不会有化学，而直到现在还会相信炼金术士的预言了。① 研究新闻采访学，如果不跟现实的新闻采访实践相结合，既无法推动新闻采访学研究的发展，也无法真正掌握新闻采访活动之真谛。何况已有的新闻采访理论对新闻采访活动决不可能起到“包医百病”、“立竿见影”的作用。新闻采访实践是新闻采访学研究的源泉，

---

① 斯大林：《在全苏斯达汉诺夫工作者第一次会议上的讲话》，《斯大林选集》（下卷），第 384 页，人民出版社 1979 年版。

积极参加、用心关注新闻采访实践，不断总结实践中涌现出的新鲜经验，分析、研究新闻采访活动中出现的新情况、新问题，使新闻采访理论的研究同新闻采访实践紧密地结合起来，这是丰富、发展新闻采访学的必由之路，也是新闻采访实践由自在转为自由的必经之道。

第四节　新闻采访学理论体系的建构

现代科学发展的两个显著标志是：一方面不同学科间日趋系统化、整体化，形成多维的综合；另一方面其内部又更为细密、精致，趋向多元的深化。现代新闻采访学的建设和发展也必然要顺应这一趋势。在新闻采访实践与自然科学、社会科学日益交融的今天，新闻采访学的综合性和分支性已催促我们要尽快在基础理论和边缘学科上取得突破性进展。建构现代新闻采访学理论体系，一定要关注这一点：既要力求横向的综合，又要力求纵向的深化。从而使新闻采访学建设成一门真正对新闻采访实践具有深刻影响和指导作用的学科。

一、横向的综合

所谓“横向的综合”，是指新闻采访学与其他学科的联系日益广泛。从新闻采访的本质看，它不是现实生活，也不是新闻报道，也不仅仅是现实生活到新闻报道的简单“中介”，而是由现实生活到新闻报道这个创造过程中的主体功能的外化，是多维的结合。采访行为也好，采访运动也好，其科学属性横跨社会科学、自然科学、思维科学三大领域，涉及到一系列相关学科范畴，这就决定了新闻采访学的兼容性和综合性。如果新闻采访学不能完成横向的综合，就会自我取消。

横向的综合可以创造性地吸收、兼容其他学科的研究成果，开拓新闻采访学研究的新领域，创立以新闻采访学为中心的边缘科学，如新闻采访心理学、新闻采访思维学、新闻采访社会学等等。这种横向空间的拓展，是新闻采访学繁荣的标志，也是学科自身发展的必然规律。

二、纵向的深化

所谓“纵向的深化”，是指新闻采访学本体结构的新的开掘。从新闻采访的行为来看，采访是一个流动的、递进的思维过程和人际交往过程；不同模式的采访，具有不同的矛盾焦点和矛盾层次，因此又有着不同的行为特征和行为要求。这些特点，是其他学科所不能也不可替代的。这就决定了新闻采访学的专门性和独立性。如果新闻采访学不能完成纵向的深化，其结果同样是自我取消。

纵向的深化要求新闻采访学在吸收相关学科精华的基础上，立足于本体的构建，建立以某一传播样式为专门对象的模式采访学，如文字（报纸）新闻采访学、广播新闻采访学、电视新闻采访学、网上（“互联网”）新闻采访学等，或者建立以某一采访环节为专门对象的专题采访学，如采访准备学、采访技法学、人物采访学、事件采访学等，逐步向多样化、专门化方向发展，这也是现代新闻采访学的一大趋势。

三、新闻采访学的理论体系

横向的综合为新闻采访学的理论建设奠定了深厚的基础，纵向的深化为新闻采访学的社会实践开辟了广阔的道路。前者为纵向深化提供了理论依据，后者为横向综合准备了实证条件。这样，现代新闻采访学的研究和建设，不仅有了定性描述的理论准备，而且有了定量分析的实践依据，它们相辅相承，互为补充，是新闻采访学腾飞的两翼。据此，新闻采访学的理论体系可设想作如下附图构建：

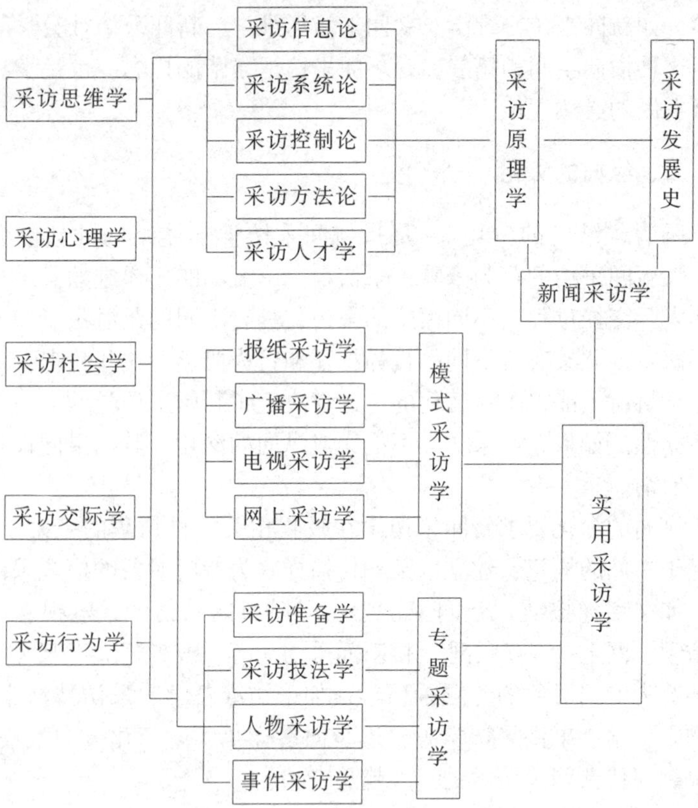

这是一个高度综合的有机整体，各构成部分彼此沟通，有的是直接联系，有的是间接联系。本书不可能全面展开这些层次和内容，仅能从新闻采访原理入手，重点在采访方法论和具体的采访方法上突破，以兼顾理论和实践的综合。

思考与练习：

1. 学习本章后，你对新闻采访学的研究对象和任务有什么新的理解？可以对比以往的认识，谈谈自己的体会。

2. 新闻采访学研究的历史进程大体上经历了哪几个阶段？不同的阶段有些什么不同的特点？

3. 新闻采访学研究为什么要坚持以马克思主义哲学作为方法论的根本原则？在研究中如何坚持这一原则？

4. 引进系统科学方法研究新闻采访学的意义在哪里？

5. 学习和研究新闻采访学为什么必须坚持理论联系实际？

6. 构建新闻采访学理论体系，为何强调既要横向综合，又要纵向深化？

7. 作一次新闻采访的起步练习。可以就校园内发生的事进行采访，并记述下自己的采访感受（1000字左右）。

第二章　新闻采访活动史略

如同世界上任何一种事物一样，新闻采访活动也经历了一个自身的孕育、诞生和发展的历史进程。认识和研究新闻采访活动之始，了解一下这一历史进程，将有助于我们尽快迈入科学的领域。

第一节　采访活动的孕育时期

中国新闻史告诉我们，新闻传播活动是随着人类社会的产生而出现的。在人类社会尚未诞生之前，动物只能盲目地、本能地进行生存竞争，既没有语言、文字，也没有结成不可分离的社会关系，因此也就没有借助语言或文字相互传递信息的可能性。人类社会一经出现，他们的生产就是社会化的生产；也就是说，他们结成了一定的生产关系进行生产劳动。既然彼此间有着相互依存的关系，就必然需要依靠某种符号来相互传递信息。早期的传播活动也就随之出现。

采访活动作为新闻传播的最基础、最主要的手段之一，其雏形便孕育在人类早期的传播活动之中。据考古学研究发现，大约270万年前，我国云南一带就已有远古的人类——元谋人活动。① 当时，原始人类为了自身的生存，便需要了解外界环境，

① 上海出版工作者协会编：《中华人类史推前一百万年》，载《编辑参考》1987年5月15日。

适应外界环境。比如，他们观看天色，或者从江河的波纹中，明了大地变化，以决定是否居住或搬迁；他们探寻动物的踪迹，以掌握猎情，决定单独猎取或示意伙伴合力猎取等等。在某种意义上说，这里的“观看”、“探寻”，便含有后人所谓“采访”的意思。当然，这种“采访”活动是极为原始的，信息的传递也只是靠手势、声音及一些实物作媒介。

随着人类社会的演进，语言文字的出现，人际交流的扩展，尤其是进入阶级社会后，这种“采访”活动日趋频繁，且含义也愈来愈接近今天的“采访”了。据有关史料记载，3000 年前的周朝时期，每至“孟春之月”，周天子便派专人敲着木梆，到民间去采集歌谣，搜集风土人情、风俗习惯以及一些趣闻轶事的资料，供天子欣赏，并作为统治集团施政的参考。中国最早的诗歌总集《诗经》中，就有“古者天子命史采诗谣，以观民风”的说法。为此，近代著名学者梁启超就曾说过《诗经》“犹如后世民报”之类的话。

春秋战国始，除了采诗官外，政府还设置了收集和记录帝王言行及国内外大事的史官，诸如太史、内史、外史、御史等。这些史官有的侍奉帝王左右记言记事，有的参加国家政治、军事、外交、经济等各种会议，采集“新闻”，并把采集所得公布或作为历史档案保存。春秋时期，儒家学派创始人孔子曾对鲁国的编年史《春秋》作过一次删改和修正。这部史书对鲁国的大事虽然只记了个大纲或提要，很不详细，可是，它有明确的时间记载，因此曾被人称之为我国最早的“古代报纸”。还有人也因之把孔子称为我国最早的“新闻记者”。这当然是缺乏科学依据的。由孔子修订的《春秋》，是鲁国史官编写的断代编年史，是属于历史档案性质的文献，当时并没有公开传播，它和报纸有着不同的性质和任务，是不能称之为古代报纸的。孔子也和今日所说的新闻记者无法相提并论。然而，当时不少史书保存着大量有价值的传播史料，倒是值得后来之新闻工作者研究参考的。一些史官所从事的“采访”活动更是值得现今的新闻记者借鉴。比如，汉代史官司马迁为著《史记》，亲自深入实地，运用问、听、看的手法，获得了大量的第一手材料。他曾经南游江淮，上会稽，探禹穴，窥九嶷，浮沅湘；北涉汶泗，讲业齐鲁之邦，观孔子遗风；访问刘邦起兵的丰、沛等地；还到大梁观看了信陵君门客侯嬴看守过的“夷门”等处；又出使西南，到过邛、笮、昆明等地；在随汉武帝出外巡狩时，也到处寻访轶闻旧事，考察山川形势、风土人情。《史记》中所载的秦汉史事，有许多是他眼见耳闻的实录，比如，《李将军列传》中，“吾睹李将军悛悛如鄙人，口不能道辞”；《游侠列传》中，“吾视郭解，状貌不及中人，言语不足采者”等等。可以说，这些都为后世记者的采访提供了宝贵的历史经验。

目前发现的史料表明，我国从唐代起就有了古代报纸。自此，“采访”二字不仅使用范围有所扩大，而且同古代“新闻业”联系了起来。我国古代报纸名目繁杂，有邸钞、阁钞、杂报、条报、状报等，统称为邸报。邸报有宫廷办的，也有各地藩镇设在京城的邸（或称进奏院，类似现今的各省市自治区驻京办事处）办的。邸报的内容，主要刊登京城和外地官员进京带来的各地藩镇的信息，也刊登皇帝的言行、朝廷的命令、大臣的奏疏、官吏的任免和其他与藩镇有利害关系的事情，这都是办邸报之人“采访”记载下来的。当然，这些办报人都是封建官吏，称他们为“记者”是不确切的，他们的“采访”活动同现代意义的新闻采访也是大相径庭的。值得一提的是，这期间也曾出现一些民办报纸，如宋代的“小报”，其版面形式和官办邸报大致相同，内容除刊登官报的“要闻”外，还刊载官报没有的、办“小报”人自己采写的时政“要闻”，包括朝廷正在讨论但还未决定的问题等，以帮助读者了解朝廷的新动向、社会上的新情况。宋代“小报”还专门委托一些人，在大内（皇宫）、尚书省、中书省、门下省等中央一级机关，以及寺、监、司等政府衙门打听“新闻”，称之为内探、省探、衙探。他们中有的人“专以探报此等事为主”，其身份颇似后来专职跑机关新闻的记者，其活动方式也与后来之新闻采访相似。遗憾的是，由于历代封建统治者奉行愚民政策，言禁极严，致使这些民办报纸及其办报人屡遭查禁和迫害，“小报”只能处于秘密发行状态，生存、发展十分艰难。到清朝康熙、雍正、乾隆三朝，大兴文字狱，民办报纸更是有名无实了。

与中国古代报纸相对应的是，公元前59年古罗马帝国凯撒大帝时代，就曾出现了类似中国邸报性质的“每日纪事”。公元前6年，古罗马奥古斯都大帝还正式下令创办了欧洲第一家官报——《每日纪闻》。这些宫廷“报刊”同样是由贵族、官吏和御用的抄写人员办的。他们把元老院开会的简要记录以及官吏任免事项等抄写在一种涂了石膏的特制木板上，放在公共场所；同时，也就此抄录一些副本，分发到罗马帝国的各个城市。这些人所从事的这一活动，也只能算是类似新闻采访活动；这些人的身份，也还谈不上是真正的新闻记者。

总之，新闻采访植根于人类早期的传播活动。奴隶社会之前，已有了原始意义的“采访”活动，但不是新闻采访；古代报纸产生后，为数不多的采访活动还处于新闻采访的史前阶段。这是因为，古代报纸从刊登内容、发布时间到发行范围，都不具备公开传播的意义；同时，长期封建社会生产方式的限制，人类社会交往面的窄小，加之封建统治阶级严酷的思想钳制，使得近代新闻事业产生的条件尚不成熟。因此，新闻采访只能在其母胎中缓慢成长，而难于脱胎而出。

第二节　新闻采访活动的兴起与发展

新闻采访作为一种专业性的社会活动，是在封建社会向资本主义社会过渡时期，随着资本主义发展的特殊需要和近代报刊的产生而出现的。

国外，新闻采访活动始于公元16世纪。意大利的威尼斯城是近代资产阶级报纸的发源地，也是职业记者及其采访活动的诞生地。据前苏联《大百科全书·报纸》介绍：采访有关经济生活和政治生活中最主要现象的消息，并传播给地方居民知道，就促进了报纸的产生；在中世纪的欧洲，威尼斯城率先出现了一些采访有关政治事件、物价、船舶的到达和启碇等消息的机构。威尼斯城曾有过“新闻记者公会”。法国学者维尔在其所著《日报期刊史》的第一章“日报之创始”中，也证实在当时的威尼斯城里，“甚多新闻记者，均系素执此业，轮流为手书新闻记者、新闻记者、报告记者、报纸记者”。这些记者还有“组织甚完备之办事处”，并组织有“新闻记者公会”。①

这些记载表明，职业记者及其采访活动在此时此地首先兴起，这是有道理的。因为16世纪的欧洲，正处于封建社会向资本主义社会过渡时期，资本主义商品经济的生产方式打破了封建社会自给自足的封闭的自然经济的生产方式，社会对信息交流的广泛需要，促进了近代新闻事业的产生和发展。“在意大利，资本主义生产发展得最早，农奴制关系也瓦解得最早。”② 当时，意大利的亚得里亚海岸重要港口——威尼斯城，以及其他一些沿海城市，棉纺、丝织、造船等行业和各种手工业作坊，逐渐兴盛，资本主义经济发展迅速。特别是威尼斯城，由于其所处的优越的地理位置，自中世纪以来便成了连接中东与欧洲的贸易中心。16世纪的威尼斯城，已经成为一个商业资本和高利贷资本相当发达、文化相当繁荣的城市，各国的富有商人、高利贷主和

① 转引自余家宏等：《新闻学简明词典》，第97页，浙江人民出版社1984年版。

② 马克思：《所谓原始积累》，《马克思恩格斯选集》第2卷，第222页，人民出版社1972年版。

贵族常来往于此地。他们在政治上、经济上的相互竞争，都非常需要知道世界各地的信息，诸如政局变化、市场行情以及水陆交通的情况等等。在这种社会需要和物质条件下，出现了专门报道各种经济和政治信息的近代报纸，以及专门从事采访这类信息的职业记者，是不难理解的。恩格斯曾指出："社会产生着它所不能缺少的某些共同职能。被指定去执行这种职能的人，就形成社会内部分工的一个新部门。"① 正是由于社会分工中出现了职业记者队伍，新闻采访活动也就此正式宣告诞生。

到了19世纪40年代前后，欧美各国先后经过产业革命，资本主义经济制度确立，资产阶级成了统治阶级。这个时候，资产阶级为了维护已经确立的经济制度及其统治地位，就更加重视新闻事业的作用。正是在这一背景下，同时也由于当时报纸的生产技术条件有了很大改进，以及社会大众对报纸阅读兴趣的提高，导致了以纽约《太阳报》（1833年诞生）为代表的"便士报"（廉价报）的问世。这类报纸的报道面较宽，内容新鲜生动，致使广告大量增加，零售价格低廉，很适合社会大众购买、阅读。因此，不少学者认为，"便士报"的出现，标志着近代资产阶级报纸开始转化成为现代报纸。新闻采访活动也由此走上了一个新的台阶。这之后，随着资本主义商品经济的日益繁荣，社会对新闻信息的需求更为迫切，加上文化科学技术的日趋发达，比如新的排字、印刷和造纸技术的广泛使用，以及电讯的发明，都为新闻采访活动和报纸印刷、出版工作提供了更好的条件。因此，资产阶级报纸迅速增多，通讯社、广播电台纷纷产生，职业记者及其采访活动也随之大量涌现，不断发展。尤其是20世纪中期后，凭借着社会信息的日益"爆炸"性出现，电子技术的高度发达和通讯卫星的使用，当代新闻事业更是以惊人的速度和规模发展

① 《马克思恩格斯全集》中文本第37卷，第486页，人民出版社1972年版。

成为庞大的现代化的社会事业。据联合国教科文组织 1989 年年鉴介绍，目前世界上已拥有 18 万多种报刊，其中仅日报就达 8570 种，期（日）发行量达 5 亿 5 千 3 百万份。此外，还有数千上万家电台、电视台，天天在向数以十亿计的人们不间断地传送着新闻。今天，世界上一旦有重大事情发生，顷刻间便会出现天下记者云集一处，新闻竞争短兵相接的恢宏场面。据不完全统计，1981 年 4 月，全世界有 4000 多名记者前往美国佛罗里达州观看美国航天飞机“哥伦比亚号”上天；1982 年 6 月，有 80 多个国家的 7000 多名记者前去采访在西班牙举行的世界杯足球赛；1988 年 9 月，全世界有 1 万多名记者出席了在汉城举行的第 24 届奥运会；1997 年 7 月 1 日，来自全世界 700 多家新闻传媒的 8000 多名记者在香港采访了中国政府恢复对香港行使主权这一历史性盛事。记者及其采访活动已经是现今社会生活中一道十分亮丽的风景。

我国新闻采访活动的崭露头角，要比西方晚了近三个世纪。19 世纪，我国近代资产阶级报刊才开始出现。1815 年，英国伦敦布道会传教士马礼逊和米怜，看中了中国华南沿海交通方便的有利条件，选定在有大量华侨聚居的马来半岛西岸的马六甲，出版了《察世俗每月统记传》期刊。这是外国人在中国本土外创办的以中国人为对象的最早的华文近代报刊之一。参加这一期刊编、采、发行的，除了马礼逊、米怜两个传教士外，还有一个中国广东人梁发，又名梁亚发。他不仅承担刊物的刻印、发行，还以“学业”的笔名为该刊撰写稿件，是中国近代报刊史上最早的记者之一。

鸦片战争前，除了葡萄牙人巴波沙和阿美达于 1822 年在澳门创办了“中国历史上第一份近代报纸”——《蜜蜂华报》（仅办一年，共出 67 期）以及英国与德国传教士于 1833 年在广州创办了《东西洋考每月统记传》外，外国人一般是不能在中国本土办报的。鸦片战争后，帝国主义列强在中国取得了办报的特权，致使各种教会报刊、外商报刊蜂拥而起。据不完全统计，从1850年到1890年，仅耶稣教会办的报刊就有70多种。这些报刊，配合帝国主义的军事侵略，推行了文化侵略的政策。当然，在某种意义上，它们也"推动"了中国近代新闻事业的兴起。1858年伍廷芳创办的《中外新报》，1864年陈蔼亭创办的《华字日报》，开了中国资产阶级报刊的先河。这以后，中国人办的近代报刊成批出现，新闻采访活动也日见活跃。这个时期，不少报刊都有了分管外出采访的"访事"（相当于现今的外勤记者）。比如，《申报》不仅专设了两名记者采访上海本埠新闻，还在一些大中城市约请专人为其探听消息。据方汉奇先生所著《中国近代报刊史》记载："它从1872年起，就注意'招延访事'，到1875年，已在北京、南京、苏州、杭州、武昌、汉口、宁波、扬州等26个省会和重要城市聘有特约记者，及时报道当地的有关新闻。在一些重大的政治事件爆发的时候，还曾经派出专职记者到现场进行采访。"① 同时，该报大部分新闻的前边还冠以"浦东探得"、"淞江探得"等字样，颇似后来报纸上的"本报讯"、"本报××专电"等新闻来源标记。

交通、电讯事业的进步，推动了我国新闻事业的发展。国外电报传递新闻的技术，很快传入中国，同样也促进了我国新闻采访技术上的"飞跃"。1874年，《申报》首先刊载了英国内阁改组的"伦敦电"，这是中文报刊上刊载的第一条新闻电讯。自此始，新闻时效大为增强。

19世纪末，我国资产阶级改良派登上政治舞台。他们办的报纸结合社会生活实际，宣传"变法"，因而较之以往报刊更注重新闻采访。如严复主办的《国闻报》，在国内外许多城市都派

① 方汉奇：《中国近代报刊史》（上），第51页，山西人民出版社1981年版。

有记者，“访事之地，大小凡百余处，访事之人中外凡数十位”。① 此外，这些报纸的采访重点，也由“记载琐政”、“剿撮涂说”、“非齐柬之野言，即秘宰之杂事”的市井新闻，转移到时事政治方面。如梁启超、谭嗣同等人创办的《湘报》，“经常刊登南学会关于维新变法的演讲稿，报道各地维新运动的进展情况……在省内外产生了广泛的影响”。②

到了20世纪初叶，我国资产阶级革命派的报刊如雨后春笋般涌现。这些革命党人的报刊大多有一支专业和业余相结合的记者队伍。如《云南》期刊，就有署名“本社访员”、“本社特派员”、“本社调查员”、“本社西路访事员”、“本社北京通讯员”等各种名目的采访者发表的新闻。许多报社还约请各地的革命党人兼职做驻外记者或战地记者。

辛亥革命以后，新闻采访活动愈发引起社会和人们的重视，记者的社会地位也相应有了很大提高。一些力量比较雄厚的报社都设立了采访部，争聘第一流人才长驻北京，用专电和通讯的体裁报道新近得到的消息。个别大报还派出驻外记者参加“巴黎和会”等重大国际会议的采访活动。当时，一些水平较高的记者都受过西方资产阶级教育，其中大部分是留日学生，接触过近代资产阶级新闻学理论，有一定的办报实践经验，有较好的中西学问基础和熟练地驾驭语言文字的能力，还有广泛开展社会交际的本领。他们当中的代表人物，如黄远生、邵飘萍、林白水、刘少少、徐凌霄、胡政之等人，在新闻采写上的影响远远超过了前代报人。在此之前，中国新闻界的梁启超、王韬等著名报人，多系报刊政论作家。而从这个时期起，报纸上大量发表了引人注目

① 方汉奇：《中国近代报刊史》（上），第150页，山西人民出版社1981年版。

② 参见梁家禄等：《中国新闻事业史》，第81页，广西人民出版社1984年版。

的新闻（消息）和通讯。辞官从事记者工作的晚清进士黄远生，善于在采访中捕捉细节，用事实写报道，是中国报坛以新闻采访和写作而负盛名的第一人。他的新闻通讯辑为《远生遗著》4卷，是我国早期的一部优秀的新闻作品集。从此以后，新闻采访者在报社的地位就由跑龙套当配角，上升到了主角的行列。

在我国，“记者”称谓的正式确定，经历了一个较长的演变过程。近代报刊创办时，称新闻采访者为“探”、“访事”、“访员”等，称谓不一，至民国初年才统称为“访员”。1899 年 3 月 2 日，在日本横滨出版的、由梁启超主办的《清议报》第 7 册上，开始出现“记者”这一专用名词。之后，国内新闻界引进了这个名词。起初，“记者”这一称谓一般指报馆中的主笔及编稿人，对采访者仍以“访员”相称。“访员”改称为记者，据说始自黄远生。他在上海《时报》的“北京通信”中，首先使用“记者”作为自称的代名词。这以后，“记者”就成为从事报纸职业者的普遍称呼。1903 年，著名学者、报人章炳麟因“苏报案”被捕，曾在狱中撰写《章炳麟狱中答新闻报记者书》。1905 年，在《万国公报》发行 200 份之际，该报主笔范祎在祝辞中说：“杂志报章者，社会之公共教科书也；杂志报章之记者，社会之公共教员也……”可见，“记者”这一称谓当时已开始在社会上广泛使用。

大约 20 世纪 20 年代初，各报社大体上都有了内外勤的分工，并且吸收了日本新闻界的做法，正式把外出采访的人冠以“记者”头衔，以示与内勤编辑相区别。

综上所述，职业记者与新闻采访活动的出现，始于西方近代资本主义初期。新闻采访是一种社会性、动态性、传递性很强的实践活动，它的出现和发展无不受到社会发展水平的影响，同时也与整个新闻事业的发展休戚相关。20 世纪以来，由于社会政治形势的推动，经济、文化和科学技术的不断进步，新闻事业得到了空前的发展，专门从事采访的记者队伍已壮大成为世界上一支浩浩荡荡的职业大军，新闻采访活动也已深入到社会生活的各个领域、各个角落。

第三节　人民记者的新闻采访活动

人民记者的新闻采访活动，是在无产阶级革命运动兴起，无产阶级登上政治舞台，产生了为无产阶级服务的新闻事业之后才出现的。马克思和恩格斯是人民记者的先驱。他们参加革命斗争，就是从办报和为报刊采写稿件开始的；他们从事新闻工作的活动，又直接促进了无产阶级革命事业的发展。

1844 年，马克思创办了《德法年鉴》这“第一个社会主义的刊物”。① 1848 年 6 月，马克思和恩格斯又亲手创办了第一张无产阶级报纸——《新莱茵报》。在这过程中，他们都做了许多在今天看来是属于记者做的工作。此后，他们还担任了许多报刊的“通讯员”、“特约通讯员”、“驻地记者”，采写了大量消息、通讯等新闻稿件。马克思、恩格斯的新闻实践活动，为无产阶级记者树立了光辉的典范。

19 世纪末至 20 世纪初，无产阶级革命中心逐渐转移到俄国。列宁、斯大林在自己的革命生涯中，也高度重视并积极参与办报等新闻工作。1900 年 12 月，列宁创办的《火星报》，便是俄国第一张无产阶级报纸。当《火星报》被孟什维克篡夺以后，列宁和他的战友又在国内外创办过许多无产阶级报刊。所以，列宁在 1921 年填写个人履历表时，就在“职业”这一栏里填上了“记者”二字。斯大林也创办并主编过《真理报》、《斗争报》等无产阶级报刊，从事过新闻实践工作。

一百多年来，随着国际共产主义运动的发展，特别是一些国

---

① 恩格斯：《共产主义在德国的迅速发展》，《马克思恩格斯全集》中文本第 2 卷，第 588 页，人民出版社 1972 年版。

家的无产阶级夺取了政权，大量出版自己的报刊，建立自己的通讯社、广播电台、电视台，无产阶级记者已由过去一面从事革命活动一面办报的职业革命家，逐步形成并发展壮大成为人数众多、训练有素的专业队伍。新闻采访活动的范围也由一国一地扩展到了全世界。

我国人民记者及其新闻采访活动的出现，同样是随着我国无产阶级登上政治舞台、无产阶级新闻事业的诞生而开始的。我国最早的人民记者，就是参与创办中国第一批无产阶级报刊的李大钊、瞿秋白、毛泽东、周恩来等老一辈无产阶级革命家。李大钊早在1913年还是学生之时，就开始了他的办报活动。1916年5月到1919年“五四”运动前夕，他担任过《晨钟报》总编辑，参加过《新青年》、《少年中国》、《甲寅月刊》报刊的编辑工作，并撰写了大量稿件。毛泽东于1919年7月在湖南长沙创办了《湘江评论》，以后又亲自写作过许多重要的政论文章和新闻报道。周恩来自1913年到1919年在天津南开学校学习期间，就主办过《敬业》、《南开校风》等刊物；1920年，又在天津主编《觉悟》杂志；之后，还亲自采写过《旅欧通讯》。瞿秋白则于1920年底以北京《晨报》特派记者的身份，到十月革命胜利后的苏联实地采访，先后发表了35篇通讯，字数达16万之多；还写了《饿乡纪程》、《赤都心史》等长篇报告文学；回国后，他又受党的委派，于1925年6月到上海主办了中国共产党的第一张日报——《热血日报》。所以，美国著名记者斯诺的前夫人海伦·福斯特说：“从某种意义上说，发起中国革命的中坚力量也主要是从事新闻工作的人物——许许多多中国共产党人，年轻的时候都本是新闻工作者，其中不仅包括毛泽东，还有周恩来和其他一些人士。”①

---

① 见海伦·福斯特1979年11月7日给《新闻战线》的信，载《新闻战线》1980年第1期。

1921年中国共产党诞生后，我国无产阶级革命事业如熊熊烈火，越烧越旺，共产党领导下的革命报刊日益增多，人民记者队伍不断壮大，采访活动也不断发展、深入。党报初创时，由于经费困难，干部不足，记者人数很少，且是编、采、发行合一，无具体分工。直到1937年“七七”事变后，抗日烽火燃遍祖国大地，党为了加强抗日宣传，兴办了许多革命报刊；同时，在延安还创建了新华广播电台。这时，不少报刊和广播电台有了自己的专职记者。我国人民记者的职业大军至此形成。

经过解放战争，到中华人民共和国成立后，我国人民新闻事业进入了一个新的发展时期。尤其是20世纪80年代以来，随着社会的改革开放，我国新闻战线有了全面的飞跃。据有关资料统计，到1995年底止，全国（指大陆而言）正式公开发行的报纸有2202种；各级地方广播电台有1210座，电视台有980座，有线电视台有1200座，卫星地面接收站有54084座，电视机社会拥有量达2.5亿台。① 目前，全国报社、通讯社、广播、电视系统的职工总数已超过50万人，其中新闻采编人员达12万多人。现在，一家中央一级报社仅记者部管理的机动记者和驻地记者，至少有五六十人之多；一家省、市、自治区一级报社派驻各地的常驻记者，一般总数也不少于二三十人。通讯社和报社、电台、电视台的记者分布在祖国各地和世界100多个国家及地区。仅新华社一家，每天都要向国内播发“通稿”60条，3万余字，并用英、法、俄、西班牙、阿拉伯等各种外文，每月平均向国外播发新闻1.3万多条。现在，国内外一些重大活动或重大事件的现场，都有我国记者活跃其间，他们在与西方记者激烈的新闻竞争中表现毫不逊色。比如，1984年7月，美国洛杉矶举行的第23届奥运会上，我国新华社派出了30人组成的记者团，他们抢在

① 国务院新闻办公室：《中国人权事业的进展》，载《人民日报》1995年12月28日。

与会的7000多名国外记者之前，率先向世界报道了中国在奥运会上实现“零的突破”——许海峰获得手枪慢射冠军这一消息。1992年在西班牙巴塞罗那举行的第25届奥运会上，新华社又派出了37人组成的报道组，在连续的20多天里，他们先后向国内外发布文字新闻5550条，日均230条，发传真照片761张(底)。其中英文快讯的发稿时效与西方四大通讯社相比，占第一位的达89%，这在新华社历史上是第一次。1995年在北京召开的联合国第四次世界妇女大会，新华社又派出了130人组成的记者团，共发国内文字稿195条，照片180张（底)；对外用6种文字播发，共发新闻稿1468条，照片612张（底），发稿量大大超过了西方主要通讯社。

几十年来，我国人民新闻事业是随着革命和建设事业的发展而发展的，人民记者队伍是随着新闻事业的发展而壮大的。它经历了一个人数由少到多，力量由弱到强的过程；新闻采访的手段、技术、水准也有了令人瞩目的提高；同时还涌现出了范长江、邓拓、穆青、子冈、金凤、范敬宜等一大批著名记者。

思考与练习

1. 如何理解新闻采访孕育于人类早期的传播活动之中？古代报纸产生后，新闻采访为什么自然处于史前阶段？

2. 近代新闻采访为什么诞生于16世纪的欧洲？我国近代新闻采访是怎样产生、发展起来的？

3. 试述我国人民记者及其采访活动兴起的历史进程。

第三章　新闻采访活动的本质属性

新闻采访是人类的一项什么样的活动？这是新闻采访学研究要解决的首要问题。只有以科学的态度，真正弄清新闻采访活动的本质属性，把握其概念、内涵，进而了解其在新闻传播活动中的地位与作用，我们才能正确地认识和解释新闻采访活动的现象，从而为掌握新闻采访活动的规律打好基础。

第一节　对新闻采访活动认识上的哲学观对立

哲学是理论化、系统化的世界观，同时又是人们观察、分析和处理各种事物或问题的方法论原则。人们认识和对待任何一种社会现象或自然现象，说到底，都必定是从某种哲学观出发的。也就是说，哲学观是人们各种理念产生的前提。

古往今来，哲学上一直存在着两个根本对立的派别：一派是唯物主义，一派是唯心主义。两源的根本分歧在于对物质和精神何为世界的本原这一问题的相反回答上。唯物论者认为，物质、存在是第一性的，精神、意识是物质、存在的反映，是第二性的；而唯心论者则相反，认为精神、意识是第一性的，物质、存在只不过是精神、意识的产物或体现，是第二性的。

哲学观上两派的根本对立，反映在新闻采访活动中，便产生了两种截然相反的认识和态度。唯物主义哲学观认为，新闻是新近发生或发现的事实的报道。新闻的本源是客观存在物；新闻报道是客观事物的真实反映，是客观事物经过新闻工作者按照新闻传播的规律认识、把握并处理后，由新闻传播媒介向社会公开发布的一种精神产品。因此，新闻采访只是作为沟通客观存在物与新闻报道的一个中介而存在，是新闻工作者一种特有的（或曰职业性的）认识和把握客观事物的活动。基于这种看法，持唯物主义哲学观的新闻记者在从事新闻采访活动时，十分注意尊重客观实际，实事求是地认识和把握客观事实，而决不无视客观事实的存在，随意摆布事实，歪曲事实或者捏造事实。与此相反，唯心主义哲学观则认为，新闻的本源不是客观存在物，而是某种“性质”或“需要”本身，比如“政治性”、“阶级性”、“趣味性”或者人的“好奇欲”、“求知欲”等等属于意识、精神范畴的东西。新闻报道只不过是这种“性质”或“需要”的体现与结果。因此，新闻采访只是人们借助客观来表现属于主观的意识、精神的活动。根据这种认识，新闻采访就不必从客观实际出发，按照客观事物的本来面目去认识和把握事实，而只需要按照某种既定的框框，寻找或者制造几个事例，来反映、表现主观的愿望和要求。中外新闻采访史上，许多造假新闻或失实新闻的出现，应该说都是自觉或不自觉地接受了这种哲学观影响的结果。显然，用唯心主义哲学观去认识和解释新闻采访活动是荒谬的，用它来指导新闻采访实践也必定是有害的。

回顾我国社会主义新闻采访学的理论研究及其实践活动，应该说从总体上看我们在对待新闻采访的认识和态度上是坚持了唯物主义的哲学观的，但是也必须清醒地认识到，在很长一段时期里，唯心主义哲学观的影响是严重存在的，它对我们的新闻传播活动乃至社会生活所造成的不良后果也是不容低估的。这突出表现在极左路线盛行时期，鼓吹“事实要为政治服务”，颠倒事实与“政治性”、“党性”的关系，以“牺牲”事实为代价来坚持所谓的无产阶级“政治性”和“党性”。比如，20 世纪 50 年代后期的“大跃进”年代，许多记者的采访报道不顾客观实际，到处“放”、天天“放”高产卫星，竞相传递“人有多大胆，地有多高产"、"不怕想不到，就怕做不到"的虚假事实，致使当时全国几乎陷入一片"乌托邦"的梦幻之中。再如，60年代中期开始的"文化大革命"时期，一些记者的采访报道更是信口雌黄，以造假为荣，明明是党和人民的好干部，偏偏要诬为"叛徒"、"特务"、"走资派"；明明是搞打、砸、抢的跳梁小丑，却要捧为"模范"、"英雄"、"革命闯将"……"文革"十年，我国社会生活的方方面面都受到了极为严重的破坏，我们党的新闻传播事业的威信也降到了最低点。究其原因固然是多方面的，但在唯心主义哲学观影响下，那种不顾客观存在的事实，全凭主观臆断的新闻采访报道对社会上虚假之风的盛行起到了推波助澜的作用，其责任是不可推卸的。70年代末，我国开始进入了社会主义建设新时期，随着拨乱反正，思想解放，新闻采访上的唯心主义哲学观受到了批判和否定，尊重事实、实事求是地认识和把握客观事物的唯物主义哲学观在新闻采访的理论界和实践界被重新确立，一大批坚持从客观实际出发，勇于反映、揭示社会生活真相的新闻报道受到了社会的普遍欢迎，我国的新闻传播活动又重新走上了健康的发展之路。然而，不无遗憾的是，时至今日，唯心主义的哲学观在我们的新闻采访活动中仍没有得到彻底清除。比如，一些采访报道以"讲政治"为由，不顾客观实际，一味与上面"对口径"。上面说要鼓励"部分人先富起来"，就到处寻找"万元户"的样板；上面提倡干部要"年轻化、专业化"，马上便产生了"大学生厂长一上台，企业面貌大变样"的报道；上面有人肯定"承包制是企业改革的方向"，很快便有了"一包就灵"的典型；上面有人认为"股份制改造可作为国有大中型企业改革的重点"时，立即便唱起了股份制好的"颂歌"。这种种做法，其实质仍然是颠倒了事实与"政治性"的关系，貌似"讲政治"，实际上正是违背了政治性原则。更有甚者，一些采访报道打着"满足受众需求"、"增强新闻竞争力"的幌子，刻意追求所谓的"趣味性"、"可读性"，公然扭曲客观事实的真相，热衷于编造、兜售什么“名人隐私”、“伟人秘闻”或者诸如“拳头加枕头”之类的“黄色新闻”，以迎合某些人的低级趣味，毒化社会的文明风气。这种做法是视“趣味性”为第一性的唯心主义哲学观在新闻采访活动中的又一表现，它与新闻采访活动的性质也是背道而驰的。因此，坚持唯物主义哲学观，反对唯心主义哲学观，真正科学地认识和对待新闻采访活动，仍然是当前我们新闻工作者的一项重要任务。

哲学上除了对世界本原的争论存在着唯物论和唯心论的对立外，对整个世界处于何种状态，还存在着辩证法和形而上学的斗争。坚持世界上各种事物和现象都是矛盾的统一体，矛盾对立的双方都处在不断运动、变化之中，彼此之间既互相联系又互相制约的，是辩证法的观点；而坚持世界上各种事物和现象都是静止不变的，彼此孤立存在、互不相关的，则是形而上学的观点。

辩证法和形而上学的斗争，表现在对待新闻采访活动的认识和态度上也就存在着原则的差异。持辩证法观点的人认为，社会存在决定社会意识，同时，社会意识又反作用于社会存在。新闻采访作为人类一种特殊的认识和把握客观事实的活动，其认识主体在面对客观事实时并不是无所作为的，也不是被动地、“照相式”地复原客观事实；而是依据一定的价值观念和价值法则，积极、能动地认识和把握客观事实。因此，新闻采访活动不仅强调尊重事实，强调客观性，而且也有着明显的主观能动性。而持形而上学观点的人则认为，在客观事实面前，新闻记者这一认识主体是无所作为的，只能“纯客观地记录事实”、“纯客观地报道事实”，新闻采访作为客观事实与新闻报道之间的中介，也仅仅是起到“通讯传话中的电话线的作用，把甲地的声音毫不走样地传到乙地去”，或者像照相机那样，“把事实完完整整地再现出来”。

新闻要如实地报道新近发生或发现的事实，但是宇宙间的万事万物瞬息万变，新近发生或发现的事实层出不穷，对此，世上有哪家新闻传播媒介能够“纯客观”地做到“有闻必报”呢？

又有哪位新闻记者能够“纯客观”地“有闻必录”呢？何况，在现代阶级社会里，作为新闻采访认识主体的记者，都是接受各种教育及社会影响而具有自己特定世界观的人，并且他们又服务于代表着不同阶级、政党或财团利益的新闻传媒，他们的立场、观点、情感、情绪以及所具备的知识、能力等，必然规定和影响着他们对客观事实的认识与把握。即使到了将来无阶级社会里，由于记者认识水准和能力差异的存在，在对事实的认识与把握上同样难以达到一致。任何一篇新闻报道都是记者面对万千事实精心选择、处理的结果，其间必定融入记者的特定的主观倾向性。要求精神产品不带“精神”色彩，不偏不倚，“纯客观”地再现事实，无疑是天外奇谈。因此，对新闻采访认识上的形而上学哲学观，不仅在理论上是荒诞的，在实践中也是根本做不到的。

20世纪80年代以来，伴随着社会的改革开放，西方资产阶级新闻学观点也涌入我国。当然，其间一些合理的、积极的西方新闻理念和举措，对我国社会主义新闻学的更新与建设，以及对我国社会主义新闻事业的发展，都曾起到良好的借鉴和促进作用。但是，诸如“新闻应当不受记者本人观点的约束，而应当主要根据看到的事实”①、“如果一个记者成了自由党人，或者共产党人、保守党人或共和党人，那么他就根本不成其为记者”②等所谓“纯客观”地进行采访报道的西方新闻观，也严重地影响和毒害了我国新闻理论界和实践界中某些缺乏辨识能力的人。20世纪80年代末的那场“政治风波”中，我国新闻界的一些人之所以“摔跟斗”，这不能不是一个主要原因。其实，对这种形而上学的新闻采访观，一些正直的西方资产阶级学者和新闻记者也

---

① ［美］麦尔文·曼切尔：《新闻报道与写作》，第42页，中国广播电视出版社1981年出版。

② ［美］杰克·海敦：《怎样当好新闻记者》，第134页，新华出版社1980年出版。

是嗤之以鼻的，认为是“自欺欺人的谎言而已”。美国著名的资产阶级新闻学者艾尔弗雷德·A·克罗威尔就说过：“客观性在事实的新闻中只是神话而已，是反动的，不存在的，得不到的。”

新闻采访是人类一种特殊的同事实“打交道”的活动。在这活动之中，事实是第一性的，起决定性作用的，它规定着、制约着记者对事实的认识与把握；同时，记者又以积极的、能动的认识与把握，反作用于事实。这便是辩证唯物主义哲学观对新闻采访活动本质属性的科学认识。

第二节　对新闻采访定义的思考

要正确理解新闻采访这一概念，还得给它下一个科学的定义。当然，定义未必是科学认识的基础，但是在某一概念混乱不堪、不分畛域时，确切的科学定义便有其重要意义。

中外新闻理论研究者和实际工作者曾给新闻采访作出过各种各样的解释，下过种种定义。这中间，除了唯心主义和形而上学哲学观所作的解释或所下的定义不值一驳外，应该说，不少解释或定义都有其合理性的一面，有的解释或定义还颇有真知灼见。但是，与下定义的要求相对照，其中一些定义便显出其不足，有的可能甚至已经对新闻采访实践产生误导作用。

比如，现今占主流地位的一类新闻采访定义是：新闻采访即新闻记者、通讯员搜集、获取新闻材料（或曰新闻素材）的活动。这类定义十分简明扼要地揭示了新闻采访活动的一大主要任务与外在特征——搜集、获取新闻材料，这是其优点所在。但是，定义应是“揭示概念内涵的逻辑方法。即指出概念所反映的对象的本质属性”①。概念所反映的对象的主要任务与外在特征并不等同于它的本质属性。众所周知，新闻是新近或正在发

① 见《辞海》（缩印本），第1011页，上海辞书出版社1980年版。

生、发现的事实的报道，新闻采访作为联系、沟通客观事实与新闻报道的首要中介（新闻写作自然也是其间一个中介，但从传通渠道看，它只能是第二中介），应该是同客观存在的事实打交道，从而达到如实反映事实之目的，而不应是停留在同材料打交道，达到报道材料之结果。当然，人们需要借助材料认识事实、把握事实，但是材料并不就是事实。客观事实是人的感知的对象物，属于客观存在；而材料则是构成事实的各种情况、表现和记载的总称，是人的感知结果的反映。从感知接受的环节上说，材料有直接性（无中间环节）材料和间接性（有一个以上的中间环节）材料之分。但无论哪类材料，都会因认知主体的态度、情感、认知水准乃至认知环境的差异，而同事实之间存在着这样或那样的"距离"。新闻是要报道客观事实的，而不是报道材料的。因此，把新闻采访的本质属性定位于搜集、获取新闻材料上，是不符合新闻活动的本质与规律的，也无法揭示新闻采访活动的真谛。与此同时，应该强调指出的是，用这种把新闻采访的本质属性局限于搜集、获取新闻材料的观点或理论指导新闻采访实践，是有百害而无一利的。君不见，时下一些记者热衷于跑"衙门"，跑会场，满足于别人提供的现成材料（间接性材料），或者在事件现场轻信自己的感官，沉醉于自己的所见所闻（直接性材料），而不是借助于这些材料用心探究事实的真相，正确地认识、把握事实，便以为采访大功告成。这样的新闻采访，哪有不败之理呢？

现今占主流地位的另一类新闻采访定义是：新闻采访是新闻记者的一种调查研究活动。或者说，新闻采访是调查研究活动在新闻工作中的运用。这类定义十分明确地指出了新闻采访活动的实质所在。唯物主义的反映论认为，客观世界不是不可知的，而是可以认识的。人们对客观事实的认识过程，是一个复杂的、由感觉到思维的运动过程。只有通过对客观事实的认真的调查研究，才能解决人们的主观认识和客观存在之间的矛盾，达到两者之间的沟通和统一。新闻要报道客观存在的事实，首先要求新闻采访必须正确地认识和把握客观事实，而要做到这一点，就必须进行调查研究。从本质上揭示新闻采访的科学含义，是这类定义的成功之处。但是，作为定义的要求来说，不仅"是把某一概念包含在它的属概念之中"，而且要"揭示它与同一个属概念下的其他种概念之间的差别，即'种差'"。① 以此相对照，这类定义的阐释便显得简单了，其"种差"的界定过于宽泛了。"新闻采访是新闻记者的一种调查研究活动"，究竟是哪"一种"呢？其重要特征是什么呢？定义不指明这一点，是无法让人掌握新闻采访活动的真谛的。这是因为，新闻记者作为社会成员的一分子，同其他社会成员一样，不仅需要从事职业性的调查研究活动，在日常生活中还会进行许许多多的非职业性的调查研究活动。比如，出门问路，购物问价，谈恋爱找对象要了解对方的为人及其家庭情况，打官司也得掌握法律依据及事情经过，等等。新闻记者从事的这些调查研究活动，是与新闻采访不相干的。"新闻采访是调查研究活动在新闻工作中的运用"，什么是新闻工作？除了新闻采访，新闻编辑、新闻管理、新闻校对、新闻发行等，难道不是新闻工作？这些新闻工作也都需要进行调查研究，但是它们是不能称之为新闻采访的。定义不能严格划清新闻采访与其他调查研究活动的区别，那么也就失去了其存在价值。

根据以上分析，我们从唯物主义的观点出发，按照逻辑学最常见的属加种差的下定义方法，也试着给新闻采访定义作如下表述：新闻采访是新闻记者（包括业余通讯员在内的新闻采访者）为写作新闻报道而进行的了解和掌握客观事实的活动。

下面分别说说这个定义中的几个要素。

一、"了解和掌握客观事实的活动"

这就是说，新闻采访活动是受客观事实所制约的，是人的主

① 见《辞海》（缩印本），第1011页，上海辞书出版社1980年版。

观去认识、把握客观的过程，而不是无视甚至蔑视客观事实，随意发挥主观想象的过程，也不是把客观事实当作“依托”，专门阐述理论的过程。指出这一点，既同唯心主义的采访理念划清了界限，又揭示出了新闻采访活动的本质属性与宗旨。新闻采访活动说到底，就是借助搜集、获取有关材料，了解、掌握客观事实，并且根据新闻传播的规律与要求，正确地认识、选择客观事实的活动。因此，从实质上说，新闻采访活动也就是一种专门性的（或曰记者职业性的）调查研究活动。

二、“为写作新闻报道而进行的”

这是一个限制词组。它阐明了作为了解和掌握客观事实的新闻采访活动的主要目的与显著特征。人们了解和掌握客观事实的活动有许多种，如果不是为了写作新闻报道而实施的，便称不上是新闻采访。定义中指出这一“种差”，就避免了那种混淆不同性质、不同目的的了解和掌握客观事实的活动之间区别的问题的出现。

三、“新闻记者（包括业余通讯员在内的新闻采访者）”

这是实施新闻采访活动的行为主体。新闻记者为写作新闻报道必须了解和掌握客观事实，但在有些情况下，为写作新闻报道而进行了解和掌握客观事实的人，并不止于记者。比如，某个团体需要就某项活动作新闻发布，由一位发言人出面，举行记者招待会。在此之前，这位发言人也要了解和掌握一些情况，搜集一些“发言”所需要的材料。但是，他为新闻报道所做的这一工作，是不能称之为新闻采访的。因为，这位发言人在这一新闻活动中是处于被采访者的地位。采访者和被采访者这个界限的划分，对记者在新闻采访活动中主体地位的确认是十分重要的。记者必须牢记自己在新闻采访活动中应尽的职责，发挥应有的作用。

第三节　新闻采访在新闻传播活动中的地位与作用

在新闻传播活动中，新闻采访占据着什么样的地位，起着什么样的作用呢？为了说清这个问题，让我们先看看下面一则故事：

17 世纪初叶，英国有个叫华尔德·拉莱的历史学家。一次，他因事犯法，被关在伦敦塔监狱里。当年这座监狱与众不同，它把犯人关进去就不管了，由你自生自灭。有钱的囚犯可以在监狱里租房赁屋，摆酒设宴；而没钱的囚犯只好站在铁窗口向街上行人乞讨，或在狱中做苦工挣饭吃。拉莱是有钱人，他在狱里租了一间房屋，埋头写作他的《世界通史》。一天，一个名叫约翰的囚犯和另一个名叫汤姆的囚犯在他的窗外打架，他写不下去了，停笔去看。打架结束后，拉莱得出结论，约翰欺侮了汤姆。于是，他继续写他的书。第二天，同狱一个朋友来看他时，谈到两个囚犯打架的事。这位朋友当时也在场，评论起是非来，朋友的看法与拉莱截然不同。两人争执不下，便同去调查，才弄清这场打架事件的来龙去脉。原来，那两个囚犯都有责任，但比较而言，汤姆的错处更多些。拉莱回到屋里，反复思忖："发生在我眼前的一场打架事件，我尚且作出了错误的判断；我写《世界通史》，对几百里外、几百年前的人物和事件加以叙述和评价，该会有多少错误啊！我不是在自欺欺人吗？"一气之下，他把已写好的手稿全部焚烧了。

拉莱焚稿一事固然荒唐可笑，因为他陷入了"不可知论"的泥沼。然而，对于从事新闻工作的人来说，从这个故事中难道不能得到一点启示吗？搞好采访，认识、了解客观事物的真相，对做好新闻工作何等重要；否则，你传播的新闻也只能是在

“自欺欺人”。

新闻采访在新闻传播活动中的地位与作用，主要表现在这样几个方面：

一、新闻采访是新闻传播活动中最基础、最关键的一环

从整个新闻传播活动的程序看，采访是关键性的第一步，是其他各种新闻传播活动的基础。一条新闻，要经过采访、写作、编辑、审稿、编排、印刷发行或播出，才能跟读者、听众或观众见面。在这一系列的新闻传播活动中，采访是第一道工序，是最基础的环节。如果没有采访，没有新闻的“原料”作“基石”，其他各种新闻传播活动便无法进行。采访的情况怎样，采掘到的新闻“原料”的质量如何，也对其他一系列工作环节产生连锁反应，最后直接关系到新闻工作的成效。

早在六十多年前，我国著名新闻工作者邵飘萍先生就在他所著的《实际应用新闻学》一书中谈到，报纸有三项任务，即：采访、编辑、经营。而在这三项业务中，他说应该“以采访为最重要”。为什么呢？因为构成一张报纸的最主要的“原料”是新闻，“而新闻之取得乃在采访”。基于这个认识，邵飘萍先生还说：培养记者“乃是推进报纸的根本的根本”。① 实际情况也是这样。如果报纸、电台、电视台有一支强有力的、高水平的记者队伍，经常采写独家乃至第一流的新闻作品，经常反映重要情况，编辑部的日子就好过，整个新闻工作就会“活”起来，充满生机；相反，如果记者手里常常采集不到新闻，拿不出像样的产品，就会造成编辑部工作的先天不足，后面的工作再怎么使劲，也会无济于事。

---

① 转引自郭振：《邵飘萍论新闻采访》，载《新闻研究资料》1981年第5辑。

二、新闻采访对新闻写作来说，是第一位的、起决定性作用的

常言道："巧媳妇难为无米之炊。"不搞采访，写作便是一句空话；采访搞不好，写出的新闻报道质量必定低劣。采访决定写作。这是因为：

1. 从新闻报道的来源和形成看，事实是第一性的，反映事实的新闻报道是第二性的；先有事实，后有新闻报道，这两者之间的媒介是采访。因为采访具有主观认识客观的特性，而写作离开了采访就不具备这种特性。广大人民群众在实践中创造的新成就、新经验，实际工作中出现的新情况、新问题，自然界和社会生活中发生的新动向、新矛盾等，记者只有通过及时采访，才能迅速地认识到，才有了提笔写新闻报道的依据。采访是写作的前提和基础，写作是采访的结果和归宿；离开了采访，写作就成了无本之木，无源之水。

2. 从新闻报道本身的特点和要求看，新闻报道强调真实性，要求准确地反映客观事物。这就得依赖于采访过程中坚持辩证唯物主义的认识论，既深入实际调查，努力掌握第一手材料，又能作出合乎科学的分析研究，以正确认识客观事物。新闻报道强调用事实说话，这也得依赖于采访阶段占有翔实的新闻素材，写作时"再现"事实才能得心应手，"说话"也才有了"根据"。新闻报道强调新鲜、及时，这还得依赖于采访中能敏锐地发现新闻事实，并迅速予以采集捕捉。

3. 从新闻报道的具体过程看，一篇新闻稿的诞生，大体上要经历这样七个步骤，即寻找新闻线索、确定采访选题、选择并占有材料、理出观点、提炼主题、安排结构、写作成稿等。不仅前四个步骤属于采访的范畴，而且提炼主题的初级阶段，也是在采访中完成的。可以说，在采访中完成了新闻报道制作工序的一大半。采访搞扎实了，写作中的主要问题便迎刃而解了，安排结

构、写作成稿这两个步骤的完成也就比较顺手了。

此外，许多中外优秀记者的采写实践也都证明了采访对于写作的极端重要性。20世纪30年代时，斯诺、范长江为什么能分别写出轰动一时的《西行漫记》和《中国的西北角》？那是因为他们不避艰难，迎难而上，分别深入到“红区”和我国西北地区实地采访的结果。40年代，刘白羽、华山、阎吾等老记者为什么能写出那一系列震撼人心的新闻报道？那是因为他们在抗日战争和解放战争的第一线，冒着枪林弹雨采访到最精彩的事实材料才写出来的。50年代以来，穆青、田流、柏生、郭超人等著名记者为什么能赢得广大受众的赞赏？那也是他们走南闯北，深入工厂、农村、街道辛勤采撷来的新生活之花、之景，吸引了热爱新生活的人民群众。80年代、90年代，范敬宜、艾丰以及众多的中青年记者之所以能写出一批既激奋人又启迪人的好新闻，受到了社会大众的广泛关注和好评，那还是因为他们面对着社会的改革、变迁的浪潮，积极投身其间，“上下求索”，善于思考的结果。“多年从事新闻工作的同志，都有这样一点体会：如果采访的时间是一，而写作的时间是十，就颠倒了采访与写作的常规。应该是采访的时间是十，写作的时间是一。在写作之前，必须深入采访，下大功夫。”①

当然，这里强调采访决定写作，丝毫不意味着可以忽视写作。采访的成果是要靠写作呈现出来的，只有讲究新闻写作的方法和技巧，才能将采访到的新闻事实圆满地奉献给受众。新闻界有句行话叫做“六分跑、三分想、一分写”。如果前面九分工作都已完成，而独缺后面一分新闻写作工夫，还是会功亏一篑，前功尽弃的。此外，采访虽然对写作起着决定性的作用，但写作对采访也有着能动的反作用。记者可以按照写作上的要求，更有目

---

① 林放：《浅谈新闻写作中的几个关系》，见《中外记者经验谈》，第123页，中国人民大学出版社1983年版。

的地去寻找和挖掘所需要的材料。在写作的过程中，如果检验到采访有哪一点不到家，还要作补充采访。因此，采访与写作是相辅相承的，都不能偏废。民国初年的著名记者黄远生，在谈到新闻记者应具备的条件时说："新闻记者须有四能：（一）脑筋能想；（二）腿脚能奔走；（三）耳能听；（四）手能写。调查研究，有种种素养，是谓能想；交游肆应，能深知各方面势力之所存，以时访接，是谓能奔走；闻一知十，闻此知彼，由显达隐，由旁得通，是谓能听；刻画叙述，不溢不漏，尊重彼此之人格，力守绅士之态度，是谓能写。"① 这是很有见解的实践总结。

三、新闻采访是锻炼、培养记者的主要途径

新闻采访是一项艰巨繁重的劳动，它要求记者时时刻刻处于紧张的工作状态中，留心捕捉生活中每一个有价值的新闻信息；还要求记者深入实际、深入生活，排除各种困难和干扰，以寻求事实之真相。这对记者的思想作风、道德情操无疑是一种极好的锻炼。怕苦、怕累、私心重的人，是难以当好记者的。尤其是记者采访要接触形形色色的人，既有善良正直的，也有居心叵测的；会遇到各种各样的生活环境，既有安逸舒适的，也有艰难困苦的。在这些交往和生活中，记者更会经常受到思想作风和道德情操上的各种考验。其间的种种问题，也必定会在采访中暴露出来。前辈记者范长江在《怎样做新闻记者》一文中说："我想世界上很少有人像新闻记者这样有更多的诱惑与压迫的。一个稍稍有能力的记者，在他的旁边一方面摆着：优越的现实政治地位，社会上的虚荣，金钱与物质的享受，温柔美丽的女人，这些力量诱惑他出卖贞操，歪曲真理。另一方面摆着：诽谤、诬蔑、冷

---

① 见《远生遗著》卷一，第 123 页，商务印书馆 1984 年版。

眼、贫困、软禁、杀头，这些力量强迫他颠倒是非，出卖灵魂……"① 当然，范长江讲的这些诱惑与压迫，是针对当时他做记者时所处的环境而言的。然而，尽管今天的记者所遇到的诱惑与压迫与那时的情况不同，但这种诱惑与压迫依然存在，只是形式不一样而已。君不见，有的记者不是为"名利"所惑，而热衷于捕风捉影、道听途说，制造新闻或搞"有偿新闻"吗？有的记者不是为"权势"所压，见风使舵，委曲求全，曲意奉承，甚至颠倒黑白，信口雌黄吗？因此，没有正确的思想作风，良好的道德情操，是没法真正搞好新闻采访的。此外，记者采访常常是放"单飞"，一人在外单独活动，这更是一种考验，更需要自觉和慎重。新闻采访的实践，能使记者受到种种人生的教育和磨练。"刀在石上磨，人在世上练"。记者在社会上"滚"，几年、十几年以至几十年"滚"下来，只要不混日子，不走邪路，那么就一定能成为有益于人民的人。

新闻采访还有助于记者提高认识水平，获取丰富的知识养料。新闻采访是一种主观认识客观的活动。客观事实是纷繁复杂的，又是变动不息的。要真正认识一个事物，把握一个事物，是很不容易的。现象和本质要区别开来，主流和支流要区别开来，真与假、美与丑要区别开来，这都得靠记者的采访活动。采访可以帮助记者增强分析事物、洞察事物的能力。同时，记者面对整个社会，采访活动面广，接触面大。方方面面的情况，各行各业的知识，既能使记者的视野更开阔、思想更敏锐、头脑更聪明，又能使记者天天都在"读"社会这一部活的百科全书。记者只要是"有心人"，年长日久，就可以积累起丰富的知识和经验。这是极为宝贵的财富，它不仅能帮助记者成为某一行业、某一领域的行家里手，而且能为造就名记者打下坚实的基础。

---

① 转引自程世寿等：《通讯员修养与写作》，第 15 页，新华出版社 1988 年版。

思考与练习

1. 对新闻采访活动认识上的哲学观的对立表现在哪些方面？请联系实践谈谈新闻采访坚持辩证唯物主义哲学观的重要性。

2. 请谈谈对已有的各种新闻采访定义的看法。

3. 新闻采访与新闻写作之间是什么关系？

第四章　新闻采访活动的特征

特征是指一事物区别于其他事物的特有的、鲜明的个性。新闻采访活动的特征，就是新闻采访活动本身所独有的而其他同类（或同属）活动所没有的特质规定性。正因为特征是通过同类、同属活动或事物相比较而显现的，因此可以从不同的层面、方位予以概括、阐释。

第一节　新闻采访活动“内在”特征的剖析

所谓“内在”特征，是指事物内在的、本质层面上的个性特征。前文曾指出，从本质上说，新闻采访活动是人类的一种特殊的认识和把握客观事实的活动，或者说是新闻记者的一种职业性的调查研究活动。与其他调查研究活动相比较，新闻采访活动的这种“特殊性”或者“职业性”，表现在如下几个方面：

一、公众性

这是从活动的根本宗旨和目的上概括的新闻采访的一大特征。任何调查研究活动都有着自己的特定的宗旨和目的。比如，党政领导部门的调查研究，是为了了解下情、舆情，为制订或修改、完善政策提供依据；公、检、法等部门的调查研究，是为了搞清案情，为破案或审案服务；历史学者的调查研究，是为了揭示历史的真相；文艺工作者的调查研究，是为了“更集中”、“更典型”地“表现”生活；哲学家、理论家的调查研究，是为了从中抽象出事物发展变化的最一般规律或某一领域的内在规律……记者的调查研究——新闻采访，显然和上述各种调查研究活动的宗旨与目的都不相同；其根本宗旨与目的是为了发现、获取现实生活中出现的新事物或事物的新动向，以便迅速、及时地向社会公众传播，即记者的调查研究是为了满足社会公众对信息传播的需求而实施的，记者是带着公众需求去进行采访的，其采访的结果不仅要“传”给别人，而且要广泛地“播”出去，其传播对象不是一两个人，也不是有范围限制的少数人，而是尽量广泛的社会公众。

早在 1958 年，周恩来同志就说过：“你们记者，要像蜜蜂，到处采访，交流经验，充当媒介；就像蜜蜂酿蜜，传播花粉，到处开花结果，自己还酿出蜜糖来。”① 这段谈话，是对记者采访宗旨、目的非常形象而又非常准确的描述。记者要把群众欲知、未知、应知的事情告诉他们；把群众的要求和意见反映上来，把上级领导的意图传达给群众；把世界的大事告诉本国人民，把本国的大事告诉世界；把一个地区或单位的有传播价值的事情告诉全社会，把社会的总形势告诉每一个人。总之，记者要结合上下，联系左右，沟通中外，这就是他进行采访的主要目的。离开了这一点，采访也就没有独立存在的必要了。每个记者都为自己“调查”来的情况能得到广泛的传播而高兴，而且传播得越广越高兴。

认识采访的宗旨与目的有什么意义呢？最主要的是，它能为我们开展新闻采访工作指出一个明确的方向——不忘记新闻受众的需求。

为了便于向公众传播，记者采访报道的对象和内容应该是受众普遍关注的，又有一定社会意义的事物。比如，20 世纪 80 年

① 转引自孙世恺：《新闻记者入门》，第 13 页，北京出版社 1982 年版。

代初期，湖北省果木研究所经过试验，培育出了一种早熟苹果品种。为此，《长江日报》派记者前去采访。当时，有关部门曾对这一新品种的性能、价值及其培育经过、栽植措施等作过细致的调查、鉴定，并写出过数万字的报告材料，但这并不能代替记者采访。因为这些材料，都是为了确认和推广这一新品种服务的，并不是为公众传播服务的。这数万字的材料，如果作为报道登在报纸上，能有多少人愿意看和看得明白呢？于是，记者从为公众传播的目的出发，对这些材料又重新作了一番“调查研究”，从中发现了这样一件事：一般苹果要到七八月份才成熟上市，而这种苹果品种可提前到六月中旬和桃子一道进入市场。记者抓住这件事深入采访，结果写出了新闻《摘桃时节采苹果》①，不但简单、明了（仅320字），而且引起武汉市民的广泛关心。

为了便于向公众传播，记者的采访报道还应该具有一定的知识性、趣味性、生动性，能引起受众的普遍兴趣。这就要求记者采访时注意选取这方面的角度，抓取这方面的材料。请看曾荣获全国好新闻奖的《经济学家赶集》：②

> 3月4日下午，经济学家薛暮桥到北京北太平庄农副产品市场赶集。
>
> 这位75岁高龄的老人，兴致勃勃地挤进人群，东瞧西看，问这问那。见到卖鲜鱼的便问是怎样运进城里来的。有几个顾客正向卖主讨价还价，最后达成协议：一元二角钱一斤。薛暮桥高兴地说：“好，我也买一条。”卖鱼的拣了一条又大又肥的胖头鱼，一称，五斤重。他一边付钱，一边说：“看来还是两个市场好。”买完鱼，他又买了一条擀面杖。这时候，一个老头在叫卖挖耳勺。他赶快过去花三分钱

① 载《长江日报》1982年6月19日。

② 载《市场报》1980年4月25日。

买下一个，说：“我早就想买这么个小东西，总买不着，今天算是盼着了。”

……

从这段文字中，我们可以看出记者的采访与其他方面的人士（例如经济学家）的调查研究有很多不同。记者为了形象地说明农贸市场的必要性，他选择了薛暮桥这位有着较高社会地位和广泛学术影响的经济学家作为新闻的主人公，这样就增强了新闻报道的吸引力；与此同时，记者形象、生动地记录下了这位经济学家逛市场时“东瞧西看”、“问这问那”的一举一动，记录下了他在市场上买东西时发自内心的话语。这些举动、话语，对于经济学研究者来说可能不屑一顾，而对记者来说却是如获至宝，因为把它们写进报道里，会让受众读来兴趣盎然。至于薛幕桥问鱼贩子鲜鱼是怎样运进城的，记者只是简单地提了一句，而没有记下对方怎样回答，这也是因为考虑到这篇新闻报道的广大受众对此并不感兴趣。如果是经济学研究者作调查，那么鱼贩子对此的回答正是他所需要下功夫掌握的，因为只有了解了这些情况，才能发现当时流通领域中的一些问题。

为了便于向公众传播，记者的采访报道还要十分注意如实地收集、反映所报道事实的多方面的材料，以给受众一个全面的、正确的、完整的认识，从而增强新闻报道的可信度，扩大新闻传播的社会效果。比如，1983 年 8 月 16 日新华社的一则消息《失足掉进石窟 17 天，贵州两名学生大难不死》，讲述两名青年学生掉进 12 米深的石窟后，从昏迷中苏醒过来，无法爬出光滑的岩壁，且身上只带了一只熟鸡蛋；开头几天，他俩喝泥水、岩浆水，后来水源枯竭，便用皮鞋接尿喝，以水、尿代食，就这样，他俩在石窟里与死亡之神整整搏斗了 17 天，直到被人发现救了出来。如果报道到此为止，不少受众定会疑团丛生：17 天不吃东西，为什么还能大难不死？这可能吗？有迷信思想作怪的人，甚至会从报道中得出这是神灵保佑的结论。正是基于这种考虑，写这篇消息的记者在报道此事的过程中，不忘采访报道了“贵阳医院生理学专家和盘江矿务局总医院的医生”对此事的见解：“这与他们坚持喝水有很大关系；在断粮的情况下，人体可以靠消耗自身的肌肉蛋白质和脂肪来维持一段时间的生命，但如果缺水，新陈代谢不能正常进行，几天内就会死亡。”这样，就科学地解释了“17天大难不死”的原因，受众对所报道的事件也就有了全面的、正确的理解。

二、公开性

这是就活动的范围、内容以及结果所具有的“自由度”而概括出的新闻采访的又一特征。这一特征是从上一个特征——公众性派生出来的。新闻采访活动的宗旨与目的是为了向社会公众传播，那么，它的活动范围、内容及结果自然便不像其他一些真人真事的调查研究活动那样，或者具有一定的限制性（如党政部门的调查研究），或者讲究严格的保密性（如政法部门的调查研究），而是有着明显的公开性特征。

新闻采访的公开性，规定着其活动的结果是公开的，任何新闻报道都应该而且可以被社会成员所分享；同时，也规定着其活动的范围是公开的，社会生活的各个领域都可以为新闻采访所涉及；而且，还规定着其活动的内容也是公开的，新闻采访报道的对象应该是可以公开报道的一切人与事。

明确并强调新闻采访具有公开性的特征，不仅因为它是由采访活动的自身规律所决定的，而且还有着强烈的现实意义。它有助于我们防止和克服新闻传播中存在着的种种不合理的清规戒律，以致新闻采访报道面太窄的现象，提高新闻传播的透明度，充分发挥新闻传播的应有效果。这样做，一方面是为了适应现今我国社会正在大力倡导和建设社会主义民主政治的需要。人民大众作为国家的主人要参政议政，首先必须“知情”，拥有充分的

"知情权"，如果许多国内外重大情况都不知道，何以去谈参政议政？明确并强调新闻采访的公开性，就是要求记者牢记新闻采访报道是没有"禁区"而言的（当然，国家的法律和新闻政策是必须严格遵守的），只要是人民大众普遍关心的事，迫切想知道的事，记者就有责任通过新闻采访报道让人民大众"获知"。为此，新闻采访要努力扩大报道面，增大新闻传播的信息量，尽量增强国家党务、政务活动的透明度。尤其是在涉及"批评性"或者"揭露性"的报道上，要保证人民大众通过新闻传媒对党和政府机关及其工作人员充分行使舆论监督的权利。另一方面也是为了适应当今国际社会新闻竞争的需要。今天，科学的进步，通讯技术的现代化，已经使世界变成了一个"地球村"，国内外发生的重大事件，转瞬间便会传遍全国乃至世界各地。面对这种情况，你不去采访报道，就会让别人抢先采访报道；这样，在新闻传播市场上，你所服务的新闻传媒就会丧失竞争力。尤其是在国际新闻竞争中，我们的记者如果对一些重大事件瞒而不报，而人家抢在前头采访报道了，这样，别人掌握了舆论的主动权，势必造成我们自己被动，有时甚至会造成不良后果。比如，过去在遇到"天灾"或"人祸"时，我们的新闻传媒和记者担心一旦报道出去会"有损社会主义新中国的形象"，不敢去采访报道，结果反而让国外一些别有用心的传媒和记者钻了"空子"，趁机抢走了舆论主动权，往我们新中国身上大泼污水。这些历史的教训值得我们牢牢记取！

明确新闻采访的公开性特征，也有助于我们的新闻采访者自觉地增强社会责任感，注意讲究新闻传播的社会效果。既然新闻采访的结果是公开的，是毫无保密可言的，一个有良知的新闻记者就必须时刻牢记党、国家和人民大众的利益，维护社会公德，尽力防止新闻报道可能产生的负面作用。凡是属于国家机密的，法律禁止的，或者涉及个人稳私的事，以及属于新闻法规或者新闻政策规定不允许传播的事都不能公开报道。

三、事新性

这是就活动的主要任务概括出的新闻采访的又一个特征。事新性，包括两层意思：其一，新闻采访要同事实“打交道”，要抓取事实；其二，新闻采访要同新鲜的事实“打交道”，要抓“新事”。

新闻是新近发生或发现的事实的报道，它天天乃至时时都在为社会公众提供新的情况、新的信息、新的人物、新的经验、新的问题。离开了事实，新闻便失去存在基础；而离开了“新”，采访报道的是“明日黄花”，新闻则成了历史，也就失去了其存在的意义。

新闻采访就是记者不断地发现、追逐新鲜事实的活动。事新性，既分清了新闻采访与其他行业调查研究活动的界限，也显示出新闻采访与其他新闻业务工作的区别。新闻采访的事新性特征，既要求记者正确地认识和把握事实，善于排斥不是事实的“新闻”，更要求记者熟悉新闻业务，增强新闻敏感度，懂得新闻价值所在，善于排斥不是新闻的事实。记者应该尽可能地发现和抓取现实生活中“第一次”发生、“第一个”出现的东西（新的事物，或者事物的新动向）。因为这“第一”的东西，是“首创”的，是人们“未知”的，富有新鲜感，传播出去才能吸引受众。当然，记者抓取的这“第一个”，应是从全面着眼的“第一个”。有些事物或事物的发展、变化，在局部（如本地区、本部门）看来，是新发生的、新出现的，但在全局（如全市、全省、全国乃至全世界）范围内，已不是新的，不是“第一个”了，也就不能成为新闻，记者也没有抓取的必要了。同时，记者也要尽可能注意一些新闻受众“已知”的，或者不是“第一个”出现、发生的东西；如果记者能从中发现、找出它们的新的特质、特性，从而让新闻受众获得了新的感受、新的认知，那么，这些“已知”的或非第一个的事实也就因为有了新意而成了新闻。这其中的奥秘便是新闻价值在起作用。这就要求我们的记者学会“旧事翻新”的本领。有些过去发生的事如果还有报道的价值，就一定要注意找到其新闻根据。新闻根据也叫新闻由头，是新闻之所以能够成立的依据。它可以作为一个引子，把一些旧的事实带出来，这样旧闻变新闻也就有了理由。比如，四十多年前，周恩来同志曾给一位民主人士就通邮问题题了词，这位民主人士一直珍藏着这幅题词。这件事在80年代初期我国政府提出与台湾当局实现“三通”的形势下，无疑是具有报道价值的。但它能不能成为新闻呢？这就要看抓不抓得住一个好的新闻根据。不然的话，它只能是一种新闻素材。1981年4月29日，《福建日报》终于把这个珍贵的新闻素材变成了新闻《传邮万里，国脉所系》。它的根据便是这位民主人士当时向国家献出了这幅题词。善于捕捉新闻根据，许多事实就会常报常新。因此，我们对于新闻采访的“事新”性特征的把握，既要注意新闻受众的“未知”，更要注意新闻受众的“欲知”，努力发现、寻找受众“欲知”的新事物，或者事物的新特点、新角度、新含意，以满足新闻受众的“新闻欲”。

四、快速性

这是就活动过程的长短、快慢概括出的新闻采访的又一特征。新闻是瞬息万变的客观事实的及时记录，讲究时间是其主要特点之一。这是因为新闻要及时传播信息，沟通情况，引导社会舆论；如果拖拖拉拉，错过时机，时过境迁，新闻就会贬值，甚至失去存在价值。有些政治性强的新闻，延误一时半刻都会造成不良的后果。尤其在现代社会里，大众传播的手段、技术不断发展，新闻传媒间的竞争日趋剧烈，时间性更是决定新闻的生命力、竞争力的一个重要法码。

新闻的时间性，决定了新闻采访的过程不能按部就班，不能慢慢吞吞，而必须高效率、快节奏。新闻采访是在有限的时间内，甚至很短的时间内进行的。其他形式的调查研究都没有像新闻采访这样，在时间上这么紧迫。作家体验生活，一次可以花上一年半载，甚至更长的时间。社会学家的一次调查，可以用上数十天或者几个月。政策研究或者公安人员的调查，有时也很急，但也没有“卡死”的期限，总是以调查研究本身的进程为准。记者的采访则不同，一次采访往往只能用几天、几个小时，有时甚至要争分夺秒；如果在某一时刻采访没有完成，那么整个采访都可能“报废”。时间上的严格期限，对记者的采访是个硬指标。采访过程的快速性，也是新闻采访与其他调查研究活动相区别的一个分水岭。

这里，我们虽然强调记者采访的快速性，但也不是不顾一切，唯快为好。快，只是一种手段，不是目的。真实性是新闻的生命，新闻采访过程的快速性，决不能动摇新闻真实性的原则，要在真实、准确的基础上求快。凡事情的过程、状况没有弄清楚，或暂时弄不清楚，或需要等一等才能作出正确的判断的，就不要因求快而缩短采访过程，凭想当然、老经验进行推测，或轻易作出判断，抢着去报道。牺牲真实性原则的求快，其后果是不堪设想的。

我们的新闻采访在强调快速性的同时，还要求记者注意从党和人民的利益出发考虑问题，遵守党的宣传纪律。在某种情况下，如果快速采访报道不利于实际斗争或工作，就得放慢甚至停止采访过程。我们新闻采访快速性的出发点，是党和人民的利益，是政策的需要，是有关保护党和国家机密的要求。西方一些新闻学者标谤“时间是新闻的生命”、“时间第一”，把抢快说成是“满足人类固有的天性”。这是欺人之谈，也是缺少分析的浅陋之见。新闻并不是纯然的“客观存在物”，而是一种“精神产品”。新闻的采写总是有所选择，有所为而作的，首先是离不开阶级利益的制约。实际上，西方新闻工作者也不是“唯快主义”，也不是无原则地抢新闻的。他们首先也要考虑本阶级或者所依附的财团的利益，把政治的、经济的利益放在处理新闻诸原则的第一位。该抢则抢，该慢则慢，该压则压。这也是他们的新闻政策。1969 年 7 月 20 日，美国宇航员威尔逊等人首次乘登月船登上月球，面对这一人类史上的伟大盛举，美国广播电视网在转播实况时却留下了四分半钟的空白。这个沉积了 20 年之久的传播之谜，直到 90 年代初才被揭开。原来，登月之前有关方面曾通知威尔逊，让他登上月球后发表一篇这样的简短讲话："我，哈泼·威尔逊，郑重宣布美利坚合众国拥有对月球的领土主权。美国人迈出的每一步都是美国领土的扩展。"然而，威尔逊却没有执行这一指令，当他双脚踏上月球时，他说："我，哈泼·威尔逊，以全人类的名义宣布，月球不属于哪一个国家，而是全人类的共同财富。我们是为全人类的和平而来。"就在这时，向全世界进行的电视实况转播突然中断了，持续了整整四分半钟。当时美国官方解释是通讯卫星出现了故障，而实际上则是宇航基地指挥部正在同威尔逊专线通话，要求他收回刚才的讲话，但遭到了威尔逊的拒绝；于是，指挥部立即撤消了威尔逊的队长职务，并任命其副手内尔当队长。美国这一电视实况转播中出现的四分半钟空白的真相，直到 20 年后才得以披露。为了自身利益和宣传的需要，美国电视新闻传媒在对待新闻采访报道的求快问题上是一点也不含糊的。

新闻采访的快速性，既包含了要用尽快的速度，去采集、报道事件的发生、发展和变化，也包含了新闻采访报道的时机要恰当。也就是说，新闻信息的传播，应该是在当前形势和任务最为需要的时候，也应是当前最广泛的受众最为关注的时候。新闻采写的时机掌握得好，新闻传播在最佳"火候"上，就能正好击中"社会上绷得最紧的那根弦"，从而提升新闻的传播价值，产生最佳的的传播效果。这是一种高超的新闻传播艺术，是我们记者应该努力学习和掌握的。

第二节　新闻采访活动“外在”特征的剖析

“外在”特征，也就是事物在外在形式或方式方法层面上的个性特征。新闻采访活动，主要或经常是通过人际的社会交往形式，从采访对象那里获取新闻素材，进而去认识和把握客观事实。当然，这种新闻采访所进行的人际社会交往活动，与社会上普遍存在的一般人际社会交往，或者其他行业、职业开展调查研究所采取的人际交往都有着明显的不同之处，从而显示出它独有的个性。这主要表现在这样几个方面：

一、广泛性

这是指新闻采访这种社会交往活动接触面广，交往对象和服务对象都十分繁杂而言的。新闻采访活动是一项为了社会公众去搜集、去传播新闻信息的工作，而新闻信息不仅蕴藏于自然界，更蕴藏于人类社会生活的方方面面。这就需要记者与社会广泛接触，与社会上各色各样的人打交道，以便从中发现、挖掘新闻信息。记者可能上午在庄严的机关大楼访问一位政府首脑，而下午便可能深入田间农舍与老农促膝交谈；可能今天在一间窗明几净的办公室里向一位全国知名企业家探寻其成功之道，而明天则可能在一座监狱里向犯人了解其犯罪心理……可以说，世上没有任何一种职业，像新闻采访那样与社会接触如此广泛，工作对象如此众多。

与此同时，新闻采访的出发点和归宿都是为了满足社会需要，社会需要的主体便是社会公众的需要。社会公众的构成十分复杂，由于地域、文化以及阶级、利益等因素的制约，在对新闻传播的需求上，社会公众间会形成相对稳定的需求一致性的群体，即新闻受众中存在着对新闻传播共性的心理要求；同时，由于年龄、性别、职业、环境及知识水平、性格习惯、情趣爱好等关系的影响，社会公众个体间对新闻传播的需求也存在着明显的差异性，甚至大相径庭。工作领域、工作对象繁杂，同时，采访活动的结果又是面对广泛的、对传播需求十分繁杂的社会公众，这种“两头广泛、繁杂”的现象，便是新闻采访活动所体现出的一大特色。

面对新闻采访活动这种“两头广泛、繁杂”的特点，记者一方面必须注意深入社会生活，熟悉社会生活方方面面的情况，学会并善于与社会上各种各样的人“打交道”；同时，也要十分注意了解并掌握社会公众的个性心理特征及其普遍的心理需求。合格的新闻记者，应该带着社会公众的普遍心理需求，在与社会公众的交往中发现、寻找适合社会公众需要的新闻信息，以取得最佳的新闻传播效果。

二、对等性

这是就新闻采访活动中，交往双方身份而言的。新闻采访是记者作为其所服务的新闻传媒的代表，也就是以社会公众群体代表的身份，去和社会公众的个体成员进行交往，从中发现有价值的信息，更好地认识和把握新闻事实。因此，记者和采访对象之间的身份、地位始终是对等的，不存在任何“上下”、“长幼”、“贵贱”等关系。这是新闻采访区别于其他人际社会交往活动的又一显著特征。

新闻采访活动对等性的特征，要求记者面对任何采访对象，都要以“平等”的态度对待之，不要妄自尊大，也不要妄自菲薄。即便采访对象是国家元首，记者也并不是作为他的下属去聆听指示；采访对象是普通的工人、农民，记者也不是以他们上司的身份来命令他们说什么或者不说什么。同时，更要求记者有很强的社会交往活动能力，学会并掌握好同各种各样的人物打交道、交朋友的本领，努力取得“对等”交往的资格，从而产生“酒逢知己千杯少”的效应。

新闻采访“对等性”的特征，也赋予了记者在新闻采访活动中的相对的独立性。记者是代表新闻传媒、社会公众去与采访对象进行交往的。新闻传媒不是行政机关、法律机关，不应只成为某个业务部门或行政单位的“发言人”，而应该是“社会舆论机关”。记者是“社会舆论机关”的代表、社会公众群体的代表。在繁杂的社会生活中，记者一般处于相对超然、客观、公正的“第三者”位置。这种相对“独立性”，给记者的采访带来了既开阔回旋的活动余地、便利的工作条件，但同时又带来了十分艰巨的工作职责和工作任务。它要求记者勇于独立负责，善于独立思考，并学会运用各种采访技巧，机智、灵活地处理各种问题，以圆满地完成新闻采访任务。

三、自由性

这是指新闻采访活动中，交往双方之间的关系而言的。新闻采访的对象是新闻信息资源的所有者，新闻记者则是新闻信息资源的需求者。两者之间除了在新闻信息资源配置上存在着这种潜在的“供”与“求”的关系外，是不存在着其他关系的。因此，其间新闻信息资源的转移，亦即“供”“求”关系的实现，是没有任何外在的约束力的。它不具备行政或法律关系上存在的强制性，如上级召集下级来汇报工作，下级不能无故不来，法官审问犯罪嫌疑人，犯罪嫌疑人也不能不回答。同时，它也不具备私人关系中存在的那种道义上的约束力，朋友有事相求，有话要问，总不能不理不睬；而采访对象，则完全有不接受记者采访的自由，也完全有不按记者的要求回答问题、提供信息的自由。这种“关系”上的高度“自由性”，便是新闻采访活动不同于其他人际社会交往活动的又一个显著特征。

新闻采访的“自由性”特征，要求记者要熟练地掌握采访技巧，善于运用心理调节与控制的手段，从而让采访对象自愿地、无偿地转让所占有的新闻信息资源，为新闻采访任务的顺利完成创造良好的条件。

第三节　新闻采访活动特征的体现与社会制约

新闻采访活动的特征，是其内在规律性的反映；新闻采访者不论是有意识还是无意识，都必定要遵循这些特征进行采访活动。新闻实践中，新闻采访的这些特征始终在起作用，它们体现得愈充分，采访活动的成功率便愈高；违背这些特征，新闻采访便难有成功可言。正确把握、充分体现这些特征，应该是每一个新闻采访者的自觉行为。

当然，“存在决定意识”，毫无疑问，新闻采访活动特征的体现，是要受到社会、时代的发展水平所制约、影响的。因此，在社会历史发展的进程中，新闻采访活动特征的体现呈现出相对性、不一致性，而不是在社会发展的任一时期都能得到充分的体现。

新闻采访活动特征的体现，受到社会发展的制约和影响，主要表现在这样几个方面：

一、社会物质生产技术的水平制约和影响着新闻采访活动特征的体现

社会的物质生产技术是人的创造，是人的“劳动的器官”；同时，它又是生产力发展水平的标志。当人利用一定的生产技术探索、改造大自然时，人必然与生产技术结成一定的依赖关系，并不得不根据这一生产技术来安排、组织生产。在这个时候，人便受到生产技术的制约。“各种经济时代的区别，不在于生产什么，而在于怎样生产，用什么劳动资料生产。劳动资料不仅是人类劳动力发展的测量器，而且是劳动借以进行的社会关系的指示

器。”① 因此，在不同的生产技术阶段，人们的社会关系以至整个社会形态都会有很大的差别。新闻采访活动特征的体现，也正是如此。在以锄头、耕牛为主要生产工具的农业社会里，新闻采访活动的“事新性”、“快速性”等特征，是根本无法体现的。到了以蒸汽机发明为开端的工业社会里，新闻采访活动的“事新性”、“快速性”等特征才开始有了显露，但也无法像现在以电子技术兴盛为标志的后工业社会里那样充分体现。今天，不少新闻传媒的记者外出采访时，都配有移动电话、手提电脑，甚至租用通讯卫星线路，从而为新闻采访活动的“事新性”、“快速性”等特征的体现提供了物质技术上的保证。当然，即使在现今社会里，不同国家或者一个国家的不同地区，乃至一个地区的不同传媒，由于交通、邮电以及传播手段等技术设施上的差异，新闻采访活动这些特征的体现也是不尽相同的。社会物质生产技术的水平规定和制约着新闻采访活动特征的体现，同时，社会物质生产技术的发展及其广泛运用，也必将推动着新闻采访活动特征的体现，两者之间存在着密不可分的联系。

二、社会经济发展的状况制约和影响着新闻采访活动特征的体现

经济生活活动，是人类最基本、最主要的社会活动。社会经济发展的状况，不仅关系到传播手段的运用，从而制约和影响着新闻采访活动“快速性”特征的体现，而且，更重要的是，还会制约和影响着新闻采访活动的“公众性”、“事新性”、“广泛性”等特征的体现。社会经济愈发展，社会信息交流就愈重要，社会公众对信息的需求也就愈迫切，新闻采访活动的“公众性”、“事新性”、“广泛性”等特征的体现自然愈充分。这早已

① 《马克思恩格斯全集》中文版第 23 卷，第 204 页，人民出版社 1972 年版。

为西方经济发展的历史所证明，我国社会经济发展的历史进程也说明了这一点。比如，在过去长期的、单一的计划经济体制年代里，由于“左”的思想束缚，我国社会经济发展一直处于低水平的状态运转，社会的经济活动是围绕着“以生产为中心”而进行的，其间的经济联系则是封闭的、纵向的联系，人们对经济信息需求的空间也就显得很窄小。这样，势必造成那时的新闻采访只是囿于“生产第一线”，采访的内容无非是反映生产成绩、生产经验、建设成就以及生产劳动中的先进分子等等。因此，那时新闻采访活动的“公众性”、“事新性”、“广泛性”等特征是无法真正得到体现的。随着社会经济体制的改革，尤其是社会主义市场经济体制的建立与完善，我国社会经济发展开始进入高水准状态运转。市场经济体制下的经济活动是以“市场为中心”开展的，其间的经济联系则是开放型的、多元化的。市场不仅是调节和指导生产的调节器、指示器，而且连接着社会生活的方方面面，关系着社会大众千家万户的利益。同时，在市场经济中，企业、单位或者个人的经济行为并不再为单一的地域观、行业观乃至文化观念、价值标准所制约，而是多种因素、多种条件综合权衡、判断的结果。市场经济生活的丰富内涵与功能，市场经济联系的多元格局与价值取向，必定大大刺激和提高社会公众对新闻信息传递的需求，拓宽新闻采访的报道领域及其内容，从而使新闻采访活动的“公众性”、“广泛性”、“事新性”等特征得到了充分的体现。因此，新闻采访活动特征的体现，也是社会经济发展的必然反映。

三、社会政治制度与政治形势制约和影响着新闻采访活动特征的体现

在阶级社会里，新闻传媒作为一种工具总是要受制于一定的阶级及其政党或者集团的。因此，新闻采访活动特征的体现，就必定有着明显的“政治色彩”。一般说来，由于社会政治制度与

政治形势的不同，新闻采访活动特征的体现也就迥然不同。以新闻采访的“公众性”、“公开性”为例，在集权主义的封建社会里，“民可使由之，不可使知之”，新闻采访的全部目的只是为了封建统治者的利益服务，采访报道什么，怎样采访报道，全是看“上头”的“眼色”、“喜好”行事的。那时，新闻采访是无法体现甚至不敢奢谈体现什么“公众性”、“公开性”的特征的。在所谓“自由、民主”的资本主义社会里，新闻采访报道的领域与内容都有了相当程度的扩展，采访报道的“自由度”加大了，有时甚至到了“敢说总统的坏话”、“敢揭政府的黑幕”的地步。从现象上看，在一些发达的西方资本主义国家里，新闻采访活动的“公众性”、“公开性”的特征似乎得到了充分体现。其实，这仅仅是一种假象。因为在资本主义社会里，占社会公众极少数的财团才是统治阶级的支柱，而总统、政府只不过是一些财团的代理人或傀儡，新闻传媒也被紧紧地控制在不同的财团手里，是财团监督政府或总统的一种工具。所以，新闻传媒“敢骂”总统或政府，但就是不敢骂控制自己的财团。至于新闻采访的内容，报道的方式，更是取决于财团的意愿，带有明显的倾向性。应该说，在资本主义社会里，新闻采访活动特征的体现也是受到很大的限制的。只有在真正的社会主义国家里，新闻采访活动的特征才能得到充分体现。这是因为社会主义政治制度下，国家政权代表着广大人民的意志，国家由人民大众当家做主，新闻采访活动的“公众性”、“公开性”等特征则以人民大众的根本利益为转移，人民大众根据自己的利益，“欲知”、“应知”多少，新闻采访报道就“公开”多少，不像封建社会要看统治者的眼色，也不像资本主义社会要看财团老板的眼色。

当然，在社会主义政治制度下，新闻采访活动特征的体现也并不是“一帆风顺”的，国内外政治局势的变化，尤其是领导者的思想认识与作风是否正确、“开明”，都会对它产生这样或那样的影响。比如，我国“文化大革命”期间，由于当时国家主要领导人从理论到实践违背了马克思主义的基本原则，以致被林彪、“四人帮”所利用，使社会主义民主政治受到了严重践踏。当时的新闻采访报道不仅不能反映人民大众的呼声、意志和要求，不能把人民大众“欲知”、“应知”的事进行公开传播，相反，还千方百计地对人民大众进行“封锁”、欺骗、愚弄。这是我国社会主义新闻采访史上最黑暗、最无耻的一段时期。随着“文化大革命”的结束，国家政治生活恢复了正常，社会主义民主和法制建设不断完善，应该说，现在我国新闻采访活动特征的体现已有了良好的“政治保证”，新闻采访报道的现状已今非昔比了。

思考练习

1. 如何理解新闻采访活动是一种特殊的调查研究活动？

2. 新闻采访活动与其他人际交往活动有什么区别？

3. 为什么说新闻采访的特征的体现要受到社会发展的影响与制约？

第五章　新闻采访活动的路线

所谓路线，是指“人们在认识世界、改造世界中采取的基本准则”。①它是依据一定的理论，总结已有的实践经验，并根据现实实际而制订的。在有阶级的社会里，路线总是有着鲜明的阶级性的，是阶级的意志、意愿的体现。本章阐述的新闻采访活动的路线，便是我国记者在新闻采访活动中应当遵循的基本准则。

第一节　新闻采访的认识路线及其规定

实事求是的认识路线，就是要求新闻采访活动必须从实际出发，运用辩证唯物主义的立场、观点和方法，实事求是地认识和把握事实。这是中国共产党的思想路线在新闻采访活动中的贯彻，是我国记者及其采访活动坚持党性原则的要求，也是记者及其所从事的新闻采访活动尊重新闻传播规律，按照新闻传播规律办事的具体体现。

一、实事求是认识路线的核心是求真

我们知道，事实是新闻的本源，是新闻存在的基础，没有事实便没有新闻。同时，新闻又是事实的报道，即要如实地报道客

---

① 《辞海》（缩印本），第1968页，上海辞书出版社1980年版。

观事实的真相。否则，新闻也就失去了其存在的意义。求真，是新闻报道的生命所在，也是新闻传播的一大规律所在。作为事实与新闻报道之中介的新闻采访活动，其根本的旨趣自然也就是要求真。

求真，首先要求记者在其采访活动中一定要真诚，要真诚地对待我们所从事的新闻事业，真诚地对待我们所要面对的、所要服务的社会公众。新闻事业之所以能在社会上发挥其应有的功能与作用，社会公众之所以能接受、信任我们的新闻事业，其首要原因便是它所传播的新闻信息是真实可信的。失真的新闻，势必败坏我们新闻传媒的声誉，势必失去公众的信任。只要记者在其采访活动中能够真诚地对待我们的新闻事业，真诚地对待社会公众，就会不计个人得失，甚至不顾个人安危，千方百计地去探究事实的真相，努力确保新闻报道的真实性。真诚，是新闻真实的一个极为重要的前提，没有真诚的主观态度，是不可能达到新闻真实的客观彼岸的。

求真，还要求记者在其采访活动中要自觉地同各种各样的干扰新闻真实性原则的观念或行为作斗争。从我国的新闻实践看，这种干扰既有来自外部的、社会的因素，也有来自内部的、记者自身的因素。由于缺乏辨识能力，缺少有力的抵制与斗争，这种干扰已成了当前新闻报道失实一大症结所在。

具体地说，对新闻真实性原则的外部干扰，主要表现在一些部门或地方的领导人（尤其是一些新闻单位的上级领导机关和领导者）出于种种“私利”（部门的、地方的乃至个人的），又分不清新闻与宣传的界限所在，把新闻与宣传简单地等同起来，驱使、逼迫记者宣传其“政绩”，维护其“利益”，为其“扬善隐恶”。同时也表现在当今社会运作中存在的制度性虚伪的现象给记者及其采访活动带来的无形“压力”。按照社会学家陆震的观点，“制度性虚伪是指一个社会在社会行为规范、社会运行机制、社会奖惩这三个方面，存在着一种将人引向弄虚作假的趋势并在实际中起着这样的导向作用”。① 具体地说，在社会行为规范方面，其表现为强求人们去做人性所不可能做到或不应做到的事。比如，提倡什么“男的能做到的，女的也要做到”，“带病工作，拼死也要战斗在工作岗位上”，“忠孝难全，几过家门而不入，父母病了也不管”等等。在社会运行机制方面，其表现为价值取向上的倒错和相逆。比如，教育链上家庭、学校、社会三个环节之间的差异甚至对立；又如，社会互动过程中，理论定向、政策导向、操作取向之间的不一样乃至相反，即“说的一套，做的又是一套”。在社会奖惩方面，其表现为最后“结账”时，总是让那些弄虚作假的人占便宜，“溜须拍马”的人“往上爬”，而老实人总吃亏。

对新闻真实性原则的内部干扰，既表现在有的记者“急功好利”，为了追求新闻的“轰动效应”，个人“成名成家”或经济上“有利可图”，肆意地杜撰、篡改、歪曲事实真相；也表现在有的记者混淆了新闻报道与文艺创作的质的区别，以文艺创作者的虚构性想象替代新闻记者应有的联想性想象，让想象这一感性、形象的思维方法“天马行空”，不受任何约束；还表现在有的记者不能正确把握自己的情感，单凭个人的好恶、喜怒去认识、评价事实，不是“情人眼里出西施”，就是“仇人相见分外眼红”；还表现在有的记者颠倒了新闻报道的“准”与“快”的关系，采访作风不踏实，浅尝辄止，只抓一点，不及其余，或者道听途说，捕风捉影，或者轻信盲从，“捡到篮里便是菜”，等等。

凡此种种外部的或内部的干扰，都是新闻真实性原则的大敌，必须予以坚决抵制和斗争。求真，自觉维护新闻报道的真实性是我们每一个记者的天职。

---

① 转引自曹轲：《关于假新闻现象的理性思索》，第12页，《新闻大学》1997年夏季号。

二、实事求是认识路线是对“客观主义”的扬弃

新闻采访报道中的“客观主义”早先源于美国，当时是对党派报纸的煽情主义的一种反省，以后逐步形成并确立为一种新闻理念和采访报道的行为方式。尽管西方对“客观主义”有许多不同的具体解释，但基本点是一致的，即“新闻（News）和意见（Views）分开”，新闻“只报道事实，不报道意见”；记者的采访报道必须排除任何偏见，“忠实地”记录事实，做到“不偏不倚”、“超阶级”、“超党派”，否则，新闻便不可能是真实的。应该说，“客观主义”强调新闻与客观、与事实之间的联系，要求记者的采访报道要尊重客观，忠实于事实，这是符合新闻传播活动的基本规律的，是有道理的。但是，必须指出的是，“客观主义”把“客观”性作了绝对化的理解和阐释，只强调新闻与“客观”的联系，而无视、否认新闻与“主观”的联系，要求记者的采访报道没有任何倾向或意见，只能“纯客观”地“记录事实”、报道事实。这样，“客观性”便演变为“客观化”了。这种“客观主义”的绝对化的阐释，在新闻实践中是根本行不通的，在理论上也是站不住脚的。

这一方面是因为事实经过记者的“报道”，必然融入记者的主观色彩；在阶级社会里还必然会带有记者的“阶级烙印”。这样，新闻采访报道的事实自然不可能是纯客观的了。因此，在现今社会里要求记者采访报道的事实是“纯客观”的，“不偏不倚”，“超阶级”，“超党派”，只能是一种“梦呓”罢了。另一方面是因为事实本身的生成与确认也不可能是纯客观的。众所周知，事实是作为人的感知的对象物而存在的。对于人的感知而言，它是“客观的呈现”，具有“客观性”的属性。同时，事实又是人的感知的作用对象，是人的感知的对象性存在物，离开了人的感知，事实如何生成与确认？这正如马克思所说：“假定一种存在物本身既不是对象，又没有对象。这样的……非对象性的

存在物，是一种非现实的、非感性的、只是思想上的即只是虚构出来的存在物，是抽象的东西。”① 非对象性的存在物是非存在物。事实是与人的感知紧密联系着的，而人的感知作用事实时，也就是在发现、确认一个事实时，必定是以一定的前导知识和理论为基础的。这样，在事实的生成中，必然渗透着认知主体的特定的知识和理论，认知主体的理论水平、文化知识、实践经验不同，都会对事实的生成、确认产生着这样或那样的影响。这就是同一事实为什么会在不同的人那里作出不同的判断、解释、表述的原因所在。因此，我们不应割裂事实与认知主体的联系，不应也无法剔除事实生成、确认中所应有的主观因素。在这个意义上，我们可以说，事实乃是一种客观性与主观性的统一体。“客观主义”否认这种主客体之间存在着的对象性关系，把主客体、主客观对立、割裂开来，自然是荒谬的，所谓“纯客观”事实只能是子虚乌有的“非存在物”。

实事求是的认识路线，就是要求记者的采访活动既要尊重客观，尊重事实，讲究“实事”，即按照认知对象的本来面目作出如实的直观的感性判断，以规定并赋予其特定的时空形式，同时，又要以正确的立场、观念对待所要认知的事实对象，讲究“求是”，即在认识过程中，用科学的态度对感知对象加工整合，以使事实从“具象”走向科学的“抽象”。这样，我们才能更深刻、更正确、更完整地认识并反映事实的真相，而不是肤浅地、片面地乃至荒唐地去“描绘”事实。

三、实事求是认识路线的贯彻在于科学的认知方法论

事实的存在是错综复杂的，既有其内部的多元结构的矛盾关系，又有其外部的多元环境的矛盾关系，更有其存在的原生相与

---

① 马克思：《1844 年经济学哲学手稿》，《马克思恩格斯全集》中文版第 42 卷，第 168~169 页，人民出版社 1972 年版。

人们对其多元认定的矛盾关系。贯彻实事求是的认识路线，正确地认识与把握事实，势必要正确对待并处理好这些矛盾关系。而要做到这一点，就必须掌握科学的认知方法论。具体地说，记者在新闻采访实践中应该坚持这样四项与事实“打交道”的基本原则：

1. 实证原则。

坚持实证原则，就是要求记者要客观地、如实地认识和把握事实。任何事实的内部都是由其构成要素组成的各种构成关系，其外部又是以时间和空间作为其存在形式。因此，事实的存在是客观的、具体的，是可以为人们所感知的。按照事实存在的本来面目，准确地、无偏差地认识它、把握它、还原它，是新闻报道的一个最基本的要求。

坚持实证原则，首先规定着记者在采访实践中必须有一种强烈的“求实”意识，积极地探寻事实存在的本来面目——存在的时间、地点、具体状态、来龙去脉、前因后果等，而不允许有丝毫的虚构、歪曲，即使是逻辑推理也要有客观依据，而不允许任何主观臆想。

请看某报的一则报道《他为何走上绝路》：

> 今年6月，凤台县茅仙洞的一片小树林中，有个二十多岁的青年愁容满面。他一根接一根地抽着烟，泪水不断。一包烟很快抽完了。青年缓缓地站起身来，将一根绳子拴在树上打了个活套，又万分不舍地望了一眼几里外的村庄，擦擦眼泪，把头伸进了绳套。
>
> 他叫夏广来，住李冲乡夏湾村，家有妻子并有了一对儿女。十一届三中全会以后，小夏凭着自己的勤劳和智慧，上山开山采石，下山拉车运输，很快成为夏湾村数得着的冒尖户。去年他又买了拖拉机，搞起了专业运输。四口之家日子过得别提多红火，村里人无不夸他聪明能干。但是，随着收

入的增多，小夏渐渐染上不良的习气。他不但自己烟酒讲高档，吃穿讲排场，还沾上了赌博的恶习。今年年初，他结识了一位不务正业的龙某。他投下资金，让龙某去广州等地搞录音磁带走私，第一次成功了，小夏不用出门便赚了一笔钱，这使他利欲熏心。于是，他不顾亲友的劝阻，卖掉了拖拉机，把数千元现款全部交给了龙某，进行第二次冒险。自己索性放弃劳动，整天和那帮人一起赌博喝酒。钱输完了，就开始把家里的东西作赌注。两个月以后，不但家业败尽，而且还欠债2000余元。这时，小夏唯有指望龙某走私成功。但不料走私品又被有关部门查获没收，龙某也不知去向。昔日那些酒肉朋友们见和小夏鬼混无利可图，也都一个个溜开了。至此，他才如梦方醒，但后悔已迟。小夏感到无颜见妻儿，便留下遗书一封，用身上仅有的七分钱，买了一包劣质烟，独自一人直奔茅仙洞。当家人发现遗书找到他时，他吊死在树上已经一天一夜了。

这则报道的第一段运用白描的手法，细腻地描绘了这位致富后走上邪路的青年自杀前的种种颇有“动感”的情景与心理活动，现场感很强。但读后人们不禁要产生疑问：记者是怎么知道这个“吊死在树上已经一天一夜”后才被人发现的青年人，临死前是“一根接一根地抽着烟……一包烟很快抽完了”，而不是慢慢地抽完呢？又从何知道他当时是“缓缓地站起身……又万分不舍地望了一眼几里外的村庄”，然后才去死的呢？这种场面，如果不是记者当时躲在一旁，见死不救，亲眼目睹的，便只能是记者凭空想象出来的了。

坚持实证原则，还规定着记者在采访实践中面对认识对象，必须有一种强烈的“求证”意识，即一定要“追根寻源”，积极探寻事实的真相所在。否则，浅尝辄止，就事论事地去认识、把握事实，势必造成新闻报道的失误，甚至贻笑大方。80年代中期，一些报纸竞相刊登了一位“自学成才”的典型——江西省赣南有色矿山机械厂助理工程师龚良经的“先进事迹”。报道说，龚良经通过刻苦自学，掌握了四国语言，在“国际上首创热处理材料新工艺及其理论”；有五位国内知名的热处理专家和教授联名写信给他，高度评价他的学术论文；国外还专门发来邀请信，请他去讲学，并将授予他国际“金棒奖”；甚至说他是“1984年诺贝尔奖金的候选人”。由于这些报纸的“热情宣传”，一个本来默默无闻的龚良经一下子就成了优秀知识分子的“典型”，并被晋升为工程师，提拔为赣南地区科委副主任、地区热处理学会理事长，还担任了省政协委员。当地党政机关和有关部门甚至纷纷作出决定，号召大家向龚良经学习。后来经查明，这是一场由龚良经一手“导演”的大骗局。龚良经只是粗通英语，根本就没有掌握四国语言；他的“论文和翻译”都是抄袭别人的；所谓“出国邀请信”和国际“金棒奖”，以及五位专家、教授的联名信等，也都是他自己杜撰、伪造的。而我们一些记者却轻信了他本人的自我吹嘘，又不作调查研究，加上知识的贫乏，不懂装懂（当龚良经把别人用外文写的有关经济改革的文章，当作他自己研究热处理的论文拿给记者看时，记者由于不懂外文，竟信以为真，还装作内行，大加赞赏），以致落入龚良经设置的圈套，闹出了如此笑话。

2. 程序原则。

坚持程序原则，就是要求记者在认识的程序上一定要坚持先感性后理性，由感性到理性。感性和理性这两个认识环节，在新闻采访过程中是不能缺少的，认识的先后程序也是不能颠倒的。

先感性后理性，规定着记者认识的基点与出发点，记者的认识首先应是“实事”。新闻采访要求记者从客观事物的实际出发，去认识和把握事物，而不能搞“先入为主”，用主观设想的框框去硬套客观事物。正式采访前，记者根据初步掌握的情况，有个明确的指导思想，有个大体上的采访提纲，这有助于采访活动更加有目的、有计划地开展。但是，当这一采访设想、提纲同客观现实发生矛盾时，就要从实际出发，及时加以改变、调整，让主观服从客观。否则，“按图索骥”，依着主观的框框搞采访，没有不摔斤斗的。某报社曾接到一位专家（采访对象）的抗议书，反映了这样一个情况：这位专家写了一篇文章，对企业改革提出了一个很有价值的建议，受到了中央领导同志的赞扬。这家报社的一位记者去采访他时，带着事先设想的要“挖”出斗争情节的想法，对他进行穷追猛问——

记者问：“你在写那个建议的过程中，是不是和某些人有过几次大的斗争？”

专家答：“我在那篇文章中说过，自己也有过认识过程，谈不上和别人有过什么斗争。”

记者又问：“你的建议写出来后，你们单位的领导有没有压制？是怎样压制的？”

专家答：“最早是我们党委二把手批了印发。后来，又报送中央去的……”

记者紧接着问：“那么，你们单位的一把手是反对了？”

专家说：“没有，他也赞成我的建议，最近还组织了一帮人帮助我搞规划呢！”

记者仍不死心，又提出了一系列问题：“你是不是冒着很大的风险，才写出那篇文章的？”“你爱人是反对你搞这个建议的吧？你是不是要等到深夜，全家人都睡了才写的？”“有没有人要打击迫害你？”

这位专家在抗议书中气愤地指出：“这个记者一个劲地启发我，我实在没法满足他的‘需要’。原来，他是想搞一篇通讯，把我写成英雄，而把其他人统统写成狗熊。这办不到。我只能说实话，不能瞎编。”

由感性到理性，则规定着记者的认识途径和目标，记者的认识应注意“求是”，即探求事物的本质与规律。这是因为，任何事物都是现象与本质的有机结合体，事物的现象与本质是辩证统一的，“本质是事物的内部联系。它由事物的内在矛盾构成，是事物比较深刻的一贯的和稳定的方面。现象是本质在各方面的外部表现……是事物的比较表面的零散的和多变的方面”。① 这两者是互相联系的，但决不是简单的联系。有些现象比较明显地、透彻地反映事物的某种本质属性；有些现象则是比较隐蔽地或曲折地反映事物的某种本质属性；还有一些现象则是假象，歪曲甚至颠倒地反映事物的某种属性。记者的采访如果停留在对事物的现象的感性认识上，而不能深入一步，提高到对事物本质的、内在规律的理性认识上，那么，采写的新闻报道必定肤浅、一般化，弄得不好，还会被一些假象迷惑，出问题。前些年，有位记者去某部队采访，听到这个部队有个“雷锋式”的战士几年如一日乐于为他人做好事，便迅速搜集了许多生动的材料，写了一篇报道在报上发表了。谁知不久，这位“雷锋式”的战士复员了，他拿着平时记的一本账，就是他这几年做“好事”花了多少钱的账本，找连队指导员要钱来了。问题暴露后，记者才连呼：“上当了!”

3. 动态原则。

坚持动态原则。就是要求记者坚持以运动的、变化发展的眼光去认识和把握客观事物。这是因为，世界上除了运动着的物质，什么也没有。② 运动是事物存在的根本属性，运动是绝对的，而静止是相对的，静止也是运动的一种特殊形态。面对运动的、不断发展变化的事物，如果不是用动态的眼光而是用静止

① 见《辞海》（缩印本），第1247页，上海辞书出版社1980年版。

② 列宁：《唯物主义和经验批判主义》，《列宁全集》第14卷，第179页，人民出版社1961年版。

的、一成不变的眼光予以审视，势必无法得出准确的、如实的认识结果。比如，改革开放20年来，我们的记者怀着满腔的热忱，讴歌了一批在经济领域改革的浪尖上闯荡的“风云人物”。如今，随着时间的推移，这些“风云人物”中不少人由于种种原因，有的消沉下去了，有的走向了改革的反面，有的甚至成了社会、人民的罪人。回想一下，当时报道中那些过头的赞誉、大量的溢美之词乃至“神话”般的评价，我们的记者难道不该“心发慌、脸发红”吗？这些“风云人物”当时的所作所为，应该说只是他们人生长河中的一朵“浪花”，或者是一串“耀眼的浪花”，但决不是他们人生的全部。由于人们各自的素质不同、思想品质不一、人生的价值观念也大相径庭，更何况改革这项前无古人的事业，必定充满着各种各样的风险，这样，在改革浪潮中人们自然会有着形形色色的表现和结局。如果当初面对那些改革“风云人物”时，记者能坚持这种动态原则，那么采写新闻报道时自然会冷静些、客观些，也就不会给后来者留下“话柄”了。

坚持动态原则，一方面规定着记者在新闻采访实践中，必须牢固树立“相对”意识，即面对所要采访报道的对象，一定要自觉认识到其所作所为的优劣、美丑是相对的，而不是绝对的。这样，认识、评价认知对象时，才能掌握好分寸、留有余地，而不至于美化、神化或者丑化对象。另一方面也规定着记者在新闻采访实践中，必须牢固树立“发展变化”意识，即面对所要采写报道的对象，不仅要关注其过去与现状，还要着眼其未来的发展趋势，用前瞻的眼光审视其现时态势，这样，才能对其作出恰如其分的认识与评价。

4. 网络原则。

坚持网络原则，就是要求记者用系统的、联系的眼光去认识和把握客观事物。这是因为世上万事万物不仅其内部各构成要素之间是成系统的，有着各种各样的联系，而且其外部也不是孤立地存在着的，而是与其存在的时间、空间、条件等各外部环境有着错综复杂的联系。任何事物都处于社会大系统中的某个子系统里。这种认识事物的系统的、联系的观念，也就是马克思主义的辩证观。

坚持网络原则，首先规定记者必须用“两点论”的观点，全面地看待客观事物。任何事物都是矛盾的对立统一体，都包含着相互联系、相互依存，又相互对立、相互排斥或斗争的两个方面。因此，在采访实践中，记者认识和把握事物时，既要看到事物的这一面，又要看到事物的另一面。诸如先进与落后、前进与后退、优点与缺点、顺利与困难、真理与谬误等等，要正确认清它们之间的关系，相互间的联系与转化。有的记者只看到事物的一面，写成绩时十全十美，写缺点时一无是处；写顺利则无视困难，写困难又不讲有利条件。这种片面的、孤立的采访报道，就会歪曲事物的真相，更不可能反映事物发展的规律。与此同时，记者采访中还应瞻前顾后，既看到事物报道后会产生的积极作用，又要预见到其可能带来的负面效应，以防一种倾向掩盖另一种倾向。否则，顾此失彼，难免造成报道失误。80 年代时，有家报刊曾刊登过这样一篇报道：《在理想被湮没的地方》。报道反映了党的富民政策给山西省一个穷苦山村带来了巨大变化。其中有段介绍这个昔日的“光棍村”如今引来了许多外地的甚至城里来的“凤凰”（媳妇）时，这样写道：

> “你为啥要嫁给他呢？”我们的问话很直率。不料那位城里来的媳妇更直率，甚至近于露骨：“我看他有钱，他看我漂亮！”说完，她由衷地笑了。
>
> 看着我们惊异的神情，一位大队干部笑着说：“明摆着嘛！要不是我们村富了，人家肯来？往常年景，别说城里姑娘，就是本村的，恐怕他也难娶哩！”
>
> 事实确实是这样，上张家坟富得冒尖了。不然，哪有这么大的吸引力！

在婚姻嫁娶上，只向钱看，别的什么都不讲，这是长期封建主义、资产阶级思想影响遗留给我国社会的一种痼疾，也是物质上、精神上落后的一种表现。我们的任务是要彻底根治它。这篇报道在宣传农民物质富裕这一面时，恰恰忘了移风易俗、建设社会主义精神文明的另一面，有意无意地把这种“旧俗”合理化了。

坚持网络原则，还规定记者面对所要采访报道的对象必须用联系的观点，对具体问题作具体分析，而不能孤立地、形而上学地看问题。客观事物是错综复杂的，事物的运动形式、相互间的联系、互相转化等各具特点，而且每一事物及其运动都以时间、地点、条件为转移，从而呈现出许多不同的特征和意义。一个年轻貌美的裸女，身处供艺术家作模特的艺术殿堂里，是人体美的象征；而她在人流熙攘的大街上招摇过市，则是一个伤风败俗的疯子；如果她躺在用肉欲换取金钱的床榻上，则是一个娼妓。任何一个人或一件事，处在不同的环境下，其实际价值都可能出现如此悬殊的反差。因此，不用联系的眼光，不从一事物与其存在环境或事物间的彼此联系出发看问题，离开了具体问题具体分析，便不能认识事物的矛盾的特殊性，自然谈不上正确地认识和把握事物。尤其是一些涉及社会性、政治性的事物，如果记者不是紧密联系党的现行方针政策和国家的现行法律法规，而是作孤立的认识与评价，其结果不仅不符合客观实际，而且往往造成是非不分，甚至引起人们思想的混乱。比如，解决高校中年教师的待遇问题，这是人民群众很关心的事，也反映了党和政府对知识分子的关心。但是，这个问题的涉及面很广，情况也很复杂，不是很快（或在短时期内）就能完全解决的。如果我们就此发布大量的、综合的、不顾具体条件的消息，就可能人为地造成领导和群众、地方和地方、单位和单位、教师与干部工人、中年教师与其他教师之间的矛盾，给一些地方和单位带来工作上的困难。

再如，农民乘飞机自费旅游，农民买上了小轿车，这都是新鲜事，说明了我国现行农村政策的伟大力量，也反映了当代农民的新观念、新追求，可以从中挑选一些有特点的人和事对外作报道。但如果大量采访报道这类事便不那么妥当了，因为目前我国农村大多数地方的农民并不富裕，一些地方甚至还没有“脱贫”，要考虑到这些地方农民心理失衡的问题出现。

第二节　新闻采访的工作路线及其规定

我国社会主义新闻事业的性质和新闻工作的任务，确定了我国记者采访活动的工作路线是：在党的领导下，依靠各级党委，深入群众，深入实际。这是我国记者区别于西方记者的一个根本标志，也是我们搞好新闻采访工作的一个重要保证。

一、采访要在党的领导下，紧密依靠各级党委

马克思主义新闻学从来不忌讳讲新闻工作的党性原则，公开声明我们的新闻事业是党的革命事业的一个重要组成部分；宣传党的路线、纲领和方针政策，是我们新闻工作的主要任务之一。在我们的国家里，记者不是身处党组织领导之外的“自由职业者”，更不是凌驾于党组织之上的“无冕之王”。每个记者都工作在党所领导的一个新闻机构内，是党的耳目、喉舌，是党联系人民群众的桥梁和纽带，又是党与反动阶级及其思想进行舆论战的尖兵。因此，记者从事新闻采访活动，要十分注意“讲政治”，这就要求记者自觉地接受党的领导，紧密地依靠各级党委（包括党领导的各职能机构）开展工作。这是记者工作的党性原则在组织上的体现，是不可动摇的组织原则。

再从采访工作本身来看，记者也必须依靠各级党委，才有助于采访活动的顺利进行。我们的各级党委既是党的路线、方针、政策和各项工作任务的执行者，又是所在地区或部门的组织者和

领导者。一般说来，他们对党中央的方针、政策了解得快，领会得深，又掌握一定的“全局”，熟悉本地区、本部门的情况。他们通过各种渠道，经常作调查研究，进行集体讨论，因而对出现的问题和情况有着举足轻重的发言权。从整体上考察，记者采访的根本任务和党委的工作任务是相一致的。记者只有自觉地、全面地依靠各级党委，得到党委的支持和帮助，才会方向明，情况多，有助于端正认识，吃透“上”（领导意图）、“下”（全局情况）两头，迅速而有针对性地组织采访报道，取得更好的采访成效。

在采访实践中，怎样依靠党委开展工作？这方面的途径很多，不同的记者，方式方法也不尽相同。但是，以下几个要求带有普遍性，记者一定要注意做到：

1. 在政治上必须同党中央保持高度一致。

这是依靠各级党委的前提和基础。所谓“高度一致”，就是从思想到行动的一致，从立场到世界观的一致。这种“一致”是自觉的。记者不应该也不允许发表与党中央的路线、方针、政策相违背的言论。凡是涉及党的路线、方针、政策以及重大政治性的理论问题，对外必须统一于党中央的决定和口径，与党中央的步调一致。这是重大的原则问题。对于党的路线、方针、政策和党委的决定，记者如果有不同意见，可以向上级党委直至中央提出，有的也可以在党的内部刊物上探讨，但是，在中央或上级党委没有改变有关的决定或政策以前，记者不应该把自己的不同意见在社会上散布，更不能渗透到新闻报道中去。这是一条基本的宣传纪律，必须认真执行，这对党的事业有利，对记者本人也是一种爱护。

2. 要主动与自己分工采访范围的党委保持密切的联系，及时了解党委的指导思想和工作意图。

在现代社会里，每个记者都有一定的分工，对自己所分工负责的地区或部门的党政领导机关，平时要多串门，多联系，无事也要登“三宝殿”；要注意多找领导同志交谈，或者争取列席参加党政有关会议，听取领导同志对形势、对工作的概括、分析和判断；要注意征得党委的同意，经常阅读一些有关文件及工作汇报、总结、情况等书面材料；还可以协助党委搞些调查研究，或者跟随领导同志下基层检查工作、调查情况等等。这样，密切了记者和党委的关系，不仅有助于记者掌握更多的情况，发现新闻线索，丰富报道内容；而且有助于记者及时了解领导的意图和见解，了解党的方针政策在贯彻执行中的情况和问题，从而工作起来头脑更清醒，心中更有数。

记者和分工采访范围的党委在加强联系中，要注意积极发挥自己的能动性，既要取得党委的指导和帮助，又能对党委起到耳目作用、参谋作用。否则，只当“伸手派”，光知道向党委“要”，“密切关系”是不会持久的。记者要利用自己活跃在生活第一线，接触面广的有利条件，做到“要”中有“给”，有来有往，相得益彰。比如，记者可用“内参”或当面汇报的形式，及时向党委反映所发现的重要情况或问题；介绍一些外地、外部门的信息或经验；通过比较深入的调查和思考，对党委的工作提出一些有价值的建议和意见等。

3. 在具体的采访活动中，要尊重和依靠基层党委。

记者深入到一个地区或单位采访时，应注意听取基层党委负责同志的情况介绍。这不仅便于记者从该地、该单位的全局角度考虑问题，而且有利于采访中更好地结合当时当地的实际情况寻找目标，使新闻报道有更强的针对性与说服力。同时，记者还应该主动把自己的采访报道计划和基层党委商量，听取他们的意见。这样，既可以使记者的计划经过他们的指点，更切合客观实际；又可以使记者在采访时及时得到他们的帮助，诸如提供人力、物力、食宿等。在采访过程中，记者应当注意，遇到不明确的问题，不要轻易下结论，要多征求基层党委的意见。有些悬而未决的问题，最好请基层党委讨论一下，明确了再写入报道。稿件写成后，也要尽可能送基层党组织审查。此外，在可能的情况下，记者还应当帮助基层党组织做些必要的工作。比如，向有关部门反映基层的困难与要求；帮助基层干部分析工作中的一些问题，克服毛病和缺点；把采访中发现的新情况及时向基层党组织汇报，并提出自己的建议；在条件许可的情况下，尽力帮助基层办好广播和小报、培训通讯员等等。

4. 同某级党委发生意见分歧时，要坚持真理，修正错误。

新闻采访强调依靠各级党委，这既要求记者自觉地接受党委的领导，尊重并重视党委的意见，同时也要求记者站在党的原则立场上，运用马克思列宁主义、毛泽东思想、邓小平理论，对所采访的事物进行自己的分析、判断，独立思考，切不可不分是非，“随风倒”。在采访中，记者有时同实际工作部门党委对某些具体问题的看法不一致，应当主动和党委负责同志交换看法，虚心听取他们的意见。如属于自己认识上的毛病，应立即纠正；如属于对方的问题，也应抱着“与人为善”的态度，诚恳指出。如果涉及到原则性分歧，对方又不接受意见，则应坚持真理，将客观事实的真相和双方的不同意见一起如实向上级党委和新闻单位党委报告。记者要对党、对人民负责，发现问题时，不能隐瞒自己的观点，不应该回避矛盾，更不应该在原则问题上让步。

二、采访要深入群众，深入实际

深入群众，深入实际，是我国记者采访的工作路线的另一重要方面。

马克思主义新闻学告诉我们，社会主义新闻事业既是党的耳目喉舌，也是人民的耳目喉舌。报道人民群众的创造与要求，反映瞬息万变的社会现实，表达、引导舆论，指导工作实际，是我们新闻工作的又一大任务。而要完成这一光荣使命，新闻采访就非要深入群众、深入实际不可。否则，便无法了解到群众中的各种情况与呼声，无法了解到社会生活中的各种新动向、新问题。

坚持新闻采访必须深入群众、深入实际，也是我们党开展工作的根本路线——群众路线在采访活动中的具体体现。所谓“群众路线”，就是我们的工作一方面是做从群众中来的工作，一方面是做到群众中去的工作。全党的工作，包括新闻采访工作，都应是这样。1948 年 10 月 2 日，刘少奇同志在《对华北记者团的谈话》中指出：党依靠你们“联系群众，指导人民，指导各地党和政府的工作”；同时，又依靠你们把人们的“呼声、要求、困难、经验以至我们工作中的错误反映上来”，帮助党了解情况。① 这就是无产阶级记者采访工作的群众路线的具体内容和要求。记者的采访坚持深入群众、深入实际，便是这一工作路线的正确贯彻实施。

新闻采访必须深入群众，深入实际，还直接关系到坚持马克思主义的新闻观的问题，关系到记者的新闻生命、新闻报道的生命力的问题。历史唯物主义认为，人民群众是历史的主人，是物质财富和精神财富的创造者，是推动世界历史前进的动力。人民群众创造历史，同时也创造新闻。离开了人民群众，离开了社会生活，新闻就成了无源之水，无本之木。这便是马克思主义新闻观的主要内容。记者要使自己的新闻题材像大海的水长流不息、永不枯竭，就必须和人民群众保持密切的联系，扎根于实际生活之中。毛泽东同志生前多次说过：记者要到农村去，到工厂去，到群众中去，到实际中去，呼吸新鲜空气。他还告诫说：跑衙门是跑不出名记者来的。记者光跑衙门，就不了解情况，不了解群众的需要，就写不出好新闻。② 新闻采写的实践也证明，任何一篇有价值、有影响的新闻报道，都是记者深入群众、深入实际采

---

① 引自《新闻工作文献选编》，第 95～96 页，新华出版社 1990 年版。

② 引自《毛主席为无产阶级新闻事业留下了传家宝》，载《人民日报》1977 年 9 月 20 日。

访的结果。

记者在新闻采访工作中，怎样才算是坚持了深入群众、深入实际呢？

1. 要求记者积极主动地“沉”到社会生活的第一线去。

要做到这一点，记者首先在思想认识上要注意处理好两个关系：一是“快”与“好”的关系。新闻采访固然要讲究时效，但是怕“赔本”（花费时间），而满足于蜻蜓点水式的采访，结果势必欲速则不达，影响新闻报道的质量。二是跑“上层”与跑基层的关系。领导机关虽然掌握全局的情况（记者应该去了解），但大多是综合性的、概括性的，仅仅以此作为素材，新闻报道就会显得平淡、空洞；加上这些情况一般又是间接性的，是否能反映事物的本来面貌，在新形势下是否有新的变化，都需要记者下到实地调查、验证。其次，要“沉”下去，还要求记者作好不怕苦、不怕累，甚至不怕牺牲的思想准备。扑火救灾的前线、地震洪水的险区、惊涛骇浪的大海、高山峻岭的峰巅、炮火连天的战场……凡此种种艰苦、危险的工作环境，只有不畏艰险、乐于吃苦、勇于牺牲的记者才敢于涉足，才会采写出那些有血有肉，“色香声味，呼之欲出，人证物证，一应俱全”① 的新闻报道。比如，第二次世界大战期间，前苏联空军中的很多伊尔—2 型飞机投入反法西斯战争，每次空袭都给敌人造成重大伤亡。德国法西斯匪徒把这些飞机惊呼为“黑色死神”。当时，《真理报》前线记者波列伏依为了采访到第一手材料，勇敢地登上了这种战斗机，坐在射手的位置上，与飞行员一起参加战斗，目击和亲身体验到了红军战士英勇空战的情景。返回地面后，他很快完成了一篇出色的战场特写：《歼击敌人纵队》。这一报道，引起了当时世界舆论的广泛注意。再如，新疆生产建设兵团

---

① 引自胡乔木：《人人要学会写新闻》，载延安《解放日报》1946 年 9 月 1 日。

《新生报》记者宋雪华，常年在祖国西北的大漠深处采访报道有关劳改犯的情况。“自古就有天山大漠行路难之说。劳改队更是在各垦区水源到头、道路到头、电源到头的荒原深处。”但他从不愿坐在乌鲁木齐市的办公室里靠听汇报写报道，而是“把脑袋挂在腰上”，奔波在各劳改队里。其间，他数次在途中面临“车翻人亡”的险境。1982 年，他坐的公共汽车发生车祸，车内三十多人或死或伤；他本人也“被撞断锁骨，内出血，两次报病危，以后导致胃部切除五分之四”。不仅如此，他面对的采访对象大多是内地监狱的“反改造尖子”，对政法机关和无产阶级专政怀有敌意。这些人“投入劳改队以后，把这种心理集中向从事管教的干警身上发泄。遇到意外，便凶相毕露，不计后果”。老宋则“经常一个人在满脸横肉、腰圆膀粗、尖嘴猴腮的犯人群中采访”，其危险可想而知。就这样，他“明知山有虎，偏向虎山行”，终于采写出了诸如《昔日“王子”在楼兰》、《梦断阳明山》、《大漠暴狱记》等一系列受人称道的独家新闻。① 此外，要做到真正“沉”下去，记者不仅要形体深入，还要思想深入。这就要求记者在新闻采访的实践中，注意积极地开动思想机器，深入到社会生活中去，深入到客观事物的内部去，进行一番“去粗取精、去伪存真、由此及彼、由表及里”的思考和分析研究，弄清事物的内部联系和外部联系，从而使自己的思想认识由感性达到理性的飞跃，更准确、全面、深刻地认识和把握所要采访报道的事物。

2. 要求记者与群众广交“友”，深交“情”。

记者既要善于和各阶层、各方面的人士打交道，结交朋友，以建立广泛的“消息来源网”，更要十分注意培养与群众深厚的思想感情，要关心群众的生活与工作，要了解群众的喜怒哀乐及其所思、所虑、所欲。这样，记者才能更好地理解和表达群众的

---

① 见宋雪华：《大漠万里采访记》，载《新闻记者》1990 年第 12 期。

愿望、要求、意见和呼声，采写出群众所需要、所喜爱的报道。否则，同群众的感情格格不入，采写的报道必然不为群众所接受。1983年，有家报纸报道了一则新闻《新安江电厂大坝昨日泄洪，万余群众观赏奇景》，把党和政府及人民群众为保护堤坝安全而牺牲局部利益、忍痛泄洪，写成是“黄河之水天上来”的“瑰丽雄奇的景观”，说什么“当地万余名群众怀着寻奇探胜的心情，分聚在两岸山腰上尽情观赏”。这种报道自然受到群众的责骂。只有记者与群众情感相融，心心相印，采访中才会赢得被采访对象的真心相待，才可能获得可靠的“独家”材料。《人民日报》记者刘衡，采写过许多普通人。在她的笔下，这些人的事迹、举止、音容笑貌各异，而且所呈现的心态也各具特色。如“湖北鄂州市的邵树人因为父亲被错戴‘历史反革命’的帽子，升不了中学，才13岁，就混在大人堆里，今天在建筑工地拎石灰桶，明天在深山野坳捶石头”。他心里想的是：“我不哼不哈，一心一意要帮父亲‘赎罪’……”再如，“华南热带作物研究院助理研究员张贻仙，她因公致残了”。此时，她想到的是：“我在床上，全身死去，唯独脑子活着，清晰地感受到自己尖锐的痛苦……我才26岁，一切刚刚开始，今后的路怎么走？不能告诉在湖南家乡的母亲，她26岁死去丈夫，守着我这唯一的女儿。要告诉在衡阳工作的张宏定。我们结婚才一年，他应该有他自己的路。啊，该死的脑子，哪儿最痛你就往哪儿活动，你不如没有的好……”这些人物内心深处的独白，靠的是刘衡的“赤诚之心”的相撞才获得的。①

3. 要求记者建立自己的采访基地。

每个记者都应有一两个采访基地，并与之保持经常的密切联系。这样，记者既可以通过对基地的详细了解和剖析，达到

---

① 见刘衡：《准确地写出人物的心态》，载《新闻战线》1988年第4期。

"窥一斑而知全豹"的目的，以把握社会上的思想动向和新的苗头、新的问题，又可以经常听到基地上干部、群众的真心话，使自己信息灵通，头脑清醒，从而增强新闻嗅觉和采写中的识别能力。此外，不少基地本身就是报道对象。在这里，记者人熟、地熟、关系熟，容易发现新闻，写出生动的报道；且可以抓住典型人物、事件，使采写活动保持连续性。比如，《解放日报》的记者李音分工负责财贸报道。前些年，他选定驰名全国的小商品市场——上海豫园商场作为自己的采访基地。他有采访任务去，没有报道任务也常去串门、聊天，同这里的干部、职工甚至一些老顾客都混得很熟。他在《解放日报》的"市场漫步"专栏上发表的七十多篇文章，有十多篇就是从这里找到题目和素材的；或者是从这里首先发现问题，产生写作"灵感"，然后再去别处采访，得到好的素材的。

思考练习

1. 新闻采访坚持实事求是的认识路线有哪些具体要求？
2. 新闻采访实践中，记者应如何处理好与基层党委的关系？
3. 新闻采访为什么要强调深入群众、深入实际？

第六章　新闻采访活动的主体
——记者的职能与修养

记者有广义和狭义之别：从狭义上讲，记者专指从事新闻采写的专业人员，也叫外勤记者；从广义上讲，记者泛指一切新闻从业人员，包括新闻单位的社长（台长）、总编、编委、主笔、编辑人员和采访人员等。在实际工作中，新闻从业人员虽然分工有侧重，但是会经常交流互换。比如，同一个人，今天在内勤当编辑，明天则可能外出当采访人员，就是社长（台长）、总编等也常常要承担外勤采写工作。本章所讲的记者，是指狭义上的记者。

记者是以用观念的形式认识和把握客观事实的主人身份从事新闻采访活动的。作为该项活动来说，记者便是采访活动的主体。当然，有些记者及其采访活动，也可能成为其他记者的认识和把握的对象，那么，在后者的采访活动中，这些记者就不是采访活动的主体了，而成了采访活动的客体。这里论述的是作为采访活动主体的记者。正确地理解其社会职能与地位，掌握其工作特点与任务，从而增强其职业素养，是搞好新闻采访的一大关键所在。

第一节　记者的社会职能与地位

记者的社会职能与地位，是由其所从事的新闻事业的性质、工作特点和任务所决定的。在这当中，新闻事业的性质是起着主要的决定作用的因素。

一般说来，新闻事业是一定社会的经济基础通过新闻手段的反映，以传播新闻为主要方式，以反映和影响舆论为主要目的的一种社会活动。记者作为新闻信息的采集者和写作者，是这一社会活动中的活跃分子和主要成员。其社会职能便是迅速、及时地采集和提供真实的新闻信息，以满足社会的信息交流的需要。由于新闻机构和新闻传播工作具有反映和影响社会舆论的功能和威力，所以作为新闻从业人员的记者也就有着不容忽视的社会地位。

新闻事业既然是社会经济基础通过新闻手段的反映，那么，它必然要受制于产生它的经济基础。社会的经济基础是指同生产力的一定发展阶段相适应的占统治地位的生产关系各方面的总和，其中，首要的又是生产资料的所有制关系，可以称之为经济基础中的基础。① 在阶级社会中，生产资料所有制决定了新闻机构和新闻传播工具必然为一定阶级所掌握，在政治上为产生它的经济基础服务。这是上层建筑为经济基础服务的规律作用于新闻领域的具体体现。所以，阶级社会里的任何新闻事业的性质都是具有阶级属性的，总是要为一定的阶级利益服务的。这也就决定了记者的社会职能和地位无不打上阶级的烙印。

资产阶级新闻学者极力掩饰新闻事业的阶级属性，把新闻机构和新闻传播工具说成是“并驾于国会、政府和法院的第四种势力”，把记者捧为“无冕之王”。有的还说什么“新闻记者的地位，在社会上是超越的，在精神上是独立的，在记载上是客观的”，他“有左右一切的潜在势力，而建筑了他在社会上占最高贵地位的基础，隐然握着无冕之王的权力”等等。这完全是自欺欺人之谈。我国著名的前辈记者萧乾曾用事实对这种论调作过无情的驳斥：“旧社会管新闻记者叫‘无冕皇帝’，那是胡扯。

① 见李秀林等主编：《辩证唯物主义和历史唯物主义原理》（修订本），第294~298页，中国人民大学出版社1984年版。

1947年6月1日，重庆《大公报》的十一位‘无冕皇帝’（青年记者）一下子被抓起来关进了监狱”，人们“看到记者仿佛自由自在，无论到哪里，甚至连总统都得买他的账。其实，只有当一个记者肯给他当号筒时才受到那种礼遇”。① 美国资产阶级新闻学者奥斯瓦德·加里森·维拉德也承认，就是在充满着“新闻自由”的美国，“记者，以及编辑，即使不是有意识地看老板的脸色行事，也是无意识地看老板的脸色行事”。② 50年代，美国艾森豪威尔竞选总统时，有个叫杜诺万的记者写了一本“揭露”艾氏竞选内幕的书。表面看来，这位记者可真是“无冕之王”了，敢于公开冒犯总统候选人。其实，当时是艾氏亲自派人把这位记者叫到家里来，给他提供材料，让他写吹捧文章——当然，这种文章要做得巧妙，要做得“耸人听闻”，欲扬先抑，才能吸引读者，才会产生轰动的“社会效应”。于是，这位记者便采取了所谓“揭露内幕”的手法。实际上，揭露的只是些鸡毛蒜皮的小事，而要宣传、吹捧的东西在“揭露”中却偷偷地塞给读者了。今天，在美国，不少记者（包括一些专栏作家）都同美国中央情报局有着这样或那样的联系。情报局经常向记者提供情况，交待意图，左右着记者的新闻活动。从整个美国新闻界的情况来看，他们的新闻报道总体来说都是为当权的美国统治集团（或财团）服务的。否则，他们的采访活动就会受到干扰，甚至他们本人也无法再当记者了。尼克松竞选总统时，有家报纸的记者曾批评他和某个财团之间的关系。尼克松上台后便加以报复。1972年尼克松访华时，就不准这家报纸的记者随从进行访华采访。美国记者因采访报道触犯了“老板”而被解雇的事也

① 萧乾：《我爱新闻工作》，见《新闻采访与写作》，第43页，人民日报出版社1981年版。

② 引自［美］杰克·海敦：《怎样当好新闻记者》（中译本），第319页，新华出版社1980年版。

是屡见不鲜的。

我国社会主义新闻事业，一贯公开并坚持自己的阶级属性。"我们党的新闻事业，究竟是一种什么性质的事业呢？就它最重要的意义来说，用一句话来概括……党的新闻事业是党的喉舌。这样一句话，当然不可能概括党的新闻事业的全部内容和作用。比如它还是党联系人民群众的一种纽带和桥梁，又是在人民中间，在党内外和国内外传递信息的一种工具，等等。但是，既然我们党是全心全意为人民服务的，党的工作路线是从群众中来，到群众中去的，那么党的新闻事业要能够充分发挥党的喉舌的作用，就理所当然地包含着既要使上情下达，又要使下情上达的作用，包含着加强党同人民群众的联系、反映人民群众的呼声的作用，包含着在各方面满足人民群众获得信息的需要的作用。"①因此，我国记者的社会职能，就是通过自己的新闻采访活动，传播新闻信息，传播党的声音，当好党和人民的耳目喉舌；就是通过自己的采访活动，勇于坚持真理，揭露谬误，敢于反映民众呼声，正确开展舆论监督。我国记者的社会地位，就是社会活动家，就是全心全意为人民服务的勤务员，就是广大群众利益的捍卫者和代言人。

我国记者的社会职能与地位，要求记者在从事新闻采访活动中，必须坚持无产阶级的党性原则，严守党的宣传纪律，时刻维护党和人民的利益，而决不允许在思想上、行动上"向党闹独立"，决不允许借记者身份谋取个人和小团体的私利。同时，也要求记者在一定的原则之下大胆地放开手脚做好工作，要把组织性、纪律性与主动性、创造性结合起来。记者是站在生活前沿阵地上的忠诚的哨兵，是勇敢的探宝人，也是祖国向现代化建设进军的先锋。只有这样，才能不负时代，不负党和人民的期望和重托。

---

① 引自《新闻工作文献选编》，第288页，新华出版社1990年版。

第二节　记者的工作特点与任务

一、记者的工作特点

从采访活动的本体看，记者的工作主要是采访工作。因此，新闻采访活动的特性，也可以说就是记者工作的特点。这里，主要是从采访活动主体的职业角色这一层面，阐释记者工作的特点。

1. 活动引人注目，社会影响力大。

革命先驱李大钊说得好："现在的新闻，就是将来的历史。"① 记者每天都在记载着历史的最新一页，每天都在追踪着时代行进的脚步声。我们人民记者还担负着"上情下达，下情上达"的社会职责。记者们采写的新闻，在报纸上刊登出来，会影响着千千万万的读者。在广播或者电视的新闻节目中传播时，天天都有数以万计乃至数以亿计的听众、观众在听、在看记者们报告的新闻。我们可以自豪地说，就是孔夫子、司马迁、唐宋八大家等中国历史上的名人，哪一个也没有现在的记者这样大的社会影响力。

2. 社会接触面广，工作"变幻无穷"。

记者站在时代的前沿，像触须一样，接触各种各样的社会现象；像雷达一样，搜寻各种信息来源；像晴雨表一样，反映社会生活的风云变化。世上的各行各业，形形色色的人等，都是记者所要接触和报道的对象。同时，记者工作又是一项富有创意性的社会活动，不仅每次采访的工作对象、工作内容、工作步骤、工作目标与结果都不一样，就是在一次采访活动中，选题的确定、

---

① 李大钊：《在北大记者同志会上的演说词》，转引自《新闻战线》1980 年第 2 期。

采访过程的设计与安排，都需要记者精心谋划，不断“出新”。“喜新厌旧”、“反复无常”，是记者工作的一大“亮色”。可以说现今社会上，还没有任何一种职业，像记者工作那样如此“变幻无穷”。

3.“脑体”并用，工作十分艰险。

毛泽东曾经说过，人民的新闻记者“必须具有为人民服务的精神，从事艰苦的工作”。① 记者的工作确实是艰险的。他们经常处于“时刻准备着”的临战状态，遇事要伸出新闻“触角”嗅一嗅有什么该报道的没有。哪里有新闻，他们就到哪里采访，上天入地，登山蹈海，在所不辞。在我国人民新闻事业的发展道路上，还凝聚着许多记者烈士的鲜血。仅新华社在战火中牺牲或者在工作中殉职的革命先烈就有几十人之多。② 1999 年 3 月，以美国为首的北约集团公然违背联合国宪章，野蛮轰炸南联盟，并于 5 月 8 日悍然用导弹袭击我驻南使馆。正在南斯拉夫从事采访活动的我新华社记者邵云环、《光明日报》记者许杏虎、朱颖与先烈一样，又光荣地牺牲在自己的工作岗位上。平时，记者们常常“起居不时，饮食无常”。他们时而徒步奔走，时而倒换车船；有时风餐露宿于荒郊野岭，有时通宵达旦地伏案工作；终年无上下班的概念，且常常需要耐饥、耐渴、耐困。这在其他行业是难以做到或者是难以维持持久的，而我们的记者却一生从事这样的工作。记者工作的艰难还表现为要手脑并用，脑力劳动和体力劳动的强度都很大。为了采写好一篇新闻报道，判明一种形势，弄清一个事实，有时简直要“绞尽脑汁”，既要作风严谨、敏捷，又要头脑灵活、深沉，还要下笔快，“倚马可待”。这种工作特点，也是其他职业所难以见到的。

---

① 毛泽东：《论联合政府》，《毛泽东选集》第 3 卷，第 1082 页，人民出版社 1991 年版。

② 参见《缅怀新华社的革命先烈》，载《新闻业务》1982 年第 2 期。

当然，记者工作虽说很艰险，但乐趣也在其中。当采访中攻破一道“难关”，弄清一件事情的来龙去脉，看透一个问题的实质，或者不经意之中发现一条独家新闻，抓到一个新的“典型”的时候，记者每每会有“柳暗花明”、豁然开朗的感觉，顿时喜出望外，什么苦呀、累呀、饥呀、渴呀全都忘了。尤其是躬逢历史性盛举，抓住历史性时刻，记下令人难忘的历史性场面时，记者心中更会感到莫大的光荣和自豪。我国前辈报人、名记者邵飘萍曾经说过这样一段发自内心的话：“余百无一嗜，唯对新闻事业乃有非常趣味，愿终生以之。”又说：“吾人探索一事，其初茫无头绪，及尽得内容，豁然大悟，则其慰安有非寻常之欢娱所能敌其趣味者。吾人十余年来之所以乐此不疲，非必嗜痂甘蹠，亦因其中有至乐存也。”他的这番话，可算是说出了许多记者的共同感受。

记者工作的特点，给记者提出了很高的工作要求。记者唯有加强自身的修养，把功底打好、打厚实，才能“养兵千日，用兵一时”，做好新闻采访这一光荣而又艰巨的工作。

二、我国记者的工作任务

根据我国社会主义新闻事业的性质和记者在新闻机构中所处的外勤的条件，我国记者的工作任务主要有这样三项：

1. 采写新闻。

这是记者第一位的、经常性的工作，也是衡量每一个记者工作好坏的一个主要标志。一个记者不采写或者很少采写新闻，就名不副实了；常年采写不出好的新闻，也就很难说是个称职的记者了。

这里讲的新闻，是广义的新闻，包括消息、通讯、调查报告、记者来信、人物专访、新闻评论等等。各种文体的新闻报道，记者都要学会采写。采写新闻还要求记者树立强烈的抓头条新闻的意识和抓独家新闻的意识。这是因为头条新闻和独家新闻是关系到新闻传媒的品位、风格乃至市场“卖点”的一大关键因素。经常采写头条新闻和独家新闻，也是记者成名的一条重要渠道。

在采写新闻中，记者同通讯员相比较，要充分发挥主力军的作用，尤其是对一些重大的、紧迫的、难度大的报道任务，记者应责无旁贷，奋勇当先，千方百计地去完成。一个称职的记者决不能让自己活动范围内的重大新闻事实和重要情况从自己面前漏掉，否则，对记者来说，就是一种失职。

在采写新闻中，记者还应注意处理好同有关编辑的关系。一旦在确定采写选题或处理新闻稿件中发生矛盾时，记者既要虚心听取编辑的意见，尊重编辑的劳动，同时又要以诚相见，诚恳地谈出自己的看法和意见。记者应和编辑互相合作，互相沟通，这样才有利于采写新闻任务的顺利完成。

2. 反映情况。

人民记者作为党和政府的耳目，作为人民群众的代言人，反映情况也是其一项重要的工作任务。

反映情况，主要是指记者在实际工作和社会生活中得到一些不宜公开报道，但又对党和政府及有关部门有参考价值的材料，写成“内参”上报。“内参”的内容，一般是党的方针、政策贯彻执行中的情况，社会生活和各条战线工作中的问题，各阶层群众中的思想动向，某些不成熟的新做法、新经验以及其他不宜公开的动态、反映等等。“内参”是一条直接、迅速的下情上达的渠道，可以为上级领导机关了解“民情”和社会动态，调整、制定政策或采取有关措施，提供有价值的参考意见。记者也可以通过“内参”为人民群众说话，排忧解难，伸张正义。有些“内参”经领导机关指示后，还可以转为公开报道。总之，“内参”的作用是多方面的，记者应该十分重视做好这一工作。

反映情况，还包括记者经常向自己所在的编辑部汇报采访活动中了解到的情况，比如一个时期的政治经济形势，社会思想动向，值得新闻报道注意的新情况、新问题，以及受众对新闻报道工作的意见、要求等等。这样，就有助于编辑部开阔眼界，制订报道思想、报道计划更科学、更有针对性，新闻报道的组织工作就可能做得更主动、更好。

3. 做群众工作。

这是人民记者的优良传统，是进一步加强新闻媒介同广大群众的联系，并实现全党办报（台）、群众办报（台）的重要一环，因此，也是记者的一项不可忽视的工作任务。

记者做群众工作，最主要的是做好联系、培养通讯员的工作。新闻报道和内部情况的采写工作，记者不可能全部包下来，必须依靠广大通讯员的支持和合作。记者要同通讯员建立经常的、广泛的联系，向他们传达编辑部的意见，组织、指导他们采写，或者同他们合作采写，帮助他们提高业务水准。同时，记者也要注意倾听通讯员的意见，学习他们的长处，取长补短，共同完成新闻采访工作。

记者做群众工作，还要求记者在采访中关心群众的“痛痒”，在可能的条件下帮助（包括采访对象）解决一些实际问题和思想问题。平时还要注意接待好群众来访，认真听取他们的反映，然后根据具体情况，作出妥善处理。

记者工作的三项任务，是紧密联系、相辅相承的。在实践中，它们虽有主次之别，但不能顾此失彼，不能专抓一项丢了其他两项，或者抓了两项丢了第三项。如果不注意三者兼顾，那么，可以说他哪一项也不可能取得好的成绩。只有努力完成好这三项任务的记者，才算是真正合格的记者。

第三节　记者的修养

唐朝的时候，有人问著名的史学评论家、《史通》的作者刘知几：为什么自古以来文士多而史才少？刘知几回答说：史有三长：才、学、识缺一不可，“世罕兼之，故史才少”。① 这个看法，是他遍读群史，研究了历代史学经验而总结出来的。这对于今天我们探讨人民记者的修养也仍然很有启发。

一、“识”的修养

识，就是眼力，就是远见卓识。“识”的修养，也就是要求记者要有科学的世界观和较高的政治理论水平及政策水平。

任何记者在采写、报道事实的时候，都是有所选择、有所评价的。这种选择和评价，以及其间的倾向性和态度，是受记者的世界观和政治理论及政策水平所左右的。记者的世界观和政治理论及政策水平，影响并指导着他的整个新闻采访活动，并体现在他的新闻作品之中。

我国记者要担当起时代的哨兵的使命，要当好党和人民的耳目喉舌，首先需要有“眼力”。而一般的眼力不够，得要借助“望远镜”和“显微镜”，这就是马克思列宁主义、毛泽东思想和邓小平理论，也就是科学的世界观和较高的政治理论及政策水平。只有马克思列宁主义的科学世界观和较高的政治理论及政策水平，才能帮助我们实事求是，高瞻远瞩，见微知著；帮助我们透过纷繁复杂的现象，看到事物的本质，看到主流，看到正确的方向；帮助我们从沙砾中识真金，从平凡中见真理；帮助我们多谋善断，敏锐地判断出什么该采访报道，应当怎样去采访报道。

记者的这种“识”，首先是建立在正确立场的基础之上的。如果立场不端正，出发点不对头，基本态度不正确，那怎么能准确地、深刻地认识客观实际和反映客观实际呢？站在剥削阶级的立场上，站在个人主义的立场上，凭着私心和偏见去看问题，凭着唯心史观去看问题，把客观世界的本来面貌都看偏了，看颠倒了，跟历史发展的方向背道而驰，哪还谈得上什么远见卓识呢？

① 转引自缪雨：《新闻学通论》，第135页，新华出版社1987年版。

我们的记者应当站在代表历史发展方向的人民立场上，一切从最广大人民群众的利益出发去考虑问题，才能从根本上做好新闻采访工作。立场和感情又总是密切地联系在一起的。对于记者来说，理性上所肯定的东西就应当是自己感情上所热爱的东西。记者应当立场坚定，爱憎分明，热爱党，热爱人民，热爱社会主义，热爱生活，对自己所从事的新闻工作怀有崇高的使命感和强烈的事业心，时刻意识到自己是受党和人民的委托采写新闻的，是全心全意为人民服务的。这样，工作起来才能心明眼亮，理直气壮，积极主动，有“胆”有“识”。

记者的这种“识”，也是建立在实事求是的基础之上的。一切从实际出发，唯物地辩证地看问题，使思想符合实际，主观符合客观，排除唯心主义和形而上学，反对实用主义和纯客观主义。这样的“识”，才是真正科学的符合实际的远见卓识。

记者的这种“识”，还是建立在高尚的道德情操基础之上的。立业为公，诚实、廉洁，不谋私利，为坚持真理无所畏惧，勇于牺牲个人的一切。这样的“识”，也才是“胸无半点尘”的光明正大的远见卓识。

掌握马克思主义的科学世界观，提高政治理论及政策水平，不是一朝一夕就能达到的，需要长时间的学习和自觉的锻炼。记者应该有计划、有目的地刻苦学习马克思主义理论，要认真阅读马列原著，完整地领会其精神实质；不能只凭片言只语、一知半解，就以为学了马列。不读书，无从入门；不潜心读书，也无从领会书之“精髓”。只有理论上的觉悟，才是真正的觉悟。学习要注意理论联系实际，特别是要联系自己的思想实际和工作实际，才能从中不断地汲取丰富的养料，并化为自己的“血肉”。学习理论的同时，还要注意学习现行的有关政策。党和国家的方针、政策，是马克思主义理论同我国当前实际相结合的产物。学政策，能帮助我们更好地理论联系实际，加深对马克思主义的领会和理解，并且知道当前实际工作的重点或中心所在，政策界限所在，从而使自己的新闻采访活动有所遵循，不致偏离正确的方向。总之，记者要做学习的有心人，带着实践中遇到的问题，学习理论和政策；再把学到的理论和政策应用于新闻工作实践。这样，反复实践、学习、再实践、再学习，就能逐步掌握马克思主义的立场、观点和方法，就能逐步把自己锻炼成为一个比较成熟的、具有远见卓识的好记者。

二、“学”的修养

学，就是学问，就是知识渊博，也可以叫做学力。

我国汉代思想家王充说过：“人有知学，则有力矣。”① 知识就是力量。知识对从事任何工作的人都是不可缺少的。而记者由于其工作的特点，接触对象极其广泛，采访报道的面又涉及到生活的各个领域、各个角落，因此，对知识的掌握有着更高的要求。“学”的修养，对记者来说，就是既要有广博的知识，又要在广博知识的基础上对某一领域、某一行业有比较精深的知识。

首先，记者应该是一个“杂家”，要有广博的知识。三教九流，古今中外，天文地理，风土人情，什么样的知识都要懂得一点才行。新华社现任社长郭超人说：“教授、博士可以就某一些专业、某一方面的问题深入研究，成为专家。记者工作接触社会面广，自己也料想不到明天会遇到什么问题，所以要求记者对各方面的知识都积累，才能适应工作。”② 记者知识丰富，思想驰骋的天地就广阔，联想能力就强，同采访对象接触时共同语言就多，采写新闻时也就能左右逢源、得心应手。否则，知识贫乏，遇事一问三不知，提问题又不着边际，采访势必闹出笑话。请看一位年轻记者到武汉钢铁公司采访时，与被采访者进行的这样一

① 王充：《论衡·效力篇》。

② 郭超人：《培养新闻人才要跟上时代的需要》，载《新闻学会通讯》1983 年第 16 期。

场“访谈”：

> 记者：我们参观了武钢之后，真是大开眼界，武钢规模宏大，果真是全国最大的钢铁基地呀！……
>
> 被采访者：（插话）不，不是最大的。
>
> 记者：噢，是全国最老的钢厂了。
>
> 被采访者：也不是最老的。
>
> 记者：嗯，对了，那就是最先进的了。
>
> 被采访者：也不是最先进的。
>
> 记者：（脸上泛起了红晕）嗨！您别谦虚嘛！
>
> 被采访者：（微笑着）这可不是谦虚，是实事求是。
>
> 记者：不管怎么说，总归有个“最”吧？
>
> 被采访者：是有全国之最的地方，不过不是您这位同志说的几个“最”……①

其次，记者还应该是个“专家”，要在广博知识的基础上，对某一领域、某一行业有比较精深的知识。由于世界科学文化事业的发展，知识更新的周期越来越短，社会分工越来越细致，记者要成为无所不晓的“全才”、“通才”是不可能的。加之，当代的记者一般都有大体的分工，有一定的相对稳定的采访活动的范围，负责某一领域或某一行业的报道。记者在自己的分工范围内，要努力成为这一方面的专家。“新闻记者是无法不分工的。所以每一个人在广泛的常识基础上，更应有自己的专长，如外交、经济、军事、政治等。在这些专门部门中，记者必须比常人精通，能有独到的见解。这样的记者的意见，才是权威的意

---

① 肖新生：《从“尴尬”谈到“静态采访”》，《新闻战线》1985年第3期。

见。”① 也只有这样，记者才能在自己所负责的采访领域内，更及时、更准确、更深刻地认识和把握客观事物，作出高人一筹的报道。新闻采访史上有过这样一件典型事例：一次，世界著名物理学家爱因斯坦在普林斯顿大学讲学。《纽约时报》一位记者前去采访，他把爱因斯坦在黑板上写的数学公式原原本本抄了下来，回报馆写了篇消息拿给总编辑看，总编辑觉得抄的公式不对，就让记者打电话问普林斯顿大学数学系主任。这位主任核对了一下，认为记者抄去的公式与爱因斯坦写在黑板上的是一致的。但总编辑还是要求爱因斯坦本人核对，这样才发现原来是爱因斯坦写错了。这位数学水平极高的总编辑不仅发现了科学巨人的错误，而且也避免了一次报道失误。② 我国新闻采访史也有一件令人赞叹不已的事例：1974 年春天，贫苦的陕西临潼县农民在秦始皇陵地旁挖井抗旱，当挖到三四米深时，挖出了几个陶俑。人们对此并没有感到有什么稀奇，因为临潼人见“老古董”见得太多了。这里的农家猪圈，大多是用秦砖汉瓦盖的；就是农家腌咸菜的坛子，也有很多有上百年的历史了。当时，中新社记者蔺安稳正在临潼老家探亲。闻知此情况，他立即赶去，仔细地察看了这些刚刚出土的“泥娃娃”，并以其丰富的历史知识，当即断言：“这很可能是稀世珍宝！”一回到北京，他便连夜赶写了《秦始皇陵出土一批秦代武士陶俑》的报道，第二天交与《人民日报》，刊登在《人民日报》编辑的《情况汇编》上。这一内容报道印发后，立即受到毛泽东、周恩来等中央领导同志的高度重视。于是，国家文物局组建秦俑考古队，展开了挖掘清理工作，从而揭开了国际考古史上壮丽的一页。对此，秦始皇兵马俑博物馆第一任馆长杨正卿同志很有感慨：“如果当初没有蔺安稳的那篇报道，就不会有今天的秦始皇兵马俑博物馆。”凡是新

---

① 引自范长江：《通讯与论文》，第 292 页，新华出版社 1981 年版。

② 参见《新闻写作漫谈》，第 23 页，山西人民出版社 1982 年版。

闻界卓有成就的记者，无不既有丰富的知识又有某一方面的专门学问。比如，我国一些驻外记者和国内的外事记者，往往就是国际问题的专家；一些长期从事经济报道的记者，则可能成了研究经济问题的行家；而一些体育报道的老手，则常常在体育界有着“权威”的发言权。

要获得渊博的知识，只能靠勤奋学习和平时的日积月累。记者要准备一生“行万里路，读万卷书”，要有计划地“苦”读书。当然，书中有知识，现实生活中更有许多活的知识，“处处留心皆学问”。对读书中、生活中、采访中得来的知识，都要一点一滴地、锲而不舍地积累起来。许多有作为的记者，在积累知识方面都下过一番“笨”功夫。他们总是随身带个小本本，或看书看报，或采访闲谈，遇到什么好的观点和材料，有什么心得和启示，随时都要记一点或剪贴一点到里面去，一定时期再归纳整理，久而久之便变成可观的知识储备。它好比记者的“百宝箱”、“材料库”，里面装的知识，平时不一定都用得上，一旦用上了，便成了千金难买的宝贝。

三、“才”的修养

才，就是才能，就是精通业务。“才”的修养，也就是要求记者要精通新闻业务，能熟练地掌握和创造性地运用新闻采写的规律。

记者最需要“捷才”。对于实际生活中具有新闻价值的东西，要像老鹰攫小鸡一样，一下子能看准抓住，敏捷而准确地报道出来，而且要报道精彩。这种“捷才”的培养是没有什么捷径可走的。主要靠扎实的基本功。

记者要学、要练的基本功是很多的，从记者的才能这个角度来看，主要有三个方面：一个是了解、把握客观实际的能力；二个是语言文字的表达能力；三个是新闻业务技能的运用能力。

记者的才能，首先就表现在对客观实际的了解和把握上。记者要成为“消息灵通人士”，就要深入实际，广交朋友，广开采访门路，增强自己的社会活动能力。新闻采访是记者的日常调查研究活动，这中间有许多学问，有许多具体经验，需要记者结合实践去磨练、去掌握。但这方面才能的培养，光靠日常的采访锻炼还不够，还需要记者有意识地加强某些专题调查研究、蹲点调查研究等基本功锻炼。这是因为，记者的长处是见多识广，但弱点是对实际生活、实际斗争的艰巨性和复杂性往往体验不深，缺乏切肤身受之感。这种调查研究基本功的锻炼，就是有意识地针对这一弱点来进行的。它不是蜻蜓点水式地浮在生活的表层，“走马观花”，而是深入下去，探求实际生活更深一层的内蕴，把根扎到实际生活的土壤中去。专题调查研究，是就某一地区或某一行业的某一专题，经历一个从感性认识到理性认识的深入和提高的过程。蹲点调查研究，是选择一个点蹲下来，同干部群众生活在一起，工作在一起，苦恼在一起，欢乐在一起，既“解剖麻雀”，又切身体验。这样的调查研究，可以不受临时报道任务的干扰，能帮助记者深知深解地熟悉社会，熟悉各阶层人士，同时也有利于记者改造自己的主观世界。其心得看起来可能是具体而微小的，但却往往一辈子难以忘怀。这方面的功底打好了，遇事就能举一反三，触类旁通，知根知底，有主见，不会像氢气球那样，随风飘荡，浮在半空。

语言文字的表达能力，也是记者的一项重要才能。新闻报道也是一项难度很大的语言文字工作，它不仅要求准确、鲜明、生动、精练，而且要有很强的时间观念。缺乏较强的语言文字表达能力，是无法胜任记者工作的。要提高语言文字的表达能力，就要有意识地加强这方面的基本功锻炼。比如，语法、修辞、逻辑，这些基础的东西一定要弄懂弄通，掌握得扎扎实实。同时，要注意提高语言文字的修养，善于运用语言艺术。记者平时要下功夫向群众学习，向古今中外优秀作品学习，多学多练，才能运用自如。

新闻业务技能的熟练运用，更是记者才能的集中体现。记者应该认真学习、精心掌握各种新闻业务工作的技能，尽可能地使自己的才能得到更加全面的锻炼，例如，新闻写作的“十八般武艺”都要拿得起，懂得运用哪一种“武艺”来恰当地表现自己采访到的东西；对新闻从采访到传播的整个生产过程和环节都要尽量地熟悉，懂得其中的规律和要求；摄影记者、广播记者、电视记者还应熟练地掌握和运用好自己手中的“武器”——照相机、录音机、摄像机；在今天的“网”上时代里，记者还必须学会使用计算机，懂得借助电脑、“互联网”等现代技术为新闻采访工作“增光添彩”。

对于记者来说，识、学、才三方面的修养是缺一不可的。没有科学的世界观和较高的政治理论及政策水平作指导，当不了好记者；没有学问，便难以有真知灼见；不精通业务，识和学也无法体现。党和人民需要大批识、学、才兼备的记者，这样的记者越多，我们的新闻事业就会越兴旺发达。

思考与练习

1. 为什么把记者称作“无冕之王”是自欺欺人之谈？怎样理解无产阶级记者的社会职能和地位？

2. 记者的工作特点表现在哪些方面？

3. 我国记者的工作任务有哪些？如何处理好它们之间的关系？

4. 强调记者“识”的修养有什么意义？你打算怎样提高自己的“识”的修养？

5. 记者为什么既要是“杂家”又要是“专家”？从才能的角度看，应该如何加强记者自身的基本功训练？

第二编

采访方法论

第七章　新闻事实的识别及其方法

刚担任记者的新手，在从事新闻采访的实践中常常会遇到这样的困惑：面对纷纭复杂的大千世界，把握不住哪些事实应该报道，而哪些又不值得去采访报道。你可能对什么事都感到新鲜，都想去采访；也可能对什么事都不感兴趣，认为这一切都没有去采访的必要。结果，时常出现这样的情况：你费了“九牛二虎”之力去采访，写出的新闻却被编辑部无情地“枪毙”了；相反，你认为不值得报道的东西，别人却从中写出颇有影响的“大新闻”。造成这种困惑和结果的原因，便在于你还没有掌握识别新闻事实的“诀窍”。

正确地识别新闻事实，是新闻记者首先必须具备的业务功底，否则，便没法当记者。

第一节　识别新闻事实的依据

众所周知，构成新闻的是新近发生或发现的事实信息。自然界和人类社会是处在不断运动和变化之中的，随时随地都有新的事实信息发生或者被发现。这些事实信息经过记者采集、处理，有的能见诸报端或在电台、电视台上广为传播；而有的却为新闻媒介所不屑一顾。比如，张家媳妇刚才生下一个胖小子，尽管长得活泼可爱，逗人喜欢，但没有一位记者会去采访报道此事；而李家媳妇刚才生下一个女婴，女婴的全身都长着长毛，由于与众不同，结果引来许多记者竞相采访。再比如，王家的父亲病故了，得自己掏钱，才可能在一家报上刊登一则“讣告”；而电影演员金山逝世了，新华社记者却闻讯赶来，颇费心计地采写了一条近千字的新闻《金山同志追悼会在京举行》，还被许多报刊、电台转载、转发。这个中原委，便是新闻价值在起作用。客观事实只有具备了新闻价值，才值得记者去采访报道；新闻价值越大的事实，就越可能成为大新闻，就越要引起记者注意，记者要作好重点采访的准备。总之，新闻事实便是具有新闻价值的事实，识别新闻事实的主要依据就是新闻价值。

一、什么是新闻价值

新闻价值作为新闻学的一个基本概念，是由资产阶级新闻学者首先提出来的。但是，在资产阶级新闻学那里，它并没有一个明晰的、一致公认的概念，甚至被说成是“只能意会，不可言传”的东西。由于新闻价值作用于由事实转为新闻事实这一关键过程，因此它也是马克思主义新闻学中值得研究的一个问题。我国马克思主义新闻学初创时期，为数很少的革命根据地出版的新闻学书籍和有关文章中已经涉及到了这个问题，如恽逸群同志著的《新闻学讲话》① 一书中，就有专章论述了新闻价值。但是，1949 年以后，特别是 20 世纪 50 年代后期以及十年“文革”期间，由于受“左”的思想影响，一些人把新闻价值这个概念当作资产阶级的东西一概加以排斥。在相当长的时间里，采写新闻不讲究新闻价值，不按新闻规律办事，致使一些没有什么新闻价值的新闻，甚至“冒牌”新闻充斥报纸的版面和广播、电视的节目中。这是值得引以为戒的。70 年代末以来，随着思想解放运动的发展和新闻学研究的活跃，新闻价值问题才又重新引起人们的广泛注意。

什么是新闻价值呢？我国新闻界对此众说纷纭，细细归纳起

---

① 此书 1947 年由冀中新华书店印行。

来，大体上有以下三种说法：

（一）新闻价值是指新闻工作者（含新闻机构）所规定的选择、衡量、取舍、编排新闻的尺度和标准。

（二）新闻价值是指新闻机构发布的新闻在群众中产生的影响和效果。

（三）新闻价值是指新闻事实本身所包含的政治、经济和认识价值。

上述对新闻价值概念的不同理解和表述，虽然都从不同的侧面强调了新闻价值的某些特征，但作为科学定义，就使人有不满足和欠周全之感。比如，第一种说法，强调了新闻价值确定过程中的新闻传播者的主观性，而忽视了新闻价值自身存在的客观性。这显然是不足取的。再如，第二种说法，强调了新闻价值的社会效果，这也是不够严密的。因为社会效果是一个人的新闻价值观要受到客观实践的检验的问题，也就是新闻工作者对新闻事实的判断和认识是否符合客观实际的问题，所以社会效果不应该包含在新闻价值的属性之内。又如，第三种说法，单纯强调了新闻价值的客观存在，这也是不够完整的。在实际生活中，我们常常会遇到这样的情况：同一新闻事实处于不同的时间、地点和条件下，其新闻价值大小便会发生变化，甚至会影响到新闻价值的有无。比如，20 世纪 70 年代初期，新华社编发的美国乒乓球队访华参加友谊比赛的消息，成了当时轰动世界的一条重大新闻，国内外许多报刊都在头版显著位置刊登。假如离开了当时的国际环境，以及中美两国即将恢复外交关系等政治因素，这一事实的新闻价值便会大大降低，充其量不过能发一条简要的体育新闻。再如，1982 年春，长沙市市场上的火柴脱销了。对这件事，《湖南日报》作为重要新闻处理，而外地报刊却普遍不予理睬。这是因为火柴脱销与湖南人民的切身利益关系太密切了，而外地不存在这个问题，自然就因没有多大新闻价值而不去报道了。可见，事实本身虽然是新闻价值存在的主要基础，但受众和社会的需求同样是影响新闻价值大小有无的重要因素。记者采访新闻时，并不仅仅把眼光局限于新闻事实本身的自然属性和实用价值，而往往是把视线集中到新闻事实与受众、与社会功利关系的交叉点上，来评价事实的新闻价值的。

根据以上分析，对新闻价值的定义可以作这样的表述：新闻价值是指事实所具有的新闻信息量及其对受众、对社会利害关系涉及的程度。

这一定义告诉我们：

新闻价值存在于事实之中，所以我们要尊重事实，注意研究事实。

新闻价值存在于事实与受众的关系之中，所以我们要尊重受众，了解受众的需求。

新闻价值是一种观念、一种意识形态的东西，它随着时间、地点、条件等社会环境的变化而变化，所以我们要熟悉社会、研究社会。

二、新闻价值的构成因素

新闻价值是由多种因素构成的。判断一个事实有无新闻价值或者判断一个新闻价值的大小，各种因素常常错综复杂地交织在一起，如时间、地点、对受众的利害关系、受影响或关心它的人数多少以及对社会可能产生的作用等等。必须综合各种因素进行比较，然后才能作出恰当的判断。比如，利害关系涉及的程度相等，则要以可能影响到的人数多寡来判断；人们关切的程度与影响的人数相等，则要以时间、空间的远近、大小来判断等。但有时各种因素的轻重程度是不一致的，那就要依赖于记者的经验与判断能力来判断了。我们不能规定新闻价值因素中哪一项是最重要的，哪一项是次要的，必须依据当时当地的具体情况作具体分析。

与此同时，还要看到，价值观作为一个人对周围事物的是非、善恶和重要性的评价，它是受到人的世界观的支配的。不同社会条件下的不同阶级、不同集团的人，会有不同的价值观。以符合广大人民群众的根本利益为宗旨的我国社会主义新闻事业和以追求利润为目的的西方资本主义新闻事业有着本质的区别，其反映在新闻价值观上，也就有着明显的不同。当然，资产阶级新闻价值体系和我们社会主义的新闻价值体系并不是绝对不相容的。资产阶级新闻价值体系中一些反映了新闻的特殊个性和普遍规律的因素，如影响性、接近性、及时性、显著性、异常性、冲突性等等，经过改造也可以为我们所用。

近些年来，我国新闻界许多同志对新闻价值应包含哪些构成要素发表了不少有益的意见。有的概括为“及时、新鲜、重要、有趣”；有的概括为“真实性、新鲜性、重要性、可读性”；有的概括为“时宜性、新颖性、重要性、接近性、知识性”；还有的概括为“新的事实、新的信息、普遍兴趣”等等。综合各方面的意见，吸取各家之长，这里把构成新闻价值的要素归纳为以下四个：

1. 新鲜性。

新鲜性指的是事实发生或变动的时间及其所含的新闻信息量。这是构成新闻价值的必备要素。缺少新鲜性的事实，是没有新闻价值的，自然成不了新闻。

新闻事实的新鲜性，首先是个时间性问题。因为，新闻总是要报告给人们一个新发生的事实或者事实变动的新情况。荆轲刺秦王，张骞通西域，司马迁写《史记》等，在中国历史上都是有深远影响的事件，但不能把它们作为新闻刊登在今天的报纸上，这是由于它们不是新近发生或发现的。1991 年初的海湾战争和 1999 年 3 月以美国为首的“北约”轰炸南联盟的战争，都远没有第二次世界大战那样的规模，但它们却分别成为 20 世纪 90 年代初叶和末叶两件轰动世界的重大新闻，这首先是由于它们是新近发生的。一般说来，新闻事实的时间性越强，新闻价值越大。新闻事实发生时间距公开传播时间的时间差的大小，是同新闻价值的大小成反比的。

新闻事实的新鲜性，光有时间性还不够，它还必须提供给人以富有新意的信息。比如，在现今社会里，老年人上公共汽车后，年轻人起身让坐，这已是司空见惯的事，尽管是新近发生的，但不能称之为新闻，因为它没有给人提供新的信息。相反，老年人上车后，在坐的年轻人无动于衷，倒是一位残疾人起身让坐，这一新情况出现，倒可能成为新闻。现实生活中许多人们亟欲知道的新鲜事，如新情况、新问题、新人物、新经验、新思想、新事迹、新发明、新面貌、新气象、新风尚等等，因为新，就有了新闻价值，就有可能成为新闻。比如，农民卖余粮，一般来说成不了新闻，但湖北《孝感报》1981 年 9 月 5 日刊登的《他家今年愿向国家交售两万斤粮食，只要求卖给他一辆永久牌自行车》，讲的是农民卖余粮中出现的新情况，并预兆着城乡、工农关系的新变化，这在当时便具有很大的新闻价值。有些事实尽管时间性不够强，但只要它仍是人们未知而欲知的事，便仍有着新闻价值。比如，1976 年 7 月 28 日，唐山发生了大地震，由于各种原因，当时报道中对死伤人数及许多内情未予披露。直到 1979 年 11 月下旬，在大连举行的中国地震学会成立大会上，才宣布那场地震死亡 24. 2 万余人，重伤 16. 4 万人。这一事实与情况，是鲜为人知的新鲜事，其新闻价值是显而易见的。新闻事实中蕴藏的新闻信息量（即新情况的分量和程度）与新闻价值的大小是成正比的。也就是说，事实的新闻信息量越大，新闻价值越大。

总之，新鲜性既是新闻事实所具有的客观属性，又是需要记者在事物的变动中考察和把握的一个价值要素。在通常情况下，它是指一般人尚不了解的，而不是人所共知的事；或者是一件事情有了新变化、新发展，而不是老样子、一成不变的；或者是事物在运动中有了新的意义，而不是毫无意义的重复。用唯物辩证法的发展和变动的眼光看问题，留心周围一些事物，注意它们的过去、现在和未来，我们就会把握住新鲜性这个要素。

2. 重要性。

重要性指的是事实对社会生活影响的普遍程度，或与社会成员根本利益的密切程度。也就是说，一件事对社会的影响越大，与人民大众的切身利益关系越密切就显得越重要。

重要性是决定新闻价值大小和有无的关键因素，也是有别于资产阶级新闻价值观和体现我们社会主义新闻价值观特色的主要因素。这是因为，重要性比起新闻价值的其他要素来能更多地体现一个记者的政治倾向，从而反映新闻传播机构的政治态度。西方一些资产阶级新闻学者也讲重要性，但他们认为新闻的重要性是以战乱、政治斗争、名人轶事及金钱、女人、冒险等为主要内容的。在这种新闻价值理论的支配下，西方一些报刊上充斥了诸如一位三级片的“艳星”如何又在公共场所“漏光”，一位已离了八次婚的 81 岁老翁又新娶了 18 岁少女为妻等等一类色情、凶杀和变态的新闻报道。

我们社会主义新闻价值观判断重要性的主要标准是：

（1）影响性。一个事件，影响社会的程度愈大，影响到的人数愈多，其新闻价值愈大。比如，物价问题、住房改革问题、下岗职工再就业问题，等等，涉及到千家万户，自然是这几年报道的热门话题。再如，社会风气问题、廉政建设问题、司法腐败问题等等，也由于当前万众注目而具有较大的新闻价值。

（2）显著性。一个事物，在社会生活中的地位愈突出，或者对社会产生的作用愈大，其新闻价值愈大。显著性和影响性的区别在于，后者多从横向比较，而前者则多从纵向比较。显著性包括人物、地点、事件、事物的知名度及事件数量上的引人注目。比如，《大寨也不吃大锅饭了》这则报道①，到了 1982 年，

---

① 载《羊城晚报》1982 年 12 月 21 日。

农村落实生产责任制，搞土地承包，已经不是什么新闻了。但事情发生在大寨，而大寨曾以吃大锅饭而闻名全国。因此，他们这样做尽管起步晚了，仍然具有较大的新闻价值。再如，一般人犯罪被判刑，不算是新闻，而前中共中央政治局委员、北京市委书记陈希同犯罪被判刑，则是国内外关注的大新闻，这是因其地位的显赫而有了新闻价值。

（3）反常性。这也就是资产阶级新闻学中所说的“异常性”。我们社会主义新闻价值观所以也讲反常性，并不是单纯地为了标新立异以吸引人，而是因为有不少反常事件，往往预示了事物的某些重大突破或突变，有的反映了国内值得注意的动向，有的反映了具有科研价值的自然异象，因而显示了重要性。比如，《红场易旗》、《美国总统里根被刺》、《5歹徒企图劫持中国民航飞机》、《部长夫人烧锅炉》、《荣成渔民跨国赶集》、《西藏日喀则地区上空发现奇异天体》等等。

现代新闻是向社会广泛传播的，新闻面对的受众是各种各样的，人们的利害关系并不一致，有些利害关系还互相抵触，因此，确定事实的重要性只是相对而言的。记者选择新闻事实时，要注意找出那些和较多的人有利害关系的事实进行报道。此外，一件事情的重要程度，在不同时期也是有所不同的。例如，工矿企业实行“利改税”，在其刚起步时显得很重要，然而当其被普遍推广之后，其重要性自然就降低了。在我国现阶段，比较重要的新闻事实有：贯彻执行党的方针政策有典型意义的事，对促进社会主义物质文明和精神文明建设有深远影响的事，国家政治、经济生活中带有倾向性的问题，人民群众生产实践中的新发明和新创造，重大的科研成果及其在生产中的应用等等。这些事情有大有小，有全局的也有局部的，它们的重要程度也各不相同。判断一个事物的重要程度，主要看它当时对人民的教育、启迪、鼓舞作用，对实际工作的指导作用，对社会发展的促进作用。

3. 接近性。

接近性指的是新闻事实与新闻受众内在的相关性。具体地说，接近性就是指新闻事实与受众在信仰、经历、心理、职业、性别、年龄、地域等方面重合或近似的程度。一个事实的新闻价值是与这些重合或近似的程度成正比的。

在国外一些新闻学著作中，也有把新鲜性列入接近性的，称作时间上的接近性。我们这里将它区别开来，专讲时间性以外的接近性。

心理学家认为，引起人们注意的原因主要有以下三类情况：一是外界的刺激；二是人的内在兴趣；三是人们已有的经验。一般说来，和人们的日常生活、工作有密切关系的事情，人们比较关心；人们对自己熟悉或感兴趣的地点、人物和事物，较之其他东西更为注意；一切和人们过去的经验相关的事物，人们容易被吸引和保持注意。所以，新闻价值中的接近性，大体上包含这样几个方面：

（1）地理上的接近性，或者叫距离上的接近性。我国1942年出版的《新闻学集成》一书中是这样讲新闻的距离上的接近性的："时间的接近性，如果是纵的要素，那么距离的接近性就是横的要素。这两者都一样地具有操纵新闻生命的重要性。尤其距离和新闻的关系，更为重大。它可以增减新闻趣味，而且发生事件的场所与读者间的距离愈近，读者对新闻的关心趣味也愈大。人们要求知道自己生活圈内的事故，是比别人的生活圈内的事故，更来得迫切。而且对本国的事件，也比外国的事件更感兴趣。邻居有强盗闯进的事实，纵然强盗未得一物而逃走，也比外国银行被土匪抢去10万金元的事实，更能刺激我们，使我们更感兴趣。由于近距离的事故对自己的生命、财产、幸福有着直接的影响，因而距离的接近性就成为新闻的主要成分之一。"事件发生地点和新闻受众的距离越近，新闻价值就越大。比如，上海有一年下雪，出现了罕见的严寒。记者报道说："这几天上海街头积雪不化，春寒料峭，最低温度下降到摄氏零下七点四度，上海人遇到了有气象记载的八十多年来罕见的严寒。"① 这个事实的新闻价值是随着离上海的距离的远近而增减的。在上海，它的新闻价值最大，因为受众亲身感受，需要看到准确的报道和政府采取相应的措施。在邻近上海的浙江、江苏，这个事实仍有相当的价值，因为这些地方和上海来往密切，且气候相互有影响。到了北京，这个事实便只有一般的价值了。而到了黑龙江、新疆等地，这个事实则没有什么价值了，因为那里冬季气温常常处于零下二三十度。居住在积雪数尺的地方的人们，对待零下七点四度的寒冷是不会感到惊奇的。

（2）职业的接近性。这一条对专业性的报刊尤为重要。一件对《工人日报》来说新闻价值很大的新闻事实，如果它只是反映了工业战线上的新人新事，那么，对《中国农民报》就可能没有多少新闻价值。同样，反映农村新人新事的新闻，对农民报刊或当地的地方报刊有较大的新闻价值，而对《工人日报》就价值不大。

（3）性别的接近性。《中国妇女报》、《妇女》等报刊，总是把是否和妇女的切身利益有关作为事实的主要识别依据。

（4）年龄的接近性。《中国青年报》和其他青年报刊，大量报道的是青年们的事或青年们关心的事。《中国少年报》多是报道有关少年儿童的事。《中国老年报》则更多报道的是有关老人们的事。一件讲究养身之道、延年益寿的事实，《中国老年报》很可能刊登在显著位置，而《中国青年报》和《中国少年报》却不会采用。

（5）心理的接近性。比如，上文提及的上海严寒这一事实，对新疆的大型综合性报纸来说，是没有什么新闻价值的，但对于新疆塔里木盆地的地方小报却有一定的新闻价值，因为那里当时有六万多名上海支边人员，他们是十分关心上海的情况的。

---

① 见新华社 1957 年 2 月 12 日电讯稿。

以上讲的五种接近性，是为了行文的方便分开来叙述的。实际上，这几种接近性常常是交织在一起的。西方新闻界讲究研究“读者群”，对我们来说，更要注意研究新闻的接受对象。比如，《光明日报》和《文汇报》，是以知识分子为主要对象的。知识分子一般以脑力劳动为职业特点，他们有自己的心理、习惯、职业特征和精神需要。面对这样的受众群，记者应该密切关注他们的思想、情感和要求，抓取与他们有职业和心理接近性的事物进行采访报道。

接近性不是孤立地存在于新闻价值之中，而是相比较而存在的。有些事实虽然只是某一地区、某一行业的事，但当它的重要性远超过它的接近性因素时，它便超越了本地区、本行业的界限，而具有了很高的新闻价值。

4. 趣味性。

趣味性是指新闻事实所具有的情趣和意味，亦即情感的吸引力。1924 年出版的《新闻学大纲》（伍超著）一书中曾写道：“更有所谓兴趣问题者，亦占最重要之地位。何谓有兴趣之新闻？则一言以蔽之曰：凡能满足吾人之希望，并能引起吾人之情感者，即为有兴趣之新闻，间接更可谓有价值之新闻。”趣味性也是新闻价值中的一个值得注意的因素。

请看，1989 年 2 月 3 日《中国青年报》上刊载的一则报道：《假药积“德”，农妇死里逃生》。它讲的是：一天，江西省临川县一位农妇，用 65 元钱从自由市场上买回一袋 50 公斤的尿素。谁知，到家后拆袋一看，除了袋口上有五六斤尿素外，其余全部是食盐。夫妇俩气得目瞪口呆。丈夫在气头上打了妻子一巴掌，骂她不该花钱买假货。妻子本来就很难过，又遭丈夫的殴打漫骂，更是满腹委屈，一狠心，拿起丈夫当天买回的“甲胺磷”农药，一口气喝了小半瓶。幸亏丈夫发现得早，赶快夺了过来，但妻子已昏倒不醒了。当丈夫把妻子送往医院抢救时，还没等医生治疗，妻子居然从病床上爬了起来，自己走回了家中。后经医生化验检查，原来那瓶“甲胺磷”农药几乎全是假的，“毒性虽有，但含量极少”。一场虚惊之余，那位青年农民庆幸自己妻子“死里逃生”，还特地买了一块玻璃匾送给卖假农药的门市部，上书“假药救人，永世不忘”。

一户农民买假货上当受骗，这在现实生活中本来属“小事一桩”，对一家全国性的青年报纸来说，似乎谈不上有多少重要性。而且，类似的批评性报道，报上已屡见不鲜，因此也谈不上有多少新鲜性。加之，《中国青年报》的绝大多数读者，远离江西的临川县，也难说有多大的接近性。但是，对这则报道，人们还是爱看爱读的，报纸也有刊登之必要。这当中的原因，便可以说明，新闻价值的要素中，除了重要性、新鲜性、接近性之外，还要加上一个趣味性。

趣味性一词，原是资产阶级新闻学中的一个常用提法。我们社会主义新闻学虽然也讲趣味性，但是和资产阶级新闻学有着不同的理解。不少资产阶级新闻传媒把“金钱、色情、凶杀、暴力”等视作最有趣味的东西。而社会主义新闻传媒讲究趣味性，是要培养、引导受众健康、高尚的情操与志趣，开阔人们的眼界，丰富人们的文化生活。当然，不同的传媒面对着不同的受众群，由于受群的文化素养、生活环境等不同，对趣味的需求也是不尽相同的。这样，新闻传媒掌握的趣味性标准也就不尽一致。因此，趣味性同重要性、接近性一样，都是属于新闻价值诸因素中的可变因素。

社会主义新闻价值观的趣味性，一般有着这样几个特征：

(1) 和思想性密切相关。这就要求记者采集新闻事实时，一方面注意开掘其“趣味”所在，一方面注意把握事实本身的思想意义。比如，一起破冰救人的新闻采访，记者可以通过对事件发生时的气候、环境，当地的风貌、习俗，事件的现场，落水者的情况，救人者的背景，周围人的活动、态度以及抢救落水者的经过等等诸方面的了解，寻求事件的“趣味”点及其对受众的“启迪”点。这样采写的新闻，势必有景、有情、有趣，并有思想性。

（2）融于知识性之中。随着受众整体文化素质的提高，能给人以知识的新闻事实更能吸引人，更使人感兴趣。因此，开掘事实的“趣味”时，要注意寓趣味性于知识性之中。比如，前些年我国登山队员攀登慕士塔格山到6000米时，看到前人留下的破帐篷、鞋和空罐头。报道这条新闻时，如果只写登山队员发现前人遗物，并不能引起受众多大兴趣。记者引用了一位瑞典人在许多年前写的《亚洲腹地旅行记》中的材料，记述了一些外国朋友数次企图征服这座冰山均告失败，这就有力地衬托了新中国登山运动员的新成就。同时，记者还运用了一份杂志中关于慕士塔格山的地理、地质、气候材料，虽只几百字，却是丰富、生动、吸引人的知识，而这正是受众所需要了解的。

（3）讲究人情味。这里所讲的人情味，指的是能在许多人心理上引起共鸣的东西。富有人情味的事实，才能具有吸引力。因此，开掘事实的趣味性时，还要注意寓趣味性于人情味之中。特别是关于人的活动的新闻，要把围绕事件和人物的关心、悬念、同情等等人格化的因素，充分挖掘和表现出来。例如前文提到的破冰救人的新闻，正是在人们关心落水者的命运的意义上，才具有较大的新闻价值。如果这一切不是围绕着如何救人来展开事件的发展，那就没有多少吸引力了。又如20世纪80年代初一则获奖好新闻《红娘啊，你在哪里》，这是一位工会干部的书信体报道，它叙述的是从事煤炭工作的青年矿工找对象难的事。信中说：“领导叫我们以煤为业，以矿为家，可我在矿上成不了家。”“我是矿工会的工作人员，分管青年工人的教育工作……我也是个30出头的‘老孩子’了，看到和我同样找不到对象的‘老孩子’终日为婚事长吁短叹、饮酒消愁、闷头大睡的情形，我的心里十分难受……‘红娘’啊,你在哪里？爱情啊，你在哪里？煤矿工人需要你哪！”这篇报道讲的是青年人都会遇到的婚姻大事，因而引起了社会广泛的同情和关注。报道在《工人日报》发表后，不过几个月，该矿就收到全国十几个省市的几百个姑娘热情洋溢的来信，其中一些姑娘后来还和矿工建立了恋爱关系并结了婚。

第二节　识别新闻事实与记者的新闻敏感

在社会生活中，新闻事实是客观存在的，但它又往往不像鲜花那样，明目耀眼地摆在那里，让你慢慢去“欣赏”、去“辨别”。新闻事实一般都蕴含在千姿百态的普通事实之中，而且常常转瞬既逝，难以捕捉。能否在大量的普通事实中，迅速抓住有价值的线索，采掘到新闻事实，这就得看记者有没有新闻敏感，以及新闻敏感的强弱程度了。

一、新闻敏感的含义及作用

任何一个行业都有能工巧匠、“老行尊”，他们对自己所从事的行业都有着强烈的职业性敏感。比如，本领高强的老农，看一看天上的朝霞或月亮周围的色彩，观察一下地上的昆虫，就知道将有什么样的天气；他们抓一把地上的泥土看看，就可以知道适宜种什么作物。老渔民伏在船板上一听，或者爬到桅顶上一望海水的波纹和颜色，就知道水下有什么鱼群在游动。有经验的中医切切你的脉搏，看看你的舌苔，就能准确地告诉你病情所在。高明的音乐指挥家，能够从他的由数十人组成的乐队的演奏中，听出一个乐手偶尔的差错……

新闻敏感，也有人称之为“新闻眼”或“新闻鼻”，它是成熟记者所特有的职业性敏感。它能使记者在瞬息万变的大千世界里透过重重迷雾一下子“看到”、“嗅到”哪里有新闻发生，或者哪里会有新闻发生，从而迅速地去捕捉。具体地说，新闻敏感就是记者敏锐地发现、鉴别和预见具有新闻价值的事实的能力。

在新闻采访的实践中，新闻敏感的作用主要表现在这样几个方面：

1. 能“一触即发”，迅速抓住新闻事实。

在采访中，新闻事实往往伴随着其他的情况和信息涌到记者面前。只有具备了新闻敏感的记者，才会对有新闻价值的事实“一触即发”，顿时产生“条件反射”，迅速抓住，而不让新闻事实从自己面前轻易漏掉。

1983年5月，浙江省外贸局、旅游局通过新华社香港分社，邀请香港、澳门的十多名记者到浙江采访。当浙江省省长和几位副省长会见这批记者时，记者们注意到有一位副省长不是穿中山服而是穿的西装，就追问这位副省长的姓名，过去做什么工作。这样，记者们了解到了这位副省长叫张起超，曾留学美国，是从香港回来的，先是担任省机械厅副厅长，前不久才被选为副省长。接着，这些记者又立即打听新华社报道过此人没有，当得知只简单发过消息而没有详细报道后，有人便马上表示：“这位副省长我要写专访。”① 从这里可以看出，这些记者很善于抓新闻，其原因就在于他们有着很强的新闻敏感。

2. 能“慧眼识珠”，准确鉴别事实的新闻价值所在及其大小。

记者采访某个事物，一般会得到大量的材料和事实。新闻敏感强的记者，便能准确地鉴别和判断其新闻价值之所在，把最具新闻价值的事实（或材料）从中挑选出来，而不至于让那些一般事实把新闻事实淹没了，或者抓了新闻价值小的事实而丢了新闻价值大的事实。

1978年11月，中共北京市委举行了一次常委扩大会议，主要是讨论加快首都四化建设的问题。参加这次会议采访的记者，

---

① 引自许京龙：《与港澳记者相处十天中所见所闻所感》，载《对外报道参考》1983年第15期。

有的写了8000多字的消息，有的发了2000多字的新闻。这些报道面面俱到地介绍了会议情况，尽管写得这么长，但发表后反响并不大。在这次会议的许多事实中，什么是最有新闻价值的事实呢？

当时，粉碎“四人帮”已经两年多了，工农业生产也有了比较快的恢复。但是，由于当时主持中央工作的主要领导人仍然坚持“两个凡是”的观点，使人们的政治热情受到压抑，大家都渴望冲破这道“紧箍咒”，而集中的表现就在于对天安门事件的看法上。可以说，天安门事件不平反，人心不服，人心不定。就在北京市委的这次会议上，宣布了广大群众1976年清明节到天安门悼念周恩来总理，声讨“四人帮”，完全是革命行动。这是一个历史性的决定，是全党全军全国人民的共同愿望。新华社记者正是出于这样的思考，果断地把这一最为重要的事实抽了出来，单独发了消息。这条消息虽然只有200多字，却是一条全国人民瞩目、世界人民关注的重大政治新闻。①

3. 能“见微知著”，从人们习以为常的现象中挖掘出具有新闻价值的事实。

19世纪法国著名的雕塑家罗丹说过：所谓大师，就是这样的人，他们用自己的眼睛去看别人见过的东西，在别人司空见惯的东西上能够发现出美来。② 具有敏锐新闻嗅觉的记者，也就像这些大师一样，能够见微知著，从平凡中看出不平凡，从人们习以为常的现象中挖掘出新闻事实。

被评为全国好新闻的《15斤牛肉干成了难题》，首先就是通讯员从一份“申请收购牛肉干的收购单上发现的”题材。一份“收购单”这种不起眼的小事，一般人很容易忽视它，看到也不当一回事。可是这位通讯员却从中想到了党风和社会风气的问

---

① 朱承修:《新闻敏感和政治胆略》，载《新闻业务》1984年第10期。

② 《罗丹论艺术》，第5页，人民出版社1978年版。

题：这几年，“无礼办不成事”在一些地方已成风气；而一位外地采购员来上海办事，事办成了，礼物却送不出去，以至于要工商行政管理所收购，这不说明党风和社会风气在变吗？小事当中有着大新闻。果然，这条新闻写出后，《新民晚报》很快在头版头条刊登；第二天，《解放日报》作了转载，并配发了评论；《人民日报》跟着也予以转载。正是由于这位通讯员的新闻敏感，才使这件小事成了人们交口称赞的好新闻。

4. 能“落叶知秋”，对某些重大新闻事实的出现作出科学的预见。

事物的发展都是有规律的，任何事物的进化或者向对立面的转化，一般表现为由量变到质变，又由质变到量变的过程。量变是事物在数量上的增加或减少，不是根本性质的变化；质变才是事物根本性质的变革，是事物由一种质的形态向另一种质的形态的突变或飞跃。新闻敏感强的记者，就能透过事物变化的某些先兆，预见到事物的演变和发展趋势，在事物即将发生质变或部分发生质变时抓住新闻。

曾在新华社工作的英国专家露丝·史密斯，有着丰富的采访经验。她认为，采访的一个窍门就是预见性。她在英国《工人日报》（英国共产党中央委员会机关报，现改名为《晨星报》）当记者时，经常翻看各种报纸，从中寻找新闻后面的“新闻”。一次，有条消息传递了这样的信息：钢铁股票和羊毛股票上涨了。她就发现“这条消息背后有新闻”——马上要打仗了。为什么呢？因为造武器要用钢铁，做军服要用羊毛。如果不是要打仗，就不需要多生产武器，也不需要多生产军服。现在钢铁、羊毛都涨价了，这正是一种就要爆发战争的先兆。于是，她从准备打仗的方面，采访到更重要的新闻。①

再如，1993年9月25日，《中国青年报》刊发的一则报道

① 王庚虎：《史密斯谈采访》，载《解放军报通讯》1984年第11期。

《9·24，我们一起升国旗》，以其强烈的感染力，震撼了广大读者的心灵。这则报道的成功，也在于记者有着高度的新闻敏感，在新闻事实发生之前就能科学地预见到它极有可能出现的场所与时刻。当年是中国第一次申办奥运会，为此全国人们都倾注了满腔的热情。能否申办成功，9月24日凌晨（北京时间）2点36分，将由国际奥委会表决而见分晓。不管结果如何，“这件事无疑都会在全国人民心里造成重重的一击；它所引起的冲击波，会在共和国的历史上划下重重的一痕”。① 因此，这是一条决不可遗漏的要闻。但是，最能表现这一“冲击波”的，亦即最有新闻价值的事实会在哪里？又会在什么时候出现呢？记者凭着职业敏感预见到：首都，天安门广场，清晨升国旗的时刻，正是申办结果揭晓不久，国民情系国运，与国同在的心态一定会表现得最强烈、最集中。于是，记者“下了夜班之后，顶着秋寒，骑自行车来到天安门广场”。②就这样，一条获当年中国新闻奖的好新闻终于给记者“等”到了。

二、新闻敏感从何而来

新闻敏感是记者宝贵的素质。虽然它是一种精神的东西，无法用“人工训练的技术方法培养出来”③，但也并不是神秘莫测的。一些资产阶级新闻学家把新闻敏感说成是“天生的”，是一种“天性”，这是他们唯心论的世界观的反映。按照辩证唯物主义的观点，通过学习和实践，我们完全可以找到培养和提高新闻敏感的有效途径。

一般来说，新闻敏感来自如下几个方面：

---

①② 梁衡：《新闻绿叶的脉络——一个评委的笔记》，第156、154页，新华出版社1995年版。

③ 斯大林：《论工人通讯员》，《斯大林全集》中文版第6卷，第229页，人民出版社1972年版。

1. 新闻敏感来自高度的工作责任感。

注意抓取新鲜事物，并把它迅速传递给受众，这是记者的主要职责。记者有了高度的责任感，怀着一股激情对待工作，就会不抓住新闻心里不安；不把最有新闻价值的事实反映出来，便卧不安席，食不甘味；就会不分上班下班，也不管分内分外，随时随地启动着捕捉新闻的“雷达”。这是培养新闻敏感的原动力。

《辽宁日报》有位记者，一个星期天带着孩子去公园游玩，却遇到这番经历：进园后，他发现长廊内围着一群人，不知在干什么。他好奇地跑过去一看，只见几位穿白外套的老人正在热情地向群众宣传并赠送手抄药方；长廊的两边还挂着几十个用墨笔抄写得工工整整的治疗常见病的药方。这几位老人是哪个单位的？为什么在这里看病？他带着疑问仔细地观察，又发现长廊上挂着一条白底红字的横幅，上写“退休五老人义务服务组”，旁边写着服务内容：验方介绍、治病、量血压，每周日早上 6 时至 8 时服务。多么可敬的老人！出于一个记者的职责，他把孩子扔在一边，急忙挤进人群，向旁人借了支笔，又掏出一张纸，拉住那位正在热情宣传卫生知识的老人就地采访起来……采访完毕，他回家后顾不得做饭就伏案写稿。第三天，一篇题为《义务行医为民解痛——八一公园“退休五老人义务服务组”见闻》便刊登在《辽宁日报》头版上。① 这位记者如果缺乏工作责任感，上公园就是游玩，那么对五位退休老人的事就难以产生新闻敏感。

记者的高度责任感、强烈的事业心，还表现在对新事物寻根刨底、锲而不舍的孜孜追求上。有了这种精神可以为预见新闻、挖掘更重大的新闻创造良好的条件。第二次世界大战前夕，意大利法西斯军队在埃塞俄比亚边境上不断制造事端，双方关系紧张。1935 年 4 月，美联社记者吉姆·米尔士被派往埃塞俄比亚首都做常驻记者。他几次采访塞拉西皇帝，掌握了大量背景材料

---

① 引自赵光芒：《突击采访札记》，载《辽宁日报通讯》1985 年第 3 期。

和现实情况。8月，他采访到一条大新闻：埃塞俄比亚同英、美两国订立了秘密协定，埃方同意把自己的部分领土、资源租让给英美开发。这条新闻震惊世界。但米尔士没有就此满足，他继续探索着，认为埃方此举意在拉英美压意大利，而当时意大利气焰方炽，决不会善罢甘休，因此，战争只是何时发生的问题了。为此，他向总社要求增派记者，成立分社，盯住这个战争的爆发地。不出米尔士所料，1935年10月3日，意大利的24万法西斯军队入侵埃塞俄比亚。这特大新闻当然又是美联社最先拿到手了。如果没有锲而不舍的跟踪追击精神，米尔士是不会敏感地预料到战争将在埃塞俄比亚发生的。

当然，记者的立场、观点不一样，其工作责任感所体现出来的效果也不尽相同，甚至是大相径庭的。比如，在资本主义社会，记者工作的特点是无状态的竞争。这种竞争，使许多记者产生了一种唯恐天下不乱的心理，不择手段地抢新闻。有一本资产阶级新闻学教科书说："邻街的房子着火了，对于居民这是灾难。然而，对于记者，这是采写新闻的好机会。"作为教科书，提倡把人民的疾苦作为记者采写的机遇，这实质上就是把记者的事业建筑在别人的痛苦之上。据有关资料介绍，20世纪30年代还出现过这样一件事：《纽约镜报》的一个记者，一次看到一个失业工人模样的人在大桥上垂头丧气地走来走去，好像要自杀。他足足盯了一个多小时，那个人终于爬上了桥的栏杆，准备跳河自杀。这时，那个记者不但见死不救，反而非常高兴地拿出照相机对准这个人，但还是不拍照。等到此人跳河的一刹那，记者大叫一声"好"，拍下了这个镜头。这张照片竟然被当作新闻摄影的"杰作"发表出来。① 这就是西方一些资产阶级记者的"责任感"和新闻敏感。我们社会主义国家的人民记者，理应站在

---

① 引自黎信：《谈西方记者的基本功》，载《广西日报通讯》1981年第6期增刊。

党和人民的立场上，具有高度的工作责任感，这样才能敏感地发现有意义的、受众喜闻乐见（听）的新闻。

2. 来自对形势、政策和报道思想的透彻了解。

能够准确洞察形势，深刻领会党的方针政策，并掌握当前的报道思想，这是培养和增强新闻敏感的一大“法宝”。

形势，包括国际的、国内的、本地的、经济的、政治的、军事的、思想文化的。当前社会生活中的重大矛盾，群众最迫切需要解决的重大问题，党的战略指导方针，人民群众的根本利益所在，人心所向，时代潮流，历史发展趋势，这些都是记者应当了解和把握的大的形势。要随时注意正确地分析形势，分析各个领域、各条战线的矛盾及其发展变化，不要放过那些影响全局的东西。一个胸有全局的棋手，能看出眼前每一步棋的意义。同样，一个全局在胸的记者，也善于把眼前发生的事实放到全局形势下面考察，立即掂出它的分量；甚至在事实发生之前，就预见到它可能发生的种种迹象。这样，一旦具有新闻价值的事实出现在眼前，他就能一下子抓住，及时地作出报道。

我们的报纸、广播、电视，虽然每个时期、每条新闻所报道的具体内容各不相同，但是宣传、贯彻党和国家的方针政策则任何时候都是报道工作的重心。因此，一件事实，它的意义和价值究竟有多大，该不该报道，除了要站在全局的高度审视，还要用政策的眼光来衡量。记者要注意领会党和国家制定的政策背景、意图和精神实质，政策规定的界限，以及实施的步骤等等。有了政策作为准绳，就能够准确地把握事实的价值，并恰当地对待它。当然，新闻报道不是工作汇报，符合党的方针政策的事，不见得都能成为新闻。一个时期有一个时期的报道要求和重点，新闻传媒的编辑部一般都有一定的报道计划和提示。这就是报道思想，或称为“编辑方针”。只有符合报道思想的，才能成为见报（或上广播、电视）的新闻。注意研究编辑部的提示，明确当前的报道思想和主攻方向，就可以帮助我们增强新闻敏感。

透彻地了解形势、政策和报道思想，记者审时度势的能力就强，就会鼻子灵、眼睛亮，目光四射，好像老鹰在天空盘旋那样搜索着“猎物”。党的十一届三中全会以后没多久，新华社总社有两位记者来到湖北省。在驻湖北分社记者的推荐和陪同下，他们访问了蒲圻县赤壁公社，同那里的农村基层干部座谈了不到半天，就写出了《一个基层干部称赞三中全会有十个好》的新闻。这条新闻后来被评选为当年全国10条好新闻之一。从直接采访的时间看，这条新闻好像“得来全不费功夫”，其实，它是记者对形势、政策和当时报道思想深刻了解与把握的结果。党的十一届三中全会后，一系列适合我国国情的农村政策实行了，许多地方贯彻执行得好，受到农民的拥护，但是，也有一些地方贯彻不力，有些干部受“左”的思想影响，思想上、行动上还在怀疑甚至抵触。这就是当时的形势。统一人们的思想，澄清一些人的模糊认识，坚定人们执行三中全会政策的信心，便是当时党的工作的主要内容，也是新闻报道的重点。正是鉴于这些认识和理解，所以，记者一遇到赤壁公社这样的事实，敏感的“火花”就自然迸发出来了。

3. 来自对情况、资料的积累和研究。

熟悉现实生活和实际情况，掌握丰富的历史资料，并注意研究、分析，这是培养新闻敏感的坚实基础。

新闻采访来自现实生活，不接触实际，情况不明，自然无法触发新闻敏感。新闻采访要求记者接触社会的范围非常广，碰到的各种事情非常多，大至宇宙间的每一个领域都要涉及。同这样的工作对象打交道，给记者规定了适应本职工作的鲜明特点，这就是要了解各个方面的情况。平时，记者掌握、积累的情况越多，思路就越广，就越能触类旁通，选择、比较的天地就越大，新闻敏感就越强。比如，1982年，《光明日报》记者对优秀知识分子蒋筑英这一重大新闻的发现，就是从情况的积累中得来的。在这之前，长春光机所有位副研究员叫赵景恩，刻苦钻研的精神很像陈景润。他刚完成一个国家重点科研项目的数字计算，就病倒住了医院，不久就逝世了，当时他只有 47 岁，这给记者留下了深刻的印象。再一个情况是，吉林省的专业作家丁仁堂，创作上很有成就。一次，他正在一个会上介绍创作经验时，突然发病，昏倒在地，经检查是脑出血，送到医院不久就停止了呼吸。丁仁堂去世时也只有 49 岁。记者听说他“走了，去世了”，“真不敢相信自己的耳朵”。这些情况，在记者的脑子里划了一个很大的问号：中年=老了=该去世了？正是在这一背景下，记者来到长春光机所，又听到自己曾采访过的蒋筑英（46 岁）逝世的消息，引起巨大的悲痛，进一步强烈地感受到，作为一个记者，要为进一步改善中年知识分子的工作和生活条件呼喊。后来，这位记者谈到：“如果这次采写蒋筑英之前，没有丁仁堂、赵景愚等中年知识分子因工作、生活负担过重造成积劳成疾而过早逝世的强烈印象，我对蒋筑英这一典型的理解就不会那么深，也就不会联想那么广，采写这个典型的紧迫感也就不会那么强了。”①

新闻敏感，不仅来源于对新生事物的敏锐的感受和识别，而且也来源于对原有事物的熟悉和把握。俗话说，“温故而知新”。对原有事物的熟悉和研究，是增强对新生事物的敏感力的重要方法。因此，培养新闻敏感还要十分注意积累、钻研客观事物的历史资料。这里，从有关文章中举一个例子：

“1971 年 9 月 13 日，林彪仓惶出逃。这一震惊中外的事件，首先是由法新社驻北京记者于 9 月 15 日向全世界报道的。据《林彪的兴起与垮台》一书及其他材料介绍，这位法新社记者事先用了几年的时间，搜集了关于林彪的大量资料，精心研究，在 1969 年我党九大召开的时候，他就判断出林彪并不是忠于毛主席的。在 1971 年 8 月，毛主席接见某国领导人，林彪是在场的。

---

① 肖玉华：《新闻敏感与材料占有——谈蒋筑英典型的发现》，载《光明日报通讯》1988 年第 6 期。

但是，《人民日报》却一反常规，在头版上方发表了一张毛主席单独同贵宾握手的照片；在同一版下方，发表了林彪单独会见外宾的照片。根据这一情况，还有我国报刊发表的批修整风的报道，法新社记者判断中国党内要出大事了。‘九一三’事件发生后，这位法新社记者根据平时积累的大量情况，加上他对北京市的一些‘反常现象’的敏锐观察，终于判断出挑起危机的是林彪。”①

总的说来，一个称职的记者，必须具有善于迅速而准确地识别、捕捉和挖掘新闻事实的能力。这个能力就是新闻敏感。新闻敏感来自记者的理论修养、政策学习和业务实践，来自对社会、对人民、对周围事物的关心，也来自对客观实际的深入调查和大量情况的掌握。一言以蔽之，新闻敏感是记者的政治水平和业务水平的集中表现。

第三节　识别新闻事实的运作方法

客观事实都是处在不断运动、变化之中的。这种无处、无时不在的运动、变化本身，并不等于事实就有了新闻价值，就成了新闻事实。但是，事实的新闻价值却恰恰蕴藏于这些运动和变化之中。比如，长江的水一年四季由西往东流，流向东海，流入太平洋。其间水的流速快慢不一，水的流量大小也不一，导致长江的水位有高有低。通常，除了水利专家外，没有人会去留意、关注长江水的这些变动的，记者也不会把它当作新闻事实去采写。然而，长江水的流速过快或过慢，水流量过大或过小，以至水位变化超过了一定的“限度”，就成了“洪水”或者“枯水”。长江水的变动呈现了这种状态，就给社会、人们的生活带来了影

① 引自黎信：《谈西方记者的基本功》，载《广西日报通讯》1981年第6期增刊。

响，那么它就有了新闻价值，就成了新闻事实。一旦长江水像1998年夏秋之季那样“泛滥成灾”，那就更是“重大新闻”了。因此，要把握新闻价值去识别新闻事实，不是简单地着眼于事实本身的变动，而应该着眼于事实的变动与人们、社会的关系的涉及程度，也就是说，要着眼于事实的变动度。

具体地说，在新闻采访实践中，可以从以下几个方面着手把握事实的变动度，进而识别判定新闻事实。

1. 事实变动的范围与规模。

这是指事实变动的空间，亦即事实变动所可能涉及的社会影响面而言的。空间既是事实存在及其变动的最根本方式和坐标之一，也是人们认识事实的一个最重要的尺度和方法。任何一件具体的事实都有着其特殊的空间规定性。当然，事实有自然物质性事实与社会性事实之别，前者的空间规定性即物理学意义上的三维空间，可以用数理方式加以度量；而后者的空间规定性则不仅包含有三维空间，还包含有社会关系空间、思维空间、情感空间、感知空间等等，其度量的标准主要是社会的影响面。一般地说，事实变动的范围愈大，规模愈大，亦即变动的空间愈大，那么，该变动的社会影响面也就愈大，关注的人也就愈多，这样就会因其显著性、影响性和接近性突出，而显现其新闻价值。事实的新闻价值是与其变动的空间与规模大小成正比例关系的。这里要注意的是，判定事实变动的社会影响面的依据，是以记者所服务的新闻传播媒体的社会覆盖面作为其参照系的。比如，各地几年才召开一次的人民代表大会，对当地新闻传媒来说，其新闻价值是显而易见的；而对全国性新闻传媒来说，便没有什么新闻价值可言了。再如，一个行业或部门作出某项涉及其自身发展的重大决策，对该行业或该部门的新闻传媒来说，当然是件“大新闻”，而相对于综合性传媒来说，就谈不上是新闻了。

着眼事实变动的空间与规模，在实际操作中，既要求记者善于把握事实变动的外在形态，即看其是否是涉及全局、整体的大事，以此衡量其新闻价值，同时也要求记者善于从事实变动的内在意义上去把握其新闻价值。有些事实的变动虽然只是涉及局部，是“小事”，但其内在意义却关联全局、整体，同样会引起社会、受众的普遍关注和兴趣，也就具有了较高的新闻价值。比如，新华社 1995 年 12 月 17 日发表的《一位母亲的呼吁》这则报道，讲的是江苏省苏州市一位普通女工给市委书记写了一封举报信，反映她的 16 岁的儿子因观看一家中外合资企业生产的黄色 VCD 后，精神恍惚，学习成绩直线下降的事。对于新华社记者来说，一个小孩看黄色 VCD 影响了学习、影响了身体健康，这种事本身不能说是大事，但是“小事”中却反映了现今人们普遍关心的一个大的社会问题：“我的儿子只有 16 岁呀！如果没有好的社会环境，他该怎样走完他的人生啊！”培养、教育下一代，是一个具有普遍社会意义的话题。这就是这件“小事”的新闻价值所在。这则报道被全国各大新闻传媒纷纷载发，立即揪紧了天下父母心，各地读者纷纷投书报社，发表他们的看法，强烈谴责生产黄色 VCD 的厂家。报道不仅促使有关管理部门对生产厂家进行严厉查处，而且也给天下父母、学校、学生及广大教育工作者敲响了警钟。报道引起的社会反响是广泛而深远的。

着眼事实变动的空间与规模，在实际操作中，还要求记者十分注意把握事实变动的空间“临界点”。事实在一定的空间里变动，俗称为量变，即其变动只局限于“量”的增减，而一旦事实的变动突破了一定空间的“上限”或“下限”，那么这种变动便称之为质变。一般来说，量变属于事实的“常规性”变动；而质变则属于事实的“非常规性”变动，是事实的量变突破了一定限度（即临界点），导致事实原本属性异化的变动。因此，质变的事实较之量变的事实，因其新意性、异常性突出，更能引起社会和受众的关注与兴趣，从而更具有新闻价值。比如，农民常年种田，生产的粮食、棉花产量有高有低，这是量变。当然，当粮食、棉花产量的这种增减超过了“常规”（如超历史最高水平），且又具有一定规模（如全国全省等大面积增产或减产），那么这一事实的变动也是有新闻价值的。然而，如果某个地方农民纷纷不种田了，“弃农经商”或者“外出打工”，这就是质变了。事实的这一变动，应该说其新闻价值更明显。

2. 变动的顺序与次数。

这是就事实变动出现的时间顺序与频率而言的。时间是事实存在及其变动的另一个最根本的方式和坐标，也是人们认识事实的又一个最主要的尺度和方法。与空间规定性一样，任何事实也都有着自身的时间规定性。时间是一维的，具有流逝性、不复返性的特征。时间规定性的衡量标准，主要是其出现的先后顺序以及出现的频率、次数。一般地说，同类变动出现时间在前的“先变”事实，尤其是第一次出现的“首变”事实，较之随后出现的“后变”事实，当然新鲜性更强，更引人注目，也就更有新闻价值。同时，某一变动在时间流动的过程里，出现的频率越低，次数越少，尤其是属于“独变”的事实，较之多次出现的甚至反复出现的“屡变”事实，也因其“物以稀为贵”，而有了更大的新闻价值。

着眼事实变动的顺序与次数，在实际操作中，一方面要求记者善于把握事实变动中出现的新情况、新状态，注意从人们尚未知晓的“首变”事实中发现其新闻价值，另一方面还要求记者善于把握事实变动中存在的“人无我有”的独特之处，注意从人们意料之外的“独变”事实中发现其新闻价值。比如，20世纪80年代中期，随着城市经济改革的大潮涌起，我国不少地方的私营或个体经商户先后走上了“富裕之路”，有些人还成了“暴发户”。面对这种社会现象，当时许多传媒抓住这些人的“成财之道”或“成财之果”，纷纷作了“热情”的报道，以宣传现行政策的正确；当然，有些传媒对其中一些人通过不正当的手段获取的不义之财也作了有力的揭露。应该说，当时所报道的这些事实在开始出现阶段，属于“首变”、“先变”的事实具有一定的新闻价值；但是随着时间的推移，同类报道的增多，那些“后变”、“屡变”事实的新闻价值便大大降低了。然而，就是在这种背景下，《哈尔滨日报》一位女记者却从一个个体经商户在餐馆吃饭时，因热情邀请一位大学女教师同桌就餐遭到婉拒而感叹地发出“大姐，你是不是瞧不起我们？说实在的，我们现在‘穷’得只剩下钱了”这件事中，发现了这类变动事实中更具“亮点”的新闻价值所在：“物质财富的优越与精神财富的贫乏如此鲜明的反差”不更值得社会与人们的关注吗？于是，这位女记者抓住这一“独变”的事实，写出了《一个青年个体户说：“我们穷得只剩下钱了！”》① 的报道。这篇报道在社会上引了很大反响，并获取了本年度全国好新闻一等奖。

3. 变动的过程与速度。

这是就事实变动的内在关系而言的。内在构成要素及其关系是事实存在及其变动的又一个根本方式和坐标，也是人们认识事实的另一个主要尺度和方法。当然，事实的构成要素及其关系是错综复杂的，不同的事实有着不同的内在构成要素及其关系的规定性。因此衡量的标准也就不一样。从记者判定新闻事实的角度说，其衡量标准主要是其关系与过程的简繁、运动速度的快慢。一般地说，变动的内在关系与过程比较单一、变动的速度比较快的“急变”或者“突变”的事实，其新闻价值就比较明显、外露，人们可以一目了然。比如，某国发生了政变，某地发生了地震，某架民航飞机失事了，某地区又出现了枪战，等等，都属于这类变动的事实。相反，变动的内在关系繁杂、变动过程长、变动速度比较慢的“缓变”、“渐变”的事实，其新闻价值便隐蔽多了。比如，有关国有大中型企业改革的报道，有关一个先进人物成长过程的报道，有关一位领导干部蜕化变质的警世报道等等，便属于这类变动的事实。

---

① 见《哈尔滨日报》1986年12月20日。

着眼事实变动的过程与速度，在实际操作中，就是要求记者善于根据事实变动的头绪简繁、过程的长短以及速度的快慢，把握其新闻价值之所在。对于“急变”、“突变”的事实，由于其新闻价值一般是外显的，往往凝聚在其构成的要素上，因此，记者只要依据事实发生的时间、地点、涉及到的人以及原因、经过、结果等，判定其新闻价值。对于“缓变”、“渐变”的事实，因其新闻价值一般是“内藏”的、隐蔽的，便需要记者依据其构成要素及其构成关系所显现事实变动的性质与意义，来判断其新闻价值。比如，20 世纪 80 年代初期，在宣布落实知识分子政策的时候，《人民日报》有位记者去湖北省襄樊市采访那里贯彻、落实政策的情况。他到了一个毛纺织厂，发现这里有两个刚刚被提拔的知识分子副厂长：一个副厂长，各方面表现都不错，文化程度高，群众关系也好，大家对他没有什么意见；另一个副厂长，是学毛纺出身的，专业上有特长，工作能力也很强，但此人说话“口气大”，为人固执，好与人“顶牛”，有些人对他有看法。这个厂的前党委书记，对后一个副厂长也不信任，上级的任命书下来，迟迟不向群众宣布。后来，新的党委书记来了，才公布了这一任命书。面对这两个副厂长的事，在当时，哪一个更有新闻价值而值得记者去采访呢？如果从全面衡量个人表现和群众的反映来看，当然是前一个副厂长。但记者却选择了后一个。为什么呢？新闻报道不是“评劳模”，报纸也不是那个单位的“光荣榜”。记者考虑的是：尽管前一个副厂长的表现可能比后一个要更好些，但是后一个副厂长的事更能反映党的知识分子政策的正确。从新闻价值上分析，一个一贯表现好的知识分子受到党的信任，被提拔重用，这应该是很正常的事，其新闻价值自然不大。而一个有缺点、有毛病的知识分子，照样受到党的信任、重用，这就有新意了，当然更有新闻价值了。围绕着如何认识和对待这后一个副厂长的缺点，当时还引起一些很有代表性的争论——此人该不该被任命为副厂长——这对于如何看待知识分子身上的一些缺点这样一个问题，是很有针对性的。果然，记者采访了这个副厂长的事，并把它写进报道，结果引起了许多知识分子读者的强烈共鸣。

思考与练习

1. 识别新闻事实的依据是什么？

2. 新闻敏感有何作用？你打算如何增强自己的新闻敏感？

3. 在采访实践中，识别新闻事实要注意些什么？

4. 翻阅一下近期的报纸，按新闻价值的大小对上面刊登的报道作一排列，并说明理由。

第八章　新闻采访选题的确定及其方法

确定采访选题，是新闻采访活动实施过程中要解决的一个十分重要的问题。选题定不下来，采访活动就无法进行。选题确定对了，采访活动就会有明确的方向和目标，开展就会顺利些；选题错了，采访就会遇到困难与挫折，甚至造成采访失败。

第一节　采访选题确定的原则

所谓采访选题，顾名思义就是新闻采访的“题目”，即新闻采访活动的具体对象，它涉及到采访什么以及从哪个角度进行采访的问题。前面提到，新闻采访活动的对象是新闻事实。但是，大千世界里新闻事实是层出不穷的，而每一次具体的采访活动只能选择其中的某一个或极为有限的部分作为自己的具体的采访对象。并且，新闻事实本身又是极其复杂的，每个新闻事实又都与其他新闻事实乃至各种社会现象、自然现象存在着各种各样的关系，它们互相交织、彼此作用。记者的采访活动，就好像面对一个多面体，每次采访总是只能从一个特定的角度去采访它的一个或几个相关的侧面，而不可能做到面面俱到。确定采访选题，就是明确具体的采访活动的具体对象，确立具体的采访活动的特定角度。这样，就使记者这一采访活动主体与作为采访活动客体的具体对象之间的关系得以现实地建立起来，从而使每一次具体的采访活动通过主体——客体之间的交互作用而得以有效地展开和发展。

在新闻采访实践中，采访选题的确定应当遵循以下几项原则：

一、客观性与观念性的辩证统一

采访选题不是凭空产生的，而是记者面对大量的新闻事实，经过精心的思考、筛选的结果。先有客观存在的新闻事实，然后才有采访选题，这是新闻采访认识路线的规定，是不能违背的。否则，坐在家里“想点子”，精心“策划”采访选题，其结果势必会制造出假新闻。比如，有一年“六一”儿童节快到时，一家城市电视台请市妇联出面组织这样一场活动：“六一”那天让市领导和市直机关的负责人去“儿童福利院”，每人领取一名孤儿回家一道“过节”。接着，该电视台对此作了报道。这种由记者“策划”选题，制造新闻事实，再作报道的做法是与新闻采访的规律与原则相违背的。

采访选题来自现实生活，来自客观存在的新闻事实；但是，作为人类的一种特殊的社会认识活动，采访选题的确定又自始至终受着记者的思想、认识水平与能力的影响和制约。任何采访选题的确定都是客观存在的新闻事实与记者思想认识相感应的结果。在某种意义上说，记者思想、认识水平与能力的高下就决定着采访选题确定的优劣。比如，有一年上海市房管系统召开了一次年末工作总结暨表彰先进的大会，邀请了市政府的领导人参加。面对这件事，当地几家综合性的新闻传媒分别以不同的选题进行了报道。有的围绕这次会议的进程及与会市政府领导的贺辞作了报道，有的从房管系统工作面貌的变化作了报道……结果，这些报道都成了“应景”新闻，在社会上并没产生什么反响。而《解放日报》记者却抓住大会总结中的一句话：“近三个月中，有十万多户居民的住房条件有了不同程度的改善，一些多年不得解决的老大难问题得到了解决……”并以此为选题，写出了报道《上海市为十万户居民改善了居住条件》。住房问题当时在上海是市民极为关注的热点问题，也是当时上海市政府十分重视着力解决的一大重点问题。由此确定的采访选题及其报道结果所产生的社会效应，自然是那些仅仅涉及一个部门的工作或某些领导的出现光临之类的“应景”新闻所不可比拟的。面对同一件事，不同的记者所确定的采访选题，能够反映出他们的思想、认识水平的高低和新闻业务的功底。

二、新闻价值与新闻政策的辩证统一

采访选题的确定，当然得讲究新闻价值。新闻价值的大小是衡量采访选题确定的“质量”如何的一个主要尺度。记者应该根据新闻价值的构成要素，尽量选取那些新闻价值大的新闻事实作为自己的采访选题；或者通过精心寻找角度，从中发现或开掘出最具新闻价值的“东西”，并以此作为自己的采访选题。

新闻价值是确定采访选题的一个主要尺度，但决不是唯一的尺度。记者及其所服务的传媒在“讲究”新闻价值的基础上，还得“讲究”新闻政策，即要合乎新闻政策的规定与要求。这是因为现代新闻传播工具都是和一定的阶级、集团或政党相联系着的，新闻传媒的行动必定受制于一定阶级、集团或政党的意志，并为实现其政治目的和经济利益服务。当今世界，无论各国的社会制度如何不同，但有一点是共同的，新闻传媒的控制者总是通过制订新闻政策，对新闻传播内容作出相关的规定，以维护其阶级、集团或政党的利益的。因此，新闻传播并不完全按照新闻价值规律进行，除了新闻价值外，新闻政策也起着十分关键的作用。

新闻政策中外都有，只不过内容、形式有所区别而已。新闻政策的一些重要内容，若以法律形式加以规定，就成了新闻法。我国至今还没有制定新闻法，也缺乏完整的新闻政策条文，但是，有关的新闻政策规定、原则等还是有的。例如，20 世纪 50 年代的《中央人民政府新闻总署关于改进报纸工作的决定》、

《中共中央关于改进报纸工作的决议》，80年代的《中共中央关于当前报刊新闻广播宣传方针的决定》，以及1996年9月26日江泽民同志视察人民日报社的讲话等等，均属党的新闻政策范畴。记者确定新闻采访选题时，既要看其是否具有较高的新闻价值，又要看其是否符合党的新闻政策，不能顾此失彼。否则，势必造成这样的结局：要么违背了新闻传播规律，失去新闻受众；要么不符合新闻政策，产生不良的社会效果。例如，1993年5月5日，北京一家报纸刊登了这样一则消息：《西峡县发现恐龙蛋化石》，报道说：绝迹2000万年的恐龙，如今给伏牛山区西峡人民带来了财富……多方人士前往采购，恐龙蛋化石交易已经出现，每个售价约在10~30元之间。① 这一选题及其报道，把盗挖、交易国家珍贵文物当作一条致富门路进行宣扬，其结果对盗掘、交易恐龙蛋化石的不法行为起到了推波助澜的作用，给恐龙蛋化石群的发掘和保护造成了极大的困难。近些年来，随着新闻业之间的竞争加剧，一些记者在确定采访选题时，类似这种单纯追求新闻价值，而不顾国家、社会利益所在，或轻易泄露有关机密，违背有关法律、法规等与新闻政策相悖的现象并不鲜见，其造成的危害是值得我们注意的。

三、社会需求与传媒定位的辩证统一

新闻传播的服务对象是社会大众。满足社会需求亦即满足社会大众的信息需求，当然是新闻传播功能的最重要的体现，也是采访选题确定的最重要的依据。但是，社会大众的信息需求是无限的。而新闻传媒的服务却是有限的，任何一家新闻传媒都无法满足形形色色的社会大众对信息的各种各样的需求。因此，记者在确定采访选题时，除了要着眼社会大众的需求外，还应着眼自己所服务的新闻传媒的传播定位。

---

① 见《中国地质矿产报》，1993年5月5日。

新闻传媒的传播定位，主要关系到传媒为谁服务，从哪方面服务的问题，也就是关系到传媒受众群的规定问题。这直接影响着传媒的宗旨、编辑方针、内容选择、表现手法等等一系列如何办好传媒的根本性问题。正是因为拥有着相对明确又不尽相同（或构成上、或分布上、或需求上）的主要受众群，不同的传媒才显示出彼此之间的差异和各自的个性，从而在激烈竞争的传播市场上才能求得自身生存与发展的空间。因此，不同的传媒唯有科学地把握自己的传播定位，办出自己独树一帜的特色与风格，才会赢得受众，留住受众。在新闻业的发展过程中，受众对传媒的选择、偏爱，便是对其传播定位的“到位率”的认同。比如，我国报业中同属党报性质的综合性日报和晚报，前者具有“执政党机关报”的专门属性，其所报道信息一般属于重大、权威的选题，这样再加之版面处理的庄重、大方，自然获得了各级党政机关与企事业单位的领导、干部以及许多知识分子读者的信赖；而后者具有社会文化类报纸的“特质”，生活气息浓郁，其信息传递一般属于可读性、趣味性强，“软些、软些、再软些”的选题，自然符合“寻常百姓”“消闲时光”的需求。

满足社会需求与注重传播定位，是记者和传媒确定采访选题不可或缺的两个方面，两者是相辅相承、辩证统一的。社会需求是传播定位的基础与前提，而正确的传播定位则是最大限度地满足社会需求的保证。如果采访选题不管自身的传播定位或者以牺牲自身的传播定位去满足社会需求，其结果，一方面导致该传媒传播市场的无序运作，损害传播市场的良性发展；另一方面传媒“抑长扬短”，势必丧失自身的特质和个性，甚至弄得不伦不类，犹如京剧舞台上“武生唱出青衣腔”，令人喷饭，难以承受，最终受损的是传媒自身。比如，时下一些作为党委机关报的综合性日报，为了吸引、争取读者，以扭转其发行量下滑的态势，便想方设法与晚报“抢位”，在日报上也大登特登起“软新闻”来，对一些社会新闻乃至“花边新闻”的处理之醒目、突出，令晚报也只能望其项背。还有些明明是经济类的专业性报纸，为了增强“可读性”，却要“错位”去连篇累牍地报道那些不属于经济专业范畴的社会“大特写”、“大写真”、“大透视”。诸如此类在采访选题及其报道上不遵守传播市场竞争的“游戏规则”，热衷于低层次的“竞争”，盲目地“变位”的做法，是新闻传媒不成熟的表现，最终必定会“搬起石头砸自己的脚”。

第二节　采访选题确定的先决条件——获取新闻线索

采访选题的源头来自自然界与社会生活中客观存在的事实。对于记者来说，采访选题范围极为广泛，就如浩渺无际的大海。有经验的渔民是根据海面上扬起的浪花，来寻找、捕捞海里的鱼群的，不会鉴别、判断浪花，便难以捕捞成功。采访选题好比大海里的鱼群，新闻线索则是海面上的浪花，不会鉴别、掌握新闻线索，正确地确定采访选题也就成了一句空话。因此，获取线索是确定采访选题的先决条件。

一、新闻线索的含义和特点

新闻线索，是指可能成为新闻报道对象的某种事实所传递的信息，或者是将要成为新闻报道的对象所发出的信号。它是记者从事新闻采访活动起步的一个重要向导，它使记者有可能在自然界和社会生活的“海洋”中找到采访目标，从而确定采访选题。

新闻线索之所以只是新闻报道对象的某种“信息或者信号”，是因为它不同于新闻报道对象本身。它的特点是：

1. 简略、概括。

新闻线索一般没有清晰的眉目，没有完整的过程，没有事情的来龙去脉和细节，而只是事情的一些简单的片断，或者某些迹象。正如老记者李峰所说："新闻线索，是表明那里有新闻或者可能有新闻的那种片断的情况。这种线索，有时只是一句话、一件东西、一个数字、一种行动、一种征候。这种片断情况，常常淹没在长篇的讲话或闲谈之中，淹没在成本的文件或报屁股之中，淹没在许多事物或许多数字之中，淹没在错综复杂的生活现象之中。"①

例如，《人民日报》记者高新庆在谈到他采写通讯《井冈山上一农家》② 的经过时，就认为，"抓这篇通讯，很有点偶然性"。1981 年 11 月 8 日，他陪同江西省委书记白栋材视察到了井冈山的宁冈县。8 日至 9 日，一直听县委书记老杨汇报。老杨谈到党的十一届三中全会解放思想，搞活经济，推行农业生产责任制，使这个革命老根据地的穷县一年翻身……白栋材听了汇报后，高兴地说："这是宁冈盘古开天地没有过的大喜事。"记者也激动不已，便想着如何反映农村出现的这种大好形势。9 日中午，在吃饭时，记者听到邻桌有人议论：我们宁冈还出了一桩奇事，有位 70 多岁的"五保户"，不但不吃"五保"，还盖起了青砖大瓦房哩！听到这话，记者一撂下饭碗，就打听这位"五保户"住在哪里。之后，他顾不上休息，赶着去调查了解，并写作了这篇通讯。在这一过程中，那天记者吃饭时邻桌人议论的那席话，显然就是新闻线索。记者抓住这个线索，将其作为采访选题，深入实地采访，从而准确、充分地报道了这件事。

2. 不可靠。

新闻线索本身只是一种信号，可能是道听途说，也可能是一种假象，它有待于记者去证实、去判断。千万不能把线索当成已经肯定了的事实，当作报道对象，直接写成新闻报道。老记者谷

---

① 李峰：《关于新闻采访的探讨》，《新闻论丛》第 2 辑，第 100 页，新华出版社 1983 年版。

② 载《人民日报》1981 年 11 月 1 日。

威同志曾经向一些青年记者谈过他的一次教训：60年代初，他去一个接待外宾的先进生产大队采访时，这个大队党支部书记向他介绍了一位高中毕业的城市女青年嫁给农民的事。在当时，这类事还不多见，所以一下子吸引了他。他信以为真，按照这位书记的介绍很快写成了通讯。谁知，通讯在报上发表后，不久便有人写信揭发报道失实，他"只好作检查"。

1996年，某地还发生过这样一桩新闻官司：一家报纸报道了某专业户资助2000元钱给一家困难户盖房子，并说这家困难户的儿子残疾，没有房子娶不上老婆。事后，这家困难户拿着报纸到法院告状，说那位专业户压根儿就没给他2000元钱，他的儿子也压根儿没有什么残疾。法院调查时，问采写这篇报道的记者是咋回事，记者说："我是看县里汇报材料上写的。"法院又找到县里写材料的"秀才"问，"秀才"说："我是听村干部说的。"法院再找到说此话的村干部时，村干部说："是随便说着玩的。"① 结果，这家报纸和记者都承担了应负的责任。这都是记者轻信线索，误把线索当事实带来的后果。

3. 属于直观感觉的东西。

就是直接看到、听到的感性的东西，需要记者用理性的眼光去思考、分析，从而决定行动的对策：或作为采访选题，立即跟踪采访；或暂时储存，作日后选题之参考；或弃之不用。比如，《中国青年报》记者张飚谈过这样一件事：1982年夏天，他到四川省彭县采访。在丽春公社的院子里等人时，他看到黑板报上写着一则消息，介绍说青光大队10年没有一户超计划生育，更可贵的是他们没有处理过一个人，没有罚过一分钱，全靠思想政治工作带来的群众高度自觉性。面对这一信息，张飚经过思考认为，这虽是一条有价值的线索，但不一定要马上使用，因为夏天

---

① 方群：《"网中捞鱼"不足法》，载《中国报刊月报》1996年第11期。

并不是抓计划生育的“旺季”。于是，他把这条线索储存在本子里。这年底，中央发出通知，次年元月份要搞“计划生育宣传月”。他立即把这一线索找了出来，于当年12月中旬采写了青光大队的计划生育工作调查。第二年元月初，在宣传月的高潮中，这篇稿件发表在《中国青年报》头版头条，并配发了评论，产生了很好的社会反响。

二、获取新闻线索的途径

寻找、掌握线索，进而确定采访选题，是新闻采访活动的一个重要组成部分，自然也是记者工作职责范围内的事。有些记者，光等着编辑部提供线索，这是搞不好采访工作的。因为编辑部领导掌握的线索，除了他们本人了解的一些情况外，主要是靠记者汇报得来的；加上他们外出活动的时间和范围的限制，也不可能是洞察一切，无所不知的“天才”。（当然，编辑部领导掌握全面情况，交付的线索一般比较重要、紧急，记者应迅速据此确定采访选题。）记者应该发挥主观能动性，通过各种渠道，自己去寻找、掌握新闻线索。这才是称职的记者。

记者获取新闻线索的途径主要有这样几个方面：

1. 从党和政府的方针、政策、决议、指示及领导同志的重要讲话中来。

因为这些文件和讲话，一般都集中概括了当时政治、经济和文化生活中的主要情况和问题，以及政策动向和新的任务。它既是我们搞好采访的思想依据，又直接预示着一定时期内将要发生的重要事情，还常常为我们提供大量的新闻线索。比如，1980年9月，当时的国务院副总理康世恩在国家经委召开的布置第四季度生产会议上的讲话中，表扬了济南市对两家饭馆实行停业整顿，同时还提出了在当前情况下解决动力燃料不足的办法是择优供应。根据这两条线索，新华社记者分别采写了两条新闻：《康副总理赞赏用经济手段整顿企业》、《国务院一负责同志指出，解决燃料不足的办法是择优供应》。这两条新闻由于都抓住了当时经济工作中的重大问题，政策性很强，报道后收到了很好的社会效果。

这些文件和讲话所涉及的内容，记者可以从内部了解，即向领导机关和业务部门了解。比如，到有关领导机关和业务部门阅读有关文件，或约请有关领导同志讲述、解释有关文件的精神、意图，并征求他们对新闻报道的意见。同时，还可以从外部了解，即从传媒上了解。中央（或上级）传媒上的重要社论、重要文章、领导同志的重要讲话和中央（或上级党委）的重要会议新闻公报，都是传达中央（或上级）精神的。记者应当十分重视，认真学习，仔细研究。从内部和外部这两方面得来的东西，有的可能已经提示了新闻线索，但更多的还要联系当地的实际情况，才能从中发现新闻线索。

2. 从党政机关和业务部门的各种会议中来。

这些会议，许多都是传达、讨论方针政策，布置工作任务，或者检查、总结工作任务的执行情况，汇报实际工作中的问题或经验。所以，这些会议通常是集中各方面情况和各种意见的地方。记者参加这些会议，不能只是报道会议本身（有些会议本身还不允许公开报道），而是或主要是了解会议所反映的情况、所集中的意见和会议对有关问题的决定，从中发现新闻线索。同时，记者通过参加会议，还可以接触各方面人物，广泛建立社会联系，获得一些“会外”新闻线索。比如，新华社记者陈坚发在参加五届人大四次会议的报道期间，由于广交朋友，得到了许多线索。他介绍说：在会下，“我听说黑龙江体委向中国女排选送‘八朵金花’，就采写了一条消息，正好和中国女排给全国人民的感谢信一起发，宣传效果就更好”。①

3. 从通讯员和作者积极分子中来。

---

① 陈坚发：《“跳”出会议抓新闻》，载《新闻业务》1982 年第 1 期。

通讯员和作者积极分子，同群众关系密切，熟悉当地情况，记者同他们建立密切联系，取得他们的帮助，就可以获得许多新闻线索。其中，有当面反映的，有电话提供的，也有写信来的。这是记者的一个重要的信息渠道。比如，50年代一篇很有影响的通讯——《周总理和上海妇女在一起》，就是通讯员主动提供线索，由记者采写而成的。据记者介绍："那是1957年12月24日，我当时在上海《新闻日报》担任记者。这天人事科的同志告诉我，说上海市妇女联合会来电话，要我下午4点钟以前到他们那儿去。我给妇联挂了电话，想问一下什么活动，如果不重要，当天不发稿，便等发完了手边的稿件后再去。电话里传来：'今天不是请你来写报道，但活动很重要，一定要来，快来。你来就知道了。'声音是那么兴奋，于是我便马上起身上路。"①结果，果然抓住了一条大新闻。

4. 从各业务部门的书面材料中来。

这主要是那些书面的工作计划、方案、总结、汇报、情况简报、调查报告，乃至考试题目等等。这些书面材料中提到的一些事例、情况，都能为记者提供一些值得深挖的人或事的线索，为采访工作提示值得注意的方向和信息。比如，1983年全国高考作文题，是分析与评论一幅漫画——《这下面没有水，再换一个地方挖》。包含着此作文题的这张高考语文试卷，也为我们敏感的记者提供了新闻线索，记者抓住"这幅漫画的作者是自学成才的青年美术工作者、黑龙江省富裕县文化馆美术摄影组组长张新华"，最终写出了说明"功夫不负有心人"这一真理的好新闻。②

5. 从新闻媒介已经发表的报道、文章、读（记）者来信中来。

---

① 柏辛艺：《一篇通讯的诞生》，载《印象深刻的一次采访》，第117页，重庆出版社1983年版。

② 见新华社哈尔滨1983年7月28日电讯稿。

注意捕捉各种新闻媒介所提供的还没有被充分报道或者漏报的东西，从中也可以发现许多新的新闻线索。比如，新闻名篇《为了61个阶级兄弟》① 的新闻线索，就是《中国青年报》记者从《北京晚报》上的一则短消息中抓取的。再如，被评为1982年全国好新闻的《日本文部省在审定教科书时有意篡改历史美化侵略》这条消息，其线索也是来自日本报纸的报道和评论。

6. 从各种广告以及气象预报中来。

大众传媒或公共场所张贴的各种广告、海报、宣传资料，一些部门、单位举办展览、讲座的通知、宣传画，气象部门的天气预报等等，都有可能提供有价值的新闻线索。比如，1983年春季的一天晚饭后，记者夏俊生"到百万庄农贸市场散步，看到一位卖香油的农民在摊前挂着一大块白布招牌，上面画着一头毛驴在磨香油，旁边写着醒目的大字：'沧州地区献县城桥公社北紫塔村郜大个（郜玉良）小磨香油，发现掺假，赔油10斤。'谁来买油，他就把一张盖有印章的纸条贴在瓶子上，声明：油买回去三个月内失去香味管换"。② 就是根据这块招牌提供的线索，记者深入采访，终于写出了颇有影响的报道《郜大个卖油》。

7. 从记者的日常生活和社会交往中来。

社会生活丰富多彩，新鲜事情随时随地可能产生。记者只要时时处处留意，在日常生活和社会交往中做"有心人"，新闻线索便能经常被发现。比如，1982年3月21日是个周末，北京大学的一名学生到她妈妈工作的单位去玩。在办公室里，新华社记者看到这位学生精神不好，便随便问了一句："你怎么犯困？"这位学生答道："昨晚一宵没睡，我和同学们为中国男排战胜韩国队在校园内欢呼游行，把好多笤帚都烧掉啦。"记者听了这句

---

① 载《人民日报》1960年2月29日。

② 夏俊生：《让捕捉新闻的雷达常开动》，载《新闻与写作》1984年第5期。

话，脱口而出："烧笤帚不应提倡，但却是一个好新闻线索。"优秀新闻特写《团结起来，振兴中华》便由此而面世。① 再如，首次报道张海迪事迹的通讯《瘫痪姑娘玲玲的心像一团火》②，就是新华社山东分社记者宋熙文在参加山东省引黄济津启闸典礼的乘车途中，听人谈到张海迪的事，才发现这一线索的。

记者发现新闻线索的途径和方式有很多，关键在于记者要有"主动出击"的精神，要有敏锐的新闻嗅觉，眼观四面，耳听八方，这样才能在生活的海洋里，源源不断地获取到新闻线索。同时，在工作方法上，要注意不能"单打一"，不能吃完这顿再找下顿，而应该吃着这一顿，同时找下一顿。在完成眼前的采访任务时，必须考虑长远，注意为今后采访积累线索。新闻界有句行话：要当腰缠"万贯"的富记者，不当"现炒现卖"的小贩。这是有道理的。此外，记者获取新闻线索之后，还要注意根据当前的报道方针和政策，对线索进行认真的研究、精选和淘汰工作。并在这个基础上，对线索进行必要的排除，按照一个时期的报道要求，分先后缓急，提出具体的报道计划，列出采访选题。

第三节　采访选题确定的关键所在——记者要善于驾驭思维

新闻报道的本源是客观事物，但是，新闻报道并不是客观事物，它是人的大脑对客观事物的反映，或者说，是记者运用表象、概念对客观事物进行分析、判断、综合、推理的精神产品。任何新闻报道，从事实的采撷到公开传播，自始至终都贯穿着记

---

① 引自徐人仲：《要善于发现新闻线索》，载《新闻与写作》1985 年第 6 期。

② 载《人民日报》1981 年 12 月 29 日。

者的思维活动。因此，毋庸置疑，记者的思维形式对采访选题的确定有着至关重要的影响。记者只有善于驾驭思维，努力摆脱思维定势的影响，不断拓宽思维空间，才能正确地确定采访选题。

在新闻采访实践中，记者驾驭思维的要求与方法是：

一、从微观思维走向宏观思维

微观思维，是指思维指向局限于所观察或所报道的事物本身。确定采访选题当然离不开微观思维，特别是在一般的突发性、动态性的新闻事件采访时，运用这种思维方式还是恰当的。但是，微观思维停留在对事物作封闭式的反映、平面的展示上，认识上缺乏广度和深度，因此，有着很大的局限性。尤其是对非事件性新闻采访时，单纯的微观思维更是无法胜任。宏观思维则是指思维突破和超越了所观察、报道的事物的本身，从更大的时空范围对事物展开纵向和横向的思索。宏观思维的特征有二：一是思维的覆盖面和空间范围广，是以全局乃至整个世界甚至更大的宇宙空间作为参照系数；二是思维的纵深度和时间跨度大，上下数千年皆蕴含于胸。记者要从微观思维走向宏观思维，即要摆脱把思维限制在一事一物的狭小空间中，要在时代的横向和历史的纵向相交的坐标上来确定采访选题。

在记者确定采访选题的实践中，宏观思维的作用主要表现在这样三个方面：

1. 宏观思维可以使记者捕捉住重大题材，对大的事件、全局的情况作综合的分析和宏观的鸟瞰。

20 世纪 80 年代后期，在受众和新闻界同人中均引起强烈反响的两篇报道——《中国改革的历史方位》① 和《改革阵痛中的觉悟》②，就是从历史发展的高度和社会前进的剖面上来俯瞰、

---

① 载《人民日报》1987 年 10 月 6 日。

② 载《人民日报》1987 年 10 月 7 日。

把握中国的改革现实的，具有高屋建瓴的气势，大大开阔了人们的视野，促使人们对改革作深层的思考。记者没有把目光局限在束缚生产力发展、现行体制弊端等人们已经熟知的道理中，而是通过对世界各国从贫困走向富裕的发展中曾有过的多种模式的了解，通过对一些社会主义国家走向现代化历程的考察，通过对中国历史的发展和现实的思考，来把握和认识中国实行改革的必要性、必然性，确定中国改革历史方位的正确性。正是由于记者的宏观思维，才产生这样的采访选题，也才有这两篇报道的诞生。

2. 宏观思维也可以使记者在对具体个人和事件的审视中，跳出就事论事的框框，将其置于大的时空背景下，展示其据以存在的整个社会系统；将其看作一流动的时间过程中的一个具体的环，从而赋予其宏观的意义。

1987 年大兴安岭特大森林火灾，无疑是一个重大的新闻事件，可以单纯地以灾情、火情及原因为选题进行采访报道，也可以将抗灾中涌现出来的英雄作采访选题。但受众最需要知道的是产生英雄的那些特殊背景，需要知道这场悲剧的社会成因。由于新闻界人士的共同努力，使这次火灾的报道成为对旧有报道模式的一次重大冲击和突破。其中最为突出的当推《中国青年报》记者采写的系列报道《红色的警告》、《黑色的咏叹》、《绿色的悲哀》。① 采访中，记者把火灾这一具体事件放到一个宏大的时空背景中，从改革的高度去把握这次灾变，从历史的空间去透视这场灾变；在这种历史与时代交叉的宏观氛围中，揭示、升华其意义，开掘出人与社会、人与自然、人与人之间的关系这样一个恢宏的主题。这一采访选题及其报道结果自然不同凡响。

3. 宏观思维还可以使记者在纵横比较、发展追踪中对事物作趋势性的分析、把握和预测。

《人民日报》关于《中国农村经济变革大趋势》的一组系列

---

① 载《中国青年报》1987 年 6 月 24 日、27 日和 7 月 4 日。

报道①之所以受到人们的广泛好评，便在于记者以宏观的视野，展示了中国农村改革9年来取得的成果；同时，通过对中国大地东西南北、富裕贫困、乡镇农村一系列变迁的剖析，对农村经济变革作了趋势性的展望，给人以深刻的启迪。

当前，随着人们对信息需求量的不断增大，对信息传播速度要求的不断提高，对于专门从事特殊信息——新闻的采访与传播工作的记者来说，也同样提出了更高的要求。记者不仅要学会报道已经发生的新闻，而且还要学会预测未来发生的新闻。尤其是改革开放和市场经济的健全、发展，把百万个企业、千万家农户都抛进了社会主义市场经济的海洋，改革已形成多形式、多层次、多行业的经济结构，形成了日益活跃的多因素市场，形成了千百万独立的商品生产者，这更要求记者运用宏观思维，增加对经济全局发展与变化的分析的采访选题，以加强报道的预测性，着重揭示经济运行的内在规律。

二、从单一思维走向系统思维

任何一个事物的存在和发展都有其内在的因素和规律。要研究这一事物的存在和发展，就离不开对这一事物内在的因素和规律的分析和认识。这种局限于事物内在因素及其规律的分析和认识的思维形式，就叫作单一思维。记者确定采访选题时，自然需要这种思维方式，通过对事实内在的因素和规律的探索和研究，来认识事实，进而思考和确定采访选题。但是，任何事物的存在和发展都不是孤立的，总是与外界有着密不可分的联系。用系统论的观点看，世界上的一切事物都处在系统之中，大系统为母系统，小系统为子系统。一个事物就是一个完整的系统，对于其自身来说，它有着自己的子系统，有着自己内部的从属关系和有序结构。对于大系统来说，它又是一个子系统或者是一个系统要

① 载《人民日报》1987年10月30日、31日和11月8日。

素，与母系统中的其他子系统或系统要素紧密地结合在一起，构成相互依存的必要条件。不仅它的存在与发展对母系统和其他子系统及系统要素有着影响和制约，而且，它的存在与发展也受到母系统和其他子系统及系统要素的影响和制约，甚至在一定条件下，这种影响和制约还会起到决定的作用。凭借系统观点来进行思维的方式，便叫作系统思维。面对客观事物呈现的复杂的系统现象，显然仅有单一思维是无能为力的。记者只有从单一思维走向系统思维，才能准确、全面、深刻地认识和把握事物，确定的采访选题也才会更正确、更科学。

系统思维在记者确定采访选题中主要表现为以下特征和作用：

1. 由局部思维转向整体思维。

整体性是系统论的基本思想。系统思维强调把整体作为认识和研究的对象，认为各种事物、过程都不是杂乱无章的偶然堆积，而是一个合乎规律的由各要素组成的有机整体。亚里士多德说过："整体大于它的各部分的总和。"系统的整体具有其各组成部分在孤立状态中没有的新质，如新的特性、功能、行为等。通过从整体出发进行思维，对事物的认识便可达到一个新的境地。

1985 年底，《中国青年报》连续刊载的系列报道《大学毕业生成才追踪记》①，这一采访选题及其报道就是整体思维运用的较好范例。大学生毕业成才问题，本身就是一个成系统、成网络状的复杂的问题体系。顺境成才还是逆境成才？生活与事业的关系对成才的制约力有多大？成才与体制、成才与领导者、成才者与未成才者、青年知识分子与中年知识分子的关系等等，每个问题单独成篇，都可能产生局部真理的力量，但如果换一种角度或场景后，每一种角度相对于另一种角度，每一种场景相对于另一

① 载《中国青年报》1985 年 12 月 13 日、14 日、17 日、18 日、20 日、24 日、25 日、28 日。

种场景，又都能使人明显地感到局部的谬误。采写这组系列报道的记者清醒地看到了这一点："我们需要领悟局部的真理，但我们更需要全方位地而不仅仅是局部的透视，以求得较全面的认识。这种认识便成为我采写'追踪记'的动因。"① 这组报道，从整体出发，对大学生成才问题，从自身素质到客观环境，从偶然因素到一般规律，作了多角度、多层次的探讨和剖析。它带给受众的信息不是零散的而是综合的，不是单个的而是相互联系的。单独看某一篇，未见得分量多重，但组合在一起，受众看到的便是对这个问题的全方位的透视，是一个多种因果联系的网络。这样，受众对问题的了解便跳出了一人一事、一点一面的局限，变得更全面、更客观了。

2. 由单向思维转向多向思维。

任何事物作为整体也都有其多个侧面、多个层次。系统思维又是多向度思维，它主张从各种不同的方位认识、研究对象的多方面、多层次、多种联系及可能，要求立体式地思考，对事物作全方位扫瞄。

（1）多种思维指向。单向型思维看事物只看到一点，而在多向型思维看来，事物是许多目标的结合。比如，现实经济体制改革的目标，用多向型思维来看，就不只是经济问题，而必须是政治的、文化的、教育的、人们观念的等等多种因素成龙配套的综合改革。

（2）多种思维起点。即从多种事实、多种观察角度、多种理论的原则等来进行思维。比如，《光明日报》记者采写的《一个工程师出走的反思》②，以其多侧面的反映突破了以往对问题作单一角度考察的模式，围绕工程师谢中秋擅自从工厂出走后所

① 张建伟：《谈谈专题报道——关于〈大学毕业生成才追踪记〉及其他》，载《采访与写作》1986 年 4 月。

② 载《光明日报》1986 年 6 月 17 日。

遇到的一系列始料未及的“怪事”，从不同的侧面反映了不同人们面临的不同矛盾和不同心态。这样不仅使受众对人才流动这一涉及政策性的敏感问题有了一个全面的了解，并且使处于不同地位的人们之间得到了一定程度的沟通。

（3）多种因果联系。除了极单纯的事物外，客观事物间的复杂的多种因果联系是普遍存在的。要正确认识它们，不仅单线因果思维行不通，复合因果思维也已不适应了，而必须代之以更高级的系统因果思维。比如，《关于物价的通信》这篇报道①，便是记者运用系统因果思维，才察觉到：“目前，价格改革面临着一个进退维谷的局面”，一方面要“考虑社会的承受能力和群众的承受能力”，另一面又要注意“经济发展规律的因素是避免不了的。这是不以人的意志为转移的”。正是基于这种认识，记者采写的报道才会在受众中产生如此强烈的反响。

（4）多种评价标准。即评价事物的标准多样化，不仅从政治的价值，还要从经济的、文化的、历史的，甚至参考的价值等方面来评价某一事物。例如，系列报道《西部贫困探源》②，记者就是从生产方式，到文化心态，到思想意识等多方面来探析我国西部地区贫困落后的根源，终于得出了“西部的贫困，是经济的贫困，是文化的贫困，是意识的贫困，是创造力的贫困，归根到底，是生产力的贫困——人的贫困”。

（5）多种思维结果。在多向型思维看来，关于复杂事物的真理性认识决不是单方面的。比如，对改革事物的报道，就不能只追求一种理论、一种改革的方案、一种发展的模式，对事物只追求一种固定的结论，而应对多种改革的方案、多种发展的模式进行积极的反映。前文提到的《关于物价的通信》这篇报道，也体现了这样的思维方式。

---

① 见新华社 1988 年 1 月 12 日电讯稿。

② 载《中国青年报》1987 年 5 月 29 日、30 日和 6 月 2 日、3 日。

3. 由静态思维转向动态思维。

系统思维的开放性，决定了思维总是处在一种动态之中，不断与外界交换信息，不断根据变化着的情况进行自我调整，在变化发展的过程中对思维对象进行追踪。

首先，这种动态型思维要求确定采访选题并进而采写报道迅速及时，否则受众通过其他渠道已知晓，这一事实的新闻价值便失去了。其次，动态型思维要求不断与外界交换信息，随时调整对事物的认识和反映，抓住事物发展的最新势头。只有这样，确定的采访选题及其报道结果才会令人耳目一新。第三，动态型思维要求在事物持续发展的进程中对其进行追踪控制，把握其发展变化的趋向，以实现对新闻事实进行连续和完整的报道，满足受众的新闻欲。比如，大兴安岭的森林火灾，从三个起火点到火势蔓延，不断扩展；长江漂流队一日一程，奔向出海口；当前世界的某些“热点”地区，危机四伏，战争一触即发等等。对这类受众密切关注的重大新闻事件，就必须运用动态型思维在事件的进行中、过程中连续确定采访选题进行报道。

三、从直觉经验型思维走向理性思维

我们这个时代是需要理性、呼唤理性的时代。坚持有中国特色的社会主义方向和改革开放所面对的种种复杂的矛盾与难题，在我们民族迈向现代化的进程中所遇到的种种非经济的障碍，民族传统文化的深层结构对现代化的影响，等等，都需要理性的犀利的解剖刀进行剖析。作为“时代的日记”的新闻报道，不单单要记录变化，不仅仅要传递信息，还需要对社会现象作出更深刻的理性审视和解释。同时，现今的受众也不仅要了解未知、应知的事情，还需要知道事情本身的意义。而这些都是凭以往的经验和实践所无法解决的。时代的呼唤、受众的需求，为新闻采访者理性之花的开放提供了丰富的土壤。

直觉经验型思维，就是单纯借助直觉和已有的经验所进行的

思维。其缺陷是：以经验为准则，凭借感官去把握事物的特征，使认识停留在事物的表象；遵从传统、遵从权威和从众倾向，缺乏对事物的独立思考和理性判断；重情感道德的因素，而忽视对事物的本质和规律的探求。因此，直觉经验型思维对事物的认识有着很大的局限性。理性思维，则是用科学的眼光注意对事物的本质和规律进行探求的一种思维方式。它是冷静的、自由的，具有充分能动性的思维。它的主要特征有以下几个方面：

1. 理性思维不受感觉和经验的束缚，不为事物的表象所迷惑。感觉和经验还处在认识的初级阶段，而理性思维则是认识的飞跃，是对客观事物深层次的折射。

比如，前文提到的《西部贫困探源》系列报道，就是用理性思维的方法解开了西部地区贫困的种种迷团，找到了其久治不愈的贫困根源，公开地探讨造成这种贫困的人为因素和体制上的弊端。报道在西部地区令人震惊的贫困和惊人的富饶这样强烈的反差中引导人们去思索，从生产方式到文化心态、传统习惯、思想意识，一层比一层深地把西部贫困的现实原因完整地揭示出来，透过西部地区三十多年来一直“挥之不去”的贫困，受众看到的不仅是西部，而且是我们这个民族在社会发展中、在走向现代化的路途中所面临的复杂的现实和严峻的课题。

2. 理性思维不盲目遵从权威和教条，不盲目遵从传统的评判，不以其为思维的参照数，而对时代的呼唤极为敏感。权威和教条都只是人类认识的某一方面、某一阶段的反映，但生活不是停滞和僵死的，谁都不可能穷尽对真理的认识。

曾经推出全心全意为群众服务的先进个体户典型、“镶玻璃的小伙”——辛福强的《中国青年报》记者马役军，一年后又推出《福强玻璃店的新主人》① 这篇介绍辛福强的妹妹辛丽蓉的报道。与哥哥相比，妹妹的“境界”显然无法比拟，在生活

---

① 载《中国青年报》1985 年 11 月 15 日。

哲学、价值观念及仪表谈吐等方面也截然不同。然而，辛丽蓉这一人物却在受众中引起了更大的反响。

辛福强作为一个普通的个体劳动者，既有淳朴善良、为人真诚的美好品德，又有为理想不计金钱、无私奉献的崇高精神境界。辛丽蓉与哥哥却有那么多的不一样：

——“我干一个月，顶我哥哥干一年的。”辛丽蓉的玻璃店经营有方，月销售额达5000元。

——披肩发、深米色西服、时髦的眼镜。辛丽蓉很讲究穿着打扮，而辛福强生前总是穿着打了补丁的蓝布褂和大头鞋。

——辛丽蓉的店里为方便群众配备了一些工具，但使用是要收费的。辛福强生前则经常提供无偿的服务。

……

如何看待这种差异，如何看待辛丽蓉这个人？贴近时代进行审视就会发现，“新主人”的出现是历史发展的一个必然。我们的时代需要一种崇高的理想主义和无私的奉献精神，我们的新闻报道为此作过不懈的努力。但值得注意的是，大多数受众在激动敬佩之余，又觉得这样的人物与自己离得太远，过于完美，缺少现实感；从某种意义上说，这些“典型”人物带有超越时代的特征。而像辛丽蓉这样的普通人，她的价值观念、行为方式在今天社会主义的初级阶段、商品经济尚不发达的现实生活中，才更具有合理性，更富有强烈的时代气息。

3. 理性思维不服从旧伦理、道德的裁决，不受情感的左右，而服从事物发展的规律；不简单地对事物作好坏褒贬的评价，而是从社会发展的高度来进行价值判断。理性思维也尊重道德，但决不让道德的因素干扰历史发展的进程。

在改革中，在社会主义商品经济的发展中，经常会遇到传统的道德评价与经济规律相悖的棘手问题。如企业破产法的实施，将使一些人的生活、工作不再有稳固的保障；物价改革带来的物价浮动，关联到千家万户的日常生活；雇工形式的出现，使人们的经济关系发生了变化，贫富差距拉大；竞争意识的输入，淡化了人与人之间的脉脉温情，等等。怎样认识这一切？是以固有道德的偏执去维护传统的观念，维护一种凝固的平和与僵死的公平，还是以理性的尺度去呼唤经济的规律、历史的进步和社会的发展？《人民日报》刊载的《鲁布革冲击》① 这篇报道，就是以冷静的理性思维对管理体制中种种敏感的问题进行了剖析，展示了道德情感与经济规律的碰撞和摩擦，给人们以猛烈的冲击和启示。

缺乏理性思维则可能对一些并不符合时代本质的事物作简单无知的礼赞，又可能对某种有着社会发展的必然性、预示着社会进步趋势的东西作过分的批判或鞭挞。总之，在改革开放的时代，种种复杂的问题纠合在一起，我们的记者尤其需要运用好理性思维，这样才能真正认识、把握多变的事物。

四、从惯性思维走向创造性思维

新闻采访活动就其本质来说，是一种创造性的活动。新闻的本质特征是新，确定采访选题就需要思维的创造性。但是，人的思维活动往往易受惯性思维（或思维趋势）的影响，即本能地习惯于按照过去形成的习惯思路和固定的思维方式来考虑同一类问题。这种思维方式当然有它存在的合理性；但是对于新闻采访而言，仅有这种惯性思维是难以适应的，也是难以理想地确定采访选题的。当前，随着新闻媒介的急剧增加，新闻业内部的竞争越来越激烈，然而令人遗憾的是，在各式各样的报(台)“名”下，却不是各式各样的新闻；在不同的记者“名”下，却不是不同的报道；相同或相近的选题内容的“新闻”报道仍然比比皆是。这种现象虽然还有其他更复杂的成因，但保守趋同的思维方式无疑也是导致众多新闻报道无个性、无深度、无优势的一个重要原因。

---

① 载《人民日报》1987年8月6日。

所谓创造性思维，就是在思维领域追求“独到”和“最佳”，追求与前人、众人有所不同而独具卓识，有新的发现、新的见解、新的突破的一种思维方式。这充分体现了人类思维所特有的能动性。创造性思维的特点是从新的思维角度、程度和方法来处理各种信息和问题，从而产生新的思维成果。

创造性思维有几个明显的特征，即它的求异性、认同性、发散性、逆向性。

1. 求异性。

求异性，即在认识过程中把认知的对象凝注于客观事物间的差异性和特殊性上，现象与本质的不一致性上，已知事物的局限性上。它注重寻求事物的个性和特点，不囿于原有的材料、观点，能够不断地提出新问题、新见解、新构思。

新华社女记者郭玲春的一些会议报道，诸如《金山同志追悼会在京举行》、《胡乔木同在京作家聚会迎春》、《全国优秀新闻工作者表彰大会》、《茅盾文学奖授奖仪式》等等，之所以给受众留下较深刻的印象，就是因为它们有个性、有特色，与众不同。郭玲春说得好：“在十多年的工作中，我有一个追求，那就是：我要写得和别人不一样。”“世界上没有两片相似的绿叶。我们可以透过许多共性的东西，找出这个事、这个人——我们新闻报道的客体——的个性来。这是我在实践中得到的一个体会。如果你找到了这个人或事的个性，你这篇报道就可以不同于别人”①。这是合乎科学道理的经验之谈。

新闻报道常常不可避免地要重复传播一些客观世界发生的某些本质相近而又十分重要的事物，这就更需要记者思维的求异性，善于从相同事物中发掘不同点，从一般性中寻求特殊性，从比较中寻求个性。比如，前些年当各地传媒纷纷报道责任制调动

---

① 郭玲春：《新闻采写的探索》，载《当代记者论稿》，第171页，中国科技大学出版社1987年版。

了农民的生产积极性时，有篇《抢“财神”》① 的报道，独具慧眼，反映了有了自主权的农民对科学技术的渴求，把这一类报道开掘到了一个新的深度。

2. 认同性。

认同性，即在认识过程中把认知的对象凝注于客观事物之间的同一性、相似性上，亦即“异中观同”。这种思维方式，实质上就是将各种看似毫不相干的事联系在一起思考，从中发现其“矛盾的同一性”。它往往能获得常人始料不及的思维结果。比如，过去人们往往只知道电影《泉水叮咚》的导演是石晓华，《红衣少女》的导演是陆小雅，《夕阳街》的导演是王好为，《原野》的导演是凌子。上海《文汇报》的一位记者从这些不同风格的导演身上发现了一个共同点，即她们都是女性。接着记者按照这条思路追寻下去，了解到我国当时已有三十多位女导演在独立拍片，这在世界影坛上是罕见的。于是，《中国影坛崛起一代女导演》的采访选题便由此而产生了。

3. 发散性。

发散性是一种灵活的、开放的思维活动，即认识主体沿着不同的方向去思考，重组已有的信息和记忆系统中的信息，以产生新的信息。这种思维不拘于一种形式、一个框架，而是以事物的原型为中心，向四面八方纵横驰骋发散出去，多方面、多思路、多角度地思考问题，包括各种联想和想象。比如，近年来，反对宴会弊病的报道并不少见，但多是从反对浪费、搞好党风建设这一角度着眼的。而有篇题为《宴会必须改革——营养学家评宴记》的报道，却独辟蹊径，从营养学的角度揭示了宴会的弊端；报道还通过营养学家之口，发出警告：大吃海吃，谨访被“筵席下的担架”抬了出去。由于变换了思维对象，其选题与报道自然富有新意。

① 见新华社 1982 年 11 月 18 日电讯稿。

4. 逆向性。

逆向性，即逆事物发展的逻辑顺序而进行的思维。这种思维方式是沿着事物的结果、发展、产生、萌芽这一逆向过程进行的。在确定采访选题时，逆向思维由于是从相反方向考虑问题，因此较之顺向思维往往能取得出奇制胜的创新意义。比如，这些年来农村化肥紧张，一般的报道都持这样的看法：一是国家对农业生产实行政策上的倾斜，市场粮食价格上涨，刺激了农民对土地投入的积极性；二是国家化肥进口量小，国内厂家一时难以应付农民生产积极性高涨的需求；三是社会风气不正，导致化肥流通中“开后门”。总之，供应不能满足需求，化肥自然紧张。但是，《土地在发出警告》这篇报道，却从相反的方向提出问题，揭开了化肥紧张的另一层内幕：“种地不上粪，全靠化肥混。”辽宁省锦州市北镇县，由于大量使用硫酸胺，使地表结一层淡淡的“白碱盖”。据沈阳市所辖辽中县预测，因农家肥施用量逐年减少，每年均有4000亩耕地从一二级地降为二三级地。记者不人云亦云，而是运用逆向思维，从事物的“结果”与“未来”来反向思考，这样透过化肥紧张的表面看到了一些地方农民的短期行为、土地掠夺性经营的实质。这一选题及其报道的深度显而易见。

第四节　采访选题确定的运作方法

采访选题一般是从大量的新闻线索中筛选出来的。因此，确定采访选题首要的工作是掌握新闻线索。在此基础上，记者应注意从以下几个方面着手：

一、从有明显特点的事物中考虑、确定采访选题

特点，就是事物的个性，是一个事物区别于它事物的特殊点。任何事物都是有特点的，有特点的事物不见得都能作为新闻

采访报道的对象。但是，采访选题一定是有明显特点的事物，这是因为有明显特点的事物才有新意，才会引起人们的关注与兴趣，也才具有较高的新闻价值。比如，80 年代初期，一家报纸曾登过这样一篇报道，介绍山东省有位农民在自己承包的责任田里种西瓜，有一根西瓜藤结了 14 个瓜，总重量达 118 公斤。应该说，农民承包责任田这件事，在当时已不算新闻了；农民承包后种西瓜，这事也不鲜见。其新鲜之处在于，这位农民种的一根西瓜藤上结了 14 个瓜，总重量达 118 公斤。这是“史无前例”的。这就是这件事的新闻价值所在。同时，透过这件事，也反映出农民对所承包的责任田的高度责任心，反映了党的农村经济政策对生产力发展的积极促进作用。正是由于抓住了这件事的这一明显特点，记者的采访选题及其报道才使新闻价值与新闻政策完美地结合起来，产生了很好的社会反响。

从有明显特点的事物中确定采访选题，要求记者善于分析比较。有比较才有鉴别，才能把握事物的特殊点。比较的方法不外两种：一种是纵向比较，即把事物的现在与过去相比较。比如，新华社记者顾月忠采写的《从邮局看变化》①，就是通过新疆邮电部门过去一到年关就忙于分拣从内地寄来的大批副食品，而今天却忙于收订大量报刊，这前后两番忙碌景象的比较，抓住了新疆经济形势的喜人变化这一明显的特点。另一种是横向比较，即把这一事物与同类事物相比较，从中寻求它的明显特点。比如，山东人民广播电台记者侯志永曾谈过这样一件事，1980 年春节前夕，党政军各部门慰问活动频繁，诸如拥政爱民联欢会、烈军属座谈会、科技人员茶话会等等，一个接着一个，还都要求记者去报道。他们一琢磨，这样的会到处都开，内容也大同小异，没有什么新闻性，“因此不肯动笔去写”。后来，他们听说济南市委负责同志要去慰问常年担负清道、掏粪任务的环卫工人，当即

---

① 见新华社 1980 年 1 月 17 日电讯稿。

决定去采访。为什么呢？他们觉得这个活动有两个明显特点：一是领导慰问环卫工人活动当时全省不多见，有新鲜感；二是联想到刘少奇同志曾接见过掏粪工人时传祥，当时中央又将要给刘少奇同志平反昭雪，更觉得此事新闻价值突出。这种比较方法，便是横向比较。

从有明显特点的事物中考虑、确定采访选题，还要求记者注意处理好事物的个性与共性间的辩证关系，不能离开共性专门去找个性，甚至陷入“猎奇”的泥坑。好的采访选题，应该是既能体现所报道事物自身的明显特点，又能深刻揭示同类事物的共性。比如，《王崇伦抓豆腐》① 这则新闻，一位赫赫有名的市委副书记、全国总工会副主席“抓豆腐”，便是这件事物的鲜明特点，但这一特点又体现了一个共性——我们党的领导干部深入实际，关心群众的生活疾苦。

二、从具有“典型性”的事物中考虑、确定采访选题

具有典型性的事物，是指一类事物中既能代表一般，又比一般集中、突出的事物。典型性事物才具有普遍性的意义，才显示出事物的重要性，也才会有较高的新闻价值。因此，有经验的记者都十分注意从典型的事物中考虑、确定采访选题。比如，20世纪 80 年代中期，电视连续剧《新星》把李向南（剧中的县委书记）的形象送到了千家万户，百姓受到鼓舞，干部也怦然心动，躬身自问。正是在这种“新星”热的时刻，《河北日报》的两位记者及时抓住了邢台地委书记请县委书记们看《新星》，并以郑达理（剧中县委副书记）为镜子“引火烧身”这一典型事实作为采访选题。结果，采写出了《邢台地委书记请县委书记看〈新星〉》这一新闻②，引起了广大受众的强烈共鸣。再如，

① 载《人民日报》1981 年 3 月 29 日。

② 载《河北日报》1986 年 3 月 14 日。

1983年《新华社好稿选》中有篇新闻《人才流入集体小厂的秘诀》，它所报道的黑龙江省哈尔滨整流设备厂是个集体所有制的小厂，但自愿来这个小厂工作的却有8名大学生和5名国有大厂的工程师、助理工程师。其秘诀在哪里呢？这个厂党支部书记卢秀云说："工厂能不能立得住，关键在产品；产品能不能打得出去，关键在技术人才；人才能不能找到，关键在于领导的胆识。"新闻揭示的这一"秘诀"，便是一条宝贵的典型经验。记者选择这一采访选题进行报道，对于千万个企业领导无疑都有着普遍的参考价值。

具有典型性的事物有正面与反面之别。在我国社会生活中，正面的典型性事物（包括先进人物、先进事迹、先进经验等）是社会的主流，最能反映我们社会的本质。所以，我们的记者一定着力从正面的典型性事物中确定采访选题。

从正面的典型性事物中确定采访选题时，记者既要考虑到典型性事物的时代特征和普遍意义，防止一般好人好事的"宣传"，又要考虑到典型性事物本身的局限性，把握好报道分寸，避免产生片面性、负效应。

在注意从正面的典型性事物中确定采访选题的同时，也不要忽视从反面的典型性事物中考虑并确定采访选题。"我们的社会还存在着阴暗面和落后面，批评性的报道也是不可缺少的。一定数量的反面教材，如果采用得当，同样能产生十分积极的作用……人民新闻拿起批评和自我批评的武器，同一切损害国家和人民利益的不良倾向作斗争，也可以发扬正气，祛除邪气，促进社会主义事业健康地向前发展。"① 比如，1983年春天，哈尔滨铁路局发生了双城堡火车站搞"野蛮装卸"，损坏货主大批洗衣机的事件。这件事是当时铁路路风不正的反映，具有典型意义。中央人民广播电台记者抓住这一反面典型，在先后三个多月的时间

---

① 缪雨：《新闻学通论》，第61页，新华出版社1987年版。

内作了连续报道，不仅促进了问题本身的解决，而且推动了整个铁路路风的好转。

从反面的典型性事物中考虑并确定采访选题时，记者一定要抱着严肃、认真的态度，注意选题报道后可能产生的社会影响，防止消极因素的引发。同时，在选题量上也要适当控制，把握好报道时机。

三、从精选事实的最佳角度中考虑、确定采访选题

这里说的“角度”，是指记者认识、把握新闻事实的着眼点。苏轼《题西林壁》诗云：“横看成岭侧成峰，远近高低各不同。不识庐山真面目，只缘身在此山中。”任何新闻事实都是多元的，都是可以从多种角度去认识和把握的。角度不同，认识和把握的结果也不会相同。记者要善于精心选择最佳角度，即最能体现事实新闻价值所在的角度，从中考虑、确定采访选题。

《河北日报》记者李乃毅曾谈过这样一个事例：1980 年 5 月 30 日中午，记者忽闻街上消防警报声，连忙赶去采访。到达火灾现场，得知是由于煤气罐爆炸所致。此时，火已被扑灭，有 3 人受伤，正在医院抢救，财物烧毁不少。记者对这场火灾的采访选题的不同角度是这样考虑的：一是单纯报道失火，但这只是一条普通的社会新闻，反映不出这件事情中带本质性的东西；二是对煤气罐的质量提出批评，但在没有搞清煤气罐爆炸的原因之前，批评有关单位欠妥；三是表扬医院救死扶伤的精神，但效果如何，尚待观察，若马上报道，为时过早；四是歌颂消防人员奋力救火的大无畏精神，但灭火救人是消防人员的本职，没有特殊意义；五是报道人们对遭受火灾家庭的帮助，但这些家庭中未遭烧伤的小孩如何安置等问题，还有待进一步解决，也不好选择这个角度；六是报道解放军奋不顾身救亲人，反映子弟兵爱人民的高尚品质。首先，火灾现场附近的警卫连 40 名战士听到爆炸声，没有人组织，便自动赶来救火，而且是他们最先搭人梯，从窗户

跳进去，冲入火海。这种思想和精神值得弘扬。其次，当时正值我国进行自卫反击战，从这一侧面，也可以反映我们部队的面貌。于是，记者决定从第六个角度着手确定采访选题进行报道，结果收到了很好的社会效果。①

记者从精选角度中考虑、确定采访选题时，首先要注意角度的“新奇性”。比如，80年代初期，上海市业余教育蓬勃发展，掀起了一股职工“读书热”的高潮。当时，不少新闻单位从“领导如何重视”、“职工怎样刻苦学习”、“自学成才”等角度对此事作了选题报道。而《光明日报》两位记者却别出心裁，从“每天傍晚和夜间，上海出现公共车辆异乎寻常的拥挤现象……乘客大半是读夜校的”② 这一角度入手确定采访选题。由于选题角度“不同凡响”，报道的趣味性、可读性自然强多了，赢得了广大读者的普遍好评。

记者从精选角度中考虑、确定采访选题时，还要十分注意角度的“社会性”、“受众性”。这也就是要求记者从当前受众普遍关注的一些热点、难点、疑点的社会问题入手，考虑、确定采访选题。比如，前些年有则题为《为啥会发生棒打薄情郎的悲剧》的报道，介绍的是：一位男青年考上大学后，抛弃了相爱多年，且从精神、物质上全力支持他读书的未婚妻，另寻新欢。那位已经以身相许的未婚妻经苦苦哀求、多方求援均告无效后，忍无可忍，便买通几个小青年将这个负心汉毒打了一顿，并毁其容，结果触犯了法律，受到了惩处。这件事如果从单纯批判男青年不讲道德的角度，或者从单纯批评女青年不懂法，法制观念淡薄，使有理变成无理的角度寻找选题进行采写，都容易陷入俗套。记者经过再三考虑，最终确定了以针砭某些领导人官僚主义作风作为

---

① 李乃毅：《试谈发表社会新闻的目的和采写社会新闻的角度选择》，载《新闻研究》1989年第4期。

② 载《光明日报》1983年6月29日。

采访选题并进行报道，这是因为这位女青年曾多次向当地政府和男青年所在学校领导求援，上告此事，结果都被一推了事，悲剧也由此而生。从这一角度选题，不仅有新意，而且在当时有很强的现实意义，受众也极为关注。报道后，果然在社会上引起了强烈反响。

记者从精选角度中考虑、确定采访选题时，还要注意角度的“精致性”。这也就是要求记者注意解剖和截取事实，善于“以小见大”，从看似“平凡”却含有深刻内涵的“小事”中考虑、确定采访选题。比如，《东鸭鸽营社员跑步成风》这则报道①，讲的是农民早晨跑步锻炼身体的小事。但此事“小”中有“大”。过去连肚子都填不饱，干活也缺少“能源”的“泥巴腿子”，现在不仅有劲头干活，还有多余力气跑步，而且跑步是为了“减肥”，其物质生活和精神状态可想而知了。人们难道不会从这“小事”中看到改革开放给农村带来的巨大变化？再如，1991年抗洪救灾中有则报道《夫妻对话100秒》，描述的是这样一个小场面：一位家庭遭灾的青年妇女，带着襁褓中的女儿，在家边公路上苦苦等候了一个多小时，终于等来了当连长的丈夫带兵抗灾抢险路过此地，然而两人喜相逢的时间仅有100秒，话没有说上几句，便又分手了。在当年众多的抗洪救灾报道中，这则报道讲述的此事实在是件“小事”，但它不仅在情感上催人泪下，感人肺腑，而且还在思想的“冲击”上给人留下难以忘怀的印象：国强军威，众志成城，天灾难撼！这就是记者精选角度的魅力所在。

思考与练习

1. 确定采访选题的原则是什么？

---

① 载《河北日报》1984年1月19日。

2. 新闻线索有什么特点？可以从哪些方面获取新闻线索？

3. 确定采访选题对记者的思维有些什么要求？对采访而言，宏观思维、系统思维、理性思维、创造性思维各有些什么特点？

4. 确定采访选题在运作方法上要注意些什么？

5. 翻阅一下近期报纸，看看面对同一事实或同一类事实，不同报纸在确定选题上有何不同。比较一下它们的长处或不足。

第九章　新闻采访的工作程序及其方法

一次完整的新闻采访活动过程，通常是由明确报道思想、确定采访选题、作好采访准备、采集新闻材料、思考报道写作等几个相互衔接、先后有序的工作环节所组成的。这就是新闻采访的工作程序。这一程序是适应新闻采访的工作特点，由无数记者的无数次实践总结出来的规律。它规定着记者的工作步骤，认真地遵循之，新闻采访才会有成功的可能。当然，不同的采访，其对象、任务、条件等千变万化，组成这一工作程序的各个环节之间的排列次序不会是一成不变的，这得靠记者从实际出发，灵活运用。

本章将逐一探讨新闻采访这一工作程序的各个环节。考虑到确定采访选题在上一章已单独论述，这里就不赘叙了。

第一节　明确报道思想的作用与要求

所谓报道思想，就是新闻传播媒体在一定的时期或阶段内，为着达到预期的传播目的，而制订的新闻报道工作的设想、意图。它包括报道的目的、内容、范围、重点等。

报道目的，是指通过新闻报道所要达到的结果。它要求记者围绕这一设想，有目标、有方向地去搜集新闻材料、组织报道。

报道内容，是指对新闻报道所要再现的事实，以及这些事实所蕴含的思想内容的规定。它包括对报道的题材、主题、事件、人物等方面的原则要求。比如，我国一些新闻传播媒体常常要求：国庆期间多报道祖国的新面貌、新成就；元旦、春节前后要多报道各条战线、各行各业的新景象、新事物；深化经济体制改革时，要注意报道其动向和经验；某一重大事件发生后，则要注意报道其社会反响等等。这就是对报道内容的规定。报道内容是由报道目的所决定的。

报道范围，是指新闻报道所涉及的区域、行业的界限。这一方面是由于不同的新闻传播媒体，其受众有不同的需求所规定的。比如，一些地方报纸要求以报道本地新闻为主，同时“面向全国”，适当报道一些外地新闻。另一方面是由于不同的报道任务，其对象面也不同所规定的。比如，涉及服务问题的报道，主要在商贸战线以及行政执法部门；而有关乡镇建设、农业科技等方面的报道，自然主要在农村。此外，还由于新闻传播媒体对已有新闻报道面及报道量的综合平衡的考虑。比如，一些综合性报纸，对一个时期长期不见“报”的地方、行业，便要求记者注意加强报道；而对一些经常见“报”的，各方面工作又不是很突出的地方、行业，则要求记者注意控制报道量。

报道重点，是指新闻报道内容和报道范围的着重点。不同时期，根据党和政府不同的工作重心，根据实际工作和生活中存在的具体情况，新闻单位都会对新闻报道的内容、范围有所侧重。比如，以报道知识分子为例，知识分子在现代化建设中的重要作用，知识分子自觉与工农群众相结合，中老年知识分子对“后进”青年知识分子的无私帮助，关心知识分子的生活，注意在知识分子中积极慎重地培养、发展党员，合理使用知识分子等等，都是应该而且可以进行采访报道的。但是，这些内容不是每个时期都要均衡报道的，而要分个主次、轻重。否则，主攻目标不明确，重点不突出，新闻报道便难以达到预期的整体效果。

一、明确报道思想的作用

明确报道思想，就是指记者在从事新闻采访活动中要正确、深刻地了解和掌握报道思想，把报道思想作为自己行动的指南。明确报道思想是记者进入新闻采访工作程序的第一个环节，也是整个新闻采访活动的序幕。它在整个采访工作程序中的作用，主要体现在以下三个方面：

1. 从政治上、政策上为采访工作“导航”。

现代新闻传媒都是从属或依附于一定的阶级、政党或集团，并为其政治、经济的利益服务的。这种服务最明显、最主要的体现就在于传媒报道思想的规定上。而记者的采访工作又是一种带有目的性的、自觉的社会活动。因此，任何记者的任何采访工作都必定受到一定报道思想的指导和调控，不是由正确的、科学的报道思想指导和调控，就是由错误的甚至反动的报道思想指导和调控。我们国家社会主义新闻传媒的报道思想应该依据党和政府在一定时期内有关新闻传播工作的方针、政策和策略来制定，这种报道思想就是正确的、科学的报道思想。由正确的、科学的报道思想指导和调控，记者的采访工作才会有正确的方向和目标，也才会符合党和人民的根本利益。否则，在错误的报道思想指导和制约下，记者的采访工作必将迷失正确的方向，误入歧途。前些年，少数新闻传媒的记者之所以采写出那些推崇“特异功能”、“神功”等伪科学的报道，在社会上产生了很不好的影响，其原因固然是多方面的，但当时这些新闻传媒报道思想上的“导航”错误，不能不说是一大要害所在。这个沉痛的教训是值得我们认真记取的。近些年来，有些新闻传媒为了追求“轰动效应”，以争夺传播市场，在新闻报道中不顾报格，大肆宣扬不健康的生活方式和价值取向，热衷于搞所谓的“四色报道”（即“红色的秘密”——对领导人的秩闻趣事捕风捉影；“金色的诱惑”——追逐大款大腕的隐私及其奢侈生活；“黄色的刺激”——津津乐道于淫秽下流场面的描绘，“黑色的恐怖”——对暴力凶杀的刻意渲染）。在这种错误的报道思想指导下，这些新闻传媒及其记者的采访工作已经成了现今社会的一个严重的精神“污染源”。对此，我们必须予以高度警惕，并加以坚决抵制。

2. 指导新闻素材的获取。

报道思想规定着新闻报道的目的、内容、范围、重点等，这样，它就不仅在政治方向上，而且在报道的业务方向上也给记者的采访工作以指导和制约。明确报道思想，记者的采访工作就能增强自觉性，减少或避免盲目性；就会在庞杂、多变的社会生活中，保持清醒的头脑，找到明确的目标，而不至于造成该采集的没采集，采集了的又没有用的被动局面。比如，1981 年 9 月 31 日，有家报社得知，某部队张副司令员曾在解放南京时率领一支队伍捍卫过中山陵，便决定派记者前往采访。针对这一采访，报社曾提出两种报道思想：一是反映我人民解放军捍卫中山陵时的英雄业绩，以对青少年进行革命英雄主义的教育；一是反映我党和我党领导下的军队对孙中山先生的敬仰之情，从而达到推动国共两党第三次合作的目的。这两种报道思想，哪一种更恰当呢？显然是后者。因为，当时正值辛亥革命 70 周年前夕，全国人大常委会委员长叶剑英又于当年 9 月 20 日发表了对台（湾）问题的 9 条方针。对我军当年保卫中山陵的采访报道，正好配合了这一形势要求。在这一报道思想的指导下，记者就会有目的地、集中地去采集当年我党我军为什么要保卫中山陵，怎么样保卫中山陵的材料。否则，在前一种报道思想的指导下，就会对这些材料不感兴趣，而热衷于我军英勇作战的事迹的搜集，其结果势必徒劳无功。这是因为，在中山陵那样的地方，当年国民党军队不一定会死守，两军之间不一定会发生激烈的战斗，即使搜集了一些两军对垒的素材，也与现今的形势要求不相吻合，报道也就难以产生好效果。

3. 指导新闻主题的提炼。

报道思想与新闻主题是两个不同的概念。新闻主题有其客观性，只有通过采访得到材料、掌握了事实的真相之后，才能在客观事实与材料的基础上来谈主题的提炼。如果把报道思想这种设想、意图当作主题，然后到生活中找例子说明它，这便陷入了唯心主义的“主题先行论”的泥潭。但是，报道思想又与新闻主题有着十分亲近的“血缘”关系。任何新闻主题，都有着一定的时代性，必须符合社会和受众的需要。而报道思想正是一个时期、一个阶段的社会需要和受众需要的产物，它所力图反映的正是这一时期或阶段客观事物的发展变化，以及人们对客观事物认识的新情况、新问题。因此，从时代性这个角度来说，报道思想与新闻主题的要求是一致的。事实上，一些有经验的记者在思考新闻主题时，都是自觉地以一定的报道思想作指导、作依据的。正如名记者孙世恺所说，把报道思想这类“根据过去采访中积累的新闻线索和素材提出的一些设想，作为‘主题’的雏形，那么这种孕育过程应当说是正常的”。① 这样，既可以缩短提炼新闻主题的思考时间，又可以为新闻主题的提炼提供形势上的依据。

这里需要指出的是，明确报道思想，自觉地接受正确的报道思想的指导和制约与带“框框”采访是截然不同的工作态度与方法，新闻理论界里有人说，这“两者实际上是一回事，只不过是一个问题的两种说法而已”。这种无视新闻采访工作的规律，混淆两者质的区别的观点是不足取的。这两者的质的区别便在于：对待采访中的认识活动，是起指导作用，还是起限制作用；认识的顺序是先有调查后有结论，还是先有结论后填充事实。我国记者的采访，是以唯物主义的认识论作为自己的哲学基础的，必须坚持一切从实际情况出发，必须明确报道思想是采访的理论和原则指导，而不能代替采访的实践结果。如果报道思想与实际情况不相符合，或者实际情况有了新的变化，那么，就应该及时更改报道思想，根据实际情况进行采访报道，而不应削足适履，把变化了的情况硬套进原定的报道思想中去。这就是我们记者明确报道思想的正确态度与做法。而所谓“带框框”采访，

① 见《新闻记者入门》，第 109 页，北京出版社 1982 年版。

按我国新闻界流行的看法是，不顾客观实际情况，硬按着预定“框框”进行采访工作，让客观实际服从于“框框”。这种工作态度与做法，便是教条的、唯心的，其结果只能导致采访工作失败，或者制造假新闻。

二、如何明确报道思想

在新闻采访实践中怎样才能明确报道思想呢？这要求记者一方面要认真学习编辑部提供的报道原则和报道提示，领会其中的意图和实质，并把它作为采访活动的指南，而不能只停留在字面的理解上；另一方面还要十分注意结合新闻采访工作的实践，认真钻研党的有关政策和上级的有关指示精神，认真研究客观实际情况，从中不断深化自己的认识，深刻地理解、把握报道思想。1984 年，《经济日报》关于王府井大街“亮”起来的一系列报道，就是记者在采访实践中不断明确报道思想的结果。这一战役性报道，是从一件生活小事开头的。当年春天，该报召开记者工作会议。记者们白天忙于开会，晚上才有空上街买点东西。一天晚上，几个记者在报社招待所附近的大街上遇到一位外地来京的旅客，说是为买一盒香烟，东奔西走多处都没有买到，并问在首都买东西为什么这么难。此事使记者回忆起在北京市人民代表大会上，一些人民代表曾多次反映过这个问题，但并没有收效。当时，记者想到要在报纸上表达人民群众的心声，呼吁商店延长营业时间。经请示编辑部同意后，便形成了这一报道意图。于是，记者深入王府井大街实地采访，写出了消息、评论和记者调查等。连登了三天，许多商店纷纷打电话告诉报社，准备延长营业时间。但就在这时，沿街一些商店突然接到上级有关部门的紧急通知：不要一哄而起，营业时间照旧不变。这是怎么一回事呢？原来，开办夜市，对超工时的售货员一天要给 8 角钱的误餐补贴和劳动报酬，照此办理，全北京市都要这笔钱怎么办？更主要是，各种议论纷纷扬扬，“中国不是资本主义社会，没有必要

'亮'起来"，"晚上8点后关门回家睡觉有什么不好，咱们就是这个制度"。对这一情况的认真分析、研究，使记者明确到：王府井"亮不亮"之争的焦点，是对于人民群众的呼声和心愿持什么态度，是方便自己管理还是方便人民生活。要使王府井"亮"起来，首先要解决因循守旧、不思改革的领导思想。记者向中央反映了有关情况，得到了中央领导同志的支持。于是，他们又深入调查，采写了《商店有自主权才能把生意做活》等报道，在社会上引起了热烈的反响。此时，正值全国人民代表大会召开，政府工作报告中也明确指出："我国现行的商业体制，面临开拓市场、扩大销路的新课题。"联系实际学习，记者进一步明确了报道思想，报道从倡议延长营业时间等表面问题，发展到领导思想的改革、城市商业体制的改革等实质性的重大问题。他们先后发了一些全国人大代表呼吁王府井应走在全国商业改革的前列，以及北京许多地方开设夜市等新闻。王府井终于"亮"起来了，北京的商业开始"活"起来了。他们又和商业部一道邀请来京出席全国商业厅局长会议的同志参观夜市，畅谈观感，在报上发表，让商业改革之风吹遍全国各地。这一系列报道的报导思想，就是记者在采访实践中边学习边研究而逐步明确起来的。

第二节　采访准备的意义与方法

采访准备是整个新闻采访工作程序中一个基础环节。具体地说，采访准备就是指记者为采集新闻材料而进行的前期性、基础性的工作。

一、采访准备的意义

《礼记·中庸》篇中有这样一句话："凡事预则立，不预则废。"意思是说，不论做什么事情，事先有计划和准备就有成功的可能，没有计划和准备就做不好。新闻采访也不例外，只有认真地做好准备工作，采访活动才能得以顺利进行；否则，仓促上阵，会使采访陷入“盲人骑瞎马，夜半临深池”的境地。

美国新闻界曾有过这么一件事：1961 年春上，英国著名“影后”费雯丽小姐（电影《乱世佳人》的女主角扮演者）到美国一城市访问。按照当地惯例，她一下飞机便走进机场接待室，接受记者采访。第一个提问的记者问她：“请问你在《乱世佳人》这部电影中扮演什么角色？”听到这个提问，费雯丽很不高兴，反问记者：“你看过这部片子吗？那部小说你读过没有？”当记者回答说“没有”时，这位女明星更生气了。她站起来说：“诸位，由于你们没有常识，我们不必继续谈了！”说完，她噔噔地走了。为这事，美联社还发出了专电。

前些年，我国新闻界也曾出现过这样一件事。一个青年记者去采访一位获得国家科技奖的中年女科学家，双方开始了对话：

记者：“解放 30 多年来，我国的高等学府培养了许多人才。请问，您毕业于哪所大学？”

科学家：“对不起，我没有上过大学。我搞科研全靠自学，我以为自学也能成才。”

记者：“听说您又成功地完成了一个科研项目。请问，您的新课题是什么？”

科学家：“看来你并不了解我的工作。我一直致力于这个项目的科学研究，目前只是又有了一些新的突破，但远远没有成功，所以谈不上有什么新课题。”

记者：“我们换个话题。请问，您的孩子在哪儿学习？”

科学家：“我早已决定把毕生的精力贡献给自己的事业，因此，我一直独身至今。请原谅，这个问题我不愿多谈。”

……

上述两个例证表明，采访不做认真的准备，就会出这样或那样的“洋相”，自然也就难有成功可言。做好采访准备，在新闻采访工作中是必不可少的，其作用便在于使记者不断增强对客观事物的认识和了解，尽可能地缩短记者的主观认识和客观存在之间的距离，从而顺利地进入采集新闻材料的工作环节。具体地说，采访准备的意义主要表现在以下几个方面：

1. 有助于记者进一步明确采访的目的和重点。

记者采访前掌握的报道思想和确定的采访选题，往往比较朦胧。然而，就此准备一下有关方面的材料，研究一下有关方面的问题，就会使自己的思想更明显，目标更清楚，重点更突出。尤其是那些限定时间采访，重大会议、节日活动的采访，重大典型、系列报道的采访，技术性、专业性强的采访，以及外事活动、国外采访等，事前做好准备的意义便更为明显。1979 年 3 月，新华社两位记者接受了赴南斯拉夫访问的任务。出国前，他们花了两个月的时间，翻阅了大量的有关南斯拉夫的政治、经济、外交、历史、文化等方面的书刊、资料，摘记了十多万字的卡片、笔记；同时，他们还先后走访了中共中央组织部，了解国内干部队伍的状况和当前需要注意解决的一些问题；走访了国家计委，了解国内实行计划经济中存在的一些应深入探讨的问题；走访了北京内燃机厂、首都钢铁公司、石油化工公司、天津第二毛纺厂、天津新河造纸厂和新港码头，了解国内大中型企业的现状，并听取了企业领导干部对于企业管理、体制改革等多方面的意见。由于有了以上准备，当他们赴南斯拉夫采访时，目的和重点便十分明确，随时随地把国外情况同国内情况作比较，抓住一些对国内有借鉴价值的问题进行报道。他们在南斯拉夫访问 14 天，共采写了 20 篇采访日记。新华社国内部在《好稿通报》中对此有这样一段评语：“日记里写的是一些观感，但很有针对性，提出了一些值得我们研究和深思的问题。”

2. 有助于记者缩短与采访对象间的距离。

准备做得越充分，记者对采访对象才会越“熟悉”。这样，采访起来就容易“上手”，共同语言就多，起点也高，而不至于事事都从“履历表”问起，从“ABC”谈起，既花费时间，又会引起对方的不快。美国记者利伯林一次在体育场采访著名骑手曼迪·阿卡罗，他提出的第一个问题是：“你一般把左马镫控制在比右马镫长几个孔的位置上？”这个问题引起了阿卡罗的很大兴趣，他们畅谈了一个多小时。事后，阿卡罗对利伯林说：“我看得出，你曾和骑手打过很多交道。”利伯林回答说：“是的。不过是从我打算采访你的那个星期才开始和他们打交道的。”利伯林是在采访准备中了解到：大多数骑手在按反时针方向进行比赛的美国跑道上赛马时，常用把左马镫比右马镫长一些的办法，来保持身体在马上的平衡；这样，马在奔跑时就不会偏离跑道，而且所跑的路程是起点和终点间的最短距离。正由于此，利伯林的提问一开始就显示出他的“内行”，很快就得到采访对象的“共鸣”。这种事例在我国记者中也并不少见。1994 年 5 月，中央电视台的一位年轻记者到上海采访 96 岁的周谷城先生。当时老人身体不适，不想接受采访。在记者的恳求下，老人表示自己只能讲一句话。面对这种情景，记者毫不气馁，答应只提一个问题。接着记者不慌不忙，以叙旧似的口吻问道：“听说在当年‘五四’运动的游行队伍里，您曾经跑掉过一只皮鞋？”老人一听，顿时露出既吃惊又兴奋的笑容。面对眼前这位如此了解自己的年轻人，老人一下子来了谈兴。结果，原定“只能讲一句话”的采访持续了整整一个下午。

3. 有助于记者有计划、有步骤地进行采访，提高工作效率。

有了认真的准备，记者就能对整个采访活动通盘考虑、统筹安排，也能主动掌握采访进程，灵活处理，从而，有助于采访工作一环紧扣一环，一步紧跟一步地进行。即使采访中遇到困难或意外，也会应付自如，化险为夷，把采访引向成功。1960 年 6 月，新华社记者郭超人采访第一次攀登世界最高峰——珠穆朗玛峰的我国登山健儿时，曾遇到这样的难题：登上顶峰的几个人中，有3个是藏族运动员，语言不通，又无翻译在场，没法采访；而其余几个汉族运动员都被冻伤，回大本营后急需送内地治疗。当时能给记者采访的时间，只有在给这些同志作临时性包扎的短暂时刻了。由于郭超人事先做了充分的准备，作计划时已考虑到类似困难的出现，于是他迅速根据已掌握的材料，把登上顶峰的过程化为二十多个具体问题，分别采访了正在作包扎的运动员，终于顺利地完成了采访任务。

总之，采访准备关系着采访活动的成败。中外新闻史上，一切有成就的记者，都是高度重视并切实做好这一工作的。

二、采访准备的内容与要求

我国新闻界通常把采访准备分为两种：一曰平时准备，即日常性准备；一曰临时准备，即确定了采访选题以后所进行的具体准备工作。从严格的意义上说，前者属于记者的修养与基本功问题，不应列入采访工作的程序范畴。而对于一次具体的采访工作程序而言，后者才是其中的一个重要环节。考虑到约定俗成的原因，加之两者之间又有着一定的联系，这里对前者也作一些简要介绍。

在新闻采访实践中，作为一名称职的记者应该如何做好采访准备呢？

首先，平时要重视积累。这是指没有具体采访任务时的经常性准备工作。俗话说："养兵千日，用在一时。"采访也应该如此，要重在平时的经常性的"养兵"。平时努力充实自己，一旦有了具体采访任务，就能有备无患，迅速投入采访，而不至于"临时抱佛脚"，手忙脚乱，贻误"战机"。

平时积累的内容，要根据记者的分工范围和各人的具体情况而定。一般有如下几个方面：一是理论、政策上的准备；二是知识上的准备；三是业务技能上的准备；四是情况的准备。记者平时要经常了解、广泛搜集各种各样的情况。既要了解一个时期总的形势、总的动向，也要掌握当前出现的新情况、新问题。对于国际国内的政治、经济、文化、教育、人民生活等方面的重大情况，无论是历史的、现实的，完整的、点滴的，正面的、反面的，上面的、下面的，自己看到的、别人介绍的，都要注意了解、积累，这样就能使自己胸有全局，眼明心亮。同时，记者还要十分注意经常了解自己所分工联系的行业、部门或地区的情况、动向和变化，使自己对此了如指掌。这样，当这个领域出现有值得报道的新闻线索时，记者就有可能一个不漏地抓住它，并且采写出有一定深度的新闻报道来。

其次，临时要认真准备。确定了采访选题后，记者一般应做好这样几个方面的准备工作：

1. 要进一步学习同这次采访相关的政策。

要注意围绕采访任务，认真学习党和政府的有关政策，学习上级领导机关和领导同志的有关指示、意见等，深入理解其精神实质，从而更好地明确这次采访活动的指导思想，并把握好新闻报道的口径。

2. 要尽快熟悉和研究采访对象。

记者在具体采访某个人、某件事、某个单位或地方时，事先一定要设法尽快对自己的采访对象有所了解，并尽可能研究之，多熟悉一些情况。至于要熟悉、研究到什么程度，熟悉、研究哪些内容，则要具体根据不同的采访目的和不同的采访对象来决定。

一般说来，要注意熟悉和研究与对象有关的背景材料。背景材料有直接的和间接的两种。直接的背景材料，就是跟采访对象有关的历史和现实的材料。记者要跑一跑有关部门，看一看有关的材料或资料。到一个地区去采访，除了看有关的报道或资料外，还要了解这个地区的历史、地理、经济、自然状况。到少数民族地区采访便要了解少数民族的风俗习惯，还应尽量多学几句当地的日常用语。采访一个人，则要了解一下对方的经历、性格、爱好、生活状况以及对方的人际关系等。间接的背景材料，就是用来和采访对象作比较与研究的材料，包括有关的社会情况、类似的单位和地区的情况等。

如果是限定时间的采访，比如采访党政领导干部、社会名流等，就应事先搜集有关采访所需要的各种材料，并且下一番功夫研究这些材料，以取得与对方交谈的“对等资格”。到正式采访时，记者就可以把握住要点，提出既简明扼要，又很有特点，令对方非答不可的问题。这样采访的结果，往往双方都会感到满意。

如果采访对象的专业性、技术性很强，采访的目的又是要报道对方工作方面的成就，记者就要下决心学习有关的专业、技术知识，了解国内外在这方面的发展状况，了解对方的主要成就和工作的意义。要不然，对方讲的记者听不懂，记者自己又提不出有分量的问题，谈起来也就不会有什么共同语言了。

3. 要努力寻找并分析已有的报道资料。

记者接受具体采访任务后，还应当注意寻找并分析一下新闻传媒有没有过类似这方面的报道。如果已经有了，要弄清楚它是怎样报道的，还有哪些问题值得深入挖掘。这样，就可以使采访知己知彼，有的放矢，确定自己的报道角度和重点。

掌握并分析已有的报道资料，对于采访一些知名人物、已经多次报道过的单位或事件，有着特别重要的作用。只有进行了这种准备，才能避免在报道中与别人“撞车”、重复，才有可能突出新意，采写出有特点的新闻。

4. 要认真制订切实可行的采访计划。

采访计划是根据具体的采访任务来制订的，任务不同则计划也应不同。一般来讲，非事件性新闻的采访、大型的战役性报道的采访等，一定要有周密的、具体的采访计划。而一些动态性的、事件性的新闻采访，其计划则可以简单些、粗放些。采访计划的主要内容包括：采访范围和对象，采访时机和步骤，提问的内容和方式，可能遇到的问题与应急措施等等。采访计划的形式则可以多种多样，有时可制订综合的采访计划，对采访工作进行全面安排。有时也可制订出专题性的采访计划，即根据一次比较大型的采访的若干选题，分别订出更具体、详细的计划。有时也可制订采访提纲，专门就需要采访的问题一一列出，并标出重点所在。

制订采访计划，既要细致周密，多作一些设想，预见到可能会出现的种种情况、变化，考虑几种采访方案，又要坚持一切从实际出发，切忌被预定的计划束缚手脚，用主观的东西去硬套客观事物，如果计划与实际情况有出入，就及时修订或推倒重订。

5. 要作好必要的物质准备。

因为采访的地点有远有近，采访的时间有长有短，采访的任务也千差万别，所以记者还要做好必要的物质准备。比如，要准备好介绍信、采访本、稿纸、钢笔或铅笔、衣服、钱票、生活用品等。要拍照片的话，还要检查一下照相机、闪光灯、胶卷是否准备充足。广播电视记者还要注意录音机、摄像机、磁带、胶带、胶片等准备情况如何。如出远门，或者去生疏地方采访，则还应注意别忘了携带车船机票、地图或向导等。此外，对于采访过程中可能会出现的情况和困难，也应有所估计，并准备相应措施。物质准备工作，看上去都是一些琐碎的“小事”，但考虑不周，便可能因小失大，给采访带来无可挽回的损失。1990 年 7 月 24 日中午，江泽民总书记在拉萨市视察期间，临时决定在一条路口停车。一下车，他便向街上的过往行人表示问候。“总书记！”人们惊喜地喊道，随后，“呼啦”一下子围拢上来，争先恐后地同总书记握手……场面十分动人。“当时随行的中央电视台记者马赤后由于事先作了周密的物质准备，无论到哪儿都随身带着一个金属梯。因此，尽管人群挤得水泄不通，记者无法靠近，但他站在梯子上还是俯拍下了这动人的一幕；而西藏电视台记者则因缺乏准备而坐失良机，只能站在远处望‘人’兴叹，叫悔不迭。"①

上述临时准备的工作内容，对于一般采访，尤其是那些比较深入的采访，且时间又允许的话，都应该认真做到。当然，一些动态性的报道，就不一定要做这么多的准备。另外，一些突发性事件的采访，记者临时碰上的新鲜事的采访，都不可能有充分的准备时间，这就主要靠记者的平时积累了。不过，即使这样，记者在正式进入采访前，仍然应该抓紧时间，尽可能多做些临时准备工作。

第三节　采集新闻材料的要求与方法

新闻采访的主要任务是要获得有新闻价值的事实，而新闻报道的事实则是由人物、时间、地点、环境、条件等多方面因素的材料组成的。只有掌握了这些方面的材料，才有可能了解并获得具体的新闻事实。因此，采集新闻的材料是整个采访工作程序的中心环节，新闻采访的任务也就是在这一环节中才得以实现的。

一、采集新闻材料的要求

在新闻采访实践中，由于具体的采访任务不同，采集新闻材料的要求也不尽相同，但有些基本要求则是必须共同遵守的。

1. 要尽量掌握第一手材料。

所谓材料，就是事物和事实的各种形态、各种性质、各种来源的表象、表现、反映和记载的总称。从其来源和传递的角度看，材料可以分为第一手材料和第二手、第三手等间接性材料。第一手材料，是记者不经过任何中间环节和中介人转述，直接从客观事物或事件现场得来的材料。它包括记者的直接观察和物证

---

① 周平：《总书记在西藏的日子里》，载《中国记者》1990 年第 9 期。

材料。若是记者和事实或事物之间有着一个中转环节，所得的材料便是第二手材料。有二个中转环节，所得的材料便是第三手材料……

对于记者来说，第一手材料最接近客观存在的新闻事实源，较之第二、三手等间接性材料，它的可靠性、准确性的程度更高，还可以作为间接性材料订正、检验的重要手段和途径。同时，第一手材料具有很强的实证性，且往往较形象、生动，容易对新闻受众产生感染力。此外，第一手材料在采访过程中还常常成为记者“撬”出其他材料的有力的杠杆。正由于这些原因，一些有经验的记者都十分重视对第一手材料的采集，并把它作为衡量一个记者是否进行了独立的、不可替代的、有成效的工作的重要标志。

当然，这里强调记者注意掌握第一手材料，并不是说记者可以忽视甚至摒弃对各种间接性材料的采集。这一方面是由于新闻采访的特殊性决定了记者不可能事事都能身临其境、参与其中，因此不可避免地要了解、使用大量的间接性材料。另一方面更由于间接性材料虽然经过中转环节的加工，容易失真，但如果这种加工很科学的话，那么这些间接性材料会更精粹，更全面，更能直接反映客观事物的本质。再一方面是因为有些间接性材料比记者的第一手材料具有更大的权威性。比如品酒，记者未尝不能品出酒的味道（即可以取得第一手材料），然而，如果得到品酒专家的评价（这是记者的间接性材料），就会更有权威性，采写出的新闻报道就更能使受众信服。

总之，采集材料的一个正确的工作态度和做法是：既要尽量掌握第一手材料，又要十分注意搜集第二手、第三手等间接性材料。

2. 要注意对材料进行认识上的加工。

新闻采访中，记者的直接劳动对象是材料，而他的采访“成品”则是对事实的认识和把握。材料尽管可以反映事实，但材料不等于事实。一些无用的庞杂材料可能淹没新闻事实；一些粗糙的现象、表象材料不一定能反映出事物的本质意义；更有一些缺枝少叶、残缺不全的材料，往往只具有参考作用，拿来作证不足为凭，用来写作没有说服力。因此，采集材料的过程，还应该同时是对材料进行认识上的加工的过程，应从中识别出哪些材料是有用的，哪些是没有用的，而不能不分青红皂白，“捡到篮子里都是菜”。

对材料作认识上加工的工作内容主要有这样三个方面：

(1) 核实材料的真实性。这是一项最重要的材料加工工作。如果材料的真实性不能判定，那么，其他一切加工都毫无意义了。事实上，任何采访都是采集材料和排斥材料的辩证统一的过程。不采集无所谓排斥，不排斥也不能更有效地采集；不排斥粗、伪材料，也就达不到采集材料的本来目的。

核实材料的常用方法有：①溯本求源。记者在采访中了解的材料，尤其是经过中介转手的材料，一定要尽量追溯到它的源头。例如，引文要注意查原著、原件等原始材料；要尽量找到掌握有第一手材料的人，核实几经传递的情况；采访要尽量到事件的现场去，把采访和核实在现场结合起来，等等。②寻找物证。就一般情况而论，口头材料的可靠性不如文字材料，文字材料的可靠性不如物证材料。因此，要尽量寻求物证材料，用物证材料核实其他材料。当然，有时物证材料也应有个核实问题。比如，可以用仓库的实物来核实会计的账目，用清点树木的数字来核实该单位关于植树造林的统计报告等。③多方证实。如果事情已经过去，也没有留下足以说明问题的物证，这就需要采取多方证实的方法，即通过不同的人，从不同的方面来核对某一材料。采用这一方法，要注意防止这种证实中的假象出现，如证实的各方互相串通，“多方”实为“一方”；或者证实者受到外界压力，不敢按事实的真相反映情况，等等。④逻辑判断。核实中，还应善于运用逻辑来进行判断，而不能光凭外界材料作出决定。⑤技术检验。这包括对物证材料的化验，成果的鉴定，权威人物的品评，等等。⑥核正误差。即使是第一手材料，也可能由于主客观的原因（诸如事物现象的繁杂性，记者自身的知识水平、心理状态、认识方法、观察角度等等）而出现认识上的误差，要十分注意校正。以上这些基本的核实方法，在采访实践中要根据具体情况结合使用。

（2）鉴别材料的全面性。采集材料全面了，认识才有全面的可能。这是因为事物是可以从许多角度观察的多面体，不全面的材料就像瞎子摸象，只能看到其中一个或几个侧面，而不能从多方面认识这个整体；同时，事物还有其内在的联系，采集的材料不全面就难以准确地把握某一事物与周围事物的各种联系，也就不能正确地、客观地认识事物。

采集材料的全面性，首先要求材料的品种和门类应该是齐全的。既要有正面材料，又要有反面材料；既要有点上材料，又要有面上材料；既要有现在的材料，又要有历史的材料；既要有主要的材料，又要有次要的、辅助性的材料；既要有概括性的材料，又要有细节性的材料；既要有感性的材料，又要有理性认识的材料。当然，不是说每次采访，都应把上述材料的方方面面都采集齐全，这样做是不现实的，也是不必要的。但是，对一次具体采访来说，根据采访任务的需要，采集材料则应该越齐全越好。

采集材料的全面性，还要求材料的结构方面应该是完整的。对一个大的事件来说，是否有一个完整详细的过程性材料，这标志着一个记者采访的深入程度和对这件事认识的系统性程度。而对一个具体事例来说，采访是否有头有尾，来龙去脉、前因后果是否交待得清楚，是否能说明问题，则关系到这个事例在报道中能不能使用。因此，采集的材料必须是完整的，而不是割断各个环节、各部分之间的有机联系的残缺不全的材料。

（3）判定材料的深刻性。材料的深刻性，是指材料对事物反映的深浅程度。采集的材料越深刻，记者对事实的认识就越深入。否则，平平的表面材料，势必带来认识上的肤浅和贫乏。

判定材料的深刻性，要求材料不仅是事物表象的显示，而且能够正确地反映事物的本质。前文曾谈到事物的现象与本质的关系。对此，记者一定要善于识别和区分。要十分注意采集那些能正确反映事物本质的材料，进而深刻地认识和把握事实的实际意义。

判定材料的深刻性，还要求材料本身具有典型性的品性。材料典型才能深刻，不典型就叫“一般化”，自然不会深刻。借助典型材料认识事实的本质特征，对记者来说，无疑是条捷径。

二、采集新闻材料的方法

新闻采访实践中，采集新闻材料的方法是多种多样的。无论哪种方法，都如同形形色色的工具，各有各的特点和用途。记者在采集新闻材料的过程中，应该根据不同采访任务的总体要求和采访对象的实际情况灵活运用与之相适应的有效方法。

从中外记者的采访实践看，经常使用的采集新闻材料方法有访谈法、观察法、文献法、问卷法等。

1. 访谈法。

这是通过言语交谈的途径来了解某人、某事、某种行为或某种态度的一种采集新闻材料的方法。访谈法一般是在面对面的场合下进行，由记者来访问采访对象，把所要了解的事实和情况，用提问题的方式向被采访者提出，要求被采访者作出回答，并由记者将回答内容及交谈时观察到的一些行为及印象一一记录下来，从而获取对象的有关事实材料。在访谈过程中，最关键的问题是如何使被采访者讲真话，以及如何减少因记者的个人因素的介入而对所采集的新闻材料带来的不良影响。访谈法具有较好的灵活性、适应性、深入性，运用得好，能取得回答率、效率都较高的结果。因此，这是新闻采访中最主要的一种方法，也是使用最多的一种方法。

2. 观察法。

这是记者凭借直接的感知接触被观察对象，从实地、实事、实物采集新闻材料的一种方法。这种方法最显著的特点是其直接性，即记者和观察对象之间不经过任何中介而直接联系。这就使记者能够直接地了解到观察对象的具体情况及其不同的变化，使记者有可能详细地、逼真地记录并获取全面的采访材料，其中包括那些由第三者转述时容易忽视的具有潜在意义的事实材料。观察法的关键问题在于如何提高记者的观察能力，要避免因记者的观察失误而影响新闻材料的采集。观察法的最大难点是，对于事件究竟在什么样的时空下发生难以做到准确预测；另外，面对重大社会事件的全貌时，仅用观察法也显得力不从心。因此，在新闻采访实践中，观察法往往与访谈法等结合使用。

3. 问卷法。

这是利用精心设计的书面问卷进行新闻材料采集的一种方法。它主要通过邮寄、个别分送或集体分发等方式发放问卷，由被采访者按照表格所问的问题来填写答案。问卷法的问卷，较之访谈法所提的问题更为完整、周全和易于控制，因此具有标准统一、形式规范、易量化、易比较的优点。问卷法的缺点在于，问卷的发放和统计费时、费力，回答率难以掌握，效率不高，加之设计问题上的限制性，往往影响采访的深入。因此，目前我国记者较少使用这种方法。应该说，问卷法对于描述那些涉及重大社会问题的事实性对象的状况、性质、特征以及社会评价还是很适用的。在现代社会里，社会发展与变迁的速度日益加快，社会不同部分之间的差异日益扩大，社会总体的异质性特征日益增强，这样，涉及重大社会问题的新闻事实的公众需求也会日益提高。同时，随着电子计算技术的飞速发展，互联网的普及、完善，社会统计指标体系的建立，多元评估分析方法的完善，问卷法会日益成为一种主要的计量手段而为新闻采访所广泛、有效地应用。

4. 文献法。

这是一种通过阅读文献资料而获取新闻材料的方法。访谈法、观察法、问卷法基本上都可以看作是同时态的实地采访，其所跨越的时空幅度都是极其有限的。而新闻采访所面对的社会客体，则具有较强的个性和非简单重复性，因此，运用这几种方法采集新闻材料往往存在着时间的隔离和空间的断面。新闻采访要想获取全面丰富的新闻材料（不光是现时态的材料，还需要历史、背景的材料；不光是点的材料，还需要整体的、全局的材料），就必须打破这种时间的隔离和空间的断面。文献法的优点就在于，它能帮助记者采集到具有一定时空障碍的事实材料。不光是那些需要考察其历史状况、演变并进行对比研究、衬托的采访选题离不开文献法，即便是采访现实的社会问题、事件，也需要借助文献资料来了解那些记者无法亲自接触但又非常有用的重要材料和数据，以弥补同时态采访之不足。因此，新闻采访中文献法经常和访谈法、观察法一道使用。

第四节　采访对写作思考的要求与方法

新闻采访与新闻写作是密切关联着的。在新闻实践活动中，它们是一个统一过程的两个阶段。前一阶段，从接触客观实际、获取新闻材料，到明确主题思想，到构思；后一个阶段，以主题思想为统率，又回到构思、剪裁和运用新闻材料写成新闻作品上来。这两个阶段互相连贯、互相渗透，是很难截然分开的。而且，新闻采访的最直接、最主要的任务就是为新闻写作打好基础、做好准备。对新闻作品需要的材料是不是充分地占有了，对所报道的事物是不是透彻地理解了，主题思想是不是明确地形成了，新闻写作都将给新闻采访以最后的检验。因此，用心思考新闻报道的写作，采访的目的就会更清晰，采集、挖掘的新闻材料就会更有效、更全面，采访的工作效率也会大大提高。许多有经验的记者在采访过程中，都是边采访边思考写作，采访完成了，头脑中构思的新闻作品胚胎也就大致成型了。

采访中思考新闻报道写作，主要是两个方面：一是思考不同写作体裁对采访的不同要求；二是思考采访所得材料的新闻主题的提炼。

一、对写作体裁要求的思考

新闻采访的成果，都要通过一定的形式亦即体裁表现出来。新闻写作的体裁，当然要根据新闻的内容来决定，但它并不是消极的因素，它对于内容也有着积极的能动作用。恰当地把握和运用新闻写作体裁，新闻采访得来的材料就能适得其所，而不至于大材小用或小材大用，影响了新闻价值的完美实现，影响了新闻作品的质量。

在采访实践中，如何实施对写作体裁的思考呢？

1. 可以根据写作体裁的不同要求，来考虑采访的计划和步骤。

比如，写一篇消息，它的“用事实说话”，主要是需要一些事物的过程性材料、综合概括性材料、效果性材料，而具体事例往往需要得少，而且也不可能展开。因此，它对采访的要求主要是抓问题，理线索，摸综合性材料，只在个别地方需要有些情景的材料。这样，一般情况下，采访工作就不必过于细腻。而写一篇通讯，则必须有大量的细致材料来“说话”；一些运用白描手法的人物通讯，几乎全篇都是细腻具体和有情节的材料，它对采访的要求就不能再是“粗放型”的了，而必须把重点放在挖掘一个个具体生动的“小故事”上。而专访一类的新闻写作，既不同于消息，又不同于人物通讯，它需要现场气氛与场景，需要新闻人物在被采访时的动作、神态及谈话内容。因此，它对采访的要求则偏重于现场观察和交谈时的原话实录等等。记者决定采访的工作方案时，如能思索各种体裁的要求，采访定会主动多了，整个采访工作过程便可按着一定的要求去做，既节省采访时间，又会使采集的材料符合预期的结果。

2. 可以根据写作体裁的不同要求，有意识地去捕捉、挖掘有关的材料。

比如1982年7月，新华社向国外报道的《中国人口普查的第一天》，消息开头写道："6月30日晚11时40分，北京医学院第三医院一个刚刚落地的8磅重的男婴大声啼哭，用宏亮的声音宣布自己是新中国第三次人口普查中最年轻的公民之一。他的母亲是一位电机厂的工人。"这一开头很有特色，得到了受众的普遍称赞。究其原因，便是撰写此报道的记者熟悉消息写作十分强调要开好头，要精心写作好导语这一要求，为此，他于7月1日人口普查开始的当天清晨，主动向北京好几家医院妇产科联系，终于采集到了这一材料作为消息的导语。

3. 还可以根据体裁的要求，来检验初步采访的成效，以确定修正或强化进一步采访的方向。

比如，在采访一个先进单位的过程中，如发觉某个人物的事迹十分感人，可以写人物通讯；而该单位面上的情况又显得一般，便可以放弃对该单位全面采访的计划，转入对该人物的深入采访。

二、对新闻主题的思考

新闻主题，是贯穿一篇新闻作品的主导思想，是新闻作品的生命和灵魂。它是决定新闻作品的思想意义和指导作用的根本因素，也是选择和组织新闻材料的主要根据。有了一个好的主题，就能把纷繁的材料组成一个有机的整体。

新闻主题来源于客观事物，是不能超出新闻事实及其材料的范围来提炼的；同时，它又是客观事物同记者思想相感应的结果，是记者对新闻事实所表明的内在规律的认识。新闻主题的提炼，当然应在新闻写作阶段才最终完成。但是采访和写作是紧密衔接的两个环节。在采访阶段，从最初明确报道思想、确定报道选题、作好采访准备直到采集新闻材料，其间，记者的认识步步深入，他不能不思考有关主题的一些问题。比如，对事物特点的寻找，对事物本质的分析，对材料的综合归纳，对角度的思索等等。实践证明，记者在采访中思考主题，既有条件——与认识过程并行，又有好处——可以指导采访的深入。

采访过程中，记者如何实施对新闻主题的思考呢？

1. 可以结合报道思想来思考新闻主题。

新闻作品要有新意，要有普遍的社会意义，以显现一定的时代特征，从而引起受众的广泛关注，这是新闻主题提炼、形成的出发点。因此，记者在采访实践中，可以借助报道思想确定的依据，来作为新闻主题思考的参照系数。比如，1979 年夏秋，一些城市里出现了一批个体经营户，人们对此看法不一，评价迥异，这时，《人民日报》发表了一篇题为《一张营业证解决了 13 口人的生活》① 的报道，介绍了这样一件事：乌鲁木齐市市民艾得力斯有一手做抓饭、烤包子的好手艺。过去，他靠这个手艺开小饭馆维持了一家人的生活。但在十年“文革”中，这饭馆被当成“资本主义尾巴”割掉了，一家人生活失去了依靠，流浪街头。如今，党的富民政策的春风吹到了少数民族地区，艾得力斯又拣起自己的手艺，开了一个小饭馆，生意十分红火，既方便了群众生活，一家人又过上了好日子。这篇报道在当时取得了良好的社会效益，对澄清一些人的糊涂认识起到了一定的作用。报道所表现的主题——党的十一届三中全会制定的政策给人民群众带来了幸福之音，城镇恢复个体经营好处多，便是记者在当时的报道思想的指导和启发下，产生、提炼出来的。

2. 可以根据对事物的分析和研究来提炼新闻主题。

新闻主题是记者对客观事物由感性认识向理性认识“飞跃”

---

① 见《人民日报》1979 年 11 月 9 日。

的产物，没有对事物的深刻的、完整的、内部规律的认识，就没有新闻主题。采访过程中，记者要注意"钻进"事物的内部去，认真分析、研究反映客观事物的大量材料；同时注意从事物与社会、与时代的结合点上，把握事物的本质和特点。这样，提炼的新闻主题才更深刻、更有意义。比如，新闻名篇《为了周总理的嘱托……》的主题提炼经过是这样的：通过采访，记者掌握了许多骨干事例和细节，便着手思考主题。开始，记者从材料的分析中认识到："吴吉昌（报道中的主人公——引者注）最感人的是那种不屈不挠的献身精神。高尔基说：'人在本质上是个大殉道者。'殉道，就是献身真理。中外历史上都有许多殉道者……他们毕生为事业献出了一切，个人的遭遇却往往无比悲惨。吴吉昌就个人的气质来说，也属于这些优秀人物的行列。"接着，记者又进一步思索："吴吉昌的经历有什么具体的时代特点呢?"从而发现："他研究棉花，并不完全由于个人的兴趣和爱好，是因为周总理的嘱托，带有很强的革命自觉性。但他所处的典型环境却十分严酷……连工作的权利都被剥夺了。如果说，欧洲中世纪的许多科学家的受迫害，跟当时人们由于无知而产生的偏见有关；时至20世纪，研究棉花有什么意义和作用，应该是尽人皆知的了。可是吴吉昌为了完成任务，就像从事地下工作那样，只能偷偷地去干。故事是围绕这样一条主线展开的：一方面是想方设法不准他研究棉花，另一方面是不顾禁令和迫害而艰苦奋斗……时代特征是如此惊心动魄，充分揭示了林彪、'四人帮'那一套是多么反动、残酷、愚昧、无知。"记者"抓住这个尖锐的矛盾冲突，主题思想就逐步深化了"。① 再如，有一年秋冬时节，北京城内酱油脱销达半个月之久，群众意见很大。当时，北京几家报纸就此事作了报道，并呼吁有关部门尽快解决这

---

① 陆佛为：《两篇通讯的采写经过》，见《新闻采访与写作》，第162~163页，人民日报出版社1981年版。

一问题。由于这些报道多是“就事论事”地看待这件事，记者的认识停留在事物的表层，效果自然不佳。而《市场报》一位记者独具慧眼，从分析酱油厂为什么多年失修而又一直没能解决这一问题上，找到了当时我国经济体制上的一大弊端，即“划圈的人多，办实事的人少”。这样，便抓住了问题的实质和要害，把酱油脱销和经济体制改革挂上了钩，提炼的新闻主题就高人一筹，深刻多了。之后，写出的新闻报道也就产生了很强烈的社会效应。

思考与练习

1. 明确报道思想对新闻采访有什么作用？

2. 新闻采访为什么要强调做好访前准备？访前准备有些什么要求？

3. 采集新闻材料时要注意些什么？

4. 新闻采访中为什么要思考新闻主题？如何思考？

5. 如果请你以你所在城市党委机关报记者的名义，就当前社会民众极为关注的一个热门话题，去采访市委主要负责同志，那你打算怎样进行采访？（请设计一份详细的采访计划书。话题由你自己选择。）

第十章　新闻采访的策划及其方法

新闻采访的策划，虽然在新闻采访实践中早已存在，然而在理论上正式提出并在实践中自觉地运用，则是近20年的事。20世纪80年代后，随着我国社会的巨变和改革的深化，新闻传播市场间的竞争加剧，新闻采访策划的重要性才日益为各新闻传媒所认识。现今，一批经过新闻采访策划的优秀新闻佳作不断涌现，赢得了社会的广泛好评。

第一节　新闻采访策划的含义与作用

一、新闻采访策划的含义及其特点

什么是新闻采访策划？对此，我国新闻理论界并没有一个明确的提法。近些年，我国新闻理论界热衷讨论的是新闻策划的界定与内涵。较为普遍的看法是，新闻策划可分为两种，一种是指广义上的新闻策划，即新闻传媒对新闻工作的整体性策划。它包括诸如报社发展道路的策划，报纸营销的策划，队伍建设的策划，内部管理的策划，广告策划以及报纸风格、定位的策划等等。另一种是指狭义上的新闻策划，即新闻业务中的“战役”策划；也就是指新闻传播工作者在一定时期内，为了达到某种传播效果，对具体的新闻事实的报道所作的设计与规划。

应该说，新闻采访的策划，是包含在上述狭义的新闻策划之中的。具体地说，新闻采访的策划，就是指记者对将要采访的题材重大的新闻事实所作的事先谋划或筹划。

当然，从广泛意义上看，新闻采访的策划也可以属于采访工作中的准备程序，是先于正式的采访活动而实施的。但是，新闻采访的策划不同于一般意义上的采访准备。这主要表现在这样几个方面：

1. 采访策划的对象是重大题材的新闻事实。

一般采访准备的对象是宽泛的，不论题材大小，都要求做好准备工作。而新闻采访策划的对象，则应当是具有较高新闻价值、能引起社会普遍关注、反响大的重大题材。比如，20 世纪 80 年代末到 90 年代初，在我国城市经济体制改革进入“攻坚”阶段时，《经济日报》先后策划了《话说“正点率”》、《“三角债”追踪报道》、《关广梅现象讨论》、《醒来！铜陵》、《“小机”斗“大机”》、《开封何日“开封”》等等报道，选取的这些题材都是当时社会上极为关注的、具有着很强“可议性”的话题。报道一出现即引起了“官方”和民间的广泛兴趣，产生了很好的新闻传播效应。

2. 采访策划的目的是要追求新闻资源配置、利用的最优化，以产生最佳的新闻传播效果。

一般的新闻采访准备，主要是为了保证采访工作的顺利进行。为此，采访准备的侧重点在于如何进一步明确报道思想，如何熟悉、了解采访对象，如何设计提问方案及采访计划等。而新闻采访策划的目的是为了更好地使用新闻资源，从而取得更好的传播效果。为此，新闻采访策划的重点便是如何选好题，思考如何规划理想的采访报道方案。比如，1997 年关于香港回归祖国这一重大事件的报道，《解放日报》经过精心策划，开辟了“回归专页”，先后从邓小平的“一国两制”思想展现过程，到董建华为首的香港特别行政区区政府的班子构成；从市民的现场反映，到全球华人的心态等多方面组织采访报道，一共发表了 12 篇大特写，产生了很好的社会反响。

3. 采访策划的内容安排上有着强烈的主体性色彩。

一般采访准备的内容安排都是依据采访对象的已知情况而决定的，记者的主观能动性只是在规定采访对象的前提下才有所体现。比如，记者得围绕对象去学习有关政策，去搜集有关资料，去制订采访方案。而在新闻采访的策划中，记者不光要从对象的"现时态"出发去进行设计、规划，而且要主动设想对象可能或者必然会出现的具有"潜在新闻价值"的变化与发展，甚至可以通过自身的有意识活动，"激发"这种变化与发展的"潜在新闻价值"显现，从而据此谋划具有"前瞻性"的采访报道方案。江苏省《常州晚报》记者蒋伟平在谈到自己参与一次采访策划的经历时说："笔者在新闻实践中，也参与过多次新闻策划，其中最为成功的一次是寻找一位黄婆婆。1996 年初，黄婆婆在一家商场欲购一顶旧式老太帽，但店家早已不经营。后来，这种老太帽居然在外地市场上找到了。遗憾的是，匆忙之际，营业员忘了问黄婆婆的住址。商场虽然作了些努力，但黄婆婆依然杳无音讯。报社得知这一情况后，主动加入了寻找黄婆婆的行列。一方面在头版刊出寻找黄婆婆的消息，并特意留下新闻部电话，请知情人提供线索；另一方面和商店一起，向各街道居委会打听黄婆婆下落。经过半个月的努力，黄婆婆终于找到了。"① 这组寻找黄婆婆的系列报道在当地引起了很大的反响和震动，应该说是和媒体、记者主动"介入"社会生活，精心进行采访报道的策划分不开的。因此，较之一般采访准备，新闻采访策划表现出更为强烈的主体性色彩。

4. 采访策划的行为带有明显的群体性。

一般的采访准备都属记者的个人行为，采访准备的各项内容通常是由记者自己独立实施完成的。而新闻采访策划，由于要求高、涉及面广，往往需要记者、编辑以及传媒领导群策群力，共

---

① 蒋伟平：《我所理解的新闻策划》，载《新闻记者》1997 年第 7 期。

同谋划，有时甚至需要其他传媒的记者、编辑通力合作、密切配合才能完成。因此，新闻采访的策划是属于一种群体性行为，是集体的智慧结晶。比如，据《解放日报》总编辑秦绍德介绍，该报对“百年一遇的香港回归”报道，“从今年初就开始策划，不断根据形势要求调整，前后策划四五次，参加策划的有四五十人，涉及采访、编辑、发行、印刷、后勤保障部门，其中各部门又进行小策划”。①

二、新闻采访策划的作用

新闻采访策划在新闻实践中所起的作用主要表现在这样几个方面：

1. 有利于提高新闻报道的质量，增强新闻传媒的市场竞争力。

随着改革开放的深入，市场经济体制的建立和健全，新闻传媒的商品属性日益显现，新闻传媒间的市场竞争也就愈发激烈。当前，新闻传媒间的竞争，既有同业媒体间的竞争，也有非同业媒体间的竞争。比如，报纸不仅有着“兄弟”报纸这一同业媒体的竞争对手，而且还有着电台、电视台这些非同业媒体的竞争对手。尤其是电视传媒这一对手，其明显的快速传递优势、视觉冲击优势，加之电视机的普及，电视覆盖面的扩大，受众愈来愈广泛，其给报纸传媒带来的竞争压力可想而知。此外，对于已有的新闻传媒来说，还有一个潜在的竞争对手，这就是近几年悄然兴起的“互联网”。这种被称之为“信息高速公路”的网络，其信息资源异常丰富，并且更新速度快，对于上网的网民，只要手握鼠标器，让鼠标游动于方寸之间，就可以迅速获得各种各样的信息。因此，面对如此众多的“强劲”的竞争对手，新闻传媒

---

① 秦绍德：《关于“新闻策划”几点浅见》，载《新闻记者》1997年第9期。

只有加强新闻采访策划，集中调动各种手段，有备而发，才能丰富新闻报道的层次，宽视野、多视角，搞出有分量的新闻力作来，从而增强自己的市场竞争力。

2. 有利于新闻资源的合理配置和充分利用，多出新闻精品。

新闻精品是新闻传媒的代表作和“脸面”所在，它可能是一篇震撼人心的典型报道，可能是一组异彩纷呈的系列报道，可能是一组令人非看下去不可的追踪报道，也可能是一组引起受众亢奋、共鸣的“热点”报道，或者是一组为受众释疑解惑的“疑点”报道。新闻精品的有无、多少，决定着新闻传媒的水平、档次。同时，能否采写出新闻精品，也是检验记者能力、水平的一个主要的衡量标准。

重视新闻采访的策划，合理地、充分地利用新闻资源，就可以避免大“材”小用或者优“材”劣用，这样采写的报道也才会有精品可言。比如，1990 年初，我国钢产量突破了 6 000 万吨，这在当时可是件了不起的大事，事情背后蕴藏着许多值得记者去开挖的具有新闻价值的“富矿”。然而遗憾的是，由于缺少策划，一些传媒只是就事论事报道了此事，发了一块“豆腐干”大小的消息，结果糟蹋了题材，报道结果无甚反响。后来，《经济日报》记者认真吸取了这个教训，抓住人们日常生活中出现的“衣、食、住、用、行”五个方面的变化，先后精心策划了三组系列报道，即五个“意味着什么”，五个“变迁”和五个“变迁的背后”。这些经过采访策划的报道，均在社会上产生了强烈的冲击波。

3. 有利于新闻传媒更好地发挥舆论引导功能。

新闻报道要承担一定的舆论导向任务，这是由我国新闻传媒的职责和功能所决定的。当前，服从、服务于经济建设这个中心，高扬主旋律，体现正确的舆论导向，是新闻报道的一个基本要求。尤其是重大题材的新闻报道，其受众面广，影响力大，舆论导向的引导作用尤为明显。新闻采访策划的着力点一般是在新闻报道主题的突破上。因此，精心设计新闻采访的策划，努力促使新闻报道的主题产生强烈的“舆论场”效应，是新闻传媒发挥舆论引导功能一条好途径。比如，1994年《经济日报》精心策划的一组系列报道《开封何日能“开封”》、《开封人盼“开封”》、《开封缘何不“开封”》等，就是紧紧抓住昔日繁华古都、中原腹地的开封在今天为何落伍的问题，通过新闻主题告戒人们：面对改革大潮，不仅不思进取、自甘落后要不得，即使改革步子慢了，也必定会为阔步前进的社会所遗弃。这组报道，当时不仅在开封、在河南，就是在全国都引起了很大的震动，人们为此议论纷纷，从而营造了一个有利于进一步加大改革力度的舆论场。

第二节　新闻采访策划的要求与方法

新闻采访策划的方式是多种多样的。根据报道题材的不同，新闻采访的策划便有着“热点”报道的策划、“难点”报道的策划、“疑点”报道的策划、“冰点”报道的策划之分。根据报道样式的不同，新闻采访的策划又有着典型报道的策划、追踪报道的策划、系列报道的策划等之别。

不同方式的新闻采访策划，其运作的要求与方法也是不尽相同的。这里主要根据我国的新闻实践，阐述新闻采访的策划在实际操作过程中必须遵循的基本要求与方法。

一、要坚持策划“创意”的科学性

新闻采访策划的最可宝贵的品格，在于策划的“创意”性。没有“创意”，没有独特的构思，便谈不上策划，而只是一种常规性的计划工作。时下，一些新闻传媒虽然也在搞所谓的新闻采访“策划”，但只是“克隆”别人的策划模式，跟着别人的屁股转，亦步亦趋。比如，你搞了一组“解救被拐卖儿童”的追踪报道，我也依样“策划”一组“解救被骗少女”的追踪报道；

你搞了一组“国有企业解困”的系列报道，我也照样“策划”一组“国有企业走出困境”的系列报道；你搞了一组有关“扫‘黄’打‘非’”的“体验式”报道，我也照样“策划一组《“三陪女”在行动》的“暗访”报道……这种“克隆”式的“策划”，是与新闻采访策划活动的本意背道而驰的。追求“创意”，杜绝平庸，是新闻采访策划的灵魂所在。

新闻采访的策划活动十分讲究“创意”，这是记者主体性的充分体现；但是必须指出的是，记者的这种“主体性”，策划活动的这种创意性是建立在实事求是的科学精神和科学态度基础上的，而决不是违背科学的胡思乱想。在新闻采访策划活动中，记者的主体能动性，主要体现在对采访报道内容的选择、表现、评价等方面，这些都必须以尊重客观存在为前提，必须顺应事物发展的自然规律，是记者科学地运筹帷幄的结果。否则，不顾客观实际，凭空设想，用主观想象代替或左右客观事实，这就不叫新闻采访策划，而叫策划新闻事实了。比如，上文提到《常州晚报》记者策划的那则有关商家寻找顾客黄婆婆的系列报道，如果当时并没有“商家到处寻找黄婆婆而找不到”这一客观存在的事实，而是记者主动“介入”进去，启发商家去寻找黄婆婆，然后再组织采访报道。那么，这种由记者导演的“策划”活动，便违背了新闻报道的真实性原则，是我们必须予以坚决抵制和反对的。

二、要坚持策划报道“导向”的正确性

1996 年 9 月 26 日，江泽民同志在视察人民日报社时指出：舆论导向正确，是党和人民之福；舆论导向错误，是党和人民之祸。导向问题是每一个新闻从业人员每时每刻都不能忘记的问题。所谓导向正确，就是要通过新闻报道引导社会健康向上，给受众以最好的精神食粮。其实质内容就是要弘扬真、善、美，鞭挞假、恶、丑。

新闻采访策划活动中要坚持导向的正确性，最集中、最关键的就体现在所策划报道的新闻主题的确定上。新闻主题合乎人民群众的利益和意愿，合乎党和政府的方针政策，这就是导向正确；反之，则是导向错误。在现实生活中，党和政府的方针政策是与人民群众的利益和意愿相一致的，是为了维护人民群众的利益和意愿而制定的；人民群众的利益和意愿便是党和政府制定方针政策的出发点和目的所在。正确地理解、把握这一点，新闻采访策划思考新闻主题时，才能做到心明眼亮方向准，报道也才会取得好的社会效果。否则，新闻主题失准，报道就会给党和政府添乱，给社会带来不良的负面影响。比如，1992 年 2 月《经济日报》策划的一组“破三铁，看徐州”的系列报道，在不到一个月的时间内，先后发稿 12 期 36 篇，在当时造成了很大的舆论声势。应该说，党和政府是希望国有企业改革这一块有所突破的，而普通社会民众对“铁饭碗、铁工资、铁交椅”所带来的弊端也深有感触。因此，策划这组报道的初衷是无可厚非的。但问题在于，“三铁”只不过是当时国有企业的一大“症状”，而不是“症结”所在，在根本问题即经济、政治体制都没有改变，产权界限不清，社会保障体系不完备的情况下，强行推行这种“只破不立”的“破三铁”，势必会引发一系列的相关社会问题。换句话说，“破三铁”根本不是企业改革的突破口，不是解决一切问题的一劳永逸的万能钥匙。《经济日报》的这组报道，正是由于策划确定的新闻主题失准，结果造成“两头”（指“上头”——党和政府，“下头”——普通社会民众）不落好的局面。

三、要坚持策划报道“火候”的把握性

新闻采访策划的对象，一般都属于重大的新闻题材，是社会上普遍关注的或者感兴趣的敏感话题。生活中的这些题材、话题，往往容易引起群众的心理波动和社会震荡。新闻采访策划中如何正确对待、处理这些题材、话题，是“热”处理还是“冷”

处理，是大声疾呼还是点到为止，是正面突破还是侧面迂回，是马上介入还是等待时机，这都涉及到新闻采访策划报道的“火候”把握问题。

新闻采访策划报道的火候把握，从政策依据上讲，表现为一种口径；从对所报道事实的整体认知上讲，表现为一种基调；从截取和评价事实的着眼点上讲，表现为一种角度；从对事实的表述和语言氛围上讲，表现为一种分寸；从传播事实的载体上讲，表现为一种形式；从事实发生与传播的时差上讲，表现为一种时机；从事实信息的传播密度上讲，则表现为一定的报道数量。新闻采访策划中，强调报道“火候”的把握，正是这种政策口径、评价基调、截取角度、表达分寸、传播形式、报道时机和报道数量的最佳组合。

河北省《邯郸晚报》曾策划过一次“中瑞啤酒爆炸”事件的批评报道，获得了全国晚报好新闻一等奖。这是新闻采访策划中正确把握报道火候的成功之作。该报总编辑李文海用“急火文火总有度”对此有段精辟的总结：

> “中瑞”啤酒是邯郸市啤酒厂的名牌产品，曾在市场上享有盛誉。可一个时期以来，先后两次有消费者在饮用“中瑞”啤酒时，啤酒瓶突然爆炸，分别炸瞎了两个人的眼睛。开始厂方想搪塞了事，后来干脆不认账；市消费者协会几次出面交涉，均无结果，社会上议论纷纷。在这种情况下，《邯郸晚报》进行了干预，客观地进行了披露，以《中瑞，这麻烦你甩得开吗?》为题作了报道。按说，在这个时候，厂方应当有所动作了，可他们采取了不理睬的态度。对“中瑞”的报道，报社研究的基本思路是：一方面要保护消费者的合法权益，批评厂方不负责任的态度；另一方面要保护“中瑞”这个牌子，希望厂家吸取教训，树立消费者至上的观念，进一步把企业搞好。根据这个指导思想来把握报

道的“火候”，火小了，解决不了问题；火大了，又怕烧掉了名牌，整个经济状况也不尽如人意。开始，算是“急火”；尔后，就成了“文火攻心”，一连9天，在一版上发了6篇报道：《中瑞，你好让人痛心》、《中瑞，你怎么这样沉得住气?》、《中瑞，你怎么就不能?》、《中瑞，这个牌子不能砸了》等。后来，厂家终于沉不住气了，在社会舆论的帮助下，有了解决问题的诚意。这时，《邯郸晚报》的报道便向深处开掘，把讨论引导到企业在激烈的市场竞争中如何提高产品质量、提高经济效益方面上来。①

“急火文火总有度”，既要善于控制“火”的大小，又要善于掌握时机。否则，操之过急，欲速则不达；出手太慢，有可能成为“马后炮”、“放空炮”。这就是新闻采访策划必须坚持的原则，也是新闻采访策划必须掌握的一门艺术。

思考与练习

1. 联系新闻实践，谈谈新闻采访策划与策划新闻有什么区别。

2. 新闻采访策划有什么特点和作用?

3. 新闻采访策划在运作中要注意些什么？为什么?

4. 试着就当前社会的一个热门话题（如教育产业化等），搞一份采访策划的方案。

---

① 转引自蒋钦挥：《新闻角度与选择》，第79页，新华出版社1998年版。

第十一章　新闻访问活动及其方法

我们都知道，新闻访问活动是一种通过记者与采访对象面对面的交谈、提问来进行新闻采访的社会活动，它是记者职业生涯中一项最主要、最经常的业务活动。“大约有百分之九十的新闻是部分或全部以访问——也就是向别人提问题——为基础写成的。”① 为此，美国《塔尔萨论坛报》的著名记者鲍勃·福尔斯曼曾经感叹道：“笔下的功夫不强照样能当一名出色的记者，但不善于进行访问是绝对当不好记者的。”这句话的前半句虽然有些片面，但后半句强调了访问活动在新闻采访中的重要性是有道理的。掌握新闻访问活动的要求与方法，是每个记者必须具备的业务技能。

新闻访问活动的形式多种多样：有的按访问的主攻方向是否以采访对象为目标，而分为详式（正式）访问和略式（非正式）访问；有的按访问的目的是以采集事实为主还是以获取某种观点、意见为主，而分为事实访问和意见访问；有的按访问前是否有明确的意图，而分为专题性访问和非专题性访问；有的按访问对象人数的多寡，而分为个别访问（对象仅一人或二人）和开座谈会访问（对象在三人以上，是一个集体）等等。当然，不同形式的访问活动，其要求与方法不尽相同。本章主要论述访问活动的一些基本的、共同的要求与方法。

---

① ［美］杰克·海敦：《怎样当好新闻记者》（中译本），第23页，新华出版社1980年版。

第一节　访问成功的先决条件与运作要求

访问是记者面对面地同采访对象打交道。在访问中，记者是处于主导的一方，要从采访对象那里“取得”情况（材料）。采访对象作为交谈的另一方，是谈话的主角，要向记者“提供”情况（材料）。这种情况的“取”和“供”，便是记者和采访对象之间关系的内容和实质。访问成功的先决条件便在于这“取”与“供”的矛盾不断缓解，甚至顺利解决。而要做到这一点，记者进行访问活动时应注意这样几个问题：

一、要选择好访问对象

选好访问对象是搞好访问的基础，对象选错了，访问失去了“准星”，便难有成功可言。为此，开展访问活动，记者进入具体工作的第一步，便是要选择好理想的访问对象。那么什么是理想的访问对象呢？

1. 理想的访问对象是“有情况”的对象。

我国新闻学者艾丰认为，搞好访问，重要的是要选好合格的对象，而合格的对象应该是“有情况”、“愿意谈”、“善表达”者，其中最重要的是“有情况”，对象拥有记者所需要的情况（材料）。否则，记者和对象之间的关系就成了“买空卖空”的交易，访问也就没有任何意义了。① 这个见解是有道理的。

“有情况”的对象，就是跟记者所要采访的事实有直接关系的当事人、事件的直接参加者或目击者，或者是了解、熟悉某一方面的情况的人。这些对象掌握的材料，一般较具体、准确。访问要想取得好的效果，记者就要注意找到这种对象。

---

① 艾丰：《新闻采访方法论》，第232~234页，人民日报出版社1982年版。

2. 理想的访问对象最好是有“特点”的对象。

如果有选择余地的话，新闻访问的对象最好是在“合格”的前提下，具有某种“特性”或者“典型”的意义。也就是说，理想的访问对象较之一般的“合格”对象应该是与记者采访的事实联系得更紧密，更具说服力。比如 1980 年春，刘少奇同志的冤案即将平反，新闻传媒要报道广大干部群众对此事的反应。少奇同志作为国家主席，又是在“文革”这一特定历史背景中被“打下台”的。熟悉少奇同志、关心他的冤案平反的人有不少，找谁进行采访、听取反应呢？新华社记者为此颇费了一番心思，最后找到了时传祥一家作为采访对象。时传祥这位老环卫工人，就是因为和少奇同志握过手，并长期保存着当年那张“握手”时的照片，结果在“文革”中被戴上“工贼”、“粪霸”的帽子，多次挨批斗，最终被迫害致死。他的一家的命运是如此紧密地同少奇同志的命运联系在一起。为此，记者决定选择这样的家庭进行访问，结果不仅“有话可说，有事可写”，而且报道出来更有感染力。再如，20 世纪 80 年代初集体所有制的企业在各地刚刚兴起的时候，一些人不了解党对集体所有制企业的政策，不相信集体所有制企业会有前途，在集体所有制企业工作的职工也自感低人一等。这时候，记者访问了国家计委顾问、经济学家薛暮桥，请他就这些问题发表看法。采访报道后，引起了人们的广泛注意。其原因在很大程度上取决于记者选择的对象在这件事上具备“权威性”的特性，薛暮桥不仅在学问上是权威，而且有相应的“权威”的社会地位。假若记者换另一个对象，如一般干部或一般经济学者，其效果肯定没有这样好。

3. 理想的访问对象是“整体”上合乎要求的对象。

选择理想的访问对象，不仅要求记者对对象个体的“资格”进行考察，还要求记者对对象群体的“资格”进行考察。这后者的考察内容，一方面指了解访问对象之间（主要是有多个对象在场的访问活动）是否有互相阻隔的情况。例如要采访某单位领导的问题，而这个单位的领导在访问对象中安插了一个“钉子”，虽然其他人合乎访问对象的资格，但由于有这个人在场，其他人便不便或不能充分反映情况、发表意见，因而使访问对象这个群体就变得不合格了。另一方面指了解访问对象是否拥有了全面的情况。有时，任何一个人对全面反映某一事实的情况，都是不够资格的，记者必须考虑如何组成一个合乎资格的访问对象整体。例如，一件有争议的事情，记者只访问一方，而抛开另一方，那么，这个对象整体也是不理想的。

二、要创造融洽的访问气氛

记者和访问对象一般都是素昧平生，初次接触，虽然有的记者有“一见如故”的特长，但对象未必都能积极响应。要尽快改变这种局面，使双方由“生”变“熟”，让对象乐意谈出情况，对记者来说，创造一种融洽的访问气氛，联络、沟通彼此的情感就显得十分重要了。如何创造融洽的访问气氛呢？

1. 要善于寻找把双方从感情上联系起来的“桥梁”。

这种感情的“桥梁”就是记者和访问对象之间的共同点。它可以是双方共同熟悉的人和事，可以是共同感兴趣的话题，可以是双方相似的经历和爱好，也可以是打动双方情感的某一实物，等等。从信息论的观点看，交流的双方有这样的共同点，信息就能流通，感情上的“共振”也就会自然产生。《人民日报》记者纪希晨曾谈过他的一次采访感受：“有一次，我在四川采访一个石油区，在重庆碰到一个老干部。天黑了，事先又没有打招呼。到了那里之后，向这位负责人说明了自己的身份，来的目的、任务。那位负责人坐在那里，跷着二郎腿，打着官腔：‘呵，呵！你从哪里来的呀？干什么事呀？呵？’水也不给喝，凳子也不让坐。我左谈右谈，他听不进去，格格不入。后来，我就想，这样谈不下去，得改变战术。于是，我突然问他：‘听你的口音，像是陕北人，是绥德米脂一带的？’他说：‘你怎么知道的？’我说：

‘你说话的口音告诉了我。那个地方我曾去过，某年某月我们的部队从你们那城经过。’他一听，感情上起了变化：‘哦，你去过？’马上拿凳子，倒开水。后来就滔滔不绝地谈起来了。”① 这里，共同呆过的地方，就成了连接记者和采访对象感情的“桥梁”。

2. 尽快赢得对象的信任和好感。

这是沟通双方感情的基础。俗话说：“酒逢知己千杯少，话不投机半句多。”如果采访对象对记者缺乏信任和好感，就不会向记者掏出自己的“心里话”了。要赢得对象的信任和好感，记者一方面要注意自身的“形象”。比如，要遵守时间，按时赴约；要衣着整洁，穿着和访问场合相适应；要以诚待人，对尊者不卑，对常人不傲；要谈吐文明礼貌，举止落落大方等，从而给对象留下良好的印象。这些看上去都是“小节”问题，但一旦不注意就会给对象造成“失礼”、“不尊重人”的感觉，势必影响采访的顺利进行。比如，1986 年 5 月，《中国妇女报》的一位女记者前往采访在新华社工作了 30 多年的美国女专家艾琳。由于路远车慢，她比原定时间迟到了 20 分钟。尽管她一进艾琳的家门就连连道歉，但艾琳脸上仍颇有不悦之色。尤其是那天她穿着一件漂亮的红色连衣裙，艾老太太更是感到不开心。结果，采访没开始，老太太便表情严肃地数落了记者，弄得这位女记者十分窘迫。另一方面，要注意熟悉、了解对象，这样才会有较多的共同语言，取得对等的谈话“资格”。否则，让对象例行公事地“答题”或“对牛弹琴”，自然索然无味，甚至引起反感，访问便难以奏效了。“有一家大新闻单位的记者……去访问一位艺术家，但他对艺术的基本知识都不懂。对方主要是搞话剧的，而记者连斯坦尼斯拉夫斯基体系是怎么回事都不知道。所以，当对方谈起艺术问题来的时候，记者连一些基本的名词都不懂，真是丈

---

① 引自彭正普：《纪希晨同志谈怎样当好记者》，载《光明日报通讯》1982 年第 5 期。

二和尚，摸不着头脑。这次谈话没有进行多久，对方就失去了深谈下去的兴趣，只好匆匆结束了。”①

3. 要精心考虑访问场所和时机的选择。

这一方面是为了营造良好的访问环境。理想的访问场所，既能减少或避免一些不必要的干扰，又能促使对象触景生情，进入“角色”，打开心灵的闸门。20 世纪 50 年代时，《人民日报》记者纪希晨在四川南充采访一位嘉陵江的老水手。此人解放前当纤夫给老板拉船到重庆，得重病后还没断气，便被丢到乱坟坑里。解放后，在党和政府的关怀下，他当上了轮船水手，重新航行在嘉陵江上。记者同他在家里谈过之后，又一起坐船到江上来谈。面对滔滔江水，这位老水手尽情地倾吐了自己对新旧两个社会两重天的感受。新闻名篇《嘉陵江的早晨》就是这样产生的。对于这次采访，纪希晨很有体会地说：“往往在办公室里、在家里谈不出的情景、细节，一到了劳动场址，他就触景生情，侃侃而谈了。”同时，理想的访问时机，能让人的心理“注意”集中，思想专注，回答问题也就流畅、清楚。尤其是在对象精神愉快或放松的时候去访问，对象的思路才开阔，谈话的兴致才浓厚；否则，在对象生气、紧张、拘束或烦恼、疲倦的时候去访问，是不会谈出什么好结果的。另一方面也是为了新闻报道的需要。恰当的访问场所和时机，不仅本身就具有新闻价值，而且能显现精彩的现场情景，这都是新闻采写所需要的好材料。比如，“1980 年，记者白夜访问路易·艾黎，其中的一个内容是，请他对写作问题发表意见。如果访问地点不在他的书房里而在别处，那么，白夜只好大段大段地记录艾黎的议论了，这必然会显得枯燥无味。由于白夜把访问地点选在艾黎的书房里，因而他和艾黎谈话时，有了许多现场动作，白夜也就把它们一一写入《同路易·艾

---

① 徐占焜著：《时代的艺术》，第 146 页，中国展望出版社 1985 年版。

黎对话》这篇访问记中”。①

第二节　善“问”的要求与方法

问，指记者在采访中的提问（也叫发问），就是记者通过向访问对象提出问题，以了解有关的新闻事实及其材料和观点。一个熟练的记者常常由于提问巧妙得当，赢得了对象的支持与配合，从而获得丰富的、可靠的事实及其材料。而一个缺乏经验的记者，尽管报道思想明确了，访前也做了准备，但由于提问不当，结果让对象感到为难，甚至不快，弄僵了访问气氛；或者遇到“老练”的对象时，无所适从，问了几句便草草收场。因此，善不善于提问是访问活动成败的一大关键。

一、善“问”的要求

什么样的提问才是好的提问呢？这很难有统一的标准。根据采访的实践经验归纳，善“问”一般有这样几条要求：

1. 要问得自然。

这是指提问的态度和气氛。记者的提问，一方面应注意态度要诚恳、亲切，切忌用“高人一等”的口气发问；另一方面还应注意提问要在交谈过程中自然而然地提出，而不要采取生硬的、直通通的“审问”方式发问。《人民日报》著名记者金凤曾谈到，1949 年 1 月她随老记者李庄去访问一位参加过“二七”大罢工的老工人、老党员杨宝嵩时的情景：“一见面，李庄同志就用双手紧紧握住老杨的一双大手。他们就像久别重逢的老战友那样亲热地聊起来了，我在一旁留神听着。只听李庄同志尽在问老杨身体怎么样？老伴身体好不好？国民党撤退时受惊没有？解

---

① 引自钱枫：《注重访谈场所的选择》，载《长江日报通讯》1982 年第 6 期。

放军来了粮食供应怎么样？工厂生产恢复了没有？工友和家属对共产党、解放军都说些什么……老杨一一叙说着，就像老朋友聊天一样。慢慢地，他讲到了‘二七’大罢工的斗争，讲起他坚持30年的艰难的斗争……谈家常式的采访结束了，回到住处，我问李庄同志：‘这算是采访吗？’李庄庄重地回答：‘这怎么不算采访呢？采访就是调查研究，就是要和采访对象（除敌人外）交朋友。要和他平等地同志式地谈心里话。采访并不像警察查户口或法官审犯人那样，你问一句他答一句呀！’”①

2. 要问得合适。

这是指提问的目标指向。记者的提问，应该是向对象提出只有他本人回答才最合适的问题。如果提的问题，由对方回答不合适，当然不要提；提的问题，由谁来回答都合适，那也没问出水平来。1988年，大陆一架民航客机被歹徒劫持到台湾，后在有关方面的协调下，客机又顺利飞抵原定目的地。当一名乘客刚刚从舷梯上走下来时，某电视台记者便手持话筒迎了上去，问："您好！请问您是乘坐这趟飞机的吧！""是的！""飞机被劫持到台湾，是吗？""是！""请问机上有多少位港澳乘客？""不知道！"这段访问中，前两个问题都是废话，而第三个问题又不看对象，机上有多少港澳乘客，一般乘客怎么知道呢？记者应该问机长、问机组人员，或到售票处去问才对。著名的新闻专家艾泼斯坦说过："要问的是只有他本人才能告诉你的问题，或者他能陈述他的观点的问题。这样你就进行了一次丰富多彩的采访，充分利用了时间，给了人家一个好的印象。"② 比如，宇航员刚刚从太空归来，记者应该向他提些什么样的问题呢？如果问他："你在太空有什么感觉？""你在太空中看到了什么？""你在太空

---

① 转引自小谢辑：《新闻采访经验谈》，载《光明日报通讯》1985年第12期。

② 艾泼斯坦：《记者的笔记本》，载《新闻战线》1979年第5期。

中看见地球是什么样子？”这就问得合适了，因为这些问题只有宇航员才能回答，谁也代替不了。如果问他：“宇宙飞船离地面这么遥远，你是怎样保证和地面站的联系的？”这个问题也是受众十分关注的，有它的新闻价值，但是，向宇航员提问，就不如问地面站的工程设计师和专家了，因为它属于技术性问题。

要问得合适，记者就要注意合理地“分配”问题，该问甲的，不必问乙；该问乙的，不必问丙。千万不要随便抓住一个人，不看对象地把所有问题一古脑儿地向对方提出。否则，是很难奏效的。

3. 要问得关键。

这是指提问的内容。要问得关键，首先应注意提的问题要具体。访问的目的是要得到具体的事实及其材料和观点，如果问题提得太“空”、太“大”，对方就不好回答，甚至摸头不知脑，这样就无法达到访问所预期的目的。比如，问一位工厂厂长：“你这里的体制改革搞得怎样？”这样的提问，对方是很难一下子讲清楚的，很可能答道：“不怎么样！”或者答：“一般啦。”“还可以啦。”结果，就会出现相对无言的尴尬局面。如果开始访问时，先把这个问题作为采访意图向对方说明，然后再按照事先的准备，具体提问：“你们这里的体制改革是什么时候开始的？”“原来的管理体制有哪些弊病？”“改革过程中遇到哪些困难和阻力？你们是怎么排除的？”“现在改成什么样子，收到了哪些效果？”“有什么新人新事新气象？”“下一步有什么打算？”这样，一个一个具体地问，就有可能获得较多的新闻素材。所以，有经验的记者在访问中都是善于把“大”、“小”问题结合起来问，一般先提出大一点的问题，让对象明确谈话的范围，然后就注意凝炼问题，把问题化大为小，化抽象为具体，从对方容易回答的问题问起，了解具体的素材。

其次，要问得关键，还应该注意提的问题要问到节骨眼上，要问到要害处。所谓要害的问题，便是涉及新闻事实的重要的问题，当然也是新闻受众最关注的问题。比如，1980 年 8 月，意大利著名女记者法拉奇访问邓小平时，提出以下问题："天安门上的毛主席像，是否要永远保留下去？""你说在后一段时期毛主席身体不好，但刘少奇被捕入狱以及死在狱中时，毛主席身体并不坏。过去还有其他错误，大跃进难道不是错误？照般苏联的模式难道不是错误？对过去这段错误要追溯至何时？""据说，毛主席经常抱怨你不太听他的话，不喜欢你，这是否是真的？"①这些问题都是一些要害问题，都是当时世界人民非常关心的中国的一些重大问题。邓小平同志一一给予了回答。结果，报道有棱有角，产生了很大的社会反响。

再次，要问得关键，还应注意提的问题要能拨动对象的心弦。这样的问题，才会让对象感兴趣，乐意回答，或者令对象有所感触，甚至产生一股抑制不住的感情冲动，说出情不自禁的肺腑之言。比如，美国记者威廉·曼切斯特在对肯尼迪总统首次采访前，查阅了总统召见的特别助理和内阁顾问的名单，发现他们当中 80%的人与总统年龄相仿。因此，访问中，他向肯尼迪提出了这样一个问题："你是否是个年龄沙文主义者？"曼彻斯特回忆道："当时，他（指肯尼迪——引者注）从来没有想过这一点，但他喜欢这个提法，玩味不已，从中得到一番乐趣。"由于曼彻斯特的提问新鲜，拨动了肯尼迪的心弦，结果这场原定十分钟的访问，整整谈了三个半小时，而且导致了日后的多次会见。②

4. 要问得有策略。

这是指提问的战略战术。记者的提问，既要围绕访问目标，尽量按照事先准备好的问题，依逻辑顺序先后提出，避免开"无轨电车"，东拉西扯，令对方无所适从；又要注意从实际出

---

① 见《邓小平文选（1975 年~1982 年）》，第 303~312 页，人民出版社 1983 年版。

② 引自吕大中：《"问"的艺术》，载《新疆新闻界》1985 年第 3 期。

发，随机应变，灵活机智，要因人因事因具体情况而异，采取不同的提问方式方法，掌握好提问策略。比如，对方神情紧张的时候，就要通过提问设法缓和气氛；对方有难言之处，就要注意设身处地给予疏导；对方高兴的时候，可以乘兴追问；对方发怒时，则要设法使他冷静下来；对方悲哀时，就要诚心给予安慰；对方疲倦时，则要注意适可而止；如果对方实在不愿再谈下去，就不要一味强求。

要问得有策略，还要注意对于一些敏感的问题、棘手的问题，提问时必须掌握原则，注意分寸。既要比较自然地引导对方谈出真实情况和想法，不回避问题，又要不损伤对方的自尊心和感情。面对这样的问题，一般可试用下面一些方法：（1）委过于人。说明某个可能使对方不悦的说法是他人持有的，要以好像是给对方一个回答批评的机会的口气提问。如，记者巴巴拉·沃尔斯特访问伊朗国王时，采取的就是这个方法："陛下，"她开口说，"有些人说你是个独裁者。我知道你听到过这些批评。现在是你回答它们的一个机会。"（2）寓庄于谐。比如，可以向对方开口道："我想扮演一会儿吹毛求疵的角色。"以这种不带倾向性的话开头，引出严峻的问题，往往奏效。（3）欲诘先褒。有位记者曾这样向一位有争议的影星提出问题："你参加演出的这部影片看来会获得电影艺术奖。不少电影评论家都高度赞扬你的表演。当然，只有×××除外，他好像说……"这样的提问，是很难引起被批评者的反感的。（4）分而问之。即把一个问题分成两步问。比如，对一个早恋的姑娘可以先问："你认为一个女孩子到多大年龄就能开始与男朋友约会了？"而后再问："父母允许你约会是什么时候？"（5）意微辞隐。即用委婉的说法来提问。比如，去访问一位已经知道自己病情的癌症患者，记者可以这样问："你什么时候得的这种病？"而不该问："你是什么时候患上癌症的？"

5. 要问得简明。

这是指提问的表达形式。记者的提问，既要明白无误，让人容易理解，又要注意简练，切忌罗嗦。否则，不仅不适应采访这种时效性很强的工作的要求，还常常会使对象感到不耐烦。尤其是对一些高级领导人或者社会名流的访问，往往是见缝插针进行的，提问一长，就“插”不进去了。比如 20 世纪 80 年代时，有一次邓小平同志接见日本外宾。接见完毕，送客人出门时，一位日本记者就利用这个极短暂的空隙，跑上去问邓小平：“听说您要辞去副总理职务，是真的吗？”这个问题简单、明了，小平同志很快作了回答：“有这个打算，但是要有正式手续，经中央批准。”这位记者据此抓了一条独家新闻。

二、提问的方式方法

上文提到，记者的提问要讲究策略，要因人因事因具体情况而异，采取不同的方式方法提问。在采访实践中，提问是没有一定之规的。采用何种提问方式方法，主要根据这样两条：

1. 根据对象对访问的适应性来决定提问的方式。

针对不同的访问对象的具体情况，记者一般可以采用以下几种提问方式：

（1）正问法，也叫开门见山法。这是记者直截了当地从正面提出问题，请对象作答的一种提问方式。这种方式一般适用于对领导干部、社会名流，以及其他性格开朗、比较健谈者，或者是与记者熟悉的人。比如，前面提到的意大利女记者法拉奇采访邓小平同志时的提问，便是正问法。1975 年 4 月，法拉奇在里斯本采访葡萄牙社会党领导人苏亚雷斯时，尽管对方对她所提问题四次回避，但她照样接连第五次提出同一问题，终于使对方不得不回答。① 这当然比较少见，但只要双方关系和具体情况允许，正问法可以说是一种最简单、直接、有效的提问方法了。

---

① 见《名记者这样进行采访》，载《记者摇篮》1985 年第 7 期。

（2）迂回法，也叫侧问法。这是指记者不便从正面提出问题，而是从侧面入手，或者绕个弯子，提些表面看来与访问内容无关的问题，以引发对象谈出真实情况的一种提问方式。这种方式，一般适用于对付不善于谈话的人；或者是见了记者就很紧张、感到拘束的人；或者是有思想顾虑、不愿交谈的人。面对这些对象，记者应当尽可能熟悉他们的特点，“对症下药”。对于不善于言谈和不习惯接受记者采访的对象，可以从他最熟悉、最关心、最感兴趣的事情和问题问起。比如，《中国青年报》一位记者采访从国外经过英勇斗争回来的外事人员时，同其中年龄最小的张宝生曾经有过这样一段对话。记者：“我是青年报的，你是共青团员，咱俩谈谈。你多大了？”张宝生：“25岁了。”记者：“什么时候是你的生日？”张宝生：“我是孤儿，不知道自己的生日。”记者：“那你上学时怎么填的？”张宝生：“我跟老师说，没有新中国就没有我，国庆节是10月1日，我填了10月2日。”记者：“你在国外被非法扣留的时候，是不是想到这些？”张宝生：“想到了。”……这样，记者通过“诱导”挖到了所需要的材料。对于那些有思想顾虑的对象，记者一方面要摸清其心理“症结”所在，热情地帮助他们解开思想疙瘩；另一方面也可采用旁敲侧击的方法提问，在对象不知不觉中把采访所需的材料搞到手。比如，有一位部队记者去连队采访一位养猪能手。这位养猪能手很谦虚，怕“出名”，无论如何不肯谈自己的事迹。记者便不再问他了，而是同他一起干活，边喂猪，边向他请教喂猪的学问：“饲料怎么煮才好？”“为什么要这样煮？”“你怎么想到要这样煮的？”“猪怎样喂食才科学？”“这是什么道理呢？”……这位养猪能手一一作了回答，很认真、很细致。结果，记者得到了十分生动的素材。此外，迂回法也可用于对一些敏感问题进行了解，或者对于对象某些自相矛盾的谈话内容进行质证。比如，你想了解某科学家的家庭（夫妇）关系时，可以这样提问：“您的衣服真合身，是您夫人给买的罢？”如果访问对象夫妇关系不错，听了肯定高兴；如果相反，记者也可以就此避免相互尴尬的局面。

（3）激将法，也叫反问法或故意错问法。这是指记者从相反的方面提出问题，或者有意误解对方的意思，以刺激对方，激化其情绪，使其不吐不快的一种提问方式。这种方式，一般适用于那些虽然健谈但有思想顾虑而不愿谈的对象。这些对象有时很难“诱导”，而用“激将法”往往能奏效。比如，1979 年春天，《人民日报》两位记者到河北某地区采访时，一些县委书记开始有抵触情绪，不愿深谈。记者想到，不久前，《人民日报》曾登过一篇批评这个地方不落实党的农村经济政策的文章，题目是《县委大还是宪法大》。于是，就以此为题激发对方：“你们看这篇文章怎么样？”这一提，县委书记们再也忍不住了，话里有话地说：“批评得好，自古县官就没好人，演戏凡赃官都是县官，所以批县委不批‘大’的，我们没意见。”记者趁机又“激”了一下：“你们别发牢骚，请指出来，谁是‘大’的？只要你们敢揭，揭得对，我们就敢写。”这时，县委书记们拿出了省委发的文件，指出不落实政策的根子在省委某些负责人。后来，记者就根据这一次采访情况，写了一篇报道，发表在当年 4 月 24 日的《人民日报》上。俗话说，“点将不如激将”。激将法提问，在这里收到了很好的效果。

国际上一些名记者，在采访一些政治上的“风云人物”时，常常都是采用这种激将法的提问方式，从而很快地打破“僵局”，获得真实可靠的事实及其材料。比如，1936 年斯诺到延安采访毛泽东时，他要毛泽东谈谈自己的历史。毛泽东开始想回避这个问题，斯诺就心平气和地向毛泽东提供了许多情况，并说：“外界对你有种种传说和谣言，这难道是真的吗？”（反问。）当时，毛泽东听了颇感意外，并稍稍有点惊愕，于是同意纠正这些谣传，谈出了个人的经历。斯诺也就达到了采访的目的。① 再

① 参见《光明日报通讯》1987 年第 1 期。

如，1972年，意大利女记者法拉奇采访美国总统国家安全顾问基辛格，要他谈谈越南问题。但基辛格不愿谈这个问题。法拉奇便问："很多人认为您和尼克松接受那个协议实际上是对河内的投降，对此您也不愿谈论吗？"（故意错问。）基辛格如果不反驳就等于承认了投降，逼得他只好把这个问题谈下去。

采用"激将法"提问时，要注意：一是态度要诚恳、有礼貌，不要使对象有故意嘲弄他的错觉；二是反话、错话的来源要避免引自记者自己或具体的第三者，以免对象因生气而迁怒于记者或者具体的第三者。一般可以用这样的提问开头："听说……"，或"根据……"。

（4）设问法，也叫内含结论法，或叫自发式。这是指记者提出一些假设性问题，或者明知故问，以使对方放松戒备，或引发对方思考、回答，从而获得或证实原已初步掌握但又没有肯定的情况。这种提问方式，主要也是适用于对那些有情况，但由于种种原因又不愿谈的人。设问法和前面几种提问方式不一样。后者一般是在不知情的情况下提出来的，而前者则是在事先对某一情况或问题已有所了解，只是为了证实或者是由于缺乏有说服力的事实的情况下提出来的。这种提问方式是故意犯逻辑错误，"把正待观察的结论"当作已经确立的事实，以此为起点去提问。当对方肯定这个问题时，实际上就肯定了前提。比如，20世纪50年代初期，美国一位记者猜测该州共和党人正在秘密开会讨论1952年总统竞选策略，而麦卡锡问题肯定是一个焦点。因此，他向接受访问的州主席提问：根据这次会议，"你们将针对麦卡锡问题发表一篇强有力的声明吗"？对方在大吃一惊尚未恢复常态之际，脱口而出说："你是怎样知道的？"① 再如，前些年，《中国青年报》一位记者采写了一篇题为《1+1+1<1》的

① 见［美］麦尔文·曼切尔：《新闻报道与写作》（中译本），第211～212页，广播电视出版社1981年版。

通讯。这个记者的采访对象是个年轻的厂长，他在改革中遇到了复杂的人事纠纷，十分苦恼，不想再干了，也不想谈这件事。记者知道这一情况后，为了更好地弄清真相，访问时还是明知故问："你遇到的困难太多了，想辞职了吧？"这一问，击中了对方的"痛处"，他很自然地答道："是的，是不想干了。"进而，道出了事情的原委。

西方一些记者在高级政务活动场合，常常用设问法来对付那些不愿谈出真情的"无可奉告"者。因为用这种办法提出问题后，不管对方如何回答，记者都可作报道。比如，某个记者要证实某国是否发生了一起飞机空难事故，他跑到该国外交部新闻司，不是问："贵国最近在民航方面发生了什么事？"或"贵国最近是否发生了一次飞机航行事故？"（这样，对方可以用"无可奉告"作答。）而是问："×月×日，在贵国××地方有一架飞机坠毁了。关于这件事，你对记者有什么要说的吗？"对这样的提问，如果对方仍以"无可奉告"来回答，记者也可以就此一问一答写出报道，结果会让对方给受众一种不敢正视现实的印象。考虑到这样的后果，对象一般也就不会轻易使用"无可奉告"了。

2. 根据采访任务和记者的选择性来决定所提问题的形式。

采访任务是要得到准确、全面、深刻、细致的事实性材料，而记者的选择性则有概括（一般的）材料和具体（特殊的）材料之别。这样，记者所提问题的形式至少可以有这样几种：

（1）原初性问题和从属性问题。所谓原初性问题，是指一个问题引发或改变了话题，将访问引入一个新的内容领域，那它就是原初性的。而如果只是为已经开始交谈的话题寻求更多、更详细的信息，那么这类问题便是从属性问题。在有预先周密准备的访问中，原初性的问题往往是计划好的；而从属性问题则可以用于循着对方谈话线索进行追问，或概括对方谈话要点，要求解释等。提问过程，一般是由原初性问题问到从属性问题。比如，有一位记者去采访一位优秀的农村基层女干部。记者首先问她：

“能否谈谈你是怎样关心群众生活的？”——这就是原初性问题。这位基层女干部在谈话中提到了这么一件事：有一天，夜里下雪，她冻醒了，并联想到了农民安排过冬生活可能会有困难。第二天一早，她就去走访、看望了几户缺儿少女的老农民。听到这里，记者接着提出了一连串问题：“你是怎样冻醒的？冻醒之后又睡着没有？当时想了些什么问题？”“清早起来你洗了脸没有？那天天气怎么样？”“你先访问哪家农民？这家有几口人，住什么样的房屋？你们说了些什么话？”——这就是些从属性问题。这位记者在提问中，由于把原初性问题和从属性问题十分巧妙地结合起来运用，访问取得了圆满成功。

（2）开放性问题和封闭性问题。所谓开放性问题，其限定面较宽，给对象作答以一定的伸缩余地和灵活性。比如，问：“请谈谈你们厂是怎样扭亏为盈的。”“请谈谈您这次获奖的感受。”“您这次到武汉来访问有什么感想？”等等。而封闭性问题，其限定面窄，对方不易回避，又只能具体作答，因此，有人也称之为限制性提问。比如，问：“工人们给您提过意见吗？您是否同意这些意见？”“您这次获奖是不是很高兴？”“你喜欢武汉这个城市吗？”等等。开放性问题一般较缓和、自然，适用于创造和谐的气氛和获取概括性的材料，但容易使谈话松散、空泛。封闭性问题一般较尖锐、紧凑，适用于深挖某些问题，获取具体材料，以及纠正某些事实和看法，但如果使用不当，会影响访问气氛。提问过程，只有把这两类问题妥善地结合起来使用，才能取得好的效果。

（3）中性问题和诱导性问题。所谓中性问题，即允许对象按自己的意愿答出任何答案的一种问题形式。比如，问：“您对当前的‘经商热’有何看法？”“您抽烟吗？”等等。而诱导性问题，其本身就已经提供了一种或几种答案供对象选择。比如，问：“目前盛行的‘经商热’并不是一种好现象，您是这样认为的吗？”“您觉得抽烟是否对身体有害？”等等。中性问题一般得到的材料较为客观、公正，且显示了对于对方的尊重、信任和希望。因此，需要比较全面了解对方的意见和情况，或记者本身指向不甚清楚时，应提中性问题。诱导性问题则可能使对象作出“理想”的答案，往往很难准确反映对象的认识和态度；但在对对象的谈话和态度进行确认或概括时，则很有用。提问时，记者也要善于使用这两种问题形式，尤其是要注意把握好使用诱导性问题的时机。

上述提问的四种方式和所提问题的六种形式相结合，应变相生，就可组合为几十种具体的提问方法（如可以是正问法，提原初性、开放性、中性的问题；也可以是正问法，提从属性、封闭性、诱导性的问题等等）。其运用原则，就是要注意针对性、综合性、灵活性。也就是说，记者要从访问目标——获取特定新闻信息的目的出发去提问，依据不同的对象及对象在访问过程中表现出来的不同情况，选择最佳的提问方法，既利于引发对象的自我表露，又能够增进双方传播关系的良好发展。

第三节　访问记录的要求与方法

访问记录，就是记者对新闻访问活动中采集的各种材料的记载。对每一次访问活动而言，它都是一种“历史”的见证。而对记者而言，它更是一笔宝贵的财富。这不仅因为访问记录对本次采访报道任务的完成有着直接的作用，而且对以后采写其他新闻报道，或者写作别的体裁的作品，或者搞学术研究、著书立说，也都可能产生重要的使用价值或参考价值。我国著名记者陆治所著的《战地萍踪》一书，就是根据他 50 年前的访谈记录整理、修改而成的。国内外不少新闻行家指出，不管采访的技术装备如何先进，作好访问记录永远是记者的一项重要工作。有些外国记者甚至说，如果你不能作访问记录，就不该干这一行。这些见解是有道理的。作好访问记录是新闻访问活动不可或缺的一个重要组成部分，每一个记者都要学会作访问记录，善于作访问记录。

由于访问的任务、对象、环境不同，加上记者个人的情况、条件也不一样，因此，对访问记录的要求与方法也不能强求一律。何况新闻采访活动是一种极具创造性的活动，对如何作好访问记录，应允许且鼓励记者在实践中不断总结、创造。这里介绍的是作好访问记录的一些基本要求与方法。

一、对访问记录内容上的要求与方法

1.“耳闻”要注意记要点。

访问的目的是要获取采访所需的材料。然而，访问过程中对象所谈的各种各样的事实性材料，都会不断地涌到记者的“耳旁”。对此，一字不漏地记下来，既不可能也没必要。记“要点”就是要求记者在听的同时注意记录那些与本次采访有关的材料，或者是些对以后采访报道可能有使用价值的材料。具体地说，“要点”一般包括访问对象所谈的一些典型的事例、曲折的情节、生动的细节、有个性的语言，以及容易搞错的人名、地名、时间、专用名词、术语、数据等。这些“要点”一般混杂在众多的材料之中，且往往稍纵即逝，难以重现。因此，学会记“要点”，记者就要努力提高听觉能力，增强听觉功能，既要专注地倾听，又要善于听，还要及时地作好记录。这样才能顺利地完成访问任务。比如，《人民日报》记者柏生一次访问著名气象学家竺可桢时，从竺夫人的口中偶然听到这样一个生活小插曲：由于职业的习惯，竺可桢身上总是随时装着温度计，并且都是放在上衣口袋里，经常拿出来看。这样，时日一久，别人衣服容易坏领子、袖口，而他的上衣兜盖却最容易破，所以，老伴给他做衣服时，总要给他多缝一个兜盖准备替换。这个细节既有生活气息，又凝聚着竺可桢高度的事业心与严谨的治学精神，还反映出竺夫人对丈夫体贴入微的关心。柏生听后兴奋不已，立即记录下来。果然，写进报道后，使许多受众感叹不已。再如，新华社记者穆青、陆拂为采访河南省宁陵县万树庄的植树老人潘从正时，曾听说这位老模范有过打老婆的事。记者不仅记录了下来，而且抓住不放，终于挖掘出事情的原委："文革"当中，"造反战士"毁了潘从正和社员们亲手栽种的防护林带后，老人又把自己千辛万苦培育的树苗刨出来，准备再扛到万谷风口去栽。老伴怕他再次遭到不测，就拦阻了一下，老人栽树心急，便搡了她一拳。后来，记者把记录的这一事例写入了报道，老人的一颗耿耿丹心跃然纸上，读罢催人泪下，令人经久难忘。

访问过程中，记者在注意记录上述要点的同时，对访问对象的谈话中出现的疑问之处，也别忘了记录。这不仅是为了避免对事实把握得不准确，而且还有利于记者发现问题，深入采访。比如，《光明日报》记者理由采访我国著名妇产科专家林巧稚时，从林大夫的同事口中得知，林巧稚从没有结过婚。这是为什么呢？理由马上把这作为一个疑问记下来。后来在深入采访时，理由"很爽直地向她提出了这个问题。于是听到了一些情况，很符合人之常情"。①

2."眼见"要注意记特色。

记者的访问活动作为一项主要的、经常性的新闻采访活动，其所采写材料自然应该是多方面的、全面的。因此，在访问过程中，记者除了要用嘴巴问，用耳朵听以外，还要辅以眼睛看，从而更好地了解、掌握对象，并获取现场的实证材料。访问现场的实证材料，尤其是那些有"特色"的材料，记者一定要注意记录下来。这些有"特色"的材料，主要是访问对象的外貌、神态、动作、语气，访问现场的环境、气氛等。记录下这些材料，不仅能帮助记者加强对客观事物的感性认识，而且它们常常是写作新闻报道时十分珍贵的素材。请看 1995 年 8 月《蚌埠日报》的一则报道《面对苍山如海的历史——访毛泽东之孙毛新宇》，

① 引自理由在中国社会科学院新闻系的讲课稿。

其中这样描述道："新宇的魁梧身材和宽广额头颇像毛泽东，说话的语调及举手投足间亦充满几分爷爷豪迈大度的影子……他给人衣着上的印象仅是短短的小平头，短袖衬衫和背带式西装短裤，也爱吃辣椒和红烧肉，生活上他像爷爷一样不甚讲究。每当新宇就餐吃起红烧肉的时候，便使人想起许多回忆录里对毛泽东生活细节的描写……当我们谈兴正浓地评价毛泽东诗词时，新宇背诵起爷爷那首作于1936年的著名诗词《沁园春·雪》。60年后，这首词从毛新宇口中抑扬顿挫地涌出，依旧那样激荡人心……"读到这里，你能没有那种身临其境、亲识其人的感觉吗？这就是记者在访问中注意记录下有"特色"的材料的结果。《人民日报》记者陈有为曾谈过这样一个采访体会：一次，"我访问韩素音。到了北京饭店她的房间，不巧她没有在房里。我发现她的房间有一个特点，中文书籍很多。于是我想，访问她的开头就该从这里写起。访问一个人，而这个人不在，观察了她居住的环境，正好可以衬托出这个人。有了这个想法，我马上就把桌上的书籍的名字记下来。如果当时没有这个想法，不记下书名，不做认真观察，事后写的时候再想起来，再查问桌上有什么书，就不能了，起码是不好办了"。①

3. 记事不忘记"识"。

新闻访问活动中的"识"，是指那些有关理念性的材料。记事不忘记"识"，就是要求记者在作访谈记录时，不光要认真记录所见所闻的东西，还要十分注意记录下访问对象的思想观点，其对问题和事件的分析与认识，以及记者本人的思考、联想、评价等等。记录下这些"识"，对记者更好地认识、把握客观事物，提炼新闻主题，丰富新闻报道的内容都是很有好处的。比如，《人民日报》记者安子贞曾经谈过这样一段采访经历："1982年底，我们到湘西调查怎样搞活山区经济时，采访对象谈

---

① 引自陈有为在中国社会科学院研究生院新闻系的讲课稿。

了四个观点：一是经济办法要多一点；二是责任制形式要多样一点；三是采伐控制要严一点；四是流通渠道要活一点。这些观点在采访之前我就想不到，归纳不出来；是他们在实际工作中，反复研究，用很长的时间概括起来的。”记者把这些观点及时记录下来，后来用到所写的报道中去，“写起来就有点新意了”。① 再如，《人民日报》一位记者采访大贪污犯王守信一案时，曾接触过一个名叫杨振清的人，他是当时的县纪律检查委员会副主任。对此人，群众公愤很大。因为他执法犯法，把群众揭发王守信贪污问题的信转给王守信本人，以致王守信利用揭发信狠狠地整群众。记者同此人交谈时，发现“此人非常老实、忠厚，穿戴像个公社干部，而且说的话也和别人不一样，从头到尾讲自己有严重错误，很真诚。他全家 7 口人，老婆是农村户口，全靠他每月 60 多元钱生活。解放以来，他一直做检察工作，表现也很好”。这时，记者思想上产生了一个念头：这个人不像自己所听到的那样坏啊！他在这件事上栽了跟头，肯定有什么原因。“我们不能搞动机与效果的机械统一论，而应该辩证地对待动机和效果的关系”。记者记下了自己的这一想法。后来，他补充采访时，根据这个想法深入调查，果然找到了问题的症结：“原来，王守信借给他 100 元钱，使他还了欠款。他接到群众检举信后，不相信一个小公司的领导王守信能贪污上万元，以为是王守信平时好骂人，所以惹恼了群众，也就把揭发信给了王，告诉她以后不要骂人，还说‘你看人家都这么告你了’。”记者了解了事情的真相，写稿时“对杨振清笔下留了点情。这样较为客观，反映也较好”。②

二、对记录形式上的要求与方法

1. 记多记少，记详记略，当场记还是事后追记，应灵活掌

---

① 引自安子贞在中国社会科学院研究生院新闻系的讲课稿。

② 引自艾丰在中国社会科学院研究生院新闻系的讲课稿。

握，因事因人而异。

根据中外记者的经验，做访问记录时通常要注意这样几点：（1）有些新闻事件过程比较简单，或与新闻主题关系不大的事物，可以少记、略记，甚至不记；否则，便要多记、详记。这里要注意的是，一些有价值的题外话（包括与这次采访报道无关的事），可以为以后采访使用，就不应忘记作记录。（2）访问对象喜欢你记，你不记他还不高兴，那就应当当场作记录；反之，访问对象不习惯见记者，你一掏本子一拿笔，他就紧张，那当场最好不要作笔记，但事后一定要及时追记、补记。（3）如果记者本人的记忆力很强，那么访问当场可以少记、略记，事后再作些追记。

2. 手记应和“心记”结合运用。

所谓“心记”，指的是用大脑作记录。手记和“心记”相结合，就是要求记者在用手作记录的同时，千万别忘了用脑去思考、去分析。老一辈无产阶级革命家谢觉哉同志曾谈到他自己做采访对象时的感受：“我这里常常也有不少报社的编辑记者来谈，有的很会谈，无拘无束，他也不忙用本子记，轻松愉快，谈起来很有兴趣，不疲倦，这是会采访的。也有一些记者，见面先交介绍信，坐下来就掏本子，你一开口他就忙于记；当你讲完，他本子一合就完成任务了，顶多告辞的时候将秘书、办公室电话记下。这些多是年轻的记者，热情、肯干，但办法简单，不善于采访。”① 谢老在这里谈到的前一种会采访的记者，就是不但会做笔记，而且会做“心记”的记者。谢老在那次谈话中还介绍说：“心记的本领关键不在于人家说什么，你记住什么，而是善于同对方交谈时，腾出时间来，边交谈，边思考，边分析，及时抓住最有意思的问题或者抓住最恰当的时机，引到你所需要的话

---

① 引自丁浪：《手记、心记、画记——访谢老手记之十四》，载《解放军报通讯》1980年第5期。

题上来。心记的优越性，就是可以摆脱手记的被动性，使你有效地从对方谈出的一大堆现象中找出你需要的东西来，使你有主动权。”作为记者，很需要锻炼自己的记忆能力，学会做“心记”的本领。

3. 笔记还可以和“画记”相结合运用。

“画记”就是用画画的方式来作记录。曾经在北京晚报社工作过的丁浪同志有这样一段采访经历：1957年她参加工作不久，报社派她去采访全国文联召开的一个座谈会。开始有个瘦高个子发言，她不知是谁，便问身旁的夏衍同志。夏衍告诉她，这是臧克家。后来，在一些人发言之后，臧克家又一次站起来说话。这时，丁浪只觉得此人面熟，但想不起他叫什么名字了，只得又去问夏衍，夏衍再次告诉她后，问她：“你刚到报社吧？”然后低声地说：“你最好学点画画。当新闻记者，接触很多人，不容易记得住。你如果会画，一看到某个人，几笔将他的相貌特征画在本子上，在旁边写上名字，下次就不会忘记了。记者要善于认人，学画画对认人很有帮助。”说罢，夏衍顺手将铅笔在纸上勾画了几笔，看上去很像臧克家。丁浪后来把这件事讲给谢觉哉听，谢老说：“记者的‘记’有很多学问，怎样记才合适，效率才高，你可以在长期实践中摸出点规律来。夏衍同志办报的经验非常丰富，他教你的可以叫做‘画记’，这是一条很好的经验。”① 采访时，适当地、辅助性地作些“画记”，把人物、事物、环境的特征及空间关系画一画，对记者记住事物、认识事物是有好处的，既简便又省时间。

4. 既要记得好，又要记得快。

记得好，就是要求笔记记得准确、无误、清清楚楚。记得快，就是要求提高笔记的速度。访问时，记者不必事事都从头记

---

① 引自丁浪：《手记、心记、画记——访谢老手记之十四》，载《解放军报通讯》1980年第5期。

到尾，“有闻必录”，而可以拣重点择要而记，这也叫“简记”。与此同时，记者最好学点速记。速记是一种与音齐飞、与时并进的快速书写技术。我国的汉字繁体字，平均每字 11.4 画，简化汉字平均每字也有 7.2 画，而汉语速记符号平均每字则为 1.5 画。速记速度比汉字至少快 4 倍多。当然，记者也可以使用一些自己创造的“速记”方法，诸如用记音符号或词语缩写符号等来作记录。另外，在条件、场合适合的时候，运用电脑作记录也不失为提高记录速度的明智之举。

当前，不少记者借助录音机作记录，应该说这是确保访问记录的全面、正确，帮助记者集中精力提问、思考的一个很好的方法。但是需要指出的是，借助录音机记录所带来的弊端，诸如可能造成访问对象的紧张、拘谨，可能因访谈环境嘈杂或者对象口齿不清而造成记录的繁杂，或者因设备、电源等原因（如换电池、磁带）而造成记录的间断，这些都会加大记者整理记录的难度。因此，对于录音机作记录的方法，记者宜慎用。

三、对访问记录整理上的要求与方法

访问记录一定要及时、认真地进行整理。作访问记录的目的，是为了更好地使用采访得来的材料。一般访问记录都是在匆匆忙忙中记的，且内容庞杂，不及时进行整理，便无法准确地把握哪些材料是这次采访报道中所急需的，哪些材料可以留待今后使用，还缺少哪些材料需要进行补充采访。同时，通过记录的整理，可以使记者更好地消化材料，加深对事物的认识。

整理访问记录的方式是多种多样的，可按照事物发生的先后程序进行整理，可按照不同的事件性质进行整理，可按照不同的问题归纳进行整理，可按照不同的人物特点进行整理，也可按照设想的稿件段落内容进行整理。整理时，要注意对事物（材料）进行分解，如重要的和次要的，新情况和旧情况，正面的和反面的等等。这样，整理的结果便“眉清目秀”，有条有理，使用就

十分方便。

整理访问记录还有一个有效的途径，就是写成采访日记。采访日记是在采访记录的基础上，按日期整理出来的一种新闻资料。它主要记载记者访问期间的各种见闻、感受，以及对某一具体事件、人物的描绘等。好的采访日记，不仅是新闻写作的宝贵素材，而且本身还可以成为一则完整的新闻作品；有的采访日记甚至可以组成一部有价值的著作。如美国《纽约时报》记者赛·利·苏兹贝格写的长达七十多万字的《七大洲风云 40 年》，就是以采访日记的形式记述了他在 40 年新闻采访活动中的主要见闻，特别是他同各国首脑交往的情况，为我们研究现代国际关系提供了许多重要史料。记者应该养成写采访日记的习惯。

第四节　对访问对象心理“控制”的要求与方法

“心理是个人在现实生活活动中对客观事物的主观反映活动，是人脑的一种特殊的反映机能”，“人的任何外观活动都离不开心理活动的参与和调节”。① 而所谓“控制”，即“人们根据自己的目的，改变条件，使事物沿着可能性空间内某种确定的方向发展”。② 新闻访问活动能否成功，关键取决于访问对象是否乐意向记者提供真实且有价值的事实性材料或观念性材料。而访问对象的构成是十分复杂的，存在着各种差异，不同的对象有着不同的经历、不同的环境、不同的教养、不同的素质，因而具

---

① 林传鼎等主编：《心理学词典》，第 58 页，江西科学技术出版社 1986 年版。

② 华国凡等：《控制论和科学方法论》，第 7 页，科学普及出版社 1983 年版。

有不同的心理表现。加之，访问的任务、目标纷繁多样，其与访问对象的利害关系各不相同，对象的心理活动也就大不一样。这在访问中就表现为各具特点的多变的情绪或情感。访问对象面对特定的访问，只有具备特定的情绪、情感，才能为记者提供出所需的新闻素材。因此，记者必须注意对访问对象的心理活动进行“控制”，在访问中围绕特定的访问任务、目标，有意识地“改变条件”，使对象形成某种特定的情绪、情感，这样，才有利于访问的顺利进行。

20世纪30年代，美国记者埃德加·斯诺在陕北采访时，与普通的中国农民亲如兄弟，坐在炕头无拘无束地交谈，甚至很高兴地回答农民提出的诸如“美国有没有鸡”之类的问题。这是斯诺之所以能采写出传世佳作《西行漫记》的重要因素之一。斯诺访问时极善交谈，气氛十分和谐，常常让对象在不知不觉中谈出许多情况。斯诺夫人海伦·福斯特把这概括为“斯诺采访法”。以采写世界风云人物访问记而名闻遐迩的意大利女记者奥里亚娜·法拉奇，十几年来采访了三十多位各国政府首脑和政党要人，她面对显赫人物，始终把握住采访的主动权，以超群的胆略，多变的提问方法，窥测风云人物所思所想，深究事实之真相，获得了一次又一次的成功。无论是斯诺还是法拉奇，其成功的一大奥秘便在于准确地把握和巧妙地“控制”了访问对象的心理活动规律，从而使访问对象轻松愉快地接受访问，或者使对象不得不开口回答问题。

新闻访问活动中，记者如何实施对访问对象的心理“控制”呢？

一、要注意“控制”的针对性

访问对象对访问所表现出的不同态度，是由其个性心理特征以及访问的目标指向所决定的。因此，记者可以通过对象的不同态度，掌握其个性心理特征，采取相应的对策，以达到“控制”

其态度之目的。

1. 访问对象乐意接受访问而又善于同记者交谈。

从个性心理特征上分析，这类对象一般性格外向，气质中多血质型和胆汁质型居多，理解、表达能力又强，加之访问的目标指向与其利害关系又相一致，因此，访问中他们热情、大方，有问必答，毫无拘束，乐意满足记者的要求。面对这类对象，记者应以“热”对“热”，注意倾听，尽量使对方保持最佳心理状态，以便让其谈出更多更有价值的材料。同时，记者也要注意冷静分析，充分估计到同样“热情”的态度后面，可能有着不同的心理动机。现实生活中，许多访问对象确实是信任我们的新闻传播媒体的，认为记者是“个体和社会的中介”，愿意实事求是地介绍情况，支持记者的工作。这自然是最理想的访问对象。但也可能有的对象表面上“热情”，顺着记者的采访意图滔滔不绝、夸夸其谈，其实揽功委过，自我标榜，使记者采访到的事实中常常带有“水分”。有的则看记者脸色行事，阿谀奉承，记者需要什么材料他就提供什么，甚至精心设置圈套，编造谎言，使记者上当受骗。对此，记者一定要注意识别，不能轻信，要多找其他人核实材料。同时，也要注意访问中不要过早、过多地亮出自己的全部意图，要善于从多方面提出疑问，使对方感到你并无“先入之见”，而是在从实际出发进行调查研究。对那些喜欢瞎吹胡编的对象，一旦抓准，也可以诚恳指出，婉转批评，提醒他要如实介绍情况。

2. 访问对象愿意接受访问，但不大善于言谈。

这类对象在访问中一般表现为表情紧张，态度拘谨，说话吞吞吐吐，有时甚至面红耳赤，回答问题也常常缺乏条理，或者语无伦次。究其原因，不外乎两种：一种是个性心理特征上性格内向，气质多属抑郁质型，且理解和表达能力较差。对此，记者一定要有耐心，切不可耍态度、发脾气；同时要十分注意谈话技巧，所提问题要小，要具体，便于对方理解、回答；要从与对方生活接近的事物谈起，经过多次反复交谈达到访问的目的。另一种是文化水平低，见识不广，有自卑感。对此，记者要十分注意在言谈举止上尊重对方，增强他们的自尊心，以消除其接待记者采访的紧张感，并以轻言细语帮助对方思考和回忆，力戒紧催紧问，使谈话阻塞。总之，面对这类不善言谈的对象，记者要努力创造自然、轻松、亲切的气氛，让对方的紧张心理状态逐渐缓和下来。

3. 访问对象不愿意接受采访。

这类对象有的是由于气质、性格上的原因（一般性格内向，气质属粘液质型或抑郁质型），不习惯被记者采访；有的则是由于思想认识上存在种种顾虑，拒绝记者采访。对前者，记者应当用拉家常、闲聊天的办法，逐渐同对方混熟，启发、诱导其打开话匣子；也可以请访问对象熟悉的朋友、亲戚一起来谈，借助他人的作用来弥补、缩短与对象之间的心理距离。对后者，则要注意分析、判断其思想顾虑的症结所在，以对症下药。如果是对新闻报道工作不理解，以为采访结果是为个人吹喇叭，会给个人招来麻烦，或担心当“典型”压力大等等，对此，记者要注意讲清访问的目的、意义，帮助对方从大局出发，而不从个人利益出发对待采访。如果是对新闻报道工作反感、不信任，记者要认真倾听其意见和批评，以真诚的态度恢复其对我们新闻工作的信任感，使之愿意同记者一道来纠正以往新闻报道中失实、摇摆等弊病。如果是担心一些不愿公开的事实被记者随意捅出来，记者应注意把访问意图甚至写作方法诚恳、彻底地告诉对方，解除其疑虑，使其感到记者可信、可靠，能对被访者负责到底；同时，记者应注意守信用，为对象保密，尊重别人也是对自己的尊重。如果是因访问指向和内容与对象的利害关系相左，害怕在新闻传播媒体上出丑，对此，记者要如实地告诉对方访问的用意，讲清颂扬与批评的关系和意义，促其放下“包袱”。此外，有时候，访问对象流露出不耐烦的情绪，是由于他正忙于自己的事情，不愿意记者打扰了他的思路和工作，对此，记者要设身处地为对方着想，不要急于求成，强迫对方服从自己，而应稍加等候，或者另约时间采访，也可以见机帮助对方做点事，以感动对方，使之不得不在百忙之中抽出时间接待采访。

访问中可能碰到的访问对象的态度和心理相当复杂。同一个访问对象，在不同时间、场合，有时会表现出迥然不同的态度。访问的地点、环境、周围人物的多少和身份等多种因素，都有可能对访问对象的心理产生影响。只有在反复的不断实践中，才能逐渐摸索并掌握对付不同心理状态的访问对象的最佳对策。

二、要善于运用心理控制手段

在新闻访问过程中，记者无权、也不可能强制访问对象接受访问，而只有通过自己的行为和表现来对对方的心理产生“感应”，达到影响、改变对方行为的目的。因此，访问中记者对采访对象的“控制”，主要是心理控制。

美国著名心理学家班杜拉根据社会学理论，提出诱导控制他人行为的四种方式，这就是：示范、强化、说服和情绪激励。运用到新闻访问实践中来，它们也可作为对访问对象的心理控制的四种基本手段①。

1. 示范。

新闻访问中的示范，即记者将对于对象的态度、行为要求，通过自身的态度、行为的适度表露，以影响对方作出同类反应的一种心理控制手段。这是访问中创造融洽的互动气氛的好办法，也是记者控制对方行为的一种最自然、最有力的手段。

传播学研究表明，人际传播的有效性关键在于传者要有开放的心胸，乐于做“自我表白”（self-disclosure），并与对方同感

---

① 参阅朱家麟：《采访访问，一种特定的人际传播》及李茂政：《传播学》中“人际传播”传播与态度行为为之改变”。

受；否则，对方是难以作出同类反应的。新闻访问中，记者一定要真诚待人，把采访对象当作“知心朋友”，乐意敞开心扉，“自我表白”，说“真心话”，这样才能取得“以心换心”的效果，对象也才会“自我表白”，说出“掏心的话”。

2. 强化。

新闻访问中的强化，即记者借助社会赞同或社会反对，来增强或者抑制、消除访问对象某种行为倾向的一种心理控制手段。这也是访问中常用的沟通双方“心灵”进而获得理想的访问效果的有效手段。

社会学研究结果显示，人们的一些信仰、态度和行为，常常为其所生活的相关团体所决定；同时，周围人的行为规范也往往能影响甚至改变一个人的行为。强化就是这一研究结果的具体运用。在新闻访问中，对访问对象而言，社会赞同或社会反对，主要就是来自记者的、用语言或非语言符号表现出来的正反馈和负反馈。

作为强化手段之一的语言符号，包括口头语言和书面语言，它们是人类传达思想意义的最主要工具。“思想并不仅是表现在词语上，而且是藉由它们，思想才能存在。因此我们可以如此说，语言是最重要的。因为它具有两种主要的功能。第一，语言是一种必要的反应（交换）系统，而人与人之间，要有它才能沟通思想。第二，语言是一种反应系统，只有藉由它，才能产生思想”。①

非语言符号作为强化的另一种手段，可以分为这样六类：②（1）拟似语言，即从语言传播中所分解出来的非语言成分，又

① 引自［美］凯文·惠达尔：《行为社会学》（中译本），第78页，台湾阿尔泰出版社1978年版。

② 李茂政：《传播学通论》（增订本），第136～155页，台湾时报出版公司1984年版。

称类语言或辅助语言。拟似语言包括音型（如声音强度、语调、节奏等）和非语言语声（如笑声、哭泣、悲叹、打呵欠等）。（2）身体动作，又称动态体姿，最突出的是目光、面部表情、手势，以及头部的转动俯仰、身势动作等等。（3）静态体姿，指身体的体位、倾向、姿态，以及紧张或放松的状态等。（4）领域行为，主要是指人际的空间距离。按照西方文化标准，在个人身体18英寸之内，是爱情关系或亲子关系等的亲密空间；18英寸至4英尺之间，是个人距离，是朋友、同事之间的适宜距离；4英尺至7英尺之间，是社会距离，是一般交往关系的距离；8英尺之外，便是公众空间。东方文化也有相似的看法。（5）触摸，往往表示支持、抚慰、亲爱。（6）其他，包括衣饰、颜色、气味等等。此外，环境、时间、空间也可归入非语言符号。这类符号并不是由人发送的，但是伴随着人而出现，从而构成了情境的意义。“在各种不同的文化中所制定的有关交往特点的某些标准，是对有含义的信息的独特的补充。在外交谈判开始前，准时到达表示对谈判对方有礼貌，相反，迟到则表示不尊重”。①

新闻访问活动的实践中，不少记者往往对语言符号的强化作用比较重视，而对非语言符号的认识比较模糊，运用也不那么自觉。实际上，非语言符号经常是部分或全部通过暗示产生作用的，所以强化效果有时比语言符号更大。例如仅就“听”来说，直接面对或靠近对方，身体前倾并用点头等动作表示注意，对于对方的讲述不断给予目光、动作或声音的积极性反馈，都是鼓励对方的有效手段。而“有时，谈话中一个突然的停顿也是很有用的。当对象谈完一个问题后，你要盯着他，还可以面带意义双关的微笑，这个状态可能会持续上几秒钟。他往往会变得不安起

---

① 引自［苏］安德列耶娃：《社会心理学》（中译本），第91页，南开大学出版社1984年版。

来，然后无意中脱口说出一些关键性的东西来”。① “因为由于这样冷一下场，对方会认为是自己的回答不充分、不准确或太平淡的缘故”。②

3. 说服。

新闻访问中的说服，即记者用建议、劝告等形式，以语言文字改变对象的态度，从而改变其某种行为的一种心理控制手段。

社会心理学认为，人们的态度通常包含着三种成分：情感成分，认知成分和行为倾向成分。行为倾向，是情感和认知两种成分认识作用的结果。因此，改变态度主要有两种方式：一是诉诸情感，一是诉诸理智。一般来说，如果说服的目的是改变对方的某种具体行为，诉诸情感有较大作用；而如果说服的目的是要改变对象的信仰、观念等，则必须更多地诉诸理智。访问中比较经常运用的是诉诸情感手段（前面介绍的强化，后面将要介绍的情绪激励，实际上也都是通过态度中的情感成分起作用的），但是，在某些情况下，记者必须通过改变对象的信仰、观念，才能改变他的态度，从而改变他的接受采访行为，这时诉诸理智就特别重要。在通常的情况下，应该将诉诸情感和诉诸理智两种手段结合使用，即不但动之以情，而且晓之以理，这样说服效果更佳。

在说服过程中，社会心理学、传播学中的其他一些原则是值得学习和借鉴的。例如，说服者所用的材料和意见应当尽可能诉诸高信誉度的权威或团体；应该根据访问对象此前接受有关信息的情况和文化程度，考虑提供单方面的观点还是同时提供多方面的观点等等。

4. 情绪激励。

---

① 引自［美］麦尔文·曼切尔：《新闻报道与写作》（中译本），第267页，广播电视出版社1981年版。

② 引自［美］杰克·海敦：《怎样当好新闻记者》（中译本），第127页，新华出版社1980年版。

新闻访问中的情绪激励，即记者通过对访问对象情绪的刺激，使之达到某种心境，从而诱发其某种行为的一种心理控制手段。意大利著名女记者法拉奇就是一个长于运用情绪激励的高手。一次，她去采访美国政界要人基辛格。访问之初，基辛格让她坐了半个多小时的冷板凳，见面之后又视若无人，背过身去看电报、文件，然后才在高高的转椅上坐下来，用教授盘问一个中学生的口气同她说话。很显然，这种态度预示，访问是不可能有什么结果的。于是，法拉奇一开口便极尽挖苦讽刺之能事，频频戳向基辛格的“痛处”——提出有关越南和平的问题。这下大出基辛格的意料，他一时乱了方寸，招架支绌，终于不得不认真对待法拉奇的提问。谁知他在为自己辩解美饰中，又多有失言。事后，白宫高级官员对此抨击说：“从来也没有见到过这样狂妄的吹牛。”基辛格也后悔说，这是“同报界成员进行的最糟的一次交谈”。① 法拉奇在对其他世界“风云人物”的采访中，也充分利用了这种技巧。她曾以晚辈的口吻告诉邓小平同志，她父亲的年龄和他的年龄一样大；她曾把原越南总统阮文绍“激”得掉下眼泪；她曾披着穆斯林的纱巾，跣足不履去见伊朗宗教领袖霍梅尼，然后当着他的面，把面纱扯掉踩在脚下；她曾问海尔·塞拉西皇帝：“面对你的人民的穷困，你的感觉是什么？”……这一系列访问的成功，是与她对情绪激励的娴熟掌握分不开的。

情绪激励这一心理控制手段运用时，必须注意针对性，要因人、因事、因地制宜，切勿乱用、滥用。比如有的采访对象文化程度不高，又没有见过什么大的“世面”，加之性格又属内向型，面对记者的采访本来就“紧张”、“害怕”，如果对其施用情绪激励手段，便可能加重其心理负担，使其愈发“紧张”、“害

---

① 引自顾健：《泼辣的意大利女记者法拉奇》，载《福建日报通讯》1981 年第 2 期。

怕”，结果必然导致采访无法进行下去而失败。再如，采访中如遇到采访对象因生活、工作等原因而不乐意配合采访时，也不宜施用情绪激励手段，否则，往往可能造成对象与记者更加“对立”，从而影响采访的顺利进行。另一方面，还要十分注意研究、把握采访对象的心理反应。这是因为“外因是通过内因起作用的”。情绪激励手段运用的效果最终是通过对象内部因素起作用的。采访对象的意志、能力、情感色彩，尤其是情绪状态，在很大程度上决定对激励作用的反应。因此，在访问前及访问过程中，记者都应当注意对方的情绪状态，这样才能做到“有的放矢”。第二次世界大战以后，同盟国在敦巴顿橡胶园开会。会议闭幕之前，美国《纽约时报》记者赖斯顿弄到一份会议的秘密文件，并据此写出了很多精彩、准确的分析文章，使与会代表感到震惊，也使他因之获得普利策新闻奖。秘密文件是从哪里来的呢？赖斯顿说，寻找特殊新闻的最好对象是满腹牢骚的失意人物。中国国民党代表在这次会议上心绪很不好，又无法诉说，因此，当赖斯顿访问他们时，他们终于找到了一个倾吐宣泄的机会，于是将一切和盘托出。①

当然，在采访实践中，上述四种心理控制手段，应该相互结合使用，才能相得益彰。

三、要把“控制”贯穿于访问的全过程

在访问活动中，对对象的心理“控制”不能“偶尔为之”，而应贯穿始终，在访问的每个阶段、每个环节，都要注意进行“控制”。

1. 准备访问时。

记者在访问的准备阶段，就要了解、研究对象，对他们的访

---

① 参见赵浩生：《漫话美国新闻事业》，第 31～32 页，北京出版社 1980 年版。

前心理进行具体的分析和把握。这样，有助于记者有的放矢地做好一切准备工作，并确定有效的访问方案。比如，获得 1982 年全国好新闻奖的《一则调工启事引出的报道》（载《上海青年报》），便是记者分析、把握采访对象访前心理的结果。当时，记者在车站候车时，偶尔看到电线杆上贴着一张《调工启事》："本人在徐家汇华山路华南食堂工作，集体所有制。因家住杨浦区，经领导同意对调工作。我单位专供徐家汇商业中心各商店营业员就餐。常日班，每日还有 2 角钱津贴。工作轻松、路道极广，各类紧缺商品托店员都能购到……"面对这则启事，职业的敏感使记者感到这是一则好新闻题材，"启事"的背后给我们提供了一个为人们深恶痛绝的活生生的"拉关系"、"走后门"的事实。但是怎样进行访问呢？记者对"启事者"的心理作了揣摩：如果"明火执仗"，公开地向他说明来意，显然不行，他必定会回避事实，甚至守口如瓶。于是，记者想了个特殊的采访办法，即隐去身份，以一个普通的愿意调工的对象与这位"启事者"洽谈，结果访问获得了成功。

对访问对象访前心理的了解和研究，一般可以从访问对象的基本情况入手，诸如，干什么职业？有多大年纪？是男是女？有什么爱好？生活、工作的经历如何？个性怎样？与采访任务有什么利害关系？从中分析其心理特征，并判断其会对访问采取什么态度，是否欢迎，可不可能配合。这一工作做得越细致、越准确，访问就越顺利。当然，一些突发性的事件新闻访问，不可能有比较充裕的时间做这方面的准备工作。但就是在这种情况下，记者也应当根据事先知道的一点背景材料，再"临渴掘井"挖一点新材料，去分析判断各种不同类型的对象的访前心理。

2. 初次见面时。

记者和访问对象初次见面的那一瞬间是至关重要的，这是感情交流的一瞬，是情绪交流的一瞬。记者要在这非常短暂的时间里，从对方的仪表、神情、谈吐等方面，迅速琢磨对象的心理状态，以检验或校正原来的看法，尽快创造一种适于访问的融洽气氛。采访实践中常有这种情况：记者选择了一个自以为是最佳的时间去采访，但对方心境不佳，并不能愉快地接受采访。有时由于身体健康、人事关系、工作矛盾、个人遭遇、环境变化等原因，访问对象对记者的访问会流露出厌烦、冷漠甚至不满的情绪。这就要求记者对症下药，注意帮助其消除心理上的障碍。这里，重要的是记者的应变能力。而应变能力又来自于对访问对象心理状态的准确分析和把握。一次，新华社记者去采访设计银河计算机的一位女科学家。当时，这位女科学家正在家里整理行装，准备下午乘飞机赶赴外地参加一个重要会议。记者的到来成了不速之客，自然遭到女科学家的拒绝，并且下了逐客令。面对这种情况，该记者不急不忙，以非常关心的口吻问道："家里这么乱，你走后孩子怎么办？"这一问，竟勾起了女科学家的满腹心事。她放下手中的事，急切地同记者聊了起来。这时，记者反而劝她："你下午要走，以后再找机会谈吧！"但女科学家却不想收场了，说："没事，反正快整理好了，以后再找机会谈就困难了。"就这样，记者进行了一次非常理想的访问。这位记者的成功之道，在于他准确地把握住了女科学家此时的心理：中国知识分子，尤其是中年女知识分子，境遇是比较困难的，工作任务重，家庭负担也重，为了国家交付的事业，她们可以一切在所不计。然而，作为母亲，在即将离家外出时，怎能不牵挂自己的孩子呢？由此，记者也把握住了自我心理：设身处地为对方着想，吃了"闭门羹"也不急不忙。于是，双方的心理沟通了，关系融洽了，访问气氛也就不一样了。

3. 访问交谈时。

交谈是整个访问过程中十分重要的一个环节。其间，记者和访问对象是以发问、回答为主要形式进行着双向的心理交流。记者通过问答了解并影响访问对象，访问对象也在问答中了解并影响记者。而在这双向交流中，记者是相互作用的主导方面。这不仅在于记者任务在身，一定要设法在交谈中把所需要的材料弄到手，还因为记者的发问内容和方式直接影响着对方的心理。记者问话不当，对方就会产生疑惑，甚至反感，交谈势必陷入冷场和僵局，访问任务也就难以完成。因此，记者在这个过程中，必须十分注意不断调整自己的心理，以积极的态度保证自己在思维活动、提问和谈话等方面有较好的效果，用心启发和引导访问对象的理解、回忆与言语表达。同时，也需要记者的心理状态平衡，准确、全面地理解对方的谈话，从中了解情况，获取新的信息。

在交谈过程中，记者和访问对象的心理交流是双向的、互动的，不同的访问对象面对不同的采访指向和内容会呈现出不同的心理反应，并以此影响记者的心理。一般来说，记者的采访指向和内容有利于采访对象时，采访对象就会产生兴奋心理，积极主动地与记者配合；反之，就会产生防御、抗拒心理，不与记者合作；而同采访对象利害关系不大或无关时，采访对象则表现出消极心理，被动地应付记者。因此，记者交谈时不仅要把握住自己的心理，不受采访对象心理干扰，还要认真分析对方的个性心理差异及其心理活动规律，想方设法控制其心理，使其产生积极的心理反应，这样才能驾驭整个访问过程，圆满完成采访任务。

交谈时，记者掌握访问对象心理状况的主要方法是：察颜观色，分析表情。这是因为，当事物的刺激作用引起人的各种情绪的时候，除人体内部发生一定变化（即情绪反应）外，人体外部也会呈现出一定的表情，即所谓“情动于中，而形之于外”。其显著的变化有四种：一是呼吸、循环系统的工作发生变化，或呼吸急促，或心跳加速，或脸色苍白，或满脸涨红等；二是肌肉、骨骼系统的工作发生变化，或笑容满面，或手舞足蹈，或目瞪口呆，或愁眉紧锁；三是消化系统和各种腺体的工作发生变化，或涕泪交流，或大汗淋漓等；四是发音系统的工作发生变化，或音调升高，频率加快，或说话颤动，含糊不清等等。高明的记者一般都能根据对象的这些表情变化，把握其心理状况，采取相应对策。比如，震惊全国的北京工人体育场“五一九”事件发生后，一个记者要报道这次足球赛失利的教训，他采访了痛苦不堪的曾雪麟教练。第一次交谈，当记者提及这件事时，只见曾雪麟双眼布满血丝，声音沙哑地说：“唉，真没想到，一步之错，前功尽弃!”一副凄惨神态，之后就是长久的沉默。面对这种情况，记者立即停止了“追问”，只是劝慰了对方几句，便告辞了。第二次交谈时，曾雪麟的情绪已开始稳定，见面后竟然和记者开了个“玩笑”：“现在可以解脱了，终于和足球‘离婚’了。”但他脸上仍然透出凄苦。这时，记者只是同他简单地聊了一下失败的原因。之后，记者又连续去拜访了两次，曾雪麟的情绪完全稳定了，记者这才同他“深谈”起来，终于写出了长篇通讯《遗憾》。① 试想，当时记者如果不了解对象的心理，不顾对方的情绪，一开始便“打破沙锅问到底”，交谈能取得理想效果吗?

第五节　记者访问心理的自我控制方法

新闻访问活动中，记者和访问对象的心理是处于互相感应状态（互动、互补状态），而身处这一活动主导地位的记者，通常其心理状况及表现对访问对象的影响力、制约力更大。访问对象的心理变化常常会受到记者各种言语、表情、动作等组成的信息影响。此外，繁重紧张的访问任务和目标，也要求记者对自身的心理活动作出职业规范，诸如去培养自己的“注意”品质，增强自己的记忆，扩展自己的兴趣，促进和调节自己的情绪，锤炼自己的意志，提高技能，以及再塑自己的个性和性格等，以适应记者这种特殊职业的需要。为此，记者必须学会自我心理控制，正确地调节、驾驭自身的心理活动，这样才能牢牢把握访问的主控权，圆满完成访问任务。

---

① 参见《体育报通讯》1982年第2期。

一、记者访问心理的自我控制原理

社会心理学认为，自我有两个层面，一个是作为认知主体的深层的自我，即“主我”，这是个人意识所知觉的“我”（self）；另一个是呈现于外部世界与他人相对的自我，即“客我”，也就是由个人所扮演的社会角色的“我”（social self）。① 自我控制，实际上可以简单地理解为“主我”对“客我”的控制。

“主我”对“客我”的控制，主要借助于“自我了解”，即“个人通过与别人交往，观察他人的行为，设想自己的位置，投身于他人的角度，以反观自照来评价或修正自己的行为”。② 在日常生活中，人们只有通过自我了解，形成自我概念，“才能控制自己的思想和行为。能够控制自己的思想和行为之后，才能去领导别人。从传播的立场来说，‘自我了解’是一切传播的基础”。③ 人们正是根据这种自我了解，并参照自我需要和情境，才会作出某种行为和行为表现方式的选择。因此，自我了解是人们行为的依据和起点，也就是自我控制的根据和基础。

根据传播学的原理，新闻访问活动实际上也是一种人际传播的相补性互动。其间，记者占据着主导控制地位。相补互动中，对于对方的负反馈反应，记者如果意识到原因是自身引起的，便应努力消除自身的心理消极因素，调整“客我”的表现；如果原因在对方，也应设法调节自我行为，以便去适应、去控制对方。因此，访问活动控制的核心，是记者的自我控制。没有自我控制，记者便无法也不可能去控制访问对象。

---

① 见卢萍：《心理研究》，第 72~75 页，台湾五洲出版社 1972 年版。

② 见宋书文等主编：《心理学词典》，第 102 页，广西人民出版社 1984 年版。

③ 见李茂政：《传播学通论》（增订本），第 200 页，台湾时报出版公司 1984 年版。

二、记者访问心理消极因素的表现

新闻访问活动中，记者的消极心理因素主要表现在这样几个方面：

1. 动机的不稳定性。

心理学认为，动机是直接推动个体行动以达到一定目的的内部动力。这种动力是引起、维持人的某种行为，以达到预定目的愿望或信念。访问动机是记者职业心理中的动力源泉，它可以为记者的行为提出目标，为记者的活动提供力量，可以使记者明确自己行为的意义。访问动机积极、稳定，记者就会有强烈的职业责任感，会在自觉的意念推动下，在有愉快感的行为中去从事访问活动。相反，动机不稳定，处处从个人利益出发考虑问题，工作患得患失，斤斤计较，顺利时神气十足，一遇挫折就灰心丧气，这样是很难担负好新闻访问这一职责的。

2. 情绪的两极性。

这在人的心理过程中有多种表现形式，诸如积极与消极、紧张与轻松、激动与平静等等。它们之间是相互联系的，在一定条件下还可以相互转化。新闻访问中，因任务、环境、对象等不同，引起记者情绪变化的情况是常有的，如有些年轻记者在采访普通工人、农民或基层干部时，情绪一般是轻松、镇定的，但采访高级干部或著名专家、学者时，情绪就会变得紧张、不安起来。对此，记者如果不注意调节、控制，情绪失去平衡，就会影响访问进程，甚至导致访问失败。

3. 感知上的错觉。

由于客观条件（如距离、时间、角度，工具与技术等）或主观原因（如注意力分散、情绪波动、认知能力等）的影响，对事物的知觉走了样，便会出现感知上与原物不相符的偏差、失误等错觉。这种现象，在新闻访问活动中就表现为一些记者误解对象讲话的意思。心理学认为，感觉和知觉是认识事物的入口和初级阶段。这一步错了，以后的思维、联想、推理就会走上歧路，访问结果势必受到影响。

4. 首因效应。

人际交往中，凭藉最初获得的信息（即第一印象）对对方下判断，而对后来的信息不太重视的现象，心理学上称之为首因效应。访问时，有的记者初次接触某个对象，第一眼看上去不顺眼的人，就往往对他后面的话听不进去，甚至会对他做的一些好事也莫名其妙地反感。反之，第一眼看上去顺眼的人，对他后面的谈话、举止都会产生好感。这种过于看重第一印象，以至于在知觉习惯上固执地坚持第一印象的看法，对新闻访问活动是十分有害的。

5. 光圈效果。

光圈效果又称晕轮效果（光环作用），指的是社会刻板印象发生先入为主的作用，对客观事物作出不切实际的错误推断。这具体表现在，记者在采访前准备中过于相信别人对访问对象优（缺）点的介绍，从而对采访对象产生了一定的好（恶）感，使其被一种积极（消极）的光圈所笼罩。由于积极（消极）的光圈作用，记者会根据采访对象的一些优（缺）点推断出他有其他（她）的优（缺）点。比如，一个人被介绍说他很能干，记者会据此推断出他还很机敏、勤奋、富有想象力、有活动能力等等。然而，这些并不是某人特有品质的逻辑结果，它只是建立在个人对人格的假设基础上。这样就产生了知觉的偏见，造成记者判断失误而影响采访的顺利进行。

6. 性格的内倾性。

有这种个性心理特征的记者，虽然感情比较稳定，有毅力，但却存在着妨碍采访活动开展的弱点。由于感情不外露，在为采访而进行频繁的人际交往中，便难以同采访对象沟通思想、交流情感，不易激发起向对方索取或交换信息的积极性，结果就很难实现采访所要求的互动的目的。同时，性格内倾的记者，对事物反映不是十分灵敏，不善于迅速抓住新闻。

综上所述，作为一个记者，要注意从一些心理过程和个性心理特征上去分析自己是否符合记者这一职业特点的需要，努力消除自身心理的消极因素，以使自己的心理状况适应新闻访问活动的要求。

三、记者访问心理的自我控制方法

心理学告诉我们，在执行决定的意志行动中，始终包含着一定的心理成分。面对着千变万化、日新月异的采访活动，记者只有掌握了自我心理状态的应变，才能不断提高工作效率，完成工作使命。

心理状态主要包括性格、兴趣、情感、情绪、意志等。记者访问心理的自我控制主要从这五个方面进行。

1. 性格。

记者的性格与访问活动有着紧密的联系，性格不同对访问活动的影响也就不同。这是因为，人的性格有互感作用，记者与访问对象的性格投合就会受到欢迎，就会促使对方推心置腹地谈话。反之，性格迥异，双方的隔阂就会增大，访问的难度也就自然增大了。因此，每个记者都应对自己的性格有全面、清晰的认识，扬长避短，使访问获得更大的成功。当然，一个人的性格不可能是十全十美的，免不了有这样或那样的缺陷，这就需要加强自身修养，努力克服自己的弱点。性格孤僻的记者要主动热情地与人接触，增强社会活动能力，增强对事物的敏锐感。性格刚烈的记者，在访问中遇到各种问题，要冷静慎密地思考，防止急躁轻率，避免简单化倾向。性格懦弱的记者，要多看到访问中的有利条件，要想方设法依靠各方面的帮助，尽力取得访问对象的支持，以加强搞好访问的信心。

2. 兴趣。

记者与访问对象能否对所谈的话题产生共同兴趣，常常是访问顺利与否的关键。有了共同兴趣，双方关系融洽，就能倾心交谈，导致访问成功。反之，双方关系冷漠，话不投机，记者就很难从中得到有价值的材料。人与人之间的共同点是多方面的，包括思想、感情、知识、经验、爱好习惯等。只要找到一点，就可以“心有灵犀一点通”，相互间心心相通，产生共同语言，打开搞好访问的通道。为此，记者要注意变换原有的心理状态，对不熟悉乃至不喜欢的事物常去接近、了解，以培养自己的广泛兴趣。尤其是对访问范围中涉及的问题，要认真钻研，使个人兴趣逐步融合于对象的兴趣之中。记者对自己的访问对象及采访内容，兴趣越浓，采访的深度就越深，采访的效率也就越高。与此同时，记者还要十分注意了解新闻受众的兴趣。受众的兴趣是在不断变化之中的，记者应使自身的兴趣不断地调整以与之相适应、相接近，这样访问的结果才会得到受众的青睐。

3. 情感。

情感是喜怒哀乐等心理状态，具体表现为对待客观事物的态度。访问中对同一事物的不同情感，会产生不同的效果。记者同访问对象情感一致，就会产生心理上的共鸣，从而缩短彼此间的心理差距，使对象在最大限度上与记者合作。反之，情感相左，记者与对象就会感到“格格不入”，访问就难以顺利进行。怎样才能实现记者与对象之间有效的情感交流呢？主要方法就是借助于情感与认识的辩证关系，使情感依附于认识得以表现。如果记者所表达的对某一事物的认识能被对象所接受，那么这种认识便成为使对方产生情感活动的认识内容，于是心理上的共鸣也就出现了。

要达到情感一致和心理上的共鸣，在短时间内并不是一件轻易能做到的事。这就要求记者想方设法同对象熟悉起来，建立起友谊。要建立友谊就必须寻找双方的共同特点，即相似性。相似性对人际友谊的影响是重大而广泛的。平时，人们总是喜欢与自己性情相似的人交往。相似性的作用可以在有着大致相同的文化以及大致相同的态度、信仰、兴趣的人中间看到，如大学生同大学生谈得拢，工人同工人合得来，等等。其间，民族、年龄、教育水平、思想成熟水平等都会影响友谊。另外，职业、智力水准，在某一特定领域的聪明才智，甚至身高、体重等也会对友谊产生影响。因此，一些有经验的记者都会利用某种条件，去寻找打通“心理共鸣”的钥匙。斯诺夫人海伦·福斯特介绍说：“比如，最近一次在西安，我见到了王震。我说，我记得我们俩是同年的。我在延安的时候是 28 岁，现在是 72 岁了，你是不是 72 岁呢？这个问题引起了他会心的微笑。我们之间的气氛更加融洽了。”① 从中我们看到斯诺夫人利用年龄这个相似性，激起了对方心理上的共鸣，为访问顺利进行创造了条件。

记者要善于调节和控制自己的情感，更重要的是要在平时下功夫。要深入基层，深入生活，熟悉生活，热爱生活；要善于广交朋友，能随时随地与各种对象相处。当然，记者的情感应该是健康、适度的，要冷热相宜，不能感情用事，人云亦云，随声附和，要有自己的主见。

4. 情绪。

新闻访问中，记者对访问对象施加的影响并不限于问话，记者的情绪也会影响对象。因为，情绪是人对客观事物态度的具体反映，是人的感情的表现。它具有较大的情景性、激动性和短暂性，且是丰富而又复杂的。情绪的表现形式是表情。

表情是人的心理活动的外在表露，是情绪的外显。在访问中，记者的表情动作反映出他的态度、情绪和精神。这些对于对象来说是一种外来的刺激物，势必影响对象的情绪、兴致等一系列心理反映。成功的访问是双方感情的双向交流，而这种感情交流则具体表现在表情上。因此，记者要善于利用自己的表情来调

---

① 见艾北：《韦尔斯与〈续西行漫记〉》，载《中外记者经验谈》，第 490 页，中国人民大学出版社 1983 年版。

动对方的情绪的积极性，以创造一种适宜的访问气氛，使访问得以深入。

情绪的产生来源于客观现实，但是，情绪又不是由客观现实直接地、机械地决定的。作用于人的外部世界的各种事件与人的各种需要的联系是发生在认识活动之中的，客观事物对人的作用必须通过人的认识过程。而且，由于人的认识的每一次活动又不是单独的，由孤立的一件件事物所决定的，人在生活实践中积累的知识和经验也制约着当前的认识，并与人的态度和愿望结合起来。因此，人们对作用于他们的客观事物的判断和评价，才是情绪产生的直接原因。同一事件对于不同的人，或在不同的时间、条件下出现，会让人作出不同的判断和评价，从而产生不同的情绪。当事件符合人们的认识时，就产生肯定的情绪，事件被判断成并非是愿望中的，或被认为难以控制时就产生了否定的情绪。另外，计划好的事情在行动中若遇到挫折时会产生不愉快或失望的情绪。这样，我们不难看出情绪是通过认识的折射而产生的。所谓认识折射，就是人在过去的经验中所形成的愿望与渴求系统对当前认识活动的影响。因此，人们可以通过认识活动来调节和控制情绪的两极性。比如，一个初次去采访名人的记者，常常会感到紧张不安。在这种情况下，记者就要想到自己是新闻传媒的代表，是“人民的代言人”，对方只是自己的访问对象，有什么好害怕的？也可以想到，以往一些老记者采访名人时不是很顺当吗？自己也一定要完成这次采访任务。这样，紧张的情绪就会随之放松。

5. 意志。

意志是人自觉地确定目标，并支配、调节行动，以实现预定目的的心理过程。意志主要表现为高度的自觉性、坚韧的精神和顽强的作风。一个记者在采访遇到各种困难时，要设法用种种手段战胜困难，这就是意志的表现。记者必须有坚韧不拔、勇往直前、不怕困难、不怕干扰的精神，千方百计去完成采访任务。意志薄弱的记者，往往会使采访工作陷入半途而废之中，有的甚至会丧失记者应有的品质和坚定的立场。一个优柔寡断，患得患失，受外界条件制约而不能自主的记者，是无法完成采访任务的。当然，记者在采访时也要防止一意孤行的现象出现，它同样会导致采访失败。

记者在新闻访问活动中始终贯穿着由意志支配的复杂的心理活动，只有充分认识其规律，切实把握住访问中自己和对方的心理活动，才能克服盲目性，顺利完成访问任务。这里，确定明确的采访意志是很重要的。采访意志是客观事物的反映，是记者对客观事物反复体验的结果，是主观符合客观的过程。只有明确采访目标和熟悉访问对象，并使两者有机地统一起来，才能正确地形成支配和指导采访活动的意志。

意志在新闻访问活动中，不仅能调节记者的外部动作，而且可以调节记者内在的心理状态。而记者心理状态中的情绪与意志的关系是相互制约的，相互影响的。情绪可成为意志的动力，如访问中记者情绪高涨、兴奋，克服困难完成任务的信心和勇气就会增大。反之，情绪就会成为意志的阻力，人在从事他所不愿意干的事的时候就会发生这种情况。同样，意志也会影响和制约情绪。访问要实现既定目标，就记者的内部条件来讲，只有意志坚强，才能克服不利情绪的干扰，想方设法去完成任务。否则，意志薄弱，就会助长消极情绪，导致访问任务的半途而废。所以，访问中记者要通过意志努力控制好自己的情绪，并根据当时实际情况，对自己的情绪不断调节，使自己的心理状态适应访问的需要，从而促使对象作出积极的心理反应，以达到预定的访问目标。

思考与练习

1. 搞好新闻访问的先决条件是什么？

2. 新闻访问中，记者的提问应注意些什么？

3. 正问法、迂回法、反问法、设问法各自的含义是什么？运用中有些什么要求？

4. 作访问记录时，为什么要求记事不忘记“识”？

5. 针对访问对象的不同态度，记者应采取哪些相应的对策？

6. 对访问对象的心理控制手段有哪几种？各有些什么作用？

7. 记者访问的心理消极因素有哪些表现？

8. 你认为作为一名记者，自己有些什么个性心理缺陷？你打算如何进行自我心理控制？

第十二章　新闻观察活动及其方法

所谓观察，是指“在事物的自然条件下为一定任务进行的有计划的知觉过程。但不限于知觉，常同积极的思维相结合”。① 具体地说，观察主要依赖于眼睛看，但不仅如此，还得耳、鼻、舌、皮肤等各种感官并用，同时，还得依赖于大脑的积极思考、鉴别，从而有目的、有计划地把握感知对象——客观事物。新闻观察活动，就是记者依据一定的采访任务，通过眼睛等各种感官和大脑对客观事物的外部现象与联系的综合反映来进行新闻采访的一种社会活动。新闻观察活动与其他新闻采访活动一样，从本质上说都是主观认识客观的活动。认识的前提是感觉，首先有了感觉，才有可能进一步完成知觉、记忆、思维等一系列完整的认识过程。而在人的各种感觉器官中，视觉是最灵敏的，也是最重要的。科学实验表明，一个人所获得的知识，有 80% 以上是依靠视觉获得的。正因为视觉对人的认识有着如此重要的意义，新闻观察活动便成了记者职业生涯中一项不可缺少的业务活动。

第一节　新闻观察的方式与作用

一、新闻观察的方式

由于新闻采访活动的丰富性、繁杂性，新闻观察的方式自然

---

① 《辞海》（缩印本），第 493 页，上海辞书出版社 1980 年版。

也就具有了多样性的特点。每个记者，每次采访，都可能有着不同的观察方式。但是，从总体上看，多种多样的观察方式一般可分为这样三种：

1. 参与性观察。

这是指记者以自己的职业身份“介入”、参加了被观察的客观事实“活动”，成了该“活动”中的一员，在参加的同时进行观察的一种新闻观察方式。体验式采访一般便运用这种参与性观察方式。比如，《北京日报》两位记者有一次听北京市外贸部门同志介绍，名闻遐迩的北京鸭每年都要活体运往香港90万只至100万只，而且都是京郊各鸭场职工当押运员运送的。从北京到深圳2500公里路程，其间押运员的工作、生活条件十分艰苦，但他们克服了种种困难，用自己的辛勤劳动，每年为国家创汇300多万美元。这两位记者听后很感兴趣，决定跟车送一趟鸭子，采写一下押运员的事迹。于是，冒着数九严寒，记者踏上了运鸭的大车，跨黄河，过长江，途经五省，终于到达深圳。一路上，记者尝遍了押运员经常尝到的各种苦头。通过这种参与性观察，记者捕捉到了大量丰富生动的新闻材料，采写出了一篇富有感染力的新闻报道《五千里路伴鸭行》，受到了新闻界的广泛好评。

2. 隐匿性观察。

这是指记者不公开自己的职业身份，用隐蔽的方式“混入”事件现场进行观察的一种新闻观察方式。隐性采访一般使用的就是这种隐匿性观察方式。比如，美国著名白人记者约翰·格里芬，为了采访报道美国南方的种族歧视，在去南方之前，曾用涂药、照紫外线等办法，改变自己的肤色，把自己装扮成黑人。到了南方之后，他同一些黑人一样，在大街上摆摊擦皮鞋，也曾乘公共汽车到处旅行……这样，他亲自观察、体验到了美国种族主义对黑人的侮辱、歧视，终于写出了名噪一时的《像我一样黑》这本书。格里芬的这种观察，就是隐匿性观察。我国一些记者也常运用这种新闻观察的方式，采写出了不少有影响的新闻作品。比如，1986年下半年，山东的一位部队记者为了探寻当时社会上比较关注的“丐帮”现象，他穿着一身破军装，脸上涂上机油，一副蓬头垢面的样子，终于混入了一个有40多人的乞丐帮。一次，他曾经跑到泰山脚下去要饭，好不容易讨到两个包子，却被一旁冲出的一个乞丐抢走了。他也曾经和乞丐一道去血站卖血，卖了300毫升，得了60元钱。他还曾经和乞丐们一起在一家简陋的餐馆里，马拉松式地吃喝了5个多小时，挥霍了230多元，就这样，他用隐匿性观察方式掌握了“丐帮”的大量“内幕”情况，写成了报道《丐帮漂流记》，在当时引起了很大的社会反响。

3. 非参与性观察。

即记者“超然”于被观察的事物之外，以旁观者、目击者的身份进行观察的一种新闻观察方式。在这种观察中，记者与被观察的对象纯属采访与被采访的关系，且这一关系是公开的。新闻采访中，大量使用的是这种非参与性的观察方式。许多新闻名篇佳作，就是记者善于运用这种非参与性观察的结果。请看，荣获全国好新闻一等奖的《“飞天”凌空——跳水姑娘吕伟夺魁记》：

> 她站在10米高台的前沿，沉静自若，风度优雅，白云似在她的头顶飘浮，飞鸟掠过她的身旁。这是达卡多拉游泳场的8000名观众一齐翘首而望、屏声敛息的一刹那。
>
> 轻舒双臂，向上高举，只见吕伟轻轻一蹬，就向空中飞去。在一瞬间，她那修长优美的身体犹如被空气托住了，衬着蓝天白云，酷似敦煌壁画中凌空翔舞的“飞天”。
>
> 紧接着，是向前翻腾一周半，同时伴随着旋风般的空中转体三周，动作疾如流星，又潇洒自如，一秒七的时间对她似乎特别慷慨，让她从容不迫地展开身体的线条：从前伸的手指，一直延续到绷直的足尖。
>
> 还没等观众从眼花缭乱中反应过来，她已经又展开身

体，笔直地像轻盈的箭，“哧”地插进碧波之中，几股白色的气泡拥抱了这位从天而降的仙女，四面水花悄然不惊。

二、新闻观察的作用

新闻观察活动在采访中的作用，主要表现在这样几个方面：

1. 有助于记者直接获取第一手材料，验证间接性材料。

新闻观察活动，可以使记者减少口述人或者书面资料这些“中介”环节，直接从新闻事实源那里取得第一手材料，从而能够比较有效地保证新闻事实的客观性，增强新闻事实的说服力。当然，这得有赖于记者观察力的准确无误。同时，这种由观察直接获取的第一手材料，还具有很强的实证性，可以核实那些经过“中介”环节而得到的间接性材料的真伪。中国新闻采访史上，有这样一个事例：《解放日报》有位记者，当年曾去采访著名劳动模范李顺达劳动致富的事迹。当时，李顺达向记者讲述了他家自己动手修地20亩、盖住房4间等事情的经过。这是李顺达亲口介绍的情况，但记者听完介绍后，仍然坚持要步行同李顺达一起回家看一看。李顺达开始认为，记者真是多此一举，要跑那么远的路（因谈话地点离李家很远——引者注），还不是那么几个数字？没想到，后来记者的报道登报时，把盖住房4间改成了盖住房3间、厨房1间。这下，李顺达“服”了，还是记者看得仔细。“可不是嘛，厨房和住房的差别大着哩！”①

2. 有助于记者直接获取生动、形象的现场材料和细节材料，为写作“视觉新闻”创造条件。

1983年，名记者、新华社社长穆青同志提倡记者要“学会写视觉新闻”。所谓“视觉新闻”，就是具有现场感、立体感，有视觉画面和视觉形象，有典型生动细节的新闻事实的报道。今

---

① 明直：《做一个现场研究者》，载《工人日报通讯》1983年第10期。

天，在电视媒介已进入千家万户时，写作“视觉新闻”更是文字记者与电视争受众的一个重要手段。而新闻观察，就能够使记者在新闻事件的现场，直接通过各种感官摄取“色、香、味、形、声”一应俱全的“视觉新闻”的素材。请看荣获全国好新闻奖的报道：《阿西、亚妮当众挥毫，妙趣横生》。其中这样描述两位小画家当场作画的情景：

> 4岁的亚妮，穿着袜子爬到一张乒乓球台上，看一看4尺长的宣纸，便从笔筒中选了一支大号斗笔（笔头有她3个拳头大呢），她饱蘸水墨，稳稳地握着大笔，在宣纸上迅速地边爬边画。瞬息间，一座比她人体还高的大假山一挥而就。画家们一片叫好声。接着，亚妮在假山上画了6个姿态各异的顽皮小猴子，她每画一个还先扮一个小猴子的模样，就像画自己一样，妙趣横生。轮到7岁的阿西画画时，他脱掉鞋子，站到椅子上，大大方方地作起画来。他大处大胆落笔，小处小心收拾，一会儿就画成一幅《桂林山水》，博得了热烈掌声。

这段文字，既有成功的细节描写，使新闻充满了谐趣，人物和情状活灵活现，收到了绘形传神的效果，又有浓郁的环境气氛烘托，使人恍如身临其境。显然，通过观察写出的这样的“视觉新闻”，是可以和电视新闻媲美的，是可以赢得和征服受众的。

3. 有助于记者产生真情实感，加深对客观事物的认识和理解。

记者通过观察，能够较好地体会到新闻人物此时此地的心境，理解他们的行为缘由，也能够较好地琢磨出新闻事件的准确含义及其在特定环境里的具体意义，还能够亲身领受事件现场的气氛、情境的感染，产生激情，诱发自己的独到见解。尤其是参与性观察，记者全副身心都融入到所参与的事件之中，和事件的其他参与者（包括新闻人物）“同心跃动，同中呼吸”，这样，不仅能和自己的采访对象打成一片，而且能获得对事件的直接的亲身体验和感受，其对事物的认识过程自然更真切、更深刻。比如，20世纪60年代时，新华社北京分社两位记者去采访北京市两位副市长经常参加清洁工人的劳动，并同掏粪工人一起背粪桶的事。当时，记者也同掏粪工人一道背粪。背粪并不是一件容易的活儿，它不仅需要力气，还需要技术。记者的技术不行，背起粪桶，走起路来，“一颠一跛的，粪稀有时就从桶里溅到头上、脖子里”……通过这样的观察和亲身体验，记者对掏粪工人工作的崇高性和艰苦性感受得更深、更具体了，写出的报道也就更富于感情，亲切感人。①

4. 在一些特殊情况下新闻观察可以成为记者的一种不可被剥夺的采访武器。

这是相对于新闻访问与资料查阅等采访活动而言的。访问必须有合适的采访对象，且要经过采访对象的同意，采访方能顺利进行。资料查阅也得得到资料拥有者、保管者的认可，方能着手采集。而隐匿性观察、非参与性观察等新闻观察活动，就没有这种限制。它是记者握有较大主动权的一种新闻采访活动方式。比如，有位记者去采访一位闻名某市的技术革新能手，一连去了三次，这位革新能手都不愿意谈自己，甚至到最后干脆拒绝记者采访。怎么办？“这位老练的同行，没有靠别人转述的第二手材料写稿子，更没有就此宣告采访失败，而是改变了采访方法。既然采访对象不肯谈，就跟采访对象‘转’。那位革新能手在车间里同工友搞技术革新，他边看边听；那位革新能手应邀到外厂交流经验，他也跟着去看……就这样，他经过细心观察，在用嘴巴问不出材料的情况下却用眼睛捕捉住许多现场的活动和生动形象的

① 参见张跃梁等：《掏粪与采访》，载《新闻业务》1965年第1、2期合刊。

材料，再穿插上一些间接得到的背景材料，终于写出了一篇精彩的新闻特写。”① 再如，1980 年 11 月，中华人民共和国最高人民法院特别法庭审判林彪、江青两个反革命集团案时，按法庭规定不许记者提问采访。于是，记者就在旁听席上用眼睛进行“采访”：

> 记者在特别法庭指定的旁听席上，清楚地看到审判台下一米左右的地方，竖立着一排低矮的灰白色铁栏，上面挂着一块写着‘被告人’三个黑字的木牌。铁栏里摆着为被告人准备的十把高背木椅……②

就这样，记者用眼睛摄取了这次历史性审判的详细经过，写出了当时引起社会极大关注的目击新闻：《在被告席上》。

第二节　新闻观察的内容与方法

新闻观察活动中，记者所进行的观察，主要是对事物现场的观察和对所采访人物的观察。

一、现场的观察

现场是新闻事实存在的依托和表现形态。任何新闻事件的发生、发展和变化都离不开现场。现场观察的内容与方法应注意这样几点：

1. 对事物现场的基本情况（即与所采访的新闻有关的基本事物）和现场的情景、气氛等要观察清楚。

---

① 孙世恺：《从记者的眼睛谈起》，载《丹东日报通讯》1982 年第 4、5 期合刊。

② 载《人民日报》1980 年 11 月 21 日。

进行现场观察时，记者一定要注意对现场进行“宏观”的观察，这样才能准确、全面、形象地认识和把握新闻事物。被评为全国好新闻一等奖的《陕北有煤海》，其成功的主要原因，就在于记者善于观察现场的概貌。请看：

> 新华社西安10月18日电（记者冯森龄）记者新近去陕西北部的神木、府谷等地采访，所到之处几乎都见到了煤，简直像走进了煤的海洋。
>
> 在许多村庄，我们看到农户门前屋后堆放着煤，大大小小的矿点放着煤，有些地方连院墙、猪圈、厕所也是用煤块垒的。
>
> 在乌兰木伦河等河谷，裸露在岸边的一条条煤层呈现在我们眼前。同行的人目测了一下，有的煤层的厚度达七八米，比两层楼房还高……

试想一下，如果记者没有对现场概貌进行认真、细致的观察，能写出如此形象、具体、引人入胜的新闻吗？

2. 对事物的“动态”和细节要注意观察。

记者在现场观察时，只有留心观察对象的“动态”和细节，才能把所观察的事物看“活”，看出特色来，写出的报道也才会生动、感人，富有“立体感”。这也是检验记者会不会观察的一个主要标志。比如，同是采访上海一次工业产品展览会，一位记者在现场是这样观察和报道的：“‘上海市工业系统创优质产品展览会’昨日在上海工艺展览馆正式展出。这次展览，将促进工厂企业生产更多的优质产品，进一步推动‘创优’活动的深入开展，使‘质量第一’的方针更加深入人心，把工业生产切实转到‘质量第一’的轨道上来……”而另一个记者则是这样观察和报道的：“在南京西路的一个大院子里，我们看到许多人正仔细观看一项新奇的表演：一种布质雨衣用自来水长时间喷射，没有渗水现象；水洒在布面上，好似荷花叶上的露珠，滚滚下落。还有一项表演，是用这种布做成一只袋形圆盆，里面放着水，也是点滴不漏。用这种布制作的雨衣就是中外驰名的‘大地’牌雨衣，它和其他优质产品共 1 007 项一起，在今天开幕的‘上海市工业系统创优质产品展览会’上，与广大观众见面……”① 两则报道，前者把观察的事物看“死”了，因此读起来枯燥无味；后者把观察的事物看“活”了，自然耐看多了。记者是否善于观察事物的“动态”和细节，其结果是泾渭分明的。

3. 要注意学会“透视”。

这就要求记者开动脑筋，过细地察看，从事物的现象中察出其本质，从局部的事物中察出其全局所在，从事物的现状中察出其未来发展，从一些“不起眼的小事”中察出其蕴含的“重大意义”，等等。这样的观察，才“深”，才“透”，才不至于被事物的表象所迷惑，也不至于让有价值的新闻素材从身边溜走。比如，1984 年 8 月 8 日，《羊城晚报》刊登一条从美国洛杉矶发回的我国女排在奥运会夺魁的短消息。这条消息被评为当年全国好新闻。其成功的诀窍，便在于消息中选用了一个人们意想不到的“小事”：当我女排最后一场打败美国女排取得冠军后，郎平等女排姑娘激动不已，个个泪流满面，哭成一团。这时，在看台上的我国体委顾问荣高棠突然高声大叫：“郎平不要哭，要笑！”这声“普通”的喊叫声，在场的许多记者都忽视了，而采写这一消息的记者却从中察觉出其意义和价值：荣高棠是我国体育界的老领导，又是普通的一员，他这一叫，叫出了我国亿万人民的心愿和快乐，也反映出了我国女排的拼搏精神和中华民族的志气。这件“小事”不仅作为主要材料写进了新闻，而且消息的标题也标出：《荣高棠大叫：郎平不要哭，要笑！》消息引起了人们的广泛关注和好评，这就是记者“透视”的魅力。

---

① 引自《新闻学习》1982 年第 1 期。

4. 要注意选择适当的观察位置和角度。

观察位置不同，角度不同，对事物的观察也是不同的。比如，看戏时坐在靠近舞台的前排，还是坐在远离舞台的后排，这对看戏的感受和结果是大不一样的。坐在后排，演员的表情、动作、演技都看不清楚，看戏的兴趣自然大减。因此，现场观察时记者要选择好观察的位置和角度，以利于对全场情况和重点观察对象（人与物）的全面、准确的把握。同时要注意根据采访任务和观察对象的具体情况，灵活运用不同的观察方法，诸如鸟瞰法（即站在适当的制高点上，放眼观察事物的全体，以获得事物的总和）、细察法（即“下马观花”，仔细地观察事物的一个点、一个镜头、一个局部，以获得具体、典型的材料和细节）、步移法（即随着事物呈现的不同画面，移动观察的视点和位置，一点一点地看，或者一个镜头一个镜头地看，以对事物作多方位、多层次的了解）等等。

二、人物的观察

人，既是新闻事件的主体，也是被采访的主体。对人物的观察，不仅是写作新闻报道的需要，而且也是了解采访对象、“控制”采访对象、促使采访顺利进行的需要。人物观察的内容与方法要注意这样几点：

1. 要注意观察人物的外貌。

这就要求记者对被采访人物的音容笑貌、衣着打扮、姿态神情、声调举止等外在特征，进行认真的观察。这样，写出的报道才能使人物跃然纸上，以形传神，给受众一种呼之欲出的感觉；同时，还能起到深化新闻主题之作用。比如，上文提到的《在被告席上》这则报道，其中对这些反革命集团成员的外貌分别作了这样的描写：

“在两名身穿蓝色制服的女法警押送下，一心想当‘女皇'的野心家江青走进了法庭。今天，她身穿黑色上衣，脚穿黑绒棉鞋，头发照旧梳得溜光，鼻梁上架着一副深色宽边眼镜，一举一动还保留着她惯有的那种矫揉造作的姿势。她还运用了当电影演员时的一点表演技巧，在众目睽睽之下，故意抬着头，把脚步放得很慢，做出一副令人恶心的样子。她的座位排在被告席中间的一个铁栏里，在宣读《起诉书》的过程中，她有时摇头晃脑，有时左顾右盼，以掩饰自己心头的不安。"

"在十年动乱中诡计多端的张春桥，今天在法庭上一直歪着脑袋，不是歪到这边，就是歪到那边，始终没有摆正。他的两个嘴角向下撇着，两只眼睛左右斜视……他多次把身子歪靠在椅背上，呆若木鸡。记者发现他虽然只穿着一件薄薄的中式棉袄，还敞开着领口，但他脸上一直不停地冒汗。"

"姚文元坐在被告席上，哭丧着脸，发呆地望着自己面前的审判台，始终是一副忧心忡忡的神态。"

"从上海滩上'一步登天'的武斗司令王洪文，今天形容憔悴，明显地消瘦了，看上去身材也好像比过去矮了一些。他一动不动地坐在那里，两只眼眨个不停，神情异常沮丧。"

正是由于记者对江青之流的丑恶嘴脸观察得入木三分，这篇报道描述才会如此惟妙惟肖，让人读后难以忘怀，进一步加深了对这伙反革命集团的蔑视和仇恨。

2. 要注意观察被采访人物的有个性特征的动作和语言。

人物有特点的动作和语言，是许多新闻报道中不可缺少的内容。通过观察，有意识地抓住这些动作和语言，并把它呈现出来，不仅能充实、丰富新闻报道的内容，而且能增强新闻报道的可读性。记者豪游子曾介绍过他采访一位年纪最小的大学生时的经过："他叫谢彦波，中国科技大学少年班的学生，11 岁考入科大，14 岁读近代物理系三年级。一天下午，他的班主任老师领我去他宿舍找他，他正在楼下玩耍，听说记者来了，就飞也似地逃跑了。第二天午睡时，我又到宿舍找他。两点半他还没起床。我撩开蚊帐一看，他在那儿瞪着眼睛不吭声。蚊帐里乱糟糟的：脏袜子、裤衩和讲义，乱七八糟堆在那里，像鸡窝似的。'三点要上实验课，还不快起床？'我说，他不理睬。片刻，待我正和另一个同学说话，他夹起讲义，哧溜，钻出蚊帐，走了。我尾随在后边，说：'我跟你去上实验课好吗？'还是不吱声。看摆脱不了我，他才放慢了脚步。'我给你拍张照吧！'走在阳光灿烂的地方，我提醒他。'不照，不照，照那有啥用。'谢天谢地，他终于开口了。他矮矮的个子，小平头，一双水灵灵的大眼睛，时不时偷偷睨视我一眼，仿佛警觉地在提防着我。他走路溜边，脚不住地踢着小石子，把讲义卷成一个圆筒，像手枪一样对旁瞄准，嘴里一迭连声：叭叭叭！叭叭叭！——'枪声'不绝于耳。我忍不住笑出声来。我觉得走在我身旁的不是一个大学三年级学生，而是电影《小兵张嘎》里的张嘎子……'你的铁环呢？'班主任告诉我，他最爱玩象棋和滚铁环，上大学时还特意把铁环带了来。'早扔了。'他边回答着，边嘴角漾起一丝谑笑，他可能在撒谎、骗我。"① 后来，记者把这些观察到的人物行动和语言，如实写进了报道，一个活泼可爱、稚气未脱的少年大学生活脱脱地站在了受众的眼前。

3. 要注意观察人物的内心世界。

新闻观察还要求记者注意通过被采访人物的种种外部情绪、神态以及说话的语气等，察觉人物内心的精神状态和感情色彩。这样，不仅能更深刻地认识和把握人物，而且写出的报道也才更有思想深度。比如，《人民日报》记者柏生采访自然科学家、科普作家高士其时，高老已瘫痪多年，基本上丧失了语言能力，无

---

① 豪游子：《采访杂谈》，载《天津日报通讯》1984 年第 4 期。

法同记者交谈。柏生在高老家，看到高老和一个小女孩来回抛送一个彩色的塑料球，“他每举动一次瘫痪的肢体，都要付出很大的力气”，但他“总是以极大的毅力坚持做这种‘儿童式’的运动”。柏生就是从高老的这一举动和神态中，察觉到了他内心深处的活动：要坚持生活下去，要坚持工作下去，因为“他一躺倒不动，那就会永远不能活动了”。柏生把自己观察到的事实和高老的内心世界统统写进了《韧性的战斗》这篇通讯里，结果，通讯产生了很强的震撼力。

第三节　记者的观察力及其提高的途径与方法

所谓观察力，就是指记者观察的能力。作为一个记者应该有很强的观察力。

一、记者观察力的内涵

1. 记者的观察力应该是一种综合的观察力。

“不同的工作，要求有不同的观察力。政治家的观察力在于他善于洞察政治风云，及时识别各种人物的倾向和本质，以高瞻远瞩，深刻博大为其特征；公安人员的观察力在于他善于分辨真伪，排除假象，明察秋毫，跟踪求索，以机敏奇巧为其特征；文学艺术家的观察力在于他善于捕捉事物的形象，发掘人物的性格特征及其表现形式，以形象、细腻、长于美感、丰富多彩为其特征；哲学家的观察力在于他善于发现事物的内在联系和最一般的规律，以精辟、深邃、高度概括为其特征……记者的观察力则应该包括这一切内容。”① 只有具备全面的、综合的观察力，记者才能更好地胜任自己的工作。当然，这并不是要求记者各方面的

① 艾丰：《新闻采访方法论》，第 346 页，人民日报出版社 1982 年版。

观察力都要达到“专家”的水准，也不是要求每一次采访都要有这样全面的观察力，这在实际上是不可能做到的，也是不必要的。因为，随着采访任务、采访类型的变换，对记者的观察力也在不断变换着要求。但是，作为一个称职的记者，应该朝着具备这种综合的观察力方向努力。

2. 记者的观察力应该是“孩童般的眼光和聪明长者的眼光的统一”。

美国著名新闻学者麦尔文·曼切尔说：“记者必须学会用孩童般的眼睛观察世界，他把每件事都看做是新鲜的、各具特点的；同时，他必须用聪明长者的眼光洞察世界，能够区分出有意义的东西和无意义的东西。”① 这一说法是有道理的。孩童般的眼光，能使记者始终具有“新奇感”；聪明长者的眼光，能使记者保持深刻的识别力。两者相辅相承，记者就有了锐利的观察力。

3. 记者的观察力应该是宏观观察力和微观观察力的结合。

宏观观察力就是要求记者的观察要有全局意识，善于从大局、从整体上观察、把握事物；而微观观察力则是要求记者的观察要有一种“精细”意识，善于从细微之处去观察、把握事物。新闻观察活动中，宏观观察力和微观观察力相结合，就能使观察既看得全、看得准，又看得细、看得深。

二、提高记者观察力的途径与方法

人们的观察能力，固然受着遗传、生理、性格、气质等内在因素的制约，而呈现出种种差异，但是，后天的、客观实践的锻炼则对敏锐的观察力的形成起着决定性的作用。记者应该发挥主观能动性，尽可能排除有碍于自己感知客观世界的不利因素，最大限度地提高自己的观察力。

---

① 见［美］麦尔文·曼切尔：《新闻报道与写作》（中译本），第197页，广播电视出版社1981年版。

1. 要自觉养成对客观世界的强烈“关注力”。

艺术大师罗丹说得好，美是到处都有的，对于我们的眼睛，不是缺少美，而是缺少发现。但是，如果对生活冷漠旁观，即使一些令人感动的东西摆在你的面前，你也不可能发生共鸣，甚至会视而不见，听而不闻。① 一个记者只有有了对生活的满腔热情，有了去“发现”生活的强烈愿望，才可能具备敏锐观察力的前提和条件。纵观这些年涌现出来的一批优秀新闻作品，无一不是记者满怀激情，以赤子之心去拥抱生活的结果。比如，在1986年全国好新闻评奖会上，备受众人赞赏的四川电视台的连续报道《长江漂流》，就是记者抱着不怕牺牲生命，也要把这一震惊世界的壮举公诸于世的坚强信念（事实上，就有一位记者为之光荣献身了），和漂流队员一道投身探险行列，历尽千辛万苦，才使自己的观察达到如此细致、透彻的境地，才采写（拍摄）出如此无愧于英雄业绩的新闻报道。

记者热爱生活，关注客观世界，其职业目的是为了从中捕捉具有新闻价值的事实及其材料。因此，除了对生活要饱含激情，要“家事、国事、天下事事事关心”外，还必须对所观察（感知）的对象具有一种强烈的惊异感。心理学研究表明，刺激物持续作用于人的“分析器”（包括各种器官、传入神经通路和相对应的各个神经中枢），会引起感受性变化。而“适应”就是最明显的一种感受性变化的现象，它让人“入芝兰之室，久而不闻其香；入鲍鱼之肆，久而不闻其臭”，从而钝化、麻木人的感知。此外，人们感知客观世界时，“惰性”也往往从中作梗，妨碍人们追求新的发现，使人见怪不怪。强烈的惊异感，则可以拨开“适应”所造成的浑浑沌沌的雾障，可以冲破“惰性”所结成的僵化感知的茧壳。比如，前文提及的那两位采写《五千里

---

① 参见罗以澄：《新闻写作现代化探析》，第 114 页，武汉大学出版社 1989 年版。

路伴鸭行》的记者，在采访中就遇到这样一件事：当运鸭车开到石家庄市时，记者拿起车上的暖水瓶要倒水喝，发现水瓶已结了冰。面对这一情景，押运员们毫无表情流露，因为在他们看来这是"常有的事"，但记者却"大惊小怪"起来，由此，他们进一步观察到了运鸭车上的寒冷和押运工作的艰辛，也更加感受到了押运员的崇高心灵。后来，记者把这一情景写进了报道之中，使报道增色不少。

2. 要积极训练自己感知客观世界的"专注力"。

"专注"可以使人们的感知力凝聚在所选择的观察（感知）对象上，同时能抑制住有碍于感知这一对象的活动。新闻采访强调要抓住客观事物不同寻常的特征，这就要求记者在感知客观世界时，一定要有高度的"专注力"，否则，浮光掠影，则可能使事物的许多含有新意的特征从眼前悄悄溜掉。比如，1956 年 10 月 14 日，上海举行鲁迅先生灵柩迁葬仪式。当时，有一位记者对此事作了这样的报道："……一阵风吹来，把覆盖在灵柩上的'民族魂'大旗卷起一角，许广平（鲁迅夫人——引者注）取下戴在胸前的一朵米色水钻扣花，把旗子牢牢扣住……当灵柩带着这朵扣花徐徐落入墓穴的时候，许广平的泪珠滚出了眼眶……"①正是因为记者具有高度的"专注力"，才能在事件的现场观察得这样细致入微，也才能采写出这样逼真传神的报道。

在上述事件的报道中，记者所观察（感知）的对象是预先确定的，感知的目的贯穿于整个感知过程，这种感知也叫做"定象感知"。现实生活里，记者遇到的更多的是"机遇感知"，即预先没有确定的观察（感知）对象，也没有明确、具体的感知目的，而是生活中偶然引起记者注意的一种感知。这种"机遇感知"更要求记者具有高度的"专注力"，无论什么时候，无

---

① 伍进一：《要有一双会观察的眼睛》，载《新闻之友》1984 年第 2 期。

论走到哪里，都要“竖起耳朵，睁开眼睛，像哨兵似的警觉”。只有这样，才能随时随地捕捉住新闻事实的信息，寻找到具有报道价值的新闻素材。

3. 要刻苦磨练自己感知客观世界的深沉的“思考力”。

人们在感知客观世界时，思考与观察总是相辅相承的，深沉的“思考力”有助于观察更准确、全面、深刻。有位记者曾随同模范县委书记李锁寿下农村搞调查研究。当他们路过一个村口时，看到当地墙上写着一幅大标语：“热烈欢迎县领导来检查指导工作!”李锁寿指着标语，对随行干部说：“这是群众批评我们下来得少。如果我们经常跟群众在一起，一家人就不说两家话了。”当时，在场的许多同志都觉得这话讲得有理，很受感动，但也不过“感动”了一下而已。然而，这位记者却对此话认真思考了一番，玩味不已，并且很快就事论理，写了一篇报道，深刻地说明了干部要时时刻刻不脱离群众，和群众“血脉”相通这样一个道理。

心理学研究告诉我们：感知，总是在过去积累的知识和经验的基础上进行的。在感知某一对象时，人们常常根据已有的知识和经验来解释它、理解它。带有思考的观察，可以帮助记者凭借以往的积累，产生丰富的联想，从而把感知引向更深广的空间。这样，采写的报道才可能内容深刻，更富文采。比如，前文提到的《“飞天”凌空——跳水姑娘吕伟夺魁记》之所以使人犹如置身于达卡多拉游泳场，目睹了吕伟的精彩表演，获得了审美的快感，就在于记者的思考独到，联想活泼，导致了观察的精致。记者由吕伟“那修长美妙的身体犹如被空气托住了”，联想到“敦煌壁画中凌空翔舞的飞天”；由“旋风般的空中转体”，联想到“疾如流星”；由吕伟入水时的姿态，联想到“轻盈的箭”；由吕伟压水花的成功，联想到“自天而降的仙女”等等。观察得如此惟妙惟肖，描绘得如此声色情景俱现，报道自然动人心弦。可见，记者唯有多思、善思，感知客观世界的结果才会放射出夺目的异彩。

思考与练习

1. 联系实际谈谈，新闻观察有哪些作用？

2. 人物观察和现场观察各有些什么要求？

3. 你认为应该如何锻炼和增强自己的观察力？

4. 利用课余时间，到校园里或大街上“逛”一下，写一篇观察日记。

第三编

采访分类论

第十三章　新闻采访对象的专业归属分类（上）

新闻采访的样式是多姿多态的，“本同而末异”，这就需要对其进行分类。恩格斯在讲到自然科学分类的意义时指出：“把自然界分解为各个部分，把自然界的各种过程和事物分成一定的门类，对有机体的内部按其多种多样的解剖形态进行研究，这是最近 400 年来在认识自然界方面获得巨大进展的基本条件。”① 广而言之，分类是人们认识各种自然的和社会的、物质的和精神的事物与现象的一个重要途径，也是人们研究各种事物和现象并获得进展的一个重要标志。新闻采访分类的意义也就在这里。由于新闻采访同其他社会活动一样，是一个复杂的矛盾统一体，是许多规定的综合，因此可以从不同的角度和不同的层次上给以分类。这些分类，都表示了新闻采访活动所呈现出的形形色色、大大小小的样式。

专业类新闻采访，是指根据采访领域所属专业（门类）分类的各种新闻采访样式。1923 年出版的邵飘萍的《实际应用新闻学》，首开我国新闻采访的这种分类样式。它对当时记者的采访由笼统的“外勤”过渡到细致的专业分工起着积极的作用。这种体例一直延用到今天。现在，我国的报社、电台、电视台、通讯社的编辑部，一般都设有总编室和政治部、科教部、工财部、农村部、文体部、国际部等等，而各部内部又分有若干专业

① 恩格斯：《反杜林论》，《马克思恩格斯选集》第 3 卷，第 60 页，人民出版社 1972 年版。

采编组。这种专业化分工，相对缩小并固定了编采合一单位的记者的活动范围，便于记者熟悉情况，钻研所分工的专业业务，从而更好地掌握本专业的采访特点与规律。

专业类新闻采访，尽管专业内容不同，但许多要求则是必须共同遵守的。这些共同要求，便是前文所述的新闻采访的一般原则、规定等。这里将着重介绍专业类新闻采访的特点及其特殊要求。①

第一节　政治类新闻采访

政治类新闻采访，是指对有关国家、政党、社团以及人民群众日常政治生活所进行的采访活动。政治是"经济的集中表现……在有阶级的社会里，经济利益是各阶级最基本的利益。各阶级为维护自己的经济利益，彼此之间必然展开激烈的阶级斗争。因此，阶级斗争、处理阶级关系成为政治的重要内容。政治所要处理的关系，包括阶级内部的关系、阶级之间的关系、民族关系和国际关系。其表现形式为代表一定阶级的政党、社会集团、社会势力在国家生活和国际关系方面的政策和活动"。② 因此，政治类新闻不同于经济类新闻，它不是反映经济基础而是反映上层建筑的新闻，政治类新闻也不同于文化类新闻，它不是反映一般的上层建筑，而是反映上层建筑的核心部分的新闻，即反映代表一定阶级的政党、社会集团、社会势力在国家生活及国际关系方面的方针政策和活动的新闻。正是由于政治在国家生活、国际关系中的重要性，所以政治类新闻历来在新闻传媒中占据着重要的地位。尤其是一些涉及重大政治活动和政治事件的新闻，

---

① 参阅蓝鸿文主编：《专业采访报道学》，中国人民大学出版社 1991 年版。

② 《辞海》（缩印本），第 1465 页，上海辞书出版社 1980 年版。

更是处于传媒新闻报道的“首席”位置。

一、政治类新闻采访的特点

政治类新闻采访的特点，主要表现在以下几个方面：

1. 有着强烈的政治色彩。

同经济、文化等类新闻采访相比较，政治类新闻采访的政治色彩更为强烈。这是因为政治类新闻报道往往是直接反映政治的，而其他类型的新闻报道一般是间接地折射政治的。比如，《人民日报》在国内政治报道方面，经常关注的是全国的政治形势，党中央、国务院的重大决策，以及广大群众在贯彻党和政府的方针政策过程中的思想动向、实际行动与重要经验，省级以上的重要政治会议，党的建议，全党的政治工作和政治学习，重大政治事件，等等。这些报道无不打上深深的、十分明显的政治烙印。

政治类新闻采访带有强烈的政治色彩，还表现在其采访报道的选题是以政治为着眼点的。比如，政治类新闻采访也常常需要涉及经济行业、科技部门、文化单位等领域，尽管它们所从事的主要是经济活动、生产活动、科研活动以及文化活动等，而不是专门的政治性活动，但是这些行业、部门、单位一般都有党团组织，都有工、青、妇等群众团体，这些组织和团体的各级领导执行党和政府的方针政策的情况，他们的廉洁作风、民主作风、批评与自我批评的作风，以及与之相反的、在某些人身上存在的以权谋私、以官压人、个人专权的不良作风和腐败现象，便是政治类新闻采访报道的选题的对象。同样，一些经济界人士、科技人员，如厂长、经理、工程师等，对国家、集体、社会作出过重大贡献，或者相反，偷税、漏税、走私贩私、出卖国家经济情报或技术情报等等，在采访报道时就要从政治着眼选题，而不是从经济的角度入手选题。

2. 讲究“时机”，注重“宣传”效果。

一般新闻采访都要讲究时机性，注重传播效果，而政治类新闻采访在这方面表现得更明显、更突出。

政治类新闻采访固然要抢快，尤其是一些动态性、事件性的政治新闻，往往“过了这个村，就没有这个店”，事后想去补救也无法做到。但是，政治类新闻采访的“抢快”，是建立在“宣传”效果的前提下实施的，是着眼于“宣传”效果的“抢快”。有利于“宣传”效果的，就是采访报道的最佳“时机”。这个“时机”一出现，就一定要“争分夺秒”，抢占“宣传”战中的主动权。比如，1976 年 9 月 9 日下午 4 时正，中央人民广播电台在全世界率先播出毛泽东主席逝世的消息，而之后 7 分钟，美联社才发出“快讯”，发布这一信息。而“该抢不抢”，贻误“战机”，势必会造成“宣传”的被动，甚至带来负面的“宣传”效果。比如，1998 年长江发生全流域性的大水灾时，面对湖北省嘉鱼县簰洲湾因大面积溃口造成人员伤亡这一突发事件，当地的一些新闻传媒出于种种考虑，迟迟不予采访报道，结果引起社会上“流言四起”，不少群众“人心惶惶”。当然，不利于“宣传”效果的，或者报道时机尚未成熟，“宣传”效果不理想时，就一定要注意“该压就压”，“该缓就缓”，等待最佳报道时机的出现。比如，李洪志为首的“法轮功”组织中的某些骨干成员的倒行逆施，前几年就在社会上初露端倪，一些新闻传媒也曾陆陆续续予以“披露”。但是，新闻传媒对这一邪教组织所进行的大规模的采访报道并没开展，就是因为“时机”尚未成熟。1999 年 4 月 28 日，李洪志等人煽动一群不明真相的法轮功练习者围攻中南海，严重地扰乱、破坏了社会秩序，李洪志等人的丑恶嘴脸与险恶用心公开暴露。这时，新闻传媒纷纷作出反应，多层次、多方面进行了采访报道，从而有力地推动了各地与李洪志为首的法轮功组织的斗争。应该说，新闻传媒这一报道时机的选择是恰当的。

3. 采访的面十分宽泛，但“重点”又很明确。

与经济、文化等类新闻采访不同，政治类新闻采访的面十分宽泛，既没有地域和行业等采访范围的界限，又没有社会地位、职业、身份等采访对象的界限。从地域上说，全国不分南北和东西，不分城市和乡村，都是政治类新闻采访的范围；从行业上说，不仅党、政、军等领导机关，各民主党派，各人民团体，还有工、农、商、学、兵等各行各业，也都是政治类新闻采访的范围；从采访对象上说，党和国家的领导人，党、政、军各级负责人，民主党派、人民团体负责人，各界知名人士、劳动模范、先进工作者，普通的干部、职工，乃至流氓、犯罪分子等都可以成为政治类新闻采访的对象。因此，可以说，政治类新闻采访的范围和对象是无处不在，无所不包的。

政治类新闻采访的面虽然十分宽泛，但其重点又很明显。比如，在行业上，重点是党、政、军、工、团，这几方面是上层建筑里的主要领域，对其他领域有着重大的影响。在地域上，重点就在首都、直辖市、省会城市以及计划单列市等大中城市。这些城市是全国或者地方的政治、经济、文化中心。比如，首都是党中央、国务院所在地，许多重大决策在这里作出，许多重要法令在这里制定，许多重要会议在这里召开，许多重大活动在这里举行；首都发生的许多新闻，无论是正面的还是反面的，都可能影响全党、全国。由此类推，省会城市、直辖市以及计划单列市等大中城市，其新闻的影响面会涉及全省或一个区域，乃至涉及全国。在对象上，一般重点放在上层，尤其是上层政治人物上。上层毕竟关系全局，上层政治人物的言行，相对于基层新闻人物来说，对全局就有着更大的政治影响。比如，1992 年春，《深圳特区报》记者陈锡添对我国改革开放的总设计师邓小平同志视察南方所作的采访报道《东方风来满眼春》，其所产生的影响，是其他任何对象都无法代替的。当然，政治类新闻采访重点在上层，并不是单纯地“宣传”上层，而是为了有针对地解决下层存在的思想认识等问题，更有力推动下层工作的开展，同时也是为了让下层更好地了解上层，监督上层。

二、政治类新闻采访的内容及其特殊的采访要求

政治类新闻采访面宽、战线长、对象多、内容丰富、题材广泛，难以一一叙述。这里，仅根据我国国内政治类新闻采访的实践，作一简要阐述。

1. 有关重大政治事件的采访。

重大政治事件，就其性质来说，有进步的，也有反动的，有建设性的，也有破坏性的；就其发生时间来说，有突发性的，也有酝酿较长时间后才发生的；就其过程来说，有的比较短暂，有的可持续相当长的时间；就其影响范围来说，有的仅限于一个局部、区域，有的可涉及全国乃至全世界。总之，不管哪种情况，重大政治事件都会对社会政治生活产生重大影响。世纪之交的1999年，以美国为首的北约野蛮轰炸我驻南使馆；李登辉公然推出“两国论”；李洪志等人唆使“法轮功”练习者围攻中南海等等。这些重大政治事件无不受到新闻传媒们的强烈关注，吸引了大批记者投入采访报道。

采访重大政治事件，记者必须十分注意：（1）要有高度的政治敏感，密切关注政治形势，力求在事件尚处于“青萍之末”时便能做到察微知著，有所预见，有所准备。（2）要坚定不移地站在党和人民大众的立场上，用科学的世界观和方法论，正确把握事件的性质。如果事件的性质一时难于看清，可冷静观察，暂缓采访报道，或者采取客观报道的手法，不急于“说话”、“表态”，以留有余地。(3) 要严守党的宣传纪律。对政治事件，哪些该采访报道，哪些不该采访报道；什么时候可以采访报道，什么时候不可以采访报道；是公开采访报道好，还是搞“内参”好；采访报道到什么程度，掌握什么样的分寸等，都要按宣传纪律办事，按党的宣传口径办事。同时，注意重大政治事件的报道一定要坚持送审制度。

2. 重大政治节日的采访。

我国的重大政治节日，主要有每年的“三八”国际劳动妇女节、“五一”国际劳动节、“五四”青年节、“七一”建党节、“八一”建军节、“十一”国庆节。这些重大政治节日的采访报道虽然具体要求不一，但从共性上说，有这样两个要求则必须共同注意：

（1）要抓好纪念、庆祝活动本身的采访报道。对重大政治节日的纪念和庆祝，有关方面一般都要召开各种形式的集会、座谈、游行，或者演出、游园等活动，记者既要注意深入现场，注意观察，获取现场有价值的新闻素材；同时还要注意有关背景材料的搜集，力求对不同的纪念、庆祝活动采写出各具特色的、富有新意的报道。比如，1969 年国庆 20 周年时，正是“文革”期间，南京军区司令员许世友遭到“造反派”的攻击，心情很不好，不想赴京参加国庆节活动，毛主席闻讯后，先后让周总理和许世友的老战友陈锡联给他打电话，请他一定来北京过国庆节。许世友从电话中得知是毛主席请他，便激动地表示：“身体不好，爬也要爬到北京去。”许世友到北京后，党中央、中央军委特地把他安排住在中南海，其他大军区司令员则安排住在京西宾馆……由于记者捕捉到这些背景细节，并把它写入节日通讯里，结果使报道增色不少。

（2）要有计划地抓好与节日有关的“成就”式的采访报道。比如，“三八”妇女节，就应着重采访报道妇女工作的成就，妇女地位的变化，以及各条战线妇女的英雄模范人物；“五四”青年节，则应着重采访报道青年工作的成就，青年干部的成长，以及青年中的先进分子；“七一”建党节，则应着重采访报道党的事业的发展情况，党风情况，优秀党员、优秀党务工作者、先进党支部的事迹等。“八一”建军节，则应着重采访报道人民军队的不断发展、壮大的情况，子弟兵的丰功伟绩，军民、军政关系，以及军队中的英模人物等；“十一”国庆节，则应着重采访报道各个地区、各条战线的建设成绩，国力的增强，人民生活的改善，以及我国国际地位的提高等等。

3. 党代会、人代会、政协会的采访。

我国定期召开的党代会、人代会、政协会等“三会”，一般来说，会期较长，时间相对集中，会议内容又为全国舆论乃至世界舆论所瞩目，加之参与会议的记者也很多，竞争激烈，因此，对“三会”的采访要注意这样几点：

（1）要推陈出新，不落俗套。“三会”由于定期召开，会议的基本议程大同小异。因此，弄得不好，便会陷入采访报道“年年岁岁花相似”的“雷同”的境地。为此，“三会”的采访报道一定要从不同时期的不同形势、不同任务，以及群众的不同关心点入手，采写出“岁岁年年人不同”的报道。

（2）要切实把握“三会”的性质和特点，切忌把“三会”当成劳模会进行采访报道。“三会”的性质、特点不同，采访报道的重点也不一样。比如，人代会主要应采访报道人大代表如何代表人民来商讨国家大事，为国家制定各种法规，作出各种决定，充分反映人民的意愿。党代会则主要应采访报道党员代表听取和审议上一届党中央委员会工作报告，选举新一届中央委员会，共商党的大事。政协会主要应该采访报道政协委员如何参政议政等。

（3）要做好记者招待会的采访报道。“三会”期间，一般都要召开多次记者招待会，而会上又常常会出现热点新闻。记者一定要提前作好准备，设计几个问题。会上既要主动争取提问，又要注意倾听别的记者的提问与主持人的回答，同时还要注意作好录音记录。记者招待会的报道既可以是实录性的，即记者如何问，主持人如何答，原原本本告诉受众，也可以就一二个中外受众关注的有价值的问题进行报道。

（4）要会上会下、会内会外相结合，大报道小花絮相配合，力求使采访报道形式多样，生动活泼，充实丰满。

4. 党的建设的采访。

党的建设是执政党一项长期的、经常性的工作。搞好党的建设的采访报道，也是我国政治类新闻采访的一项重要内容。党的建设的采访，一般要注意这样三点：

（1）要着力抓好党风建设的采访报道。既要弘扬正气，大力采访报道党风建设上卓有成效的先进集体与先进个人，同时又要敢于揭露丑恶，鞭挞败坏党风的腐败现象。

（2）要围绕党建工作重点的不同阶段，有步骤地、系统地进行采访报道。一般来说，一个时期党建工作的重点处于开始阶段时，采访报道应着重于用事实“讲意义”、“造声势”；进入中期阶段，采访报道则应着力抓“典型”，针对一般，“指导”一般；进入后期阶段，采访报道则应着力于党建工作中出现的新气象、新局面。

（3）要抓好不同历史时期，富有时代特色的优秀共产党员事迹的采访报道。比如，20 世纪中，50 年代的“铁人”王进喜，60 年代的雷锋、焦裕禄，70 年代的张志新，80 年代的张子祥，90 年代的孔繁森等，对这些时代典型的采访报道，在各个时期都奏出了时代的最强音，引起了巨大的社会反响。

5. 少数民族的采访。

我国是一个统一的多民族国家，除汉族以外，尚有 55 个少数民族。少数民族人口占全国总人口的 8.04%，民族地区却占全国总土地面积的 50%～60%。因此，加强少数民族新闻的采访，也是我国政治类新闻采访中不可忽视的内容。

对少数民族的采访，有着这样几个显著特点：条件艰苦，交通不便，语言不通，生活习惯不同，风俗不同，政策性强，准确性要求高。为此，采访中要注意以下几点：

（1）要认真学习、领会党和政府的民族政策，要有马克思主义的民族观，并善于运用这些观点、政策去解释和反映各种现象。

（2）要有一定的民族知识，对民族地区的政治、经济、文化、教育及宗教等有一定的了解，最好能知道一些各民族的发展史。

（3）要善于吃苦耐劳，能不辞辛苦地跑到民族地区去采访第一手材料。要学会适应民族地区的生活习惯，懂得少数民族的主要礼仪，知道他们的文化传统。

（4）采访报道一定要坚持以正面报道为主，有分寸地反映某些困难或问题为辅的方针。尤其对少数民族地区存在的问题和落后现象，一定要用善意、积极的态度，客观、真实地进行采访报道，切忌过多、过于集中。

（5）对少数民族地区的一些奇特的风土人情，要用热情和科学的眼光来看待，切不可为了猎奇而伤害民族感情，影响民族地区的稳定。

6. 外事报道的采访。

外事报道是指在中国或外国发生的关于中外关系的具有新闻价值的事实的报道。外事报道的采访要注意这样几点：

（1）要熟悉我国的外交史，懂得我国的外交政策。有了历史眼光，知道来龙去脉，才能弄清外交上许多复杂的问题，从偶然性中看出必然性，从而增强新闻敏感，争取采访报道的主动。同时，熟悉外交政策，也才能更好地掌握采访报道的程度与分寸。

（2）立足中国，放眼世界。对中国国情要有深入的了解，才能使采访报道更有针对性，做到以“外”促“内”。同时，放眼世界，具有了世界各国的知识，对国际形势的发展变化非常清楚，才能更好地把握采访报道的“火候”。

（3）采访要注意礼貌、得体。访前要向对方说明意图，争取对方合作；提问要避免提对方忌讳的问题；交谈时要善于倾听，切忌心不在焉、左顾右盼，更不要随意打断对方谈话。此外，还要注意衣着打扮要合适，言谈举止要有风度，要遵守时间等，这都是讲礼貌的表现。当然，讲礼貌不等于不顾人格、国格；外事采访还要强调记者的态度应自尊、自信，落落大方，不卑不亢。

（4）要严格遵守外事纪律。“外交无小事”，外事新闻采访有着严格的纪律规定，比如，不向外宾提出涉及到与我国友好的国家的带有敏感性的问题。还有，一些外交措辞、用语，诸如表明我国政府或外交部门对国际上发生的重大事件的原则立场和态度的——“表示严重关切”、“深表关切和不安”、“深表遗憾”等；表明我方对来访客人接待程度的——“受到欢迎”、“受到热烈欢迎”等；表明我方对双方交谈气氛、内容评价的——“双方交换了意见”、“进行了交谈”、“进行了友好的交谈”、“进行了亲切、友好的交谈”、“进行了友好、坦诚的交谈”、“进行了广泛、深入的交谈”等；表明我方评价对方政策、观点、主张、态度的——“赞同”、“赞赏”、“欣赏”、“应有评价”、“高度评价”等。这些措辞、用语，都有讲究，必须仔细斟酌，切忌自作主张，随意使用。

7. 法制报道的采访。

所谓法制报道，就是社会生活各方面发生的与法制相关的、有新闻价值的事实的报道。法制报道的采访要特别注意以下几点：

（1）要有较丰富的法律知识和高度的法律意识。法律工作的严肃性，要求从事法制报道采访的记者一定要“懂法”，切忌在法律常识上闹笑话。比如，有的报道说，某地党委十分重视政法工作，重视社会治安问题，不仅增拨办案经费，还常常亲自动手处理大案要案。这样的报道所赞扬的实际上是一种违反宪法的行为。因为根据我国宪法规定，人民法院依照法律规定独立行使审判权，任何个人和组织不能干涉，更不能取代。

（2）要熟悉法制工作的程序、特点和基本原则。这样才不至于在采访中发生将常识当新闻，或者将新闻埋设的问题。与此同时，对司法部门的纪律也要熟悉。比如，法院常会将一些案卷提供给记者参阅，记者要适当选用这些材料。一般在未经特许的情况下，不宜大量引用案卷原文，或详细披露有关证据的来源和历史资料。法庭内已讨论的记录，未经许可，也不能随意披露，因为这些都属于一定程度的秘密。

（3）要倾听多方面的意见，注意采访报道的确切性、客观性。法制新闻中的一些案例报道，往往是矛盾的汇聚点。围绕一个事件，原告、被告、检察官、律师、审判员这几个方面构成了一个特殊的矛盾体，分歧与争论是必然的。倾听多方面的意见，才能力求采访报道的客观、公正。另外，法制新闻采访报道中还要注意交代消息的来源，切忌记者以审判员、当事人的身份出面评价事实。比如，一则报道说："今天上午，××因殴打警察罪被拘捕。"在法院尚未审判之前，任何人或机构都无权认定某人有罪，记者凭什么说××犯了罪呢？据此，采写这则报道的记者就可能构成了诽谤。这则报道如改成："据警方告知，今天上午，××被指控犯有殴打警察罪而受到拘捕。"这就客观、确切了，记者自然也就"超脱"、主动多了。

（4）要注意保护有关人员的秘密，切实保护公民的隐私权。对有些案件的受害者，或者与案件有关的亲属，不宜披露他们的姓名、住址，以保护他们在社会上正常生活的权利。尤其是与案件有关的举报人、证人，更要为他们保守有关秘密。与此同时，法制新闻的采访，还要十分注意保护普通公民的隐私权。普通公民与国家公职人员、社会名流不同，后者是公众关注的人物，尤其是国家公职人员，其行为与大众事务联系密切，理应让公众更多了解，从法律上讲，传媒对他们拥有较大的报道评论权而不被认为是侵犯隐私。而普通公民，他们与公众事务关系不大，只要他们的个人行为不违反法律，不影响他人，就没有必要进行采访报道。报道隐私，是一种违反记者职业道德的行为。

8. 军事新闻的采访。

军事新闻是指对与武装力量或战争直接有关的新近发生的重要事实的报道。军事新闻采访要特别注意这样几点：

(1) 既要突出军事特色，又要服从政治目的。军事从属于政治，服务于政治，军事新闻的采访报道历来受到政治的制约。为此，军事新闻采访一方面要注意侧重军事事实，密切配合政治；另一方面要注意从政治上着眼，定准军事采访报道的基调；再一方面就是要注意从军事事实出发，表达政治倾向。

(2) 既要讲究时效，又要注意保密。一方面要弄清“密”与“非密”的界限，属于“密”的，就得“严保死守”，决不泄露；属于“非密”的，就要抢时间发布。另一方面要审时度势，不失时机。形势变化，具体事物的保密等级、范围、时限等都会随之改变。为此，要善于抓住解密的临界点，要看准形势的变化，及时作出反映。再一方面要讲究方法，采取主动。应在保密的前提下，巧妙地运用各种方法，进行采访报道。

(3) 既要壮“军威”，又要颂“军魂”。这就要求军事新闻采访的重点应放在“人”上，抓住了人的活动和思想，就抓住了具体军事工作中既有个性又有普遍意义的东西。与此同时，军事新闻的采访报道，也要注意对军事工作的成绩及其意义的反映，从而使受众更全面地领略“军威”，感受“军魂”。

(4) 既要立足军队，又要面向民众。军队是军事工作和战争的主力，民众则是其基础。坚持立足军队，面向民众，就会拓宽军事新闻采访报道的范围，增进军民之间的联系，扩大军事工作的影响，吸引更多民众理解、关心、支持军事工作，共同搞好国防建设。为此，军事新闻采访要注意在那些受人瞩目的重大军事事件上下功夫；要注意在那些发生在军事领域而又能在军队和地方都引起思想共鸣的重要事件上下功夫；还要注意在那些涉及军民关系、军政关系中出现的新情况、新问题、新事件、新风尚中下功夫。

(5) 既要注意搞好军事领导机关的采访，又要深入军旅、深入战场采访，同时，还不要忽视对战俘的采访。军事领导机关是决策机构，也是军队反应敏捷的神经中枢，还是人才聚集之处。在这里采访，既有利于记者掌握全局，掌握动向，又有利于了解、熟悉领导人物不寻常的军旅生活、传奇般的经历，从而采写出有分量的报道。深入军旅、深入战场进行采访，是难度最高又最富特色的军事采访。它能让记者获得实际感受，加强对战争的理解，增强对士兵、对人民的感情，激发自己的责任感、使命感。它也会更好地帮助记者掌握第一手材料，在情况险恶且变幻无穷的战场上，捕获到生动的、有特点的新闻事实。对战俘的采访，可以借战俘之口，有力地揭露敌人、打击敌人；可以通过战俘的切身感受，对敌进行政策攻心，以瓦解敌人。

第二节　经济类新闻采访

经济类新闻采访，是指对有关国民经济、生产建设、流通领域以及人民群众日常经济生活所进行的采访活动。

以经济建设为中心，这是我国社会主义初级阶段基本路线所确定的中心任务。由此，经济类新闻也理所当然成了各类新闻中最为热门的新闻。据有关方面的抽样调查，新时期以来，我国受众对经济类新闻的兴趣正日渐浓厚，80 年代初期对此感兴趣的人数只有 10%左右，到 80 年代中后期上升到了 20%～30%，进入 90 年代后则达到了 68.5%。① 足见经济新闻的社会影响力之大。

一、经济类新闻采访的特点

与政治、文化类新闻采访相比较，经济类新闻采访有着如下几个主要特点：

1. 在采访报道的指导思想上，涉及到的具体政策和规定繁杂多样，其内在关系又错综复杂。

经济类新闻采访的领域十分庞杂，从大的门类看，不仅有工

---

① 引自《中国受众与新闻媒介》，《新闻大学》1997 年夏季号。

业、农业、金融财贸业、交通运输业等行业，而且每个行业又可以细分许多二级或三级行业，如工业门类中便有能源、机械、电子和轻纺、卷烟、制药、食品加工等重、轻工业之别。与此同时，从企业所有制上看，也有着国家所有、集体所有、个人所有及外资、合资、独资等的区别；从国有企业的管理归属上看，还有着中央管理与地方管理，控股与参股等等之区别。此外，经济类新闻采访的领域还包括社会上方方面面人群的衣、食、住、行、玩等日常经济生活，以及与之相关的形形色色的第三产业。这样，经济活动的运转自然要受到不同部门、不同行业、不同地方所制定的各种各样的具体政策和规定的指导和干预。由于利益的关系和理念上的着眼点不同，这些具体政策和规定之间就可能存在着不一致、不协调的地方；也会出现有些地方或部门、行业作出的具体政策和规定有助于推动经济活动的正常、健康运转，而有些地方或部门、行业作出的具体政策和规定则会影响甚至阻碍经济活动的正常运转。为此，经济新闻采访必须认真学习、掌握社会主义经济建设的基本理论与基本政策。这是我国整个社会主义历史时期从事经济新闻采访所确定的报道方针和报道思想的根本依据，是经济新闻采访报道符合经济运行规则、正确反映经济活动规律的重要保证。当然，具体政策和规定不是不要学习、不要了解，但一定要以社会主义经济建设的基本理论与基本政策为“参照系数”。否则，经济类新闻采访完全被具体政策和规定所左右、所束缚，就势必会因违背经济活动的规律而带来负面的传播效果。比如，20 世纪 80 年代中期，我国的基本建设已出现了投资膨胀的问题，大规模的基建投资已超过了国力的承受力，从而影响、制约了整个国民经济的良性发展。然而，面对这种局面，有些地方和部门出于种种考虑，仍然作出加大基建投资力度的决策。在这一背景下，新华社于 1985 年 1 月 29 日以肯定、赞赏的语气，采写并发布了这样一则综合性报道：“正在建设的全部项目约有数万个，其中大中型项目为七百多个。在长城内外、大江南北，到处可见热火朝天的建设工地。”实践证明，这种不顾国情，“宣传”扩大基本建设规模的做法是盲目的、错误的，是记者违反了经济报道科学化的结果。

2. 在采访的对象上，涉及到的具体业务工作、活动等往往呈程序性、重复性。

经济类新闻采访大多关联到物质生产的实际工作，而物质生产的实际，又大多是些经济业务工作，带有很明显的程序性和重复性。比如，工业部门的业务工作不外乎增产节约、企业管理、调整产品结构、提高产品质量、搞好产品包装等等；农业部门的业务工作，则不外乎春耕春种、大田管理、三夏三秋、农田基建、多种经营等等；而金融商贸部门的业务工作，则不外乎存款贷款、财政收入、市场供应、物价调控等等。经济部门的业务工作，当然是经济新闻采访的一个重要基点和入口处；但如果仅仅局限于这些业务工作中，经济新闻采访势必造成这样的结果：农业报道常唱“四季歌”（春播、夏管、秋收、冬建），工业报道老奏“三部曲”（年初开门红、年中双过半、年末超指标），金融商贸报道则总弹“两重唱”（提倡礼貌待客、提高服务质量）。为此，经济类新闻采访既要注意钻进去，从业务工作入手抓问题，又要注意跳出来，从经济与社会、经济与文化、经济与人民群众生活的结合部上，对复杂的经济现象进行多侧面、多方位的剖析，以捕捉具有特点的、受众喜闻乐见的题材；同时，还要十分注意“既见物又见人”，注意经济活动中人的思想、人的心态、人的表现。这样，经济类新闻的采访报道才能做到常采常写常新。

3. 在采访的内容上，涉及到的具体数字多，数量性强。

对于经济类新闻采访来说，面对的很多事实常常是用数量形式表现出来的。大量的数据、统计，往往枯燥乏味。然而，在某种意义上说，经济学本来就是一门注重定量的学科。经济类新闻采访如果不懂得数量与新闻价值的关系，不会从数量的变化中发现新闻，或者埋没在一大堆数字里面，是难以胜任经济类新闻采访报道的任务的。为此，经济类新闻采访必须学会同数字打交道，经常研究、分析数字，善于从数字的变化中找到经济类新闻的价值所在。比如，1996 年 1 月 8 日，上海《解放日报》在头版显著位置刊登一则报道：《上海经济抗波动能力明显增强》，引起了社会各方面的关注。因为，这一提法与结论不仅当时在新闻传媒上是第一次出现，而且在上海市政府公开的或内部的报告中也尚未正式提出过。这条有重要价值的新闻，便是记者从市统计局一大堆数据中认真研究、分析得来的。当时，记者根据大量数据把 1981~1995 年这 15 年间的经济增长率全部用图表勾画出来，画成了一条曲线，结果发现：在 1992 年以前的 11 年间，存在着很明显的三个波谷和波峰，而 1992~1995 年的 4 年间波浪几乎消失了，是一根相当平直的线，只微微有点起伏。以这些数字为依据，记者终于得出了“上海经济抗波动能力明显增强”的结论。就这样，一条重要新闻产生了。与此同时，经济类新闻采访还要善于运用“对比法”、“换算法”、“解释法”、“说明法”、“图表法”等方法，让枯燥的数字“活”起来。比如，有则报道《上海工业每分钟创造的价值》，其中叙述了“上海工业几年来为国家积累了大量的资金”，接着就具体说明：“单是国有工业部分，在过去的 4 年中，平均每一年上缴利润就可以给国家建设一个第一汽车制造厂；而国家给上海工业的全部基本建设投资，过去的 4 年加起来还不够建一个第一汽车制造厂。”有了这样的对比、解释、说明，原本呆板的新闻便显得既形象、实在，又通俗、易懂了。

二、市场经济条件下，经济类新闻采访报道的运作方法

进入 90 年代以来，随着社会主义市场经济理论的提出与形成，我国的经济体制及其运行机制发生了重大的变化，我国的社会生活也出现了一场由计划经济时代开始向社会主义市场经济时

代“转型”的深刻变革。正确地认识、把握社会主义市场经济条件下经济类新闻采访的特点、规律，矫正旧的、不合时宜的新闻采访模式与方法，应该是我国新闻界的当务之急。

在市场经济条件下，经济类新闻采访的运作方法要注意这样几点：

1. 新闻价值的取向定位，应该由“指令传递型”转变为“信息传导型”。

新闻价值作为新闻采访者衡量、取舍新闻事实的一种尺度，显然是一种观念形式。由于过去的新闻报道是计划经济通过新闻手段的反映，因此新闻采访者的新闻价值观便不可避免地要打上计划经济的烙印。计划经济的一个显著特征是：国家对经济活动进行由上而下的指令性安排，运用行政指令作好资源配置。这样，经济新闻采访报道的新闻价值取向定位自然囿于上级指令的传递上：经济类新闻的重心是宣传、贯彻上级的指令、决策和计划；衡量、决定一个企业值不值得作采访报道的选题，便是看企业发挥生产实体的功能如何，是否完成了国家或上级规定的生产指标、产值、利润等。在这种新闻价值取向定位的影响下，多年来我们的经济新闻采访的运作过程，一方面偏重于报道企业完成上级指令所取得的成就、经验；另一方面则强调报道的“声势”，强调报道的“集中性”、“一致性”，以保证上级指令传递的及时、畅达。应该公正地说，计划经济条件下的经济类新闻报道，在反映、宣传我国社会主义建设的成就上是比较充分的，它顺应了我国社会政治生活的激励机制，产生了较为积极的社会效果。因此，对计划经济条件下形成的新闻价值观和思维定势，我们不能轻易地一概否定。但是，面对现在正在实践着的社会主义市场经济，这种单纯从指导性、工作性上取舍新闻事实，单纯强调新闻的宣传舆论功能的经济类新闻采访报道观念及其新闻价值取向便不合时宜了。

社会主义市场经济区别于传统的计划经济的一个主要特征

是，在运行机制上它以价值规律为轴心，改变以往靠自上而下的行政指令配置资源的做法，而让市场在国家宏观调控下对资源配置起基础性作用。在市场经济中，企业便不是一个“奉命生产”的生产实体了，而是一个在商品的生产、交换中，自主决定经济行为并承担相应后果、相应风险的经营实体了；同时，国家和政府对经济的管理方式，便不是靠行政手段而主要是通过法律的、经济的手段以及信息的引导来实施了。在市场经济的条件下，资源配置的合理与否，企业（乃至个人）的经济行为、决策的得当与否，一个重要的环节就是要解决好各种各类信息的收集、传播、反馈与运用。与此同时，市场经济行程中，商品经济高度发展，促使经济领域里各方面的新信息层出不穷，人们（企业和个人）离开了信息便难以正常工作和生活。因此，现今社会对经济信息也有着多方位、多层次的广泛需求。社会主义市场经济的新特点、新情况，理应要求经济类新闻的采访者更新观念，调整思路，对经济类新闻的新闻价值取向重新定位：变过去以传递行政指令为主的“指令传递型”为注重经济信息的采集与传播的“信息传导型”，从而突出和强化新闻传媒的信息传导功能。可以说，市场经济条件下的新闻传媒，实质上就是信息的载体；经济类新闻报道的新闻价值，就是取决于报道的事实给受众提供的信息量；采集、传播各种富有价值的信息，就是新闻传媒为社会主义市场经济服务的主要手段。为此，经济类新闻的采访要大力加强经济信息的传播广度与密度，既要注意传递涉及有关经济政策、社会经济生活与经济活动等方面的信息，还要注意传递金融、技术、劳务、人才、物资等各种信息；既要注意传递反映某一经济现象的微观性信息，更要注意传递反映经济发展的趋向、走势和预测的宏观性信息；既要注意传递本地的、国内的信息，更要注意传递海外的信息，尤其是世界各地经济活动与经济行情变化的信息。这样，经济类新闻的采访报道才能为受众提供多样化的信息服务，才有利于受众在纷繁复杂的市场经济中作出正确的判断和决策，也才有助于新闻传媒充分发挥自己的应有功能。

2. 采访报道的范围，应该由“生产封闭型”转变为“市场开放型”。

几十年来，由于我们的经济类新闻的采访报道一直处于计划经济的环境中，所以，其采访报道范围便与计划经济控制的范围有着明显的相关性。在计划经济条件下，整个经济活动的运作是围绕着“以生产为中心”而进行的；其间的经济联系也是单一的封闭型的纵向联系，企业只对其上级负责，按照上级的规定完成生产任务，生产的产品也由上级负责“统收”、“包销”。因此，那时经济类新闻的采访报道范围便囿于车间、矿井、田头，报道的内容无非是反映生产成绩、生产经验、建设成就，以及新产品、新工艺的问世等，而且报道的重点也仅是围绕着国家或者上级的经济工作步骤的重心来安排的。一旦经济工作步骤的重心从某一行业、某一领域转移到其他行业或领域时，我们的采访报道重点也就随之转移。

市场经济中，生产与流通是相衔接的，市场对生产和消费起着决定性的作用。市场既是检验商品及其生产企业效益的试金石，也是调节和指导企业生产的调节器、指示器；同时，市场又联结着社会生活的方方面面，关系着千家万户的利益。市场上，不仅有五颜六色的各种有形的商品，而且有各种无形的经济信息、科技信息、人才信息，还有各种未转化成有形商品的科学研究成果。活跃在市场上的，不仅是商品的经营者、消费者，而且有商品的生产者、研究者。市场的运行和变化，不仅左右着商品的消费者、经营者，而且指挥着商品的生产者、研究者。因此，这里所指的市场，已不仅仅是计划经济时期传统意义上的商品流通和货币交换的场所了，而是今天我们社会经济生活中最活跃、最多变、内涵与功能又最丰富的舞台了。市场经济的经济活动便是以市场为中心来运作、来开展的。我们的经济类新闻报道要顺应市场经济的这一新动向、新要求，就必须面向市场，走向市场，反映市场，引导市场；经济类新闻的采访报道的重心就应转到市场上来；采访报道的报道范围就应从过去的以“生产”为主体，转到现在的以“市场”为主体上来；经济类新闻的采写就应注意围绕着市场经济所赋予的商品流通、资金融通、生产要素流动、经济信息传播、生产调节指导等多元化、多功能的社会主义大市场找选题、找素材、写报道。不光是商品的生产与销售，大凡涉及到各类市场的建设与成熟；涉及到市场的运转情况及其运行机制、规则；涉及到各种动态的市场行情与信息，诸如汇率、利率、债券销路、股票指数的升降、中央银行的干扰程度等金融行情，国内贸易的销售量、国际贸易的平衡与逆差等贸易行情，商品品种、价格、成交量的变化等商业行情，以及房地产、期货市场的信息等等，都可以作为我们经济类新闻采访报道的选题对象。

市场经济的经济联系是开放型的，其经济的“触角”伸向四面八方，从而形成一个以市场为中枢的纵横交错的立体经济网络。市场经济中，企业和个人的经济行为并不为单一的地域观、行业观乃至文化观念、价值标准所制约、所影响，而是多种因素、多种条件综合权衡、判断的结果。在经济活动的实务领域里，是无“权威”可言的，也是无“典型”可以模仿的。为此，我们的经济新闻采访报道应注意改变过去那种偏重于微观，进行一厂、一店、一村式的所谓“典型化”的报道模式，力求从宏观上，从全方位、深层次的经济联系上来反映丰富多彩的经济生活，反映变化多端的形形色色的经济现象，并要注意加强对经济发展的现状与趋势、走向等作分析性、预测性报道。除此之外，为了满足企业和个人对各种信息作综合权衡、判断的需求，提高新闻的可受性，我们的经济类新闻采访报道还应注意改变过去那种局限于经济领域，围绕着经济建设的成就、经验来采访报道经济的做法，力求从经济与文化、经济与法律、经济与科技、经济与社会的结合部上变更经济新闻报道的视点，拓展、延伸经济新闻的采访报道范围。比如，可以从经济活动、经济生活的各种现象中，寻找涉及文化的、法律的、科技的、社会的视点上审视各种经济活动、经济生活的现象与问题，以采写出为广大受众（不仅仅是经济圈内的受众）所关注、所感兴趣的文化性经济新闻、法律性经济新闻、科技性经济新闻、社会性经济新闻等。

3. 采访报道的时态，应该由“报道滞后型”转变为“报道即时型”。

新闻是新近发生、发现的事实的报道。迅速、及时地传播既具新闻价值又具“宣传”价值的事实信息，是我国社会主义新闻报道的一大特点和规律所在，也是我们社会主义新闻价值观的一大体现。然而，在长期的计划经济条件下，由于传统的新闻观念的束缚，导致了经济类新闻采访报道上的新闻价值观的“错位”——注重事实信息传播的“宣传”价值而忽视其新闻价值。这样，经济类新闻的采访报道时态就往往不是“及时型”、“即时型”的，而是“滞后型”的或者是“趋前型”的。

众所周知，经济活动及其发展如同社会上的其他事物一样，是存在一个不断运动、变化的曲折的行进过程的，而不是一帆风顺的或者静止不变的。回顾以往的经济新闻采访报道（不是指一般的政策性信息传递的报道，而是主要指经济活动的现象及其发展的报道），每当国内经济形势较好或较顺利的时候，我们的报道时态通常就是呈“即时型”的，能对经济发展的现状与行进态势予以及时报道；而当经济发展的形势不尽如人意或者遇到挫折、出现经济滑坡时，我们的经济新闻采访报道的报道时态就常常不相一致了，要么“滞后”——当时保持沉默，不予报道，等待经济发展走出“困境”，朝好的方向转化时才着手进行报道，报道的便是经济发展“已经走出低谷”，“开始出现好转”，“呈现回升局面”等等。至于何时进入“低谷”，为何进入“低谷”这两个重要的新闻要素则很少予以涉及、披露。要么“趋前”——在经济发展处于困难或不利局面，而又必须作报道时，便从“今后会怎么样”的“预言家”的角度着手进行报道，报道的便是“明年的经济增长率将会达到……可望超过今年”，“明年职工收入可望提高到……”等等。当然，从经济活动信息的传递和稳定大局、安定社会的宣传目的和效果看，这种“滞后式”、“趋前式”的报道并非不可以（尤其是“趋前式”的报道如能科学地预测、预见经济活动及其发展的未来走势，那更是经济新闻报道所不可缺少的）。但是，这种报道时态带来的一个很明显的问题和弊端是，经济类新闻的采访报道作为经济活动及其发展的“同步记录”，常常会出现不应有的“空白带”。要根据我们的经济类新闻报道来了解、研究中国的经济现象与问题，便有了一定的难度，因为这些报道之间是“跳跃式”的，是“不连贯”的。我们今天的经济类新闻报道，就难以作为明天的“经济历史”来看待。

市场经济中，经济活动和经济生活的现象纷繁复杂、多姿多态且变化多端，人们需要通过新闻传媒及时地、全面地了解和掌握这一现象及其变化，以随时调整、规范自身的经济行为，适应市场经济的要求。为此，经济类新闻的采访报道也必须对经济活动及其发展的现状作“即时态”的反映和传播，即不仅要及时报道“上坡期”（尤其是“波峰期”）的经济形势，也要及时报道“滑坡期”（尤其是“谷底期”）的经济形势。这样，我们的经济类新闻的采访报道才能客观地、较完整地反映出经济活动及其发展的全过程，才能给受众一个对经济形势的较客观、较全面的认识的参照系数。与此同时，在市场经济条件下，我们国家和政府对经济活动和经济生活的管理是通过市场作宏观调控来实施的。市场的种种要素及其结构关系是处在经常性的变动之中的，新情况、新变化层出不穷，因此，国家和政府为实施宏观调控而制定的方针、政策便具有不间断调整的特性。当前，我国社会主义市场经济还处于建设、完善阶段，必然存在相对的不完善性和渐进性；国家和政府所制定的具体的有关经济政策、方针以及相应决策、措施等，在实践过程中也必定会逐步暴露出各种状态的不协调现象。为此，我们的经济类新闻的采访报道也必须是呈“即时态”的，要及时地传递各种经济活动与经济生活的现状，要及时地反映市场经济行进过程中的各种不完善性存在，从而较完整地勾勒出市场经济渐进性的发展态势，这样也才有助于国家和政府不间断地调整有关经济方针与政策，消除已经出现或者可能出现的与实践不协调的现象，以积极推动市场经济健康、有序地发展。

总之，“即时态”的经济新闻报道，是顺应新闻传播规律，提高新闻报道自身质量的要求，也是顺应社会主义市场经济规律，争取经济新闻报道最佳社会效果的要求。

4. 采访报道的事实选择，应该由“焦点透视型”转变为“散点透视型”。

用事实说话，即通过对新闻事实的取舍和客观描述来显示、阐明新闻传播者（新闻采写者及其所服务的新闻传媒）的观点、意见，是新闻报道的基本形式，也是其又一大特点和规律所在。但是，如何运用事实进行“说话”呢？经济体制及其运行机制不同，经济类新闻的采访报道对此的要求与做法也不尽相同。

多年来，在计划经济体制制约下，我们经济类新闻的采访报道的习惯做法是，借助某一个（或者某一类、某一方面）的事实材料作依据，来说明、反映某一种经济活动和经济生活现象的合理与否，或者某一种经济观点、主张的对与错（评价的标准就是看是否符合上级的决策、规定）。例如，某个时期，国家和政府强调重视重工业的建设时，我们的采访报道便大量地搜集、运用那些能够反映重工业建设“欣欣向荣”的局面的事实材料，或者那些能够反映重工业企业成功经验、成就的典型事例进行报道，以此证明上级的决策、政策的正确、英明，并借此推动上级的政策、决策的贯彻落实。这种单向的“焦点透视式”的新闻采访报道模式，是计划经济时代的必然产物，当时有它存在的合理性和必要性。

然而，市场经济体制下，经济活动呈多元竞争的状态，社会经济生活广阔、复杂。单向的“焦点透视式”的报道模式，由于局限于对经济活动和经济生活作简单的“一事一报”、“一事一议”等告知式的传递与评析，局限于对事实材料作单面、单体式的审视与运用，不但难以客观反映经济活动与经济生活的真相，而且也难以适应今天市场经济社会里，受众由于群体文化素质的提高和情报意识的增强所形成的更乐于参与外部世界、更乐于作独立思考的心理要求。比如，前些时候，为了强化引进外资的宣传力度，我们的采访报道便纷纷围绕着各地开办了多少家外资企业，吸引了多少外资投入（尽管有些投入还是意向性的，也计算在内），如何治理吸引外资的“软环境”，引进外资后可以增加多少出口创汇，又可以解决、容纳国内多少劳动力的就业等等事实材料作报道。这样的报道，由于单纯地传递引进外资的重要性、优越性的信息，一方面可能诱发一些地方和部门互相攀比，搞形式主义，甚至出现弄虚作假的错误行为，导致经济活动、经济生活走向歧路；另一方面也可能在部分受众中引起“反思”：引进外资真的那样“十全十美”吗？难道不会对我国国内市场带来冲击？难道不会加剧国内已经出现的能源、交通的紧张？难道不会影响到国内企业尤其是国有大中型企业与外资企业的平等竞争？其结果不但不能达到应有的传播目的，还会诱发受众对报道的“逆反心理”。

面对正在实践着的社会主义市场经济，我们的经济类新闻的采访报道应该改变过去那种单向的“焦点透视式”的采访报道模式，而代之以多向的“散点透视式”的采访报道方式。即在传递、评析某种经济活动和经济生活的现象时，要力求选择、运用各个方面与之相关联的事实材料（包括对这种现象的不同评价的观点材料），并以“释析”的手法审视、剖析这一连串的相关的事实材料，借此达到“说话”的目的——揭示所报道事实

（信息或现象）的真相及其内在意义，给受众以正确的“导向”。“散点透视式”的经济新闻采访报道，十分注意追求所传递信息的整体丰富性，它既要揭示信息的不同的“质”（包括各种不同的意见、评价），又要揭示信息的不同的“流向”（各种成因及其带来的各种不同的后果）。这样，经济新闻采访报道所传播的信息便是多方位、多侧面、多层次的，且富于思辨色彩，其所要“说的话”便是全面、客观、公正的。也只有这样，经济新闻的采访报道才能满足今天受众的“新闻欲”，才能合乎社会主义市场经济所带来的社会经济生活自我调节机制的要求，才能充分发挥新闻传媒在社会主义市场经济中的新闻舆论功能。

思考与练习

1. 政治类新闻采访有些什么特点？

2. 从采访角度分析一下近期传媒上刊登的政治类新闻报道，看看其有何优缺点。

3. 经济类新闻采访的特点表现在哪些方面？

4. 联系实际谈谈，市场经济条件下，经济类新闻的采访报道在运作上要注意些什么？如何出新？

第十四章　新闻采访对象的专业归属分类（下）

第一节　文化类新闻采访

文化类新闻采访，是泛指报道有关文化艺术、教育、卫生、科技、体育等方面内容所进行的采访活动。

随着社会的发展与进步，人们在追求物质文明的同时，对精神文明的需求也日益广泛、迫切，这也是文化类新闻的采访报道如今愈来愈受到新闻传媒重视的主要动因。

一、文化类新闻采访的特点

同政治类、经济类新闻采访相比较，文化类新闻采访的主要特点表现在这样几个方面：

1. 选题有着较强的“可受”性。

文化类新闻采访报道的题材都属于精神文明建设范畴中的人与事，其内容通常又都是些能“冲击”人的情感、心灵的东西，有着较强的直观性、可受性。为此，正确处理好“事”与“理”间的关系，把握好新闻报道的“度”，是文化类新闻采访的关键所在。

2. 对象的文化层次高。

文化类新闻采访报道的对象大多是层次较高的知识分子，又多是些社会名流；而且，对象间又往往存在着不同的甚至相左的学术、艺术观点和风格。因此，要学会熟悉、了解知识分子，掌握不同知识分子的个性，善于同他们打交道；同时，要尊重不同文化流派的各家观点和风格，切忌褒此贬彼或者介入其间的是非之争，这是文化类新闻采访必须掌握的基本原则。

3. 内容有着较强的专业性。

文化类新闻采访报道中所涉及的专业知识与技术广博且深奥，而且有些知识和技术又有着很强的保密性。为此，文化类新闻的采访报道一方面要注意尽量学习、掌握各种有关知识和技术，这样既有利于与采访对象交往，又有利于从中发现“新闻”，还有利于做好对一些过于专业的知识和技术的化解工作，以便于受众接受；另一方面要注意慎重对待一些新出现的知识成果与技术的采访报道，避免可能引起的泄密后果。

二、文化类新闻采访的范围与运作要求

文化类新闻采访的范围，主要有这样几个方面：

1. 文艺新闻采访。

文艺新闻是指文学和艺术领域里新近发生或发现的有新闻价值的事实报道。其采访报道的内容一般包括：关于党和政府的文艺方针、政策贯彻落实的情况；关于文艺改革的进展情况；关于文艺作品的出版、上演、展出、评论和研究方面的情况；关于作家、艺术家的创作和生活等方面的情况；关于群众文艺创作活动的情况；关于中外文艺交流的情况等。

文艺新闻的采访报道必须注意这样几点：

(1) 正确处理好“文艺性”与“政治性”的关系。既要反对“唯文艺”、“文艺至上”，只讲“文艺性”不讲“政治性”，不问导向，不顾社会效果的错误观点和做法；同时，也要反对无视文艺新闻的特点，只讲“政治性”，忽视“文艺性”，只强调文艺对人的教育作用，忽略文艺给人以美和艺术享受的错误观点和做法。为此，文艺新闻采访的着眼点，应该坚持寓“教育”于艺术享受之中。这样，采写的报道才会对受众产生强劲的感染

力，取得良好的社会效果。比如，新华社记者范丽萍采写的《比邻同胞，血胜于水》，整个报道没有一句“宣传语言”，没有一句“说教话”，只是如实地记录下大陆著名作家姚雪垠与台湾著名女作家三毛在新加坡举办的“国际华文文艺营”和“新加坡华文文艺金狮文学奖颁奖大会”上会晤时的情景：三毛见姚老朝自己走过来，便“站起身迎上来，突然说了声‘姚老，亲亲我吧’，眼泪泉涌而出，忍不住哭出声来。姚老像对自己的女儿一样，轻轻地把三毛揽在怀里，在她的两边脸颊上各亲了一下。三毛哭着说：‘姚先生，我虽然反对共产主义，但是，中国大陆也是我的祖国，我的父母之邦……我现在却不能回去……’”“此刻望着痛哭失声的三毛，姚老也觉鼻酸，只得宽慰她：‘三毛，别难过了，你什么时候想回去，我马上让中国作家协会邀请你。’可是，三毛摇摇头：‘我要回去，台湾也不让……’”① 读到这里，谁能不为这老少两代作家如此浓烈的情感交融所震撼，谁又不会从中深切地感受到：滔滔海水决不能隔断同胞之间的亲情，海峡两岸一定要统一，祖国决不能永远分裂下去。

（2）要坚持正确的文艺鉴赏原则，不断提高文艺鉴赏水准。文学艺术是一种复杂的社会现象，加之门类多，行当多，流派多，专业性又强，为此，从事文艺新闻采访的记者，必须具有足够的文艺知识和扎实的文艺修养，否则便难以正确地进行文艺鉴赏。文艺新闻采访中的鉴赏活动，不是一种纯粹的个人审美活动，而是要把值得传播的文艺作品及其制作过程、艺术价值、社会意义及成败得失等告诉受众。因此，文艺新闻采访不能凭记者个人的好恶去选择，不能个人喜欢什么就采访什么，不喜欢就不去采访；也不能带着个人偏见去鉴赏、评价文艺作品，比如，记者个人可能喜好通俗唱法而认为民族唱法和美声唱法没有前途，但在采访报道中决不能因之随意贬低后者，把自己的偏见强加给

---

① 见新华社 1985 年 1 月 21 日电讯稿。

受众。

（3）要正确地对待文艺名人。文艺新闻采访自然经常要与文艺名人打交道。记者一定要善于同他们交朋友，做他们的知音，关心他们的工作与生活，热情地报道他们的艺术成就以及为此所付出的艰辛劳动与心血，也可以通过报道中肯地指出他们艺术创作中的缺憾或人生道路上存在的问题。同时，记者也要注意对文艺名人或文艺作品的评价、分析，一定要实事求是、客观公正，切忌胡乱吹捧或者肆意责难。此外，还应注意对文艺名人的“炒作”要讲究“度”的把握，要适可而止，否则势必会带来社会上盲目追“星”的不良后果。比如，20 世纪的最后一年，围绕着“雪碧张惠妹我就是我妹力’99 北京演唱会”，北京一些传播媒体热衷炒作台湾女歌手张惠妹，从其吃喝睡觉一直采访到去演出现场如何坐车，什么“最大规模个人演唱会”，什么“妹力四射”等等，极尽吹捧之能事。其结果，这些媒体成了“追星族”的代名词，这些记者成了“吹捧专家”的同义语。这只能是媒体和记者的悲哀。

2. 教育新闻采访。

教育新闻是指教育领域里具有新闻价值的事实的报道。教育领域一般包括学校教育、家庭教育和社会教育三个方面，而学校教育是其中的主体。教育新闻的采访内容，主要是有关这些方面的现状、问题、成就、经验及相关政策的贯彻、教改的措施与进展等信息。

教育联系着千家万户、各行各业，渗透于社会生活的各个方面。从根本上讲，经济的振兴，科技的发展，乃至整个社会的进步，都取决于劳动者素质的提高和大量合格人才的培养，也就是说离不开教育。教育新闻的重要性也由此可见一斑。但是，教育有着突出的行业性特征，其间重复性、相似性社会活动多，周期长、见效慢，尤其是那些具有重要价值的变化、经验、成果，没有相当长的时间的探索、印证是难以取得的。这就使得教育新闻的采访报道显得十分费力。为此，教育新闻的采访应该特别注意这样几点：

（1）在采访报道的指导思想和选题上要立足教育界，面向全社会。教育新闻的接受者，既有着教育圈内大大小小的知识分子，更有着教育圈外社会上方方面面的人士。因此，教育新闻采访要注意做到“重点”与“一般”相结合。“重点”就是教育圈内关注的“热点”、“难点”、“疑点”的讯息与话题，“一般”则是社会上关注的有关教育的讯息与话题。具体做法上，可以在扩大教育新闻采访报道的范围和题材上下功夫。如：可从教育界的圈子扩大到教育与社会、教育与法制、教育与科技、教育与文艺、教育与体育、教育与经济等的“结合部”，以及社会对教育的种种反应上做文章，从中进行选题；可从教育活动扩大到教师、学生的日常生活和心态、行为，从学校里、社会上、家庭中以及相互间的人际关系等，多侧面、多角度进行报道；可从学校教育向社会教育、社区教育、家庭教育、终身教育延伸；学校教育中还可从德、智、体、美的教育向教学管理、学校环境等方面延伸；即使学校的德育教育也可从原先单纯的思想政治教育向行为规范教育、心理品质教育、青春期教育、校园文化教育等方面延伸，等等。

（2）采访报道的内容要力求“新”中有“深”。教育新闻采访面对的事物，大多属于“渐变”性的事物。同时，教育新闻报道的受众尽管涉及面广，但其主要受众群的文化水平相对较高，他们是长于思考的群体。因此，力求“新”中有“深”，教育新闻采访才能既顺利地搞好“渐变性”事物的报道任务，又满足这群“高层次”受众的需求。比如，20世纪80年代中期，《中国青年报》记者在采写了《大学毕业生成才追踪记》之后，又接着采写了《第五代》①，用具体的事实分析了近代历史上我

---

① 见《中国青年报》1986年5月24日。

国留学生的命运变迁，从而宣告中国第五代留学生正在执行自己的历史使命。不久，该报记者又通过对38名工商管理硕士的境遇的剖析，采写了具有相当深度的《命运备忘录》。① 这些"新"中有"深"的报道，全方位地展示了新闻背景，着力揭示了新闻事件的来龙去脉和因果关系，并预测了事件发展的趋向，自然取得了好评如潮的效果。

（3）在采访报道的手法上要善于精选角度和事例，力求使新闻"活"起来。一般说来，教育活动往往较为"严肃"、"单调"。为此，教育新闻采访一定要注意勤于观察与思考，通过富有新意的角度和具体事例的情节、细节的捕捉，以达到报道"庄"、"谐"相融、内庄外谐之目的。比如，前些年，当社会上呼吁提高教师的地位，尊师重教的时候，上海市出现了这样一件事：一次教师节，一批教育记者和教师们一起参加一家化妆品公司的联谊会。会上，这家公司介绍他们专门建造了教师度假村，免费组织教师去度假，教师节前公司车队还全部上街免费为教师服务等情况。当时，记者们都以此为题材对这家公司尊师重教的事迹进行报道。而上海《劳动报》的一位记者却注意到联谊会上的另一个场面——该公司公关部经理向大家敬酒，敬到特级教师于漪时，于老师却泪珠盈盈。原来，这位公关小姐本是于老师的得意门生，也是一位教师，但当时教师待遇太低，这家公司高薪聘请她，她"忍痛"跳槽。今日此情此景，令于老师为教师待遇低下和教学骨干的流失而伤感。正是由于这位记者的"有心"，一条有情有景，有思想，有深意的好新闻《于漪为何落下伤感泪》② 产生了。与当时那些一般性地歌颂教师的奉献精神，一般性地呼吁尊师重教、留住教师的新闻相比较，这条新闻以它独特

---

① 见《中国青年报》1987年12月2日。

② 引自刘海贵主编：《知名记者新闻业务讲稿》，第55页，复旦大学出版社1998年版。

的角度，生动感人的情节、细节受到了人们的青睐，引起了广大读者的共鸣。

3. 卫生新闻的采访。

卫生新闻是指对医药卫生领域以及与人类健康有关的新鲜事实的报道。其采访报道的内容主要有医药科技信息、医疗和防疫、爱国卫生运动、计划生育与人口、医药卫生界人士、卫生改革、医药卫生的政策与法规及其贯彻情况等。卫生新闻的报道领域宽泛，受众对象广泛，与广大群众的生理、安全等“基本需要”相关程度高，尤其是其中不少信息的传递又直接关联到人的生老病死和整体人口素质的优劣。因此，卫生新闻采访有着自己的明显的特殊规定和要求：

（1）要坚持谨慎原则。卫生工作的对象不是物而是人，卫生工作是修补人体、维护人的身心健康的，是通过人体直接发挥作用、关系到人的生死存亡的。因此，谨慎原则是卫生新闻采访必须遵循的首要原则。而要做到这一点，卫生新闻采访应恪守真实性、准确性，杜绝浮夸和虚假，切忌偏听偏信，以个别当普遍，视特殊为一般，以致上当受骗，为一些“江湖骗子”作宣传广告。20 世纪 80 年代“治癌仙姑”王淑华，90 年代“神医”胡万林之流之所以能名噪一时，肆意谋财害命，危害社会，一些媒体的所谓“卫生”报道是脱不了干系的。同时，谨慎原则还要求卫生新闻采访应坚持用科学的、公正合法的眼光审视卫生领域里涌现出的各种各样的“新人”、“新事”、“新成果”、“新问题”，切忌轻率武断，随意下结论。比如，医疗事故的发生，往往涉及到医疗设备、医疗环境、医药学的发展水平、医生的素质与职业道德等多种主客观因素。为此，需要严格分清技术事故和责任事故的界限。否则，妄下结论，不分青红皂白地进行“舆论监督”，势必带来不良的社会恶果。此外，谨慎原则还要求卫生新闻的采访要切实把握好采访报道的内容和时机的适宜性。属于机密性质的信息，如一些医药科技成果中的有关工艺、配方成分，一些涉及国家利益的重大疫情，一些涉及军事医学研究、使用的东西等，不经专门机构允许，是不得公开采访报道的。即使一些不属机密的卫生界信息，也要十分注意考虑报道时机是否适宜，以免产生负面的社会效应。比如，一些关于早期鉴别胎儿性别、状况的技术，尽管有着科学性和一定的可取性（如防止劣生，争取优生），但现阶段也不宜公开采访报道。否则，会给一些别有用心的人以可乘之机，亦或助长当前一些地方普遍存在的生孩子重男轻女的不良倾向，以致破坏人口的自然结构。

（2）要坚持大众化原则。卫生事业是全人类的共同事业，卫生事业的目标是全人类的健康。坚持大众化原则，就是要求卫生新闻采访要善于从社会大众的普遍关注点着眼，去捕捉有关卫生信息的题材，而不是囿于卫生专业范围内就事论事地采访报道。比如，荣获1988年全国卫生好新闻一等奖的一组报道：《上海甲型肝炎流行的反思》、《“苂子浪潮”对卫生部门的启示》、《大自然亮出了“黄牌”——从毛蚶携带甲肝病毒谈起》，通过上海甲肝流行这一事实，揭示了卫生工作与工商、水产、环保、公安、交通等部门的相互联系，强化预防为主意识的极端重要性，同时提出了部分地区水质污染的严重程度，以及《食品卫生法》在某些部门形同虚设的情况。报道一针见血，发人深思，当时在社会上引起了极大反响，有力推动了除害防病等卫生工作的开展。与此同时，大众化原则还要求卫生新闻的采访报道一定要考虑到社会大众的接受能力。为此，采访报道在选材、角度乃至表达方法上都要从“接近性”上下功夫，力求对受众有种“亲和力”。比如上海《文汇报》有则报道：《上海眼科的三大成就》，其中提到“白内障”时，为了便于受众理解，还专门加了一段描述：“眼睛的瞳孔后面，有一个扁圆形的透明组织，它明澈如水，晶莹发亮，像一粒扁豆前后凸出，这就是晶状体……它使眼底上的物像变得十分清晰。可惜晶状体极为娇嫩，一旦变质就会由透明变成白色混浊，这种病在医学上称为‘白内障’。”

这样描述，不但生动、形象，而且还有助于受众增加医学知识。

4. 科技新闻的采访。

科技新闻是指对科学技术领域具有新闻价值的事实的报道。科技新闻的主要内容有：党和政府在科技领域的方针政策及其贯彻情况，科技工作的现状及发展趋势，科技工作以及科技体制改革的经验与问题，科技的发明、创造、发现以及科技成果的推广运用，科技领域内的新闻人物，科技在两个文明建设中的作用，同人们生产生活关系密切的、受众又有普遍兴趣的科普知识，以及科技领域的珍闻、趣闻等。科技新闻的采访特别要注意这样几点：

（1）要讲究科学性。科技新闻采访中讲究科学性，不光表现在严肃认真、实事求是地对待科技事实，决不道听途说、捕风捉影，更表现在用科学的工作方法，对科技领域发生的事实，尤其是对科技成果作出科学的判断和评价。为此，科技新闻采访切忌把偶然的成功和局部的经验看成是普遍规律或科学成果。科学的现象必须是能在一定条件下重复出现的，符合客观规律的现象应该可以多次重复。偶然的成功只能算作经验，而不能算科学成果。比如，一些民间医生靠祖传秘方治疗某些疑难病症，取得了较好的疗效。这些成功的经验是值得有关部门去帮助他们总结提高的。但是，在没有掌握医学规律之前，把这些经验性的东西当作科学成果报道，甚至说得神乎其神，其结果就背离了科学精神。与此同时，科学性还要求科技新闻的采访切忌把阶段性成果说成最终成果，把一般性成果视为“重大突破”，从而作出不适当的评价，或者不适当地夸大一些成果的经济效益和社会效益。对科技成果的评价，一定要在听取创造发明者本人的意见的同时，多听取同行专家、权威的评价；不仅要听取国内同行专家的意见，还要尽可能了解国外同行专家的评价。否则，轻易地作出诸如“国内首创”、“国内一流水平”、“填补国内空白”、“世界先进水平”、“世界领先地位”等等“评语”，势必贻笑大方。此外，科学性还要求科技新闻的采访做到凡是新发明、新创造、新发现，必须有权威性的科学鉴定，才能公开报道。在全国范围内报道的科技成果，应有国家和省、部级的鉴定。权威性鉴定是确保科技成果报道的科学、准确所必不可少的重要环节。

(2) 要讲究通俗性。这是由科技新闻采访报道的内容和受众对象决定的。科技新闻采访报道的内容主要涉及到科技领域的事，许多科技问题专业化程度高，深奥难懂，大多数受众没有接触过，自然会感到陌生，难以理解，即使是专业科技人员，也只能懂得自己所从事的一门或几门科学技术，而对多数其他门类的科学技术自然不懂得。尤其是随着世界科技的飞跃发展，几乎每日每时都会有新的发明与创造出现，诞生新的科学技术，这对大多数人来说更是陌生领域。同时，科技新闻的受众对象主要是相关专业知识不多甚至完全没有的普通群众。讲究通俗性，就是要求科技新闻的采访报道要把深奥的、专门化的科技问题，化为通俗易懂的、大众化的新闻报道内容。这样，科技新闻才能摆脱科技专门化的狭小天地，获得广阔的生存空间，得到广大受众的认可。要做到科技新闻采访报道的通俗性，记者首先要认真学习，弄懂弄通有关科技知识，这样才有可能把深奥的理论、冷僻的术语、乏味的公式、生疏的符号等，用深入浅出的道理、引人入胜的方式和通俗易懂的语言表达出来。其次要求记者熟练掌握多种采写手段，努力当好“翻译”。比如，采访中要多借助视觉感官，具体、形象地再现科技事实；还可多采集一些群众容易理解的比喻或可感性强的语言，以化深奥为平易，变艰深为浅显；还应尽量采集一些有关的背景资料，以便在报道中作必要的对比解释等。

(3) 要讲究时宜性。这是由科学技术自身的发展规律所决定的。因为多数科技成果要经过一定时间的检验，才能真正确定其价值；同时，不经过同行专家的评价和权威的鉴定，对其也难以作出正确的判断和结论。因此，科技新闻采访必须讲究时宜性，否则贸然采访报道，可能导致失误。比如，一例肾移植手术刚完成，便匆匆忙忙采访报道，宣布肾移植成果。如果一旦过了几天患者死亡，报道岂不成了失实新闻？科技新闻采访之所以要讲究时宜性，还因为一般科技成果都有着一定的“保密”要求，需要选择适宜时机才能披露。比如，有些科技成果是因为创造发明者尚未申报专利，应该保护他们的利益，待申报批准后才可以进行采访报道。有些科技成果涉及到国家利益，更不能随意“抢先”，需等待时机合适——“解密”时才能进行采访报道。

5. 体育新闻的采访。

体育新闻是指体育活动领域内具有新闻价值的人和事的报道。体育新闻的对象与内容：从体育活动的性质上划分，有竞技体育、群众体育、学校体育和军事体育等。从体育活动的形态上划分，有动态体育活动，如各类体育竞技与竞赛，运动员的训练活动，体育新闻人物的公务活动，以及群众体育、学校体育、军事体育中的比赛与训练活动等；有静态体育活动，如体育运动的大政方针的制定及贯彻，体育比赛规则的增删与修订，体育机构的人事变动，有关体委的会议活动，体育场馆和服务设施的建设，社会对体育运动的公共赞助活动，以及围绕大型体育竞赛的“软件”服务（服务质量、社会环境）等。当然，体育新闻的重点在于围绕竞技、竞赛场场上场下发生的人与事。这里着重介绍体育竞技、竞赛采访的一些特殊要求：

（1）要有强烈的时间意识。竞技、竞赛体育活动，往往集中着多家新闻传播媒体的众多记者，能否抢先采写，抢先发稿，是体育新闻成败、优劣的一大关键。比如，第 23 届奥运会上，我国射击选手许海峰一枪定音，夺得了该届奥运会的首枚金牌，并打破了我国运动员在奥运会历史上“零”的纪录。当时，许海峰枪声刚落，新华社便第一个向全世界发出了此消息，比东道国的美联社还快 15 分钟。当天下午，日本共同社同行祝贺新华社记者也获得了本届奥运会新闻报道的“第一枚金牌”。

（2）要准备充分，富有预见。竞技、竞赛场上，情况千变万化，赛前不作充分的采访准备，缺乏预见性，采访中就抓不住重点，尤其是在复杂的赛程中更显被动，不是措手不及，便是捉襟见肘。体育新闻采访的准备，要求记者熟悉有关项目的比赛程序、规则、战术、纪录、参赛双方的实力与风格，以及本届竞争的特点所在等，从而充分占有大量的背景资料；同时要注意确定采访重点，特别要熟悉、掌握一些“尖子”选手的情况。第5届全国运动会上，上海选手朱建华在跳高决赛中跳过2.28米的高度，再一次打破男子跳高世界纪录。当时，上海人民广播电台的记者赛前作了充分准备，预见到朱建华可能有“戏”。因此，记者在赛场上“盯住”朱建华，并用无线电报话机与编辑部保持着“热线”联系。朱建华从2.20米起跳，每跳过一个高度，记者就报道一次。当朱建华跳过2.28米再破纪录的成绩核准后，正是17时43分，上海人民广播电台立即中断正在播出的《百灵鸟》节目，插播了这一消息，成为最先向全世界报道朱建华再破世界纪录的新闻传媒。可谓有备无患，先声夺人了。

（3）要敏于观察，善于捕捉瞬间。体育比赛，激烈异常，赛场情况瞬息万变，有时甚至险象环生，可以毫不夸张地说，体育比赛的成败往往取决于比赛瞬间的发挥。因此，体育新闻采访不仅要求记者深入现场，更要求记者敏于观察，善于在激烈的角逐中捕捉到关键的情节与细节，并把关键时刻运动员的表现、动作或表情及时记录下来，最好也记下记者自己的感受和评价，这样采写出的报道才不会“一般化”。

（4）要场内场外结合，多方位采访。凡重大比赛，均为世人瞩目。运动场上激烈拼搏的情景，参赛的著名运动员，自然是体育新闻采访的重点，但与此同时，还要注意从受众兴趣出发，拓宽采访报道的领域，既注意比赛场上，也不放过场下观众；既注意得奖的“尖子”，也不放过“落难”的选手；既注意前台的“明星”，也不放过幕后的“无名英雄”；同时还要注意可能取得优异成绩运动员的亲友、家人在观看比赛时的情景和反应。这样不仅可以增加体育新闻的信息量，还可以通过多角度、多侧面、多层次的采访报道，使受众对运动员与比赛情况有了“立体”的了解，从而大大增强体育新闻的可受性。第 24 届奥运会女子跳板跳水决赛前夕，《广州日报》与《足球》报的《奥运特刊》就派记者采访我国女选手高敏的父母观看这一决赛的实况转播的情景，结果捕捉到了许多生动而又富有生活情趣的细节。如记者注意到决赛前夕几乎彻夜未眠的高敏母亲蒋中华在房里紧张地踱来踱去，比赛开始后反而平静下来。她抱着一只小狼狗专心地观看比赛。她告诉记者说：“高敏是狗年生的，最喜欢狗，这只叫‘金海’的狗是为了鼓励她在奥运会上取得好成绩而喂养的。”“第 8 轮比赛，高敏的总分已超过第 2 名 30 分，在家里看电视的高敏的启蒙教练杨强，再也按捺不住自己的兴奋心情，冒着大雨跑到距他家两公里的高敏家，一进门便说：‘稳拿，稳拿。’”“当高敏第 10 轮的 5335 动作跳完后，裁判还没亮分，杨强已高兴得跳了起来，大喊‘成功了，成功了’。高嘉华夫妇紧紧握住杨强的手说：‘功勋教练，感谢你对高敏的培养。’”高敏的母亲还向冒雨赶来的自贡市领导说：“再过 3 天，9 月 28 日就是高敏 18 岁的生日，这次高敏夺得奥运会跳板跳水金牌，是高敏向哺育她的家乡人民献上的最好的生日礼物。”①

第二节　社会新闻采访

社会新闻采访是指与上述各专业新闻采访相区别，报道重点反映社会上个人的品德、行为和日常生活的那部分社会活动、社会事件、社会问题以及人们关心的自然现象等所进行的采访活动。其内容主要有这样几个方面：一是属于社会风貌的，包括风

① 见《最好的礼物》，《奥运特刊》1988 年 9 月 29 日。

俗习惯、风土人情、新风尚、新气象等。二是属于社会动态和社会事件的，如天灾人祸、交通事故、偷盗凶杀等。三是属于社会问题的，如道德问题、就业问题等。四是属于家庭和个人生活的，如婚姻、恋爱、婆媳、妯娌等关系的处理。五是属于社会和自然界“珍闻”的，如毛孩子、“六胞胎”、“铁树开花”等。六是属于名人轶事、伟人今昔的。

一、我国社会新闻的发展历程

当前，新闻学术界较为普通的看法是，社会新闻产生于19世纪30年代美国“大众化报纸”盛行时期。最初在报纸上出现的主要是些色情、凶杀案等，后来由于新闻伦理的提倡与新闻报道面的扩大，这种现象才有所改变。西方新闻学通常称社会新闻为“软新闻”。其实，社会新闻在我国报刊上也早已有之，并经历了一番曲折的历程。据现有资料记载，早在明朝的“邸报”上，就记载过万历戊戌年间两个盗窃国库的贼死在阴沟里的事。熹宗天启年间出版的“京报”上，也曾刊登过北京一个火药库爆炸的新闻。近代报刊问世后，正逢市民阶层兴起，为了适应都市生活的需要，市井琐事在报刊上日益增多，光怪陆离的社会新闻充斥报纸版面。比如，当时《上海新报》上就大登《巡拿巨盗》、《赌徒戒子》、《卖女可怜》等“里巷”新闻。后来，随着都市文化的发展，市民对信息需求的多样化，社会新闻的取材也开始发生了变化，“里巷”新闻逐步被“公案”新闻所取代，媒体较多地把注意力放在与市民实际生活联系比较密切的社会事件上。比如，1874年4月18日，上海《申报》发表的“杨乃武与葛毕氏”的案件新闻，为受冤人申张了正义，揭露了官官相护的恶势力。这时期，我国新闻界虽然尚未出现“社会新闻”这一概念，但记者和办报人凭经验已开始意识到，只有反映读者所关心的社会生活、社会事件，报纸才能赢得读者。此后，我国新闻界逐步形成“社会新闻概念”，一些报纸还专门开辟了“社会新闻”的专栏。

纵观旧中国报纸上的社会新闻，其主要的方面是宣扬色情、抢劫、凶杀，甚至利用新闻报道，揭人隐私，进行人身攻击，或用曲折、离奇、噱头的手法，迎合部分小市民的低级情趣。这种社会新闻实际上是“黄色新闻”，它暴露了没落阶级生活世俗化后的精神堕落、空虚和无聊。当然，这时期也有一些社会新闻，尤其是我党所办报刊上发表的社会新闻，真实地反映了殖民地、半殖民地人民所遭受的苦难生活，揭露了反动统治的黑暗，很好地发挥了社会新闻的作用。如《蒋管区人民生活痛苦不堪》、《河南蝗灾惨象》、《上海市民大量冻死》、《烟台四五千人沦为乞丐》等等。

全国解放后，从1950年到1957年，是社会新闻处于发展、繁荣的时期。当时，从中央到地方，各类新闻媒体发表了不少有影响的社会新闻。如《“梁山伯”结婚了》、《我的丈夫，我的蜜月》、《鬼城今昔话丰都》、《杭剪与张小泉》、《吃蛇羹》、《饮遍世界名酒，才知茅台奥妙》等等，都是当时脍炙人口的社会新闻。这些社会新闻无论在生活素材选取的广泛性、接近性上，还是在采写的技巧和深度上，都达到了较高水准。但是，1957年下半年开始，由于众所周知的人为原因，左的路线占据了社会生活的主流，社会新闻自然遭到了非议、排斥；特别是在“文革”十年期间，社会新闻更成了新闻报道的禁区。

20世纪70年代末，随着中共十一届三中全会的召开，尤其是改革开放以后，社会新闻才枯木逢春，重新繁荣、发展起来。今天的社会新闻，无论是在观念的更新上，还是在采访报道领域的拓展上，或者是在采访报道的技巧方法上，与以往的社会新闻相比较，远远不止提升了一个层次。

二、社会新闻采访的特点

与政治、经济、文化等专业类新闻采访相比较，社会新闻采访有着这样一些明显特点：

1. 采访报道的对象无行业、专业归属的限制。

政治类、经济类、文化类新闻的采访报道对象，一般分属于政治、经济、文化领域里的人与事，而社会新闻的采访报道对象就无此限制了。这也就是说，社会新闻的采访报道对象与政治类、经济类、文化类新闻的采访报道对象往往是交叉的、相似的。其区别之处，只是在于采访报道的着眼点不同罢了，前者是从“社会”这一视点认识、把握对象，而后者则分别是从其行业、专业的视点去认识和把握对象的。比如，一桩医疗事故，从“卫生”视点入手可采写成卫生新闻，而从“社会”视点入手则可采写成“社会新闻”。对一位模范教师，着眼采写其教学活动则是教育新闻，而着眼采写其家庭生活则是社会新闻。再如，“一只母鸡一天连生三个蛋”，从自然界的新发现的角度，可以采写出一则科技新闻，而从生活中的奇闻趣事的角度，则可以采写出一则社会新闻。还如，一个地方或部门的负责干部贪污、堕落，从法制新闻角度，就应着重采写其犯罪的经过以及法律对其惩处的结果，而从社会新闻的角度，则应着重采写其思想蜕变的原因、过程以及给社会的警世意义。总之，社会新闻的采访报道对象可以涉及任何行业、专业领域，关键是要注意从“社会”的层面上做“文章”。

2. 采访报道的题材和内容“传通性”强。

社会新闻所采访报道的，一般是社会上或自然界中与人的生活密切相关的、能够激发起受众某种情感、情趣的人与事。这些人与事来自日常生活，富有人情味，容易使人对它产生心理上的接近性和普遍兴趣，不仅乐意“接受”，而且喜欢“议论”。这样，就使得社会新闻采访报道的题材和内容具有很强的“传通性”，传得快，传得广。20世纪80年代，《人民日报》发表过这样一则社会新闻：《“飞来”的闺女》，介绍的是一位山东姑娘，从报纸上看到冀中平原有两位老人被子女抛弃，晚景凄凉，于是她千里迢迢“飞到”两位老人家里，心甘情愿地服侍这两位与她无亲无故的老人。巧得很，古城西安也有两位老人，一个下肢瘫痪，无儿无女。他们从报上看到这则社会新闻后，也给《西安晚报》写了一封信，表示“我也希望‘飞’来个闺女”。《西安晚报》刊出此信的当天晚上，就有人自愿上门给这两位老人当闺女。几天之内，登门争当闺女的前后来了300来人；不到一个月的时间，共有800个闺女从四面八方“飞来”；不久，又增加到1 400人。有一位美国人还专程赶到这两位老人家中，要当第一个“洋闺女”。此人就是美国康涅狄格州中国问题研究所所长、斯诺夫人的助理雪伦·佑莲女士。她说：“在物质方面，美国比中国进步；在精神方面，中国比美国先进。我要把这件事传播到美国去。”

3. 采访报道的事实材料，情况复杂，性质多元。

社会新闻的采访报道要面对整个社会，而不少社会现象、社会事件、社会问题涉及社会方方面面，其因果关系错综复杂，性质往往难以辨认。与此同时，社会新闻采访报道的“社会”层面这一着眼点又是建立在受众的兴趣点、兴奋点上的。正确对待并处理好所要采访报道的事实材料的复杂性与受众兴趣点、兴奋点的关系，既是社会新闻采访的一大特色，又是其难办之处。为此，社会新闻采访必须准确分析判断所面对的事实材料的性质，严格把握采访的口径与分寸。否则，该肯定的却予以批评，该揭露、“监督”的却予以颂扬、支持；或者不该采访报道的却予以公开曝光，只能“淡化”处理的却予以详细披露，凡此种种，都会造成不良的社会后果。比如，前些年有则社会新闻，题为《她有颗金子般的心》，介绍的是一位再婚家庭的妻子，面对前妻留下的女孩和自己的亲生儿子，她表现出了“无私”的母爱：对前妻的女孩，她百般疼爱，事事呵护；而对自己的儿子，她严厉有加，处处苛求（甚至达到了虐待的地步）。如此不公平地对待两个未成年的儿童，能是一位正常母亲的正确作为吗？虐待亲生儿子也是“犯法”的啊！这样的母爱怎能算是“有颗金子般的心”？这则报道发表后，受到了社会舆论的普遍指责，这自在情理之中。

三、社会新闻采访的特殊要求

社会新闻的采访要特别注意这样几点：

1. 要改变常规的采访方式与手段，学会在社会的“底层”发现新闻，并善于在采访手段上“变通”。

任何专业类新闻采访，一般都有着相对应的“消息总汇”之处，如时政新闻采访可以去党政领导机关找线索，法制新闻采访可以从政法部门得到有关信息，经济新闻采访则可以在经济系统的管理部门获取有关情况，教育、卫生、科技、体育、文艺等新闻的采访也可以从各主管单位寻找到消息源。而社会新闻的报道题材则来自于日常生活，来自社会生活的各个角落，因此其采访便很难从类似的、信息相对集中的部门得到具体的“指点”。为此，社会新闻的采访便要坚持立足社会“底层”，在人群集散之地，在与人的衣、食、住、行等“相关联”的地方，在为人们所注目、所议论的场所去寻找新闻的题材与素材。比如，车站、码头、公园、体育场等，人来人往，是采集社会新闻的好去处。再如，商店、菜场、餐馆、茶楼、公汽、“的士”以及医院急诊室、殡仪馆等，这些人们日常生活所离不开的场所，也是社会新闻的“多发点”。还有，派出所、看守所、监狱、劳改农场、消防队、居委会、市场管理所等部门，更是“产生”社会新闻的“热闹”地方。记者只要勤跑腿、多打听，社会新闻的线索、题材自然会源源不断。

与此同时，由于社会新闻的采访对象涉及面广泛，采访话题又往往是关乎人的“面子”与情感的敏感问题，因此需要记者根据不同的采访目标“指向”，善于在采访手段及其策略上进行“变通”。比如，采访目标指向属于“舆论监督”的，宜多用

"隐性采访"的手段，即要变换记者的职业身份或者隐瞒采访的真正意图，进行"暗访"；采访目标指向属于"颂扬、肯定"的，宜多采用"体验式"采访的手段，以获得更真切的亲身感受；采访目标指向属于"中性"的、"一时难以把握"的，便宜多采用"目击式"采访的手段，力求客观、公正。

2. 采访的题材与内容既要讲究"情趣性"，又要"不忘导向性"原则。

社会新闻的社会性特征，要求其采访报道的题材与内容应该是受众关注并感兴趣的人与事。追求情趣性、富有人情味是社会新闻采访的要义所在，舍此，便不成其为社会新闻采访了。为此，社会新闻采访既要注意在选题上下功夫，力求采访报道题材的新、奇、趣，更要注意在采访报道的内容、素材上下功夫，深"挖"细"寻"那些能"撞击"人的心灵、情感的情节与细节。请看《长江日报》的一则社会新闻《码头服务员蛮横粗野，吴市长备尝旅客之苦》，其中有一段关于时任武汉市市长的吴官正同志在码头的遭遇：

>……6点半刚过，一位旅客匆匆来到码头有礼貌地问道："这是去上海的船吗？"站在那儿的几名服务员没有一个搭理他。吴市长忙上前给这位旅客"帮腔"："这是不是6号轮？""不是！莫讲些鬼话！"一名服务员不耐烦地开口了，说话就像"甩砖头"。
>
>"咦，同志，怎么这种态度？"吴市长又问。
>
>"态度，你想扯皮吗？走开些！"
>
>"我不想扯皮，想看看……"
>
>"看看？省委书记来看都不怕，莫说你。记住，我是×××号！"这位服务员拍起胸来。另一名服务员一边把手里的剪刀等物塞过来，一边嚷："站在这里想收票？剪刀给你，给你！也不看看你那个样子！"几名刚才不理旅客的服务员

“呼”地涌了过来……①

正是由于记者在题材和情节、细节之处精心选择、捕捉，从而使这几位服务员的蛮横粗野和市长的尴尬、无奈之情之景，生动形象地“立”在读者面前，怎么能不让人读后产生情感上的乃至思想上的“震动”呢？社会新闻采访报道的题材与内容在讲究“情趣性”的同时，还要十分注意“不忘导向性”的原则。这里的“不忘导向性”的原则，是指社会新闻采访报道的题材与内容，应该是有趣而无害的，不能污染社会、污染人的心灵。为此，社会新闻的采访必须严禁胡编乱造一些虚假的“奇闻”、“珍闻”来哄骗受众，或者以“猎奇”的心态专门寻找、炒作一些黄色的、无聊的、残忍的“秘闻”、“趣闻”来误导受众。这里需要指出的是，“不忘导向性”的原则，并不是要求社会新闻的采访报道都要去刻意追求“思想性”。一些社会新闻采访报道的题材与内容，或是一种独特的自然现象，或是一种无可抗拒的“天灾”等，自然无所谓“思想性”，就是一些涉及人的活动的“新闻”，如某种奇异的生理现象，某种奇特的民俗、民风，或某位名人的生活趣事等等，也难有什么“思想性”可言。这些题材与内容的社会新闻，主要是满足受众的好奇心，给受众带来“无害”的精神愉悦感。然而，也要指出的是，有趣与“思想性”并不是矛盾的、不相融的。不少社会新闻的采访报道，尤其是一些涉及社会问题、社会事件的采访报道，可以通过题材与内容的精心选择，达到融趣味性与思想性于一体之目的，从而让受众在满足“感官”愉悦的同时受到精神“净化”、“升华”的熏陶。比如，《北京晚报》有则社会新闻：《挽救风尘女》②，不仅披露了北京市一批平均年龄只有22岁的少女，在“孔方兄”、

① 见《长江日报》1985年3月17日。

② 见《北京晚报》，1991年9月3日~10月4日。

“出国梦”等的诱惑下，自甘堕落，沦为卖淫女的可悲经历，而且从中还提出了一个很严肃的社会问题：“治理卖淫嫖娼，立足点应在于预防而不光是挽救。”这种思想性强的社会新闻自然受到受众和同行称赞。

3. 采访报道的态度与方法上，要注意准确客观，还要“适度有节”。

社会新闻采访报道的事实材料的复杂性特征，要求记者必须用严谨、负责任的工作态度，科学的、辩证的工作方法来对待和从事社会新闻的采访活动，以取得最佳的传播效果。

（1）社会新闻采访不仅要对所面对的事实材料的性质判断正确，避免失误，同时，对具体素材的采集与选用上要十分注意全面、准确。全面、准确，即周全而不片面，合乎规定而不“越轨”。这既是对采集、选用素材的方法上的要求，更是对素材使用、报道效果的综合考虑。要做到全面、准确，社会新闻采访就要注意辩证地看问题，切忌“一种倾向掩盖另一种倾向”，从而造成顾此失彼的不良传播效果。比如，有则报道是这样介绍一位黄浦江边轮渡老站长“助人为乐”的事迹：一位女青年在乘轮渡过江上班时，不慎将结婚纪念戒指落入江中，这位五十多岁的老站长不顾个人安危，跳到江中，在江底足足摸了 4 个小时，一块石子一块石子摸过去，终于在一块石子缝里摸到了这枚金戒指。当时，江上有数百艘船只停驶，江边有数千人观看，人们齐声赞叹老站长的高尚品德。这位老站长的人格固然高尚，值得称道；但是，黄浦江上大小船只来往穿梭，轮渡工作安全第一，责任重大，身为站长，为了一只金戒指而丢下本职工作达 4 小时之久，这种做法对头吗？何况，因一只金戒指而造成几百艘船停驶，其间的“价值”又如何评估呢？类似这种只注重人文的“因素”、人文的“关怀”，而忽视社会环境与经济的“因素”、“关怀”的社会新闻，时下并不少见，这是值得从事社会新闻采访的记者深思并引以为戒的。

要做到全面、准确，社会新闻的采访还要注意在采集和选用素材上要有高度的“法制”意识，严格掌握分寸。对一些有关社会事件或社会问题的采访报道，尤其是涉及到犯罪或反犯罪的社会新闻，切忌“自然主义”的做法，只讲“客观”，不顾传播效果。比如，采访报道公安人员如何破案，对其侦破手段、技能等就不能详细报道，以免让一些犯罪分子掌握反侦查的方法；而对于犯罪分子的犯罪过程、手法，乃至犯罪使用的工具来源（如枪是从哪里买来的，偷盗、走私的汽车又是在哪里可以脱手等等）也不能具体介绍，否则在客观上就会起到“教唆”犯罪的作用。此外，一些涉及到采访对象个人权益的采访报道，要注意尊重对方的名誉权、隐私权、著作权等。比如，在一起刑事犯罪活动中，受害者尤其是女性受害者，其姓名、家庭地址、工作单位以及具体的受害经过，就不宜公开披露，避免给对方继续带来伤害。再如，面对一些拒绝接受采访的对象，不能“强闯”民宅，强行采访，甚至当对方用手挡住镜头，驱赶记者时，仍然“照拍”不误，照样“曝光”。诸如此类侵权的采访，在今天法制健全的国家，是要受到法律的追究与惩罚的。

（2）社会新闻采访报道的选题量的确定及其安排上要讲究适度有节，合理恰当。这是我国社会主义新闻工作的原则所要求的。适度有节，合理恰当，就是要求社会新闻采访报道在选题量上要注意处理好不回避问题与矛盾，敢于揭露“阴暗面”与弘扬“主旋律”、高奏“正气歌”之间的关系。一家媒体在一个时期内采访报道的“暴露阴暗面”的东西过于集中，这既不符合今天社会的“客观、真实”，还会造成社会的混乱，让受众“担惊受怕”。同时，一家媒体在一个时期内采访报道的都是“正气歌”，这也不符合今天社会的实际，而且会给受众带来逆反心理，同样不利于社会的正常运作与发展。适度有节，合理恰当，是社会新闻采访者必须掌握的一门“宣传”手艺。

思考与练习

1. 文化类新闻采访有些什么特点?

2. 文艺、教育、卫生、科技、体育等新闻采访分别有哪些特殊要求?

3. 社会新闻采访的特点表现在哪些方面?

4. 联系当前的新闻实践,谈谈社会新闻采访报道中应注意些什么问题。

第十五章　新闻采访内容的形态特征分类

按照采访的内容是否具有明显的事件形态特征，新闻采访的样式可以分为这样两类：事件性新闻采访与非事件性新闻采访。这种分类法，在国外早已有之，如在西方国家就有“硬新闻”采访和“软新闻”采访之分。在我国，则是在近些年来随着新闻事业的发展，新闻传播的客观规律受到了新闻传媒和记者的广泛尊重，从而使事实性信息的传递不断得到加强的背景下才开始出现这一提法。

第一节　事件性新闻采访

所谓事件性新闻采访，是指报道那些有一个明显的起止时间，有一个有形的发生、发展和结局界限的相对独立的事件所进行的采访活动。比如，《台湾今晨大地震》（新华社 1999 年 9 月 21 日电）、《江泽民向“两弹一星”功臣授勋》（新华社 1999 年 9 月 18 日电）、《50 万市民中秋夜逛中山大道》（《楚天都市报》1999 年 9 月 25 日）、《长江大桥昨晚严重滞车 3 小时》（《今日快报》1999 年 9 月 18 日）等等，这些新闻报道的采访，便叫做事件性新闻采访。

一、事件性新闻采访的特点

从采访对象与内容这一层面上分析，事件性新闻采访的特点，主要表现在这样两个方面：

1. 采访的对象信息量集中、清晰，易传通。

事件性新闻采访报道的对象，都是单一的事实信息，事实的构成要素明确、完整，因此，其信息量相对集中，信息的清晰度高。这样的事实信息，当然容易识别，也容易传通。比如，上文提到的《台湾今晨大地震》这则报道，全篇介绍的就是一件刚刚发生的事情——“我国台湾省发生大地震”，地震发生的时间——“今天凌晨1点47分”，地震发生的地点——“花莲西南地区”，“震中位于北纬23.7度，东经121.1度”，地震的强度——“7.6级”，地震发生后造成的灾难——“到今晚22时，已有1 674人死亡，3 924人受伤，被困2 650人，失踪219人”，“还造成重大经济损失”。事实信息的这些构成要素，正是受众信息需求的关注点。只要及时、准确地抓住这些信息要素，迅速进行传递，这一事件的新闻价值便能得到充分体现。

2. 采访的内容直观性强，可受度高。

事件性新闻采访的内容，一般都属于“动态”性的事实材料，有言有行，有情有景，有着很强的直观性和亲和力。请看荣获第二届“中国新闻奖”一等奖的《革命圣地延安无铁路的历史结束》①，它报道的是延安举行首次火车通车庆典活动这件事：

> 毛泽东诞辰98周年的今天，铁路铺轨到延安。喜讯如一股春风，迎来漫山遍野的人，队伍从鞭炮、烟花齐放的市区，一直通向挂着3 000多盏彩灯、夜放光芒的宝塔山。
>
> 下午两点多钟，当铁道部部长李森茂、副部长孙永福和陕西省省长白清才、省委书记张勃兴踏着丰年瑞雪，拧紧全长315公里的西延线最后一节轨排螺栓后，一名从百里外赶来、身穿羊皮袄的80岁老汉，破例被北京型内燃机车司机任斌扶上操纵台，用穿土布鞋的脚踩响风笛，宣告：革命圣

① 见《人民铁道报》1991年12月26日。

地延安没有铁路的历史结束了！……

善于抓住事件的“动态”，凸现事件本身具有的富有感染力的情节与细节，把受众带到事件的现场去，这就是事件性新闻采访报道内容的着力点所在。

二、事件性新闻采访的样式及其运作要求

事件性新闻采访，根据记者对事件的发生能否预料，是否有所准备，又可以分为这样两种采访样式：突发性事件采访和预发性事件采访。这两种采访样式，除了具有上述共同的采访特点以外，还有着不同的个性特征与运作要求。

1. 突发性事件采访。

突发性事件采访，是指对事前没有任何预告、突然发生的事件的采访，诸如飞机失事、火车相撞、抢劫杀人、跳楼自尽，以及地震、火山爆发，等等。这类事件出现突然，且大多稍纵即逝，加之事件发生时，记者一般不在现场，多系仓促上阵，即使人在现场，也不可能有时间作“临时准备”。因此，急、乱、快是这类事件采访的一大特点。要搞好这种突发性事件的采访，记者应注意：

（1）反应要快，作风要敏捷。比如，采写《80 次特快列车颠覆之后》① 这则报道的记者，在这一灾难性事故刚刚发生不久，即驱车数百里赶往现场。到达时已是凌晨 1 时 35 分，他不顾劳累，立即置身救援现场进行实地采访，并且很快就将自己耳闻目睹的一切向受众作了详尽的报道。记者这种快捷的工作作风，来自于高度的工作责任感，也来自于平时的训练和准备。这是突发性事件采访成败的一个关键因素。

（2）在事件现场要沉着冷静，当机立断，迅速确定采访的

① 见《云南日报》1988 年 1 月 26 日。

重点所在，诸如采访方向、角度和寻找事件的见证者等。比如，1981 年 3 月 30 日下午美国前总统里根遇刺的采访报道。当时，出事地点（美国希尔顿饭店前）聚集着上百名记者，他们都是在等待采访总统的；旁边还有数百名围观群众（刺客欣克利也混在其中）。当里根从希尔顿饭店出来，笑容满面，连连向记者和群众招手，前前后后的随员和保安人员簇拥着他走向装有防弹玻璃的总统专用轿车时，欣克利的手枪响了，两秒钟内连续 6 发子弹射向汽车，总统新闻秘书布雷迪和两名保安人员当即被击中倒地，一颗子弹射到车门后弹进里根的左胸。这一意外的行刺事件发生，使现场出现一片骚乱、惊慌和恐怖。保安人员立即掏出武器，对付这场悲剧；随行官员和围观群众都匍匐在地，不知所措。但所有亲临现场的记者，都在这一瞬间全力以赴地去搜集新闻，猎取镜头。首先是那些电视记者，他们迅速地摄下这个场面（这便是事后电视上播放的那些镜头）。其他记者也都拿出各自的本事，以最快的速度从各个侧面对这一事件作了采访报道，包括现场情景、枪手是什么人、布雷迪重伤、总统伤势及手术情况、总统家属和官员动态、群众的情绪等等。有的记者为了能够在现场尽快向编辑部发回第一条消息，还十分注意占用通讯工具。哥伦比亚广播公司记者莱姆·塔克，在枪声响后，立即奔向就近的一家杂货店，向店员说明先付 100 美元，用一下电话，并要求这天电话不要再给别人用，无论别人出多少钱，他将付更多的钱。互助广播公司记者罗斯·辛普逊看到众多记者把注意力放在现场上，便把采访的重点投向医院。他跟着抢救总统和布雷迪的汽车，潜入了华盛顿大学医学院二楼，采访了抢救过程的详细情况，并及时通过医院电话向编辑部发回了“独家新闻”。

2. 预发性事件采访。

预发性事件采访，是指记者对事件的发生事前已有所闻，在有准备的情况下所进行的采访。比如，一些有预告的会议、选举、展览、竞赛、演习、演出以及节日庆典、领导同志的视察活动等等。这类事件的出现有预告，记者事先可以从容不迫地制订相应的采访计划，从资料、技术上作好必要的准备；同时，其间不少事件的出现又是带有“循环性”的（如节日庆典活动等），或者是有着相对固定的“模式性”的（如会议、选举、展览、演出等），这样往往容易造成报道上的雷同。这便是这一采访的特点和难点所在。因此，预发性事件采访应注意这样几点：

（1）不要停留在事件的程序性材料的采集与选用上，而应着力采集、选用事件中“含金量”高的新闻性材料。比如，1991 年 10 月 16 日，国防科工委举行授予钱学森同志“国家杰出贡献科学家”荣誉称号的大会。江泽民、杨尚昆、刘华清等中央领导同志也参加了大会，江泽民同志还在会上作了讲话，向钱学森同志表示热烈的祝贺。面对这件事，应该如何进行采访报道呢？如果按常规性的做法，把采访报道的着力点放在事件的程序性材料上，即何时、何地召开了什么会，有哪些领导同志参加，领导同志在会讲了些什么，强调了什么，又指出了什么等等。这种围绕事件程序性材料所作的采访报道，只能是流于俗套的“会议新闻”（除非特别重大的会议，可以允许这样采访报道），是难以为受众所接受的。而中央人民广播电台记者刘振敏就此事所采写的报道《钱学森的三次激动》①，就一反常规，不落俗套，报道着重抓住“88 岁的钱学森同志在党和国家领导人面前，在 200 多位科技同行面前即兴谈了他的心情”，并用放录音的办法把钱学森同志所说的“在今天这么一个隆重的场合，我的心情到底怎么样？我说老实话，我不很激动，那怎么回事？因为我这一辈子已经有了三次非常激动的时刻……”原汁原味地传递到听众的耳朵。这种善于“沙里淘金”、刻意寻找事实材料的新闻价值所在的技巧，是预发性新闻采访运作中必须掌握的基本方法与要求。

---

① 中央人民广播电台 1991 年 10 月 17 日《新闻联播》节目。

（2）不要囿于事件本身找新闻，而应拓宽视野和思路，多方位、多角度地从事件的联系点上去发现新闻。比如，20世纪80年代初，辽宁省丹东市召开了一次全市劳动模范和先进代表表彰大会。当时，地方一些媒体对这次会议本身作了比较突出的报道，并没引起什么反响。相反，《丹东日报》的记者采访报道了这样一件事：《30个单位因计划生育抓得不好未能出席市劳模、先进代表会》①，结果却收到了出奇制胜、意想不到的效果，社会反响很大。该报道也因此被评为当年度全国好新闻。再如，《侗家厕旁议实事》② 这则报道，介绍的是卫生部长陈敏章在广西的一段视察活动。部长视察的内容很多，活动程序也相对固定。然而，这则报道却不从正面介绍视察活动，而只是详细地叙述了陈部长与陪同视察的自治区政府副主席在上一家侗家厕所时的情景和言行：

> 3月柳州，龙潭湖畔，小雨淅沥。广西壮族自治区副主席李振潜与卫生部部长陈敏章信步走近山坡上的一幢侗家“竹楼”。
>
> 竹楼墙上有副对联，上联是“男女有别来此行方便需认清去向”，下联是“大小均可入内得轻松请注意卫生”，横批“轻松出房”。
>
> 两人都笑了，原来这是公厕。身兼全国爱卫委副主任的陈敏章说：“这对联写得风趣。不知‘内容’怎样？进去看看。”
>
> 进至厕所，陈敏章连声称道。认为它清洁，处理污水得当，地方政府为少数民族办了很好的实事，既解决了实际问题，又有远见……

① 见《丹东日报》1982年3月3日。

② 见《人民日报》1991年4月2日。

报道别具一格，诙谐幽默，又富有深意。这样的预发性事件的采访报道理当受到受众的青睐。

（3）不要局限于事件的“动态”性材料的采集与选用，而要注意事件的“静态”性材料的采集与选用。预发性新闻的采访，如果能善于采集、选用事件的静态性材料，亦即背景材料，并使其与事件的动态性材料完善地交融于一体，不仅能有助于记者更正确、更深刻地认识和把握事件，而且也有助于扩大采访报道的信息量，增强报道的可受性。比如，第35届世界乒乓球锦标赛在朝鲜平壤举行，合众国际社的记者在报道美国队与朝鲜队的一场对打时，穿插进了这样一个背景材料：

> 25年前，美国和北朝鲜在现在的大同江畔巨大的平壤体育馆矗立的地方互相射击和投弹。
>
> 星期四晚上，两国再次正面对抗，这次使用的武器是乒乓球拍，互相打给对方的是赛璐珞球，战场是第35届乒乓球赛场地。

穿插进了这一背景材料，不仅使报道增加了可读性，而且也为后面叙述美国队在现场观众的拼命呐喊声中败北作了铺垫。这样报道的力度和深度也得到了显示。

（4）不要按部就班进行采访，而要抓紧时间，超前工作。预发性新闻采访，因为有段相对充足的准备时间，这就要求记者在准备阶段不仅要充分地占有、认真地钻研有关资料，制订出周密的采访计划，而且可以把采访中的一部分程序提前进行。比如，一些会议、竞赛、节日庆典等预发性事件，可以提前去事件现场看看，找有关知情人、当事人事前谈谈，甚至可以就此写出报道的“初稿”，到时再作修正。这样，既可以缩短采访过程，又有助于记者在事件现场集中精力，有针对性地进行采访。

第二节　非事件性新闻采访

非事件性新闻采访，是指报道那些没有明显的起止日期，也不是一个相对完整、有形的事件的新闻所进行的采访活动。比如，反映人的精神境界与行为追求的《领导干部的楷模——孔繁森》（新华社 1995 年 4 月 6 日电）、《树高千尺在根深——大厂县评剧团团长赵德平写真》（《人民日报》1997 年 5 月 21 日）、《同是英雄魂魄——记“抗洪英雄”高建成的战友、妻子、母亲》（新华社 1998 年 8 月 26 日电）等；再如，反映一个地方或部门的变迁的《广东农民成了现代农业投资的主体》（中央电视台《新闻联播》节目，1995 年 11 月 23 日）、《上海安达棉纺织厂增效扭亏有宝》（《人民日报》1997 年 11 月 30 日）、《取下神像挂地图》（《中国青年报》1994 年 4 月 26 日）、《南岭村的新闻》（《人民日报》1997 年 3 月 30 日》）等；还有，反映社会的呼声与问题的《商潮撼动“官本位”》（《光明日报》1993 年 2 月 9 日）、《让欢笑重回“大姐”家》（《钱江晚报》1997 年 1 月 13 日~2 月13 日）、《雷声大雨点也大——从中央纪委六次全会看反腐败斗争》（《人民日报》1996 年 1 月 27 日）、《房地产热其实是“虚热”》（《光明日报》1993 年 1 月 14 日）等。这些新闻报道的采访，便是非事件性新闻采访。

一、非事件性新闻采访的特点

与事件性新闻采访相比较，非事件性新闻采访的主要特点是：

1. 采访对象的新闻价值，在于其社会的启迪与警示意义上。

非事件性新闻采访的对象，一般不具备独立的、完整的事件要素。因此，其新闻价值不是“外现”的，难以“一目了然”，需要记者将其放在与社会、时代的联系中考察，才能发现其新闻价值之所在。比如，1996年4月17日，《光明日报》有则报道：《徐虎和他的维修箱》，叙述的是上海市一位青年水电维修工——徐虎，参加工作十多年来，不仅在上班时干好了自己的工作，还利用下班时间去做维修工作。他日复一日地修马桶、水管、电路，不怕污浊，不辞辛苦，为一户户居民排忧解难，成了当地居民最需要、最欢迎的人。应该说，徐虎干的这些事都属于一些普通、平凡的事，是说不上有什么“新意”的事，而徐虎本人也是一个普通、平凡的人。按常理，普通、平凡的人加上普通、平凡的事，是难有新闻价值的。但是，这则报道的记者把徐虎和他做的事，放在当前社会这个大环境中加以思考：在建立市场经济体制的初期，社会变化大了，机会也多了，不少人把自己的目标定在如何发大财而后享大福上，似乎只有这样才是适合市场经济的环境。正是在这种过高的、不切实际的、以自我为中心的人生定位上，使一些人误入了人生的误区，引起了某种程度上的社会角色混乱，以及与此相应的职业道德、社会公德的偏失。今天，社会的变化对每一个人的人生都是一种检验。在这种检验中，徐虎及其所做的平凡的事便显示了他的不平凡之处：十多年如一日，摆正自己的人生定位，找准自己的社会角色，坚守了自己的道德情操，从而使他这个平凡人成了新时期为人民服务的楷模。这便是徐虎及其所做的事的新闻价值所在。报道抓住了这一点，结果在社会上产生了热烈的反响，引起了受众的普遍共鸣。

2. 采访的内容繁杂，时空跨度大。

非事件性新闻采访的内容，既具有时间上的延缓性，又有着空间上的广延性，而且常常是一处多时，或者一时多处，或者是多处多时。因此，如何准确地把握采访内容，精心选材，是非事件性新闻采访的关键环节。请看中央电视台的一则报道：《广东农民成了现代农业投资的主体》。报道反映的是一个省的农民变化及其带来的农业生产的变化，这一采访报道内容的时空跨度不可谓不大，采访难度可想而知。然而，这则报道的记者却从不同的侧面采拍了这样四个各具特色的材料：（1）东莞市种植、养殖大户许纳豪兄弟俩，联办种植业，5 年投资 5 000 万元，“在这里，禽畜是机械化孵化，工厂流水线自动化养殖的。200 多亩果林和现代化的鸡场、猪场构成了最佳的生态环境，产生了最佳的经济效益”，一年产值超 1 亿元。（2）弃商经农的水产养殖大户马金山的养殖场，这个“由农民联合体投资”、“运用商业的眼光来办”的企业，“实行现代化的经营方式”，“养殖水面近千亩”，“创造出比传统农业高六七倍的劳动生产率。该场今年仅养水鱼一项收入超过 3 000 万元”。（3）由 80 多名大学毕业生或研究生毕业的员工组成、“由个体引进外资办起来的德星无菌培养植物有限公司”，采用组培技术，在不到 500 平方米的培养室里每年可以生产出相当于 6 万多亩土地生产出的果苗，结果是每年投入 300 万元，产出 1 200 万元左右。（4）承包 300 亩水田，实行机械化插秧、除草、收割的中山市种粮大户何东，由于投入巨资，光种粮一项一年收入达到 42 万元。正是通过这四个精心选择的材料，广东农民改变观念热心投资兴办“三高”（高投入、高科技、高产出）产业，并由此带来广东现代农业发展的新景象，通过电视画面跃入了受众的眼帘。

二、非事件性新闻采访的样式及其运作要求

从采访报道的目的性这一视点上看，非事件性新闻采访又可以分为告知型的、调查型的、思辨型的这样三种不同的采访样式。当然，这三种采访样式有着上述共同特点，但它们在具体的运作过程中，也有着各自不同的特殊要求。

1. 告知型的非事件性新闻采访。

这是指用直接“叙事”的手法，达到向受众“告知”信息之目的的一种非事件性新闻采访。比如，“综合性新闻”、“人物新闻”以及大量的“通讯”、“小故事”、“新闻特写”等报道的采访，都属于这种非事件性新闻采访。

告知型的非事件性新闻采访，在运作中要注意这样几点：

(1) 要正确处理好“点”与“面”的关系。“点”就是具体的、个别的事例，而“面”则是采访对象的概况。告知型的非事件性新闻采访，所面对的对象与所要采访的内容是繁杂的。因此，光是采访报道几个“点”，而无“面”的反映，是说明不了对象的“全貌”的；同时，仅仅采访报道“面”的情况，而无“点”的材料作支撑，其结果也会让人感到空洞无力。无论是缺“面”还是少“点”，都是难以达到完整、准确的“告知”目的的。为此，告知型的非事件性新闻采访必须着力处理好“点”与“面”的关系。比如，1988 年 2 月 8 日，《人民日报》头版头条报道：《改造老企业办合资企业扩大出口产品，辽东半岛发展外向型经济》。导语中概括说明：“辽东半岛外向型经济建设初见成效。1987 年……辽宁产品创汇 15.1 亿元，比上年增长 29.30%；利用外资、引进技术共签订合同 139 项，合同金额合计 6 亿美元，比上年增长 25%；建立三资企业 55 家，比上年增长一倍多。”这是面上的情况。接着，正文部分综合叙述了许多“点”上的材料。如，讲到改造老企业，报道了大连石化公司的情况；讲到吸收外资、引进技术、办合资企业，讲了大连无线电七厂和中国长城工业公司大连分公司的情况；讲到根据国际市场的需要，调整农村产业结构，建立出口基地，则讲了新金县与杨树塆服装厂等单位的情况。这就使受众看到了辽东半岛——不论是城市，还是农村，发展外向型经济的概貌。这篇报道有“点”有“面”，“点”有代表性，“面”又说明问题，既完整又深入，产生了很好的报道效应。这就是记者正确处理“点”与“面”的关系的结果。

在实际运作中，如何处理好“点”与“面”的关系？记者要注意这样两个具体的技术问题：一是采访面的大小怎样确定？过小不行，但也不是越大越好。从保证采访报道的质量和提高采访工作效率两方面出发，确定采访面的原则是：能够说明问题的最小的面。比如上面那则报道辽东半岛外向型经济的采访，记者跑了一两个城市（大连市等）、一两个农村（新金县等），这就可以了。如果再跑几个城市和农村，未必会更好，因为一则记者要多花费时间，再则得到的材料也可能会重复，不起多大作用。二是采访点应该怎样选择？这里的原则同样是：只要有能支撑面的最小数目的点就够了，并不是多多益善。平时讲数学，三点确定一个面。在其他事物上，也常常是这样。比如了解一个集体，并不需要了解其中的每一个人，而只要抓住其中先进、中间、落后三种类型的代表，就可以对这个集体有个概括性的了解了。这里关键是掌握“点”的代表性。

（2）要注意发现新闻根据。采访对象的综合性，不具备完整、独立的事件形态，加之时空跨度又大，这都要求告知型的非事件性新闻采访必须十分重视新闻根据的发现。否则，告知的便不是“新闻”了，而可能成了“情况汇报”或者“先进人物介绍”了。采访实践中，新闻根据的发现，可以由记者去寻找、得到，如先进人物受表彰时，或者一项工作取得新的进展时，或者一个单位又出现了新的问题时，等等，也可以由记者等待其出现，如一件涉及领导干部腐败的案子终于结案了，或者一位自学成才青年的新作得到了公开发表等，还可以由记者主动“介入”引发其“诞生”。比如，1980 年 9 月，《天津日报》有则报道，介绍的是五位倒粪姑娘“一年多来”的先进事迹。由于记者选择了周末晚上这个特定的时间，跟她们一道去倒粪，进行实体采访，结果把这件本来时间性不强的非事件性新闻，采写成了“昨日”新闻。请看报道的开头：

> 周末晚上，对那些正当妙龄的姑娘来说，该是梳妆更衣，同家人密友聚会的时间。昨天（周末），从 6 点开始，照片上的五位姑娘：韩淑芬、张秀芬、冯桂玲、靳秀芹、商玉贵却换上了工作服，背上粪筐，拉上粪车，沿街入户收倒

粪桶去了。

何止是昨天，一年365天，她们每天风雨无阻，除了轮休日，即使是大年三十晚上，也照例在这个时间出工……”①

2. 调查型的非事件性新闻采访。

这是指用调查研究的方法，公开披露社会问题的真相及其症结所在的一种非事件性新闻采访样式。其调查的内容，一般有两类：一类是属于“揭丑”的，如《娱乐和消费文化中的腐败现象——“三陪”》（《光明日报》1994年3月26日）、《天上掉下个“国际大会”》（《工人日报》1994年4月17日~5月8日）、《发人深省的非法集资案》（新华社1995年12月3日电）等等；一类是属于“情况调研”的，如《石门县的情况值得注意——农村干部队伍出现“萎缩”》（《人民日报》1993年5月4日）、《由深圳歌舞厅行业看文化娱乐市场的发展》（《光明日报》1993年1月14日）、《提高民师待遇，巩固民师队伍——关于江苏盐城市民办教师生活状况的调查》（《中国教育报》1993年7月8日）、《给村民一个明白——河北省推行村务公开制度扫描》（《人民日报》1998年2月15日）等等。

调查型的非事件性新闻采访，在运作中要特别注意这样几点：

（1）调查要确保准确、全面、有力。准确，就是要求记者主动“出击”，采集真实可靠的“一手”材料，而不要被动地接受调查对象或者其领导部门提供的“二手”材料，更不能轻易相信这些“二手”材料；同时，对任何材料一定要多方求证，以求准确无误。全面，就是要求记者对情况或问题的来龙去脉、因果关系、时空环境等一定要调查得清清楚楚，以利揭示问题或

① 见《天津日报》1980年9月7日。

情况的真相及其症结，能做到科学、周全。有力，就是要求记者的调查过程与结果，是富有说服力的，不仅要能“打动”受众，让受众关注、信服，而且还要能经得起历史（实践）的检验，经得起法律的检验。（尤其是一些“揭丑”类的调查，如果缺乏说服力，缺少人证、物证等依据，一旦引发新闻官司就被动了。）比如，《人民日报》曾发表过一则报道：《不该发生的悲剧——对朱毓芬提拔以后服毒身亡事件的调查和思考》①，报道的是某化工厂新提拔的技术副厂长朱毓芬“口服敌敌畏中毒死亡”这一“不该发生”的悲剧。在采访报道中，记者通过认真深入的调查研究，运用了大量的第一手材料，详尽地披露朱毓芬服毒身亡的来龙去脉、前因后果：“错误的指责”，“有意的刁难和无形的压力”，“怪论的伤害和政治上的排斥”，“悲剧的导火线”。与此同时，报道在最后揭示这场悲剧的症结时，还十分注意具体问题具体分析，严格掌握分寸，“假如朱毓芬身负重任后，工作上能得到厂长的支持，而不是遭到责难；假如她迫切要求入党的心情能够得到充分理解，而不是怪论横生，节外生枝，刁难排斥；假如她在承受各种舆论的压力时，工厂的党组织能够坚决而有力地扶正祛邪；假如在她的心情无比痛苦时，有党组织的领导来开导她；假如谈话那天晚上，身为党总支副书记的张全福，能充分肯定朱毓芬积极要求进步的精神，发生激烈争吵后又能及时做思想工作；再假如，局党组织在考察化工厂领导班子后，能够及时、果断采取措施……那么，悲剧也许不会发生。另一方面说，假如朱毓芬是个刚强的人，是个心胸开阔的同志，那么，她的内在力量应该顶住外部的压力，不会为一时的失望而放弃对未来的希望，不会因为眼前的挫折和困难而忘掉党和人民的强大力量。然而，她不是完人，她优点突出，缺点也明显：性格急躁，律人过严，工作方法少，不善于听取不同意见……她的内在力量还不足

① 见《人民日报》1983 年 4 月 13 日。

以抗争“左”的影响、对知识分子的偏见和嫉贤妒能的恶习……”结论一针见血，且又是建立在实事求是、充分说理的基础上的。这样，这则报道自然就有了很强的说服力。

（2）采访要有“钻劲”、“韧劲”，要善于运用多种采访手段与技巧。这是因为调查型的非事件性新闻采访与其他新闻采访不同，其采访的内容一般具有较大的隐匿性，事实真相藏于深处，常常被一些假象所掩盖，而这些假象又常常是人为“制造”的。因此，采访时经常茫无头绪，甚至连真实的迹象都难以发现。与此同时，采访的对象尤其是“揭丑”类调查的对象对采访通常是抱着“敌视”态度的，不仅不配合，还会千方百计设置障碍，制造混乱，使调查无法进行下去；加之，一些有关方面或知情人，往往十分“敏感”，对采访有所戒备，有的甚至会设置“陷阱”，让记者的采访误入“歧途”。为此，调查型的非事件性新闻采访，一方面要求记者一定要有耐心，要有一种锲而不舍的精神，切忌浅尝辄止，半途而废。20 世纪 70 年代，美国《华盛顿邮报》两位青年记者罗伯特·伍德沃德和卡尔·伯恩斯坦关于“水门事件”的调查，便经历了数年的艰难曲折的采访历程。他俩从一个“三等撬窃未遂案”开始，追踪调查，穷追猛打，其间还经受了威胁恐吓、物质诱惑等种种“考验”，终于揭开了“水门事件”的真相，导致舆论哗然，最后，当时的总统尼克松被迫因此“丑闻”下台。《华盛顿邮报》因此获得普利策新闻奖，而这两名青年记者也成了新闻界传奇式的英雄。这两名记者的这种一往无前，不找到事实真相不罢休的采访精神和态度是值得我国记者借鉴的。另一方面，也要求记者学会并善于运用多种多样的采访手段与技巧，与采访对象“周旋”。比如，公开采访不行，便可进行隐性采访；正面提问不行，就用侧问、设问、反问等方法，“麻痹”对方或者“诱使”对方“失言”，从而“套”出真实情况，甚至还可以利用采访对象之间的矛盾，从中寻找“突破”，以达到调查的预期目的，等等。

3. 思辨型的非事件性新闻采访。

这是指通过解释、评述的手法，重在揭示事实内在因果关系与发展趋势的一种非事件性新闻采访的样式。因此，也有人称其为解释性新闻采访或评述性新闻采访。思辨型的非事件性新闻采访，从其采访报道的内容与功能上看，一般又有着这样三种形式的区别：一是“解释”型的，如《重谈样板戏》（香港《明报》1984年3月2日）、《开封缘何不“开封”》（《经济日报》1994年3月4日）、《请注重开发大众住房》（《人民日报》1995年2月6日》等；二是“预测型”的，如《世界格局急剧变化》（新华社1990年12月18日电）、《京城周末报火爆的好景不长》（《长江日报》1993年5月17日）等；三是“全方位型”的，如《大学毕业生成才追踪记》（《中国青年报》1985年12月13日~28日）、《谁是她的爹和娘》（《羊城晚报》1986年1月~6月）、《鲁布革冲击》（《人民日报》1987年8月6日）、《关于物价的通信》（新华社1988年1月13日电）等等。而从报道的形式上看，思辨型的非事件性新闻采访又可以分为这样几种：一是“单篇”型的，即独立成篇的报道的采访，如上文提到的《开封缘何不“开封”》、《谁是她的爹和娘》等等；二是“连续”型的，即在一定时期内注重报道对象的同一性和内容的连续性的采访，如《定远县农村青年恋人“私奔”采访记》（《中国青年报》1987年6月6日~6月13日）等等；三是“系列”型的，即围绕事物的横断面所组织的相关报道的采访，如《青年厂长经理改革探索启示录》（《中国青年报》1986年4月22日~5月8日）等等；四是“组合”型的，即同主题的不同事物、不同内容的报道的采访，如《关于关广梅现象的讨论》（《经济日报》1987年6月12日~6月15日）等等。

思辨型的非事件性新闻采访，在运作中要特别注意这样几点：

（1）采访选题要不回避矛盾，敢抓“热点”和“难点”。比如，20世纪80年代中期，改革的大潮已渗透到社会生活的各个领域，人们的生活一下子变得复杂起来，新旧体制、观念的摩擦、较量，人与人、人与自然、人与社会的矛盾冲突都成了广大群众议论纷纷又莫衷一是的话题，而这些话题正是当时社会舆论的“热点”和“难点”。就是在这一背景下，一批记者出于对国家和民族命运的深切关爱，不回避矛盾，大胆地选择了这些“热点”和“难点”的话题作为自己的采访选题。如《关广梅现象》中关于租赁企业究竟姓“社”还是姓“资”的公开讨论，实质上是对待当时正在实施中的经济体制改革的性质如何认识的问题；《鲁布革冲击》提出的问题是要不要学习外国的先进管理经验；《命运备忘录》（《中国青年报》1987 年 12 月 2 日）揭露了中国当时干部人事制度的种种弊端，抨击了不合理的人才管理体制；《第五代》（《中国青年报》1986 年 5 月 24 日）更是触动了当时社会“十分”敏感的“神经”。

（2）要深入新闻事实的内部，挖掘新闻的深层价值。思辨型的非事件新闻采访，要求记者的采访不能停留于新闻事实的表象的采集，而要注意通过对各种背景材料的精心选择和使用，从而深入其“内外里面之关系，寻求离合纵横之故，并律收所闻及所观察者解剖之”①，以达到揭示新闻事实的本质之目的。这是因为思辨型的非事件性新闻的价值，就在于新闻事实本质的揭示。比如，《中国青年报》那组脍炙人口的关于大兴安岭火灾的“三色”报道，不仅比较全面、真实地反映了火情变化和扑救过程，而且通过大量的现实与历史的背景材料，报道了灾害发生的更深层次的人为因素及其种种反思，揭示了这场人间悲剧肇始于何时、繁衍于何方的深刻原因，歌颂了在烈火中升华的灵魂，鞭挞了种种丑恶的现象，提出了一系列严峻的问题。这样就让受众从这里得到了大火以外更多的东西。

（3）让事实经过理性过滤，加深报道的思辨色彩。长期以

① 转引自《新闻与写作》1987 年第 1 期第 43 页。

来，我国一些新闻报道存在着两种倾向：一是缺乏对新闻事实深度的挖掘，“为事实而去记载事实”，因而，受众无法从报道中受到启迪，进行思考；二是习惯用传统的理论思维，以单纯的“政治审视”方式来教条地解释各种新闻事实，从而使各种报道千篇一律。思辨型的非事件性新闻采访，要求记者逆这两种倾向而行；记者应注意面向事实外部的广阔世界，以更开阔的视野和更高层次的思维冷静地、科学地对新闻事实进行筛选和分析，将所获得的新闻事实(感觉材料)经过理性的过滤，使新闻报道的评析显示出一种内在的逻辑力量，充满思辨色彩。比如，《中国改革的历史方位》和《改革阵痛中的觉悟》，记者在采写如何认识中国改革这个宏大的题目时，既没有用人们已经明白的空洞道理去说教，也没有局限于用事实说话的报道模式中，而是把我国理论工作者对改革的探索思考来同受众进行交流，既有理论的阐释，也有事实的剖析；虽然有创见，但也不是定论，供受众探索问题时参考。在如何认识改革的问题上，记者并没把受众的目光局限在束缚生产力发展以及现行体制的弊端等人们已熟知的道理中，而是把受众推上世界和中国历史的制高点，纵览横观，从历史发展的高度来认识中国改革的必然性和改革方式选择的必要性。

思考与练习

1. 事件性新闻采访的特点有哪些？

2. 突发性事件采访和预发性事件采访在运作中有些什么特殊的要求？

3. 非事件性新闻采访有些什么特点？

4. 告知型、调查型、思辨型的非事件性新闻采访分别要注意些什么？

5. 从新闻采访的角度，对近期《人民日报》或《经济日报》上刊登的非事件性新闻作一评析（指出其优缺点）。

第十六章　新闻采访主体的行为方式分类

按照新闻采访主体（记者）的职业行为方式，新闻采访的类型一般可分为这样几种相对应的采访样式：参加座谈会采访与参加记者招待会采访，专门采访与交叉采访，机动采访与驻地采访，隐性采访与体验式采访。

第一节　座谈会采访与记者招待会采访

从新闻采访的主体与采访客体（采访对象）之间的关系（主控权的掌握及参与人数）这一层面上看，座谈会采访与记者招待会采访是正好相反的两种采访样式。前者是一人对多人的采访，且采访的主控权（时间、地点、对象、话题等）一般由记者掌握。而后者是多人对一人的采访，采访的主控权通常为采访对象所掌握。

一、座谈会采访

座谈会采访，是指记者通过座谈的方式，在同一时间、同一地点就同一话题，向多个对象进行采访的一种新闻采访样式。具体地说，座谈会采访有两种：一种是记者围绕着某些已经发生过的事件，请事件的当事人或目击者、知情者，进行座谈，以了解事件的真相。另一种是记者围绕着某些社会关注的问题或者事件，请与其有关联的对象或者问题、事件的关注者，或者对该问题、事件有权威性的发言者进行座谈，以便了解或反映社会上的有代表性的看法。

1. 座谈会采访的优点及其应注意的问题。

座谈会采访，可以在比较短的时间里搜集大量的情况，有助于提高新闻采访的工作效率，可以同时听到各方面的意见和看法，有助于记者的分析和判断；同时，与会者可以互相启发和补充，有利于弄清事实，问题也能谈得比较深透。尤其是了解面上情况或者是分析一个没有定论的问题时，运用这种访问形式的效果更好。此外，有的座谈会本身就构成新闻。比如，1999 年春，围绕着以美国为首的“北约”轰炸南联盟的问题，中央电视台等新闻媒体先后邀请几位军事问题专家和外交问题专家座谈，发表看法。每次座谈会都及时、完整地向社会作了公开传播，收到了很好的效果。

由于开座谈会是有多个对象参加，因此对对象群体“资格”的审查十分重要，否则，会导致与会人不敢讲真心话。另外，当前人们的时间观念普遍增强，参加座谈会的人较多，发言又得依次进行，弄得不好，让一些对象“泡”在会上，也难以收到好的效果。这样，座谈会采访就要注意慎用。一般来说，除了新闻报道要以座谈会的形式出现，非开不可外，某个事实需要有关人员凑到一起才能弄清楚，或者某个问题需要有关人员共同讨论才能比较明确，或者某个典型（人、事）需要听取各方面的反映时，开座谈会采访就较为适宜。

2. 座谈会采访的运作要求。

在新闻实践中，搞好座谈会采访除了要遵循新闻采访的一般规则和要求外，还要十分注意掌握这样几点具体要求：

（1）参加座谈会的人数要适宜。座谈会采访，邀请多少个对象为宜，应根据座谈会采访主题的需要决定。一般说来，一次座谈会采访以邀请四五个对象参加为好，最多不要超过十人。否则，人员太多，牵动面过多，不仅会使座谈会的时间拉得过长，让对象产生“疲劳”、“厌战”，而且，人数一多，也就会增加会议“控制”的难度。当然，对有些需要公开报道的座谈会，参加的人数可略多一点，以显示其代表面。

（2）要认真做好会前的准备。举行座谈会采访之前，记者一定要把座谈采访的目的与要求告诉与会者，让他们有所准备。同时，记者要明确座谈会采访的范围和中心话题，以防座谈会上信马由缰“信天游”。此外，记者在会前还要尽量预计到座谈中可能出现的情况，做好相应的对策。

（3）要采用漫谈、讨论的方式进行座谈。座谈会采访切忌“问答式”进行，要尽量使与会者不受拘束，畅所欲言。同时，在座谈会上，记者要注意发现和寻找引发漫谈、讨论的“由头”，使座谈会既开得生动活泼，又不断引向深入。在座谈采访中，记者应注意尊重对象，不要轻易打断对象的发言。

（4）座谈会采访要与个别采访等相结合使用。由于时间、环境的限制，一般座谈会上，采访对象很难对事情的细枝末节、问题的具体看法谈深谈透，这就需要记者注意座谈会后及时对座谈内容整理、分析，并结合进行个别采访或跟踪采访。

二、记者招待会采访

记者招待会采访，是指记者参加政府有关部门或者社会、群众团体召开的记者招待会（或称新闻发布会）所进行的采访活动。

1. 记者招待会采访的特点。

记者招待会，通常有一位主持者（也称新闻发言人，有时也会带上几位助手）在会上先发布某项（或某几项）新闻信息，然后回答众多的记者的提问；也有的只发布信息，不接受记者提问；或者主持者先不发表讲话，直接由记者提问。在记者招待会上，记者的提问，有的是事先提出问题，让主持者准备好来回答的，更多的是即席提问的。这种采访样式的显著特点是，众多记者在同一的、有限的时间里采访同一对象；加之，记者主要依赖于现场提问这一手段来采集新闻素材，因此，同行间的竞争十分激烈。没有强烈的竞争意识，是很难胜任这一采访任务的。1980年11月11日，《人民日报》发表《中国农民报》记者官伟勋的一封来信，对当时一些中国记者在记者招待会上“不大提问题”的现象提出了批评：“不久前，在人民大会堂举行了一次中外记者招待会（是关于公审‘四人帮’和林彪反革命集团的）。在主持招待会的同志就有关的问题作了介绍之后，外国记者纷纷提出问题。有问某一审判是根据哪部刑法的；有问被告有没有辩护律师、是否可以采访辩护律师的；有问某副庭长是否受过必要的法律训练的；有问出席旁听的代表是怎样产生的，等等。不知为什么，在座的中国记者没有一个起来提问题。是中国记者不关心这件事吗？是中国记者都已知之甚详，无须再问了吗？是时间有限，优待外国记者吗？显然都不是。”官伟勋同志指出：“出席记者招待会的中国记者，毕竟是只带耳朵不带嘴巴，总是不正常的吧！”一位在中国工作的外国朋友也说：“在一些公开的集会上，你会为我们（中国）记者的表现而吃惊。他们文质彬彬，谦逊有礼，既不向主人提出问题，也不和听众、旁观者或其他的人交谈，总之是不进行采访。”① 这样，怎么能搞好记者招待会的采访？

2. 记者招待会采访的运作要求。

记者须有强烈的竞争意识，敢于提问题，在具体运作中还应注意以下几点：

（1）会前要摸清意图。记者一定要注意事前打听清楚这个记者招待会的意图和内容，以便考虑是否出席，并且做好对有关问题的研究和准备。曾经担任新华社驻外记者十多年的王纬认为，作为驻外记者，“在没有特殊的情况下，最好能经常参加记者招待会，尽管这是你的生涯中要碰上千百次的‘例行公事’，

---

① 引自王纬：《记者的采访活动》，载《国际新闻界》1981年第3期。

但它是取得新闻，了解情况，接触人和熟悉同行的好机会。对于不同的记者招待会，一般情况下，要根据自己工作的需要，问题的重要性和这个国家当时的形势，决定是否参加；同时也要考虑同邀请单位（或驻在国）的关系，如一些友好国家使馆的记者招待会，应当尽可能出席”。① 记者一旦决定参加某次招待会，便应认真思考、准备一些问题。

（2）提问要开门见山，要讲究“质量”。在记者招待会上提问题，没有必要、也不可能像个别采访那样，过多地去转弯抹角，或者为创造良好的采访气氛先扯对方感兴趣的事，而应该单刀直入，直截了当，简明扼要地提出问题。同时，要注意所提问题应该是具有较高新闻价值的问题，也就是社会、受众关注的、感兴趣的问题，而不是那些众所周知的问题，或者平平淡淡的、可问可不问的问题。只有高“质量”的提问，才有可能问出高“质量”的新闻。请看，1998 年 3 月，在朱镕基同志当选新一任总理不久召开的记者招待会上，香港凤凰卫视中文台记者吴小莉所提的问题和朱总理的回答。②

吴小莉问：去年亚洲爆发金融危机，香港的危机也开始显现。现在香港经济回升，股市指数又创新高。请问香港如果出现困难，中央政府会采取什么措施帮助支持？人们称您为“经济沙皇”，您对此有何感想？

朱镕基答：去年发生亚洲金融危机，10 月份香港也发生了股灾。但由于香港经济结构比较完善，经济实力较强，有 980 亿美元的外汇储备，特区政府领导有方，采取措施得力，已经克服了一个又一个困难。中央政府高度评价特区政府采取的对策，也不认为香港今后会遇到不可克服的困难。

---

① 引自王纬：《记者的采访活动》，载《国际新闻界》1981 年第 3 期。

② 见新华社 1998 年 3 月 19 日电。

但如果在特定情况下，万一特区需要中央帮助，只要特区政府向中央提出要求，中央将不惜一切代价维护香港的繁荣稳定，保护它的联系汇率制度。

对于外界称我为“中国的戈尔巴乔夫”、“经济沙皇”等，我都不高兴。这次九届全国人大一次会议对我委以重任，我感到任务艰巨，怕辜负人民对我的期望。但是不管前面是地雷阵还是万丈深渊，我都将一往无前，义无反顾，鞠躬尽瘁，死而后已。我虽然很怕辜负人民的期望，但是很有信心。只要我们高举邓小平理论伟大旗帜，在以江泽民同志为核心的党中央正确领导下，紧紧依靠全国人民，我相信本届政府将无往而不胜。

记者问得尖锐、巧妙；朱总理答得中肯、坦率，可谓字字千钧，震撼寰宇，听者怎不动容！这一问一答，应该是那天记者招待会最“出彩”的场面。

（3）要仔细观察，认真记录。参加记者招待会的记者除了要会问、会听之外，还要注意会观察，会记录。这对记者全面、准确地理解招待会的内容，搞好采访报道是有好处的。

在记者招待会上的观察，首先要选择好最佳的观察点，即寻找（抢占）一个既能清楚看到台上情况，又可清楚看到台下情况，还可被主持人容易看到的位置。有经验的记者往往是坐在前排靠边一点的位置上。这样可以进退自如，前后看清会场的整个情况，也有利于引起主持人的注意，抢到提问的机会。其次要注意观察现场气氛，主持人的音容笑貌、神态举止及到会其他记者的情绪、反映。这样既可把握好主持人的心理，有针对性地提出问题，又可获得生动的细节材料。

每次记者招待会的时间有限，大部分记者轮不到提问，因此，记者不仅要记下主持人对自己提问的答复，更要注意记下其他记者的提问和主持人的答复，以便从中启发自己的思维，思考需要进一步提出的问题，或者思考报道的有关内容。比如，在七届人大二次会议的中外记者招待会上，台湾省《自立晚报》的一位记者问主持人李鹏总理："台湾在遇到重大失误时，舆论会普遍要求内阁首长辞职。这次我们采访大会，到处听到中央领导人在检讨失误。你的政府工作报告中也讲到了失误。邓小平说教育有失误。请问，对这次失误该由谁来负责？用什么具体行动负责？"李总理答道："我们坦率地讲这些失误，是表明我们有决心克服的表现。中国共产党是执政党，在中央委员会不开会的时候，它的最高决策机构是中央政治局和它的常委会。国务院是执行机构……因此，我认为，我们决策的失误是集体的责任，我是政治局常委，也是国务院总理，我参加决策，又是执行者。我所负的责任是无法推卸的。"《中国青年报》的记者对这一问一答做了认真记录，并在这个基础上进一步提问："邓小平同志指出，十年来最大失误是教育发展不够。你作为前任教委主任，对这个评价有什么看法？"这就把"失误"的问题具体化了，引发李鹏同志对此作了详细回答："邓小平同志讲教育发展不够，是指我们的教育与经济发展和改革开放的需要不适应。教育上的失误不仅是指教育战线本身，而且是指对人民的政治思想教育薄弱了"，"中共中央不久将专门举行重要会议，讨论教育问题，就克服失误作出具体的决定"。结果，新华社据此播发了一条很有分量的新闻稿。①

此外，记者参加记者招待会还应注意仪表端庄大方，衣冠整洁，不卑不亢，遵守会场纪律。记者招待会的报道写好后，应送交主持人或其助手核实，防止信息失真或语言误差。

---

① 见新华社 1989 年 4 月 3 日电讯稿：《李鹏、姚依林、田纪云、吴学谦答记者问》。

第二节　专门采访与交叉采访

从新闻采访主体的具体采访任务在一定时间内是否单一、专门这个层面上看，专门采访与交叉采访是相对应的两种不同的新闻采访样式。

一、专门采访

专门采访，也叫“专访”，是指记者在一定的时间和地点，对有关人士所进行的专题性的采访活动。

1. 专门采访的特点及其形式。

专门采访的一大特点，便在于一个“专”字：采访的对象是单一的，事前专门确定好的；采访的时间与地点是相对固定的、预先专门商定好的；采访的话题也是专门定下来的、高度集中的；采访的结果则是专门供一家新闻媒体独家使用的。这四个“专门”是有机地联系在一起的，从而显示了这类采访的显著特色。否则，就谈不上是专门采访了。

专门采访的另一特点就在于一个“访”字。这类采访的着眼点和重点，都集中在“访”的现场，即采访现场的访谈内容、访谈过程、访谈气氛以及访谈环境等。离开了“访”的现场的采访，就称不上是专门采访。

专门采访按照其采访的结果——报道的方式不同，一般可以分为这样两种：一种是“问答”型的专门采访，即报道完全以“一问一答”的形式表现的采访，如《薄一波同志就加强党的建设答记者问》（新华社 1994 年 11 月 10 日电）、《邓小平答意大利记者奥琳埃娜·法拉奇问》（新华社 1980 年 12 月 23 日电）等；再一种是“描述”型的专门采访，即报道形式在记述谈话内容的同时还融进了对现场的描述的采访，如《再给后代五十年——访费孝通》（《经济日报》1992 年 6 月 1 日）、《搞市场经济警惕走样》（《光明日报》1993年1月8日）、《姜昆谈“笑”》（《广州日报》1991年11月9日）等。

专门采访按照采访内容的侧重点不同，又可以分为这样三种形式：一是“人物”型的专门采访，即以采访报道对象的言行、思想、情感等为主要内容的专门采访，如《三十年功名尘与土，等闲白了少年头——张学良先生访谈记》（《广州文摘报》1991年10月24日）、《体操王子为何落户“健力宝”——访李经纬、李宁》（《羊城晚报》1999年4月25日）、《女英雄的人生之路——访“金融卫士”潘星兰》（新华社武汉1990年2月24日电）等；二是“问题”型的专门采访，即以采访对象所谈的对某种社会问题的看法为主要内容的采访，如上文提到的《再给后代五十年》、《搞市场经济警惕走样》、《姜昆谈“笑”》等；三是“事件”型的专门采访，即以采访对象对某一有特殊意义的新闻事件的追忆、评价为主要内容的采访，如《可怜韩国慰安妇——吉田清治谈日本侵朝时“挺身队”真相》（《参考消息》1991年12月4日）、《六千年前楼兰女尸发现和测定的经过——访罗布泊考古队》（新华社1981年2月20日电）等等。

2. 专门采访的运作要求。

专门采访除了要严格遵循新闻采访的基本原则和要求外，还应特别注意这样几点：

（1）要精心选择采访对象。专门采访是纯粹以采访对象为“主攻对手”，且对象又是“单一”的（一般只有一人，最多也只有二三人），因此，选准、选好对象较之其他采访更为重要。

一般地说，专门采访的对象应该是新闻受众所关心的或感兴趣的新闻人物，或者是与所要采访报道的事件、问题等有着特殊“关系”的新闻人物。著名记者柏生同志认为，“专访”的对象应当是“历史变动时期涌现出的风云人物，某一新闻事件中有举足轻重影响的人物，从外国或外地来访的政治活动家、文学艺术家和其他知名人士，有重大创造发明、对社会作出突出贡献的、获得各种荣誉称号的先进人物，各条战线上一举成名的新秀，对某一问题有发言权的权威和某一地区最近一个时期需要宣传、群众也感兴趣的地方人物，等等”。这是有道理的。但是，需要说明的是，并不是所有的名人、专家、先进人物都可以成为新闻人物，成为专门采访的对象。作为新闻人物，除了本身有一定的知名度或影响性外，还要有具备新闻价值的新闻事实。否则，即使是知名人士，也不可能成为专访的对象。而有些非知名人士，由于具备了重要的新闻因素，倒也可能成为专门采访的对象。例如，上文提到一些“专访”报道中的人物——邓小平、薄一波、费孝通、李宁、姜昆、张学良等，其人其事，都具有很强的新闻性，自然引起当时受众的广泛关注。而上文提到的“金融卫士”潘金兰，以及《大老齐成了“香饽饽”》中的大老齐、《王老师的小屋》中的王老师等，这些采访对象并非“风云人物”，谈不上有什么“知名度”，但其行为与事迹却有着强烈的时代特征和社会意义，是当时受众十分感兴趣的，因此也就有了很高的新闻价值。还有，上文提到的那名韩国“慰安妇”，则是因为具有“当事人”的资格而同样成为新闻人物的。

（2）采访前要作好充分的专门性准备。专门采访的对象大多工作繁忙，采访时间一般较为紧迫，作好访前准备尤为重要。所谓专门性准备，即围绕对象尽可能搜集其有关资料，并加以研究。这些资料包括：对象本人撰写的回忆录、学术论文、著作、札记等，他人为对象写下的简历、主要成就、先进事迹或劣迹，以及有关报道等。记者要在认真分析、研究这些资料的基础上，拟订提问提纲。这样，对于记者熟悉、了解对象，“优化”采掘方向和角度，缩短采访过程，提高采访效率都是大有帮助的。

（3）采访中要十分注意谈话的记录。专门采访的主要内容便是采访对象的谈话，其结果所作的报道也主要是以对象的谈话来体现。为此，专门采访中的记录必须是严肃、认真的，要忠实于对象的“原意”，不能歪曲、篡改，也不能凭想当然“补充”、

“发挥”。同时，记录时还必须留意对象的谈话风格，或庄严谨慎，或风趣幽默，或富有哲理，或热情豪爽，都要力求“原汁原味”地保留下来。

（4）别忘了采访时机的把握，也别忘了采访中的观察。专门采访一般都是针对社会生活中的实际问题而实施的；离开了特定的社会背景，专门采访失去了“针对性”，也就毫无价值可言了。因此，选准采访时机，在社会生活急需解决之时，在新闻受众最为关心之时，进行专门采访并及时报道，便能产生最佳的传播效果。与此同时，除了“问答型”的专门采访外，大量的“描述型”的专门采访，需要记者“再现”采访现场的实况、实景。为此，要求记者在采访中合理地分配注意力，在“记录”对象谈话内容的同时，也别忘了用眼睛“记录”下现场的情景，尤其是对象的外貌、衣着、动作以及表情的变化等富有个性特征的东西。比如1995年8月中旬，中国明史第六届国际学术讨论会在安徽凤阳召开，毛泽东的唯一孙子毛新宇以青年历史学者的身份向海内外近200位明史学者宣读了他的论文《朱元璋废相及其历史影响》，赢得与会者的热烈掌声。《蚌埠日报》记者不失时机地对毛新宇进行了专门采访，并写出了报道：《面对苍山如海的历史——访毛泽东之孙毛新宇》。在这则报道中，记者如此描述道：“新宇的魁梧身材和宽广额头颇像毛泽东，说话的语调及举止投足间亦充满几分爷爷豪迈大度的影子……他给人衣着上的印象仅是短短的小平头，短袖衬衫和背带式西装短裤，也爱吃辣椒和红烧肉，生活上他像爷爷一样不甚讲究。每当新宇就餐吃起红烧肉的时候，便使人想起许多回忆录里对毛泽东生活细节的描写……当我们谈兴正浓地评价毛泽东诗词时，新宇背诵起爷爷那首作于1936年的著名诗词《沁园春·雪》。50年后，这首词从毛新宇口中抑扬顿挫地涌出，依旧那样激荡人心……”尽管报道中只穿插了这么一点现场环境及人物形象描述，但整个文章就使人顿生如见其人、如临其境之感。再如，著名女记者柏生采写过许多科学家，在她的笔下，每个科学家都有着不同的鲜明个性，从而给受众十分亲切、十分深刻的感受。竺可桢兢兢业业，一丝不苟，虚怀若谷，慈祥可亲；高士其高尚顽强，坚韧不拔，勇于奋进；华罗庚聪颖豁达，刻苦好学，立志攀登，甘为人“梯”……当然，这些个性又是通过各个科学家的具体行为表现出来的。专门采访中，如果缺乏敏锐、细致的观察和思考能力，是很难做到这一点的。

二、交叉采访

交叉采访，是指记者在一定的时间内同时采访两条以上的新闻线索的采访活动。

1. 交叉采访的优点。

(1) 有助于记者工作效率的提高。记者由于工作的特点，联系面广，跑的单位多，交往的朋友也多，有时候在同一时间里会发现或者得到多条值得采访的新闻线索。如果等到一条新闻线索的采访任务完成后，再去进行另一条新闻线索的采访，势必延误时间；弄得不好，第二条新闻线索则可能“鲜鱼”成“死鱼”了。再则，如果在同一单位或同一地方发现两条以上新闻线索，记者多次上门采访，反复找人，既浪费了自己的时间和精力，也会让对方产生“厌烦”之感。交叉采访就能克服这一弊端，在同一时间里交叉完成两条以上新闻线索的采访任务，自然大大提高了采访的工作效率。

(2) 有助于记者锻炼并增强工作能力。交叉采访面对的新闻线索多，头绪繁杂，时间又紧张，这就要求记者有较强的工作决策能力和统筹能力，能够根据新闻线索的价值大小，以及采访的难易程度，迅速果断地作出合理安排，以达到既“四面出击”又“有条不紊”地完成各条新闻线索的采访任务之目的。因此，交叉采访是锻炼并增强记者工作能力的一个好途径。

2. 交叉采访的特殊要求。

交叉采访对记者来说，是充分利用时间，提高采访效率，多发新闻的好办法。但是，工作时间紧，任务杂乱，弄得不好就会忙中出错，或者顾了这头丢那头。因此，搞好交叉采访，记者要注意这样几点：

（1）根据不同的采访任务，统筹安排好采访的行动计划，以便抓住空隙时间，在不同的单位或场所穿插进行采访。50 年代，新华社北京分社只派孙世恺一人担任文艺记者，他经常进行交叉采访。一次，北京市文联召开会员大会，而市美协举办的全市美展也在同一天开幕。他在早晨 8 点钟先到市文联参加会议，听了文联主席老舍的报告。10 点钟会议转入小组讨论时，他又赶到美术馆采访“美展”开幕式。下午，再回到文联会上采访。当天晚上，他及时发出了上述两个新闻事件的报道，做到了忙而不乱。

（2）要搞好重点采访，把采访的主要力量用在刀刃上，避免胡子眉毛一把抓。比如，当年孙世恺同志曾在同一天采访两场体育赛事，其中一场篮球邀请赛是一般性的体育比赛；而另一场田径运动会，他从有关部门获悉可能创出全国新纪录或破亚洲纪录。于是，他先去看了一下篮球比赛，而后立即赶到田径运动会的赛场，从上午一直“盯”到下午，果然有举重、跳高和女子 1000 米长跑刷新了全国纪录，其中有一项还破了亚洲纪录。当天，他就这场田径运动会及时发了三条消息，没有漏报或迟发刷新纪录的新闻，而对那场篮球赛也发了一条动态消息。

（3）要加强同有关部门的专职新闻干事或业余通讯员的联系，依靠社会各方面的力量合作完成采访任务。有的采访任务还可以请这些新闻干事或通讯员协助完成（当然，要注意给予必要的指导）。

（4）在条件许可的情况下，可充分利用现代化的交通工具和通讯手段——步话机、电话、电脑等，进行电话采访、遥空采访等，以提高工作时效。

第三节　机动采访与驻地采访

从新闻采访主体的活动领域这一层面上看，新闻采访可以分为这样两类相对应的采访样式：一类是机动采访，另一类是驻地采访。前者是属于“满天飞”的采访，而后者属于“固守一地”的采访。

当然，如果从工作范围这一层面上看，机动采访的跨行业性，又可以与专业采访相对应。而从活动场所这一层面上看，固守一地的驻地采访又可以与属于“流动性”的巡回采访（或曰旅行采访）相对应。基于本书篇幅及篇章安排的考虑，尤其是专业采访、巡回采访等的采访要求与本书前文所述的采访规定无甚特别之处，故不再赘述。

一、机动采访

机动采访，是指新闻传媒的编辑部里，没有固定活动领域的专职记者所从事的采访活动。从事机动采访的记者，俗称机动记者，通常直接归属编辑部领导，接受编辑部直接指派的采访任务。机动记者的政治素质和业务素质相对要求更高些。

1. 机动采访的特点。

机动采访的特点，一般表现在这样两个方面：

（1）机动性强，采访范围宽广、变化大。机动采访不受地域的限制，也没有行业的分工，其采访活动的领域可以涉及社会的方方面面。比如，现在不少全国性新闻传媒的机动记者，这次可能在上海采访国有大型企业如何深化改革，走出困境；而下一次则可能奔赴武汉采访有关教育体制改革中出现的新情况、新问题。另外，面对一些重大新闻事件或者突发性新闻事件，许多新闻传媒也往往指派机动记者前往采访。1998 年长江、松花江发生全流域性的洪水灾害时，两地受灾之处便云集了一大批中央和地方新闻传媒的记者。1997 年 6 月 1 日，有亚洲“第一飞人”之誉的柯受良驾驶他的“战车”飞越黄河壶口瀑布时，《羊城晚报》及时派出机动记者在现场采写了颇有感染力的报道：《柯受良冲天——飞过黄河》，并采拍了一组具有很强视觉冲击力的照片，受到了受众的好评。

（2）采访的题材重大，目的性强。机动采访的选题，除了临时性的重大新闻事件和突发性事件外，大多是新闻传媒编辑部根据一个时期报道思想或者“面”上普遍存在又急待解决的问题而确定的，采访报道的意图明确，因此采访有着很强的目的性。比如，20 世纪 90 年代初，原《经济日报》总编辑范敬宜以机动记者的身份，到山东省进行《齐鲁纪行》的采访，其开篇之作《真正的“秘密武器”》① 就是用采访得来的大量的生动的事实，说明山东省近几年在改革开放中之所以能“悄然崛起”，其主要原因就在于省委、省政府一班人“贯彻党的十一届三中全会以来的政策，不折腾，不翻烧饼，不忽左忽右、大起大落”。“没有这一条做保证，经济建设、改革开放都不可能按照既定目标稳步发展”。在当时的历史背景下，这则报道对一些误以为“风向变了”的人，尤其是一些地方和部门的领导人更好地认清形势，把握方向，不啻是一服清醒剂。

2. 机动采访的特殊要求。

与专业采访、驻地采访相比较，机动采访更强调这样几点：

（1）对“面”上的情况要有透彻的了解。机动采访的针对性和目的性强的特点，要求记者必须重视对“面”的情况的熟悉。只有对整个形势发展的趋向、矛盾的焦点、群众关心的问题、事物进展的程度等等了然于胸，采访时才能得心应手，作出准确的判断和选择。否则，就会是“瞎猫碰死耗子”，采访工作势必带有极大的盲目性。比如，1985 年全国交通运输状况一度

① 见《经济日报》1991 年 3 月 19 日。

十分紧张，乃至严重制约着国民经济的发展，成了经济工作和人民群众生活中的一个特别引人注目的实际问题。为此，新华总社国内部专门委派几个机动记者组织了一个小分队，分赴上海、四川、云南、河南、陕西等省市调查，要求采写出有关解决交通问题的报道。记者们下去之前，认真听取了国务院有关领导对国家经济形势的介绍，听取了交通部门负责人和专家的看法及意见。从而，对“面”上的情况有了一个比较清醒的、完整的认识。当时，有些部门和地方的负责同志提出，要解决全国的交通问题，今后15年内要增加5 000~8 000亿元的投资。这些数字听起来是“有根有据”的；但是，这不仅仅是国家财力不允许的，即使能投资这么多钱，投资效益也要到90年代末才能陆续发挥出来，远水难解近渴。同时，我国交通事业的发展，由于历史的原因，形成了一个不合理的运输结构，片面要求发展某一种运输形式，从交通运输这个大局上来看，也是不合适的。于是，记者们确定了这次采访的目标和重点：不是列出一个向国家要钱的“账单”，而是要立足于怎样调整交通运输结构和挖掘交通企业现有运输能力的潜力。这样，他们一开始就心里有底有数，“避免了盲目性”，很好地完成了采访任务。①

（2）要有广博的知识面和很强的社会活动能力。机动采访的“满天飞”的特点，要求记者的知识面必须很广，懂得各行各业的有关基础知识，熟悉社会各种各样的情况与人情世故，也了解各地方的主要的风俗习惯、风土人情等；同时还要有很强的社会活动能力，善于应付各种各样的突然“事故”，也善于同各种各样的人打交道。当然，这样广博的知识面和很强的活动能力，主要依赖记者日常的有意识的“积累”和锻炼，但是，临访的专门性准备更是不可忽视的。如果这样，机动采访无论“飞”到那里，都能“游刃有余”，很快“进入情况”。

---

① 参见《新闻业务》1986年第4期。

(3) 要十分注意采访材料的核实。机动采访的机动性强的特点，还要求记者的采访一定要认真深入，特别要过细核实材料，防止因“初来乍到”，情况不熟，加之采访活动时间又有限，而导致采访报道的失实。

(4) 还要注意依靠所要采访的地区和单位的有关部门，或者当地的新闻传媒与通讯员，以求得到他们的支持与帮助，共同完成采访任务。

二、驻地采访

驻地采访，是指新闻传媒派驻各地（国家、省内或国外）的记者所从事的采访活动。从事驻地采访的记者，俗称驻站记者。

1. 驻地采访的特点。

驻地采访有着与机动采访明显不同的特点：

(1) 采访的活动范围相对固定。驻地采访的记者通常常驻一地，采访的活动范围集中于所驻地区，这就给记者带来了“人头熟”、“情况熟”的有利条件。这样，驻地采访“人头熟”，既能使驻地采访有着较为丰富的新闻线索来源，又能使驻地采访的记者顺利地处理好与采访对象之间的关系，提高采访的工作效率。“情况熟”则能使驻地采访有着较为充分的情况准备，从而使采访报道有着较为浓郁的地方“风味”。

(2) 采访选题确定的“自由度”较大。与机动采访不同，驻地采访选题的确定，一般无法依赖于新闻传媒编辑部的直接提供与指导，而是要靠记者自己在社会生活的实践中去发现。因此，相对于机动采访而言，驻地采访的记者在采访选题的确定上就有着更大的“自由度”，更能充分地发挥主观能动性、创造性，所确定的选题离社会生活的实践也更近。这就是不少驻地采访的记者常常能采写出不凡的、个性特点各异的新闻报道的原因。

2. 驻地采访的特殊要求。

驻地采访对于记者来说，采访活动范围内的情况熟悉，接近社会生活的“底”层，容易发现实际生活和工作中的问题和新苗头；加之采访选题大多是记者一个时期内深思熟虑的产物，采访有足够的思想准备，工作上较主动。但是，由于其“固守”一地，又远离编辑部，对编辑部的报道意图的了解便难以及时、透彻，采访难免带有一定的盲目性。因此，驻地采访要特别注意这样几点：

（1）要求记者有全局观念，做到“立足本地，面向全省、全国乃至世界”。即要注意从本地区的实际出发，着重抓那些具有本地区特点，又对全省、全国乃至世界具有普遍影响的新闻题材。要做到这一点，就一定要熟悉和了解全省、全国乃至世界的形势，全局的情况和动向，以及新闻传媒编辑部的报道思想和意图；同时也要十分熟悉本地的特点所在，并知道其在全局中所占的位置与作用。然后，确定自己的采访选题和采访重点。否则，光有地方特色，而无全局观念，采访报道就很难有什么新闻价值。新华社辽宁分社的两位记者在谈到他们采访《金牌不是名牌》① 这则报道的体会时，有一段很精辟的讲话：

> 作为地方分社记者，近几年来，我们对辽宁省的经济发展态势甚为关注。作为昔日的工业大省，辽宁在全国的地位正在逐年下降，经济发展速度近10年总是慢于全国的平均水平。80年代初，辽宁的工业产值还居全国第二，之后位次逐年后移，现已降到第四、第五位。更值得注意的是，位次的后移还只是表象，人们更忧虑的是辽宁工业基地正在走向衰落，产品积压严重，效益连年下降，触目惊心。1989年时全省预算内企业利润还有40亿元，可到今年6月末，变为净亏2亿元。了解这一情况的辽宁人无不忧心忡忡，辽宁怎么了？症结在哪里？

① 见《经济参考》1991年8月21日。

我们从采访的大量事实中看到，一个重要原因是观念落后、陈旧，突出表现在辽宁人的市场意识差，商品经济意识差，许多企业至今还没有跳出产品经济的思维模式。但是，稿件从哪里下手？以什么事实为骨干材料？选择什么角度？

许多个夜晚，我俩在办公室内“慷慨激昂”，谈起了当年号称“日不落之国”的大英帝国的衰落；谈起了世界范围内的“工业恐龙”现象，一些大企业在竞争中因行动迟缓被淘汰；也谈到了辽宁省在“七五”期间技术改造投资在全国最多，效果却不佳等等。一次业务会上，我们几个年轻记者一块聊起了辽宁省金牌产品居国内前列，可是市场却被精明的南方人逐块夺走的问题。渐渐地，我们的思路清晰了。“金牌现象”，多么典型的“金牌现象”，它如一面镜子，折射出辽宁人陈旧的思想观念的一个侧面。

蓦地，我们感到，一条“大鱼”正在向我们游来……①

试想，这两位驻地采访的记者如果那“许多个夜晚”，没有“谈起了当年号称‘日不落之国’的大英帝国的衰落”，没有“谈起了世界范围内的‘工业恐龙’现象”，也就是说没有考虑到“全局”的情况，那么，这条荣获全国新闻奖一等奖的大“鱼”能向我们游来吗？

（2）采访中要注意“吃一抓二观三”，即在着手进行的一次采访中，要准备下一步的采访选题，同时还得随时留意新的采访报道线索的出现。这是因为驻地采访的记者一般需要自己去发现、去确定采访报道的选题，而与此同时，采访报道的实施过程往往又有着很强的阶段性，由前一次采访转入后一次采访，通常有段过渡时期。在这期间，记者都要思考、选择新的采访报道选

---

① 引自夏琼：《新闻评析原理与实务》，第243~246页，武汉大学出版社1997年版。

题。因此，这段过渡时期，最好在前一次采访中酝酿、进行。这样，既节省了专门思考、选择的时间，记者手里又会有较为丰富的采访选题，而不至于陷入“等米下锅”，“有一餐无一餐”的“穷记者”的处境。

（3）驻地还要十分注意处理好与驻地党政领导机关以及各有关部门的关系，多“浇花”，多交友，积极主动地争取他们的支持与协助；同时，又要坚持原则，不护短，切忌“地方保护主义”。

第四节　隐性采访与体验式采访

从新闻采访主体的职业活动身份这一层面上看，新闻采访又可以分为这样两组相对应的采访样式：显性采访与隐性采访（从主体的职业活动身份是否公开、暴露上区分），体验式采访与旁观式采访（从主体的职业活动身份是否“介入”被采访的事实上区分）。因此，从严格意义上说，隐性采访与体验式采访并非是一对相对应的采访样式，而应该是一对相互交叉的采访样式：隐性采访，既有“体验”式的隐性采访，也有“旁观”式的隐性采访；体验式采访，则既有“显性”的体验式采访，也有“隐性”的体验式采访。本节出于对全书篇章结构及叙述的方便考虑，尤其是因为一般的“显性”的采访与“旁观”式的采访，均属于新闻采访中的“主流”形式，有关其运作的原则、要求等，本书前文中都已涉及，因此，这里仅就隐性采访与体验式采访的一些特殊规定及要求作专门阐述。

一、隐性采访

隐性采访，也叫“暗访”，是记者不公开自己的职业活动身份，或者不暴露自己的真实的采访意图的一种新闻采访样式。

1. 隐性采访的方式与作用。

隐性采访的方式一般有两种：一种是旁观式的隐性采访。比如，1997 年 11 月 25 日，中央电视台《焦点访谈》栏目中播出的一则报道：《“罚”要依法》，报道反映的是山西省潞城县境内 309 国道上交警乱罚款的事。报道中，一些交警无故拦车，随意罚款，并且蛮不讲理的境头，便是记者搭乘运煤车，在 100 多公里的路段上往返三趟，“偷拍”下来的。这种采访对象完全不知情而记者又是以旁观者、目击者的身份所进行的采访便称作为旁观式的隐性采访。另一种是参与式（也叫体验式）的隐性采访。比如，1998 年春，浙江《钱江晚报》记者熊晓燕获得一条重要线索：几位工人投诉中法合资杭州“特维达”皮件有限公司严重侵犯工人权益。为了了解事情的真相，熊晓燕以“打工妹”的身份，前往该公司应聘，经过硬磨死缠，并交上 200 元押金后，终于被公司答应试用 3 天。就在这 3 天的“打工”试用期内，她不仅耳闻目睹，而且还亲身感受到了这家合资企业工人们的悲惨生活：“一位男工一天只‘赚’了 5 分钱”，“这里近百个女工共用一个厕所，而且每天只冲洗一次”，“这里最喜欢用的字眼是‘罚款’”，“这里工人吃的是榨菜拌饭”，“这里 14 岁的童工瘦弱无比”……就这样，试用期满后，记者没拿回押金，便辞工离开了这个公司。① 这位记者所进行的这种采访，即在采访对象不知情的情况下，以一种参与者的身份“介入”了所要采访的事实，便是参与式的隐性采访。

从上述两个事例中，我们可以看到隐性采访不同于公开采访，其作用主要表现在这样两个方面：一是不会引起采访对象的心理变化和行为变化，从而有助于记者了解并掌握真实、可靠的第一手材料。二是不会因采访意图与采访对象的利益相左而遭拒绝，从而有助于记者把握采访的主控权，尤其是能把握批评性、

① 熊晓燕：《女记者乔装打工妹，冒险卧底合资厂》，引自《新闻内幕》，第 159 页，新华出版社 1999 年版。

揭露性采访报道的主控权。

2. 隐性采访的特殊要求。

使用隐性采访，记者必须注意这样几点：

(1) 访前要做好充分的准备，要考虑到可能会遭遇到的种种“不测”。隐性采访，尤其是参与式隐性采访，所面对的并与之“打交道”的对象，主要是批评性、揭露性报道的对象，其中不少是社会的不法分子或者敌对分子，故而这种采访往往带有一定的危险性。因此，访前准备工作的周全与否极为重要。比如，隐瞒身份要考虑到乔装打扮成什么身份，如何“装”得像，是否会露“马脚”。否则，一旦被对象识破，势必导致采访的失败，甚至带来不堪设想的后果。上文提到的《钱江晚报》记者熊晓燕，她在乔装打扮成“打工妹”混入“特维达”合资公司前就作了很周全的准备：“一切能够想到的、容易暴露身份的细节，包括我说的一口北方话与借来的身份证上的兰溪籍贯不吻合等，大家都出谋划策作了应对‘部署’……”这才为采访的顺利进行提供了保证。此外，一些与社会工作分工或敌对分子打“交道”的隐性采访，如装成赌徒去赌窟采访，或装成“黄牛”进入票贩子窝里采访，或装成“烟枪”混入吸毒、贩毒团伙中采访等等，都应尽量与公安部门联系，取得他们的必要帮助，以确保采访时人身安全。

(2) 要严格掌握采访范围，严格遵守法律、法规和社会公德。隐性采访是在采访对象不知情的情况下进行的，也就是没有征得对象同意而实施的。这里，就涉及到一个我国法律所保护的国家、集体和公民的利益、权益是否受到侵犯的法律问题，也涉及到记者是否遵守社会公德的问题。为此，隐性采访切忌滥用、乱用。这就要求记者一方面要懂得不是什么人与事都可以成为隐性采访的对象的。凡是进行批评性、揭露性的隐性采访，其采访报道的对象必须是违反有关法律或者法规的，或者严重侵犯公众利益的，同时必须是不属于法律禁止公开的信息。当前，我国新闻法尚未“出台”，法律也没对隐性采访的范围作出具体界定，但隐性采访的范围并非完全无法可依。我国宪法规定的若干原则，民法通则的基本精神，刑事、民事、行政三大诉讼法的明确规定，以及保密法、婚姻法、未成年人保护法、妇女权益保障等法律中的相应规定，都为新闻传播界指出了隐性采访的具体禁区。概括起来，这种禁区可分为五大类，即：涉及国家机密，涉及未成年人犯罪，涉及阴私，涉及个人隐私，涉及商业秘密。违反法律规定，私闯禁区，必定会受到法律的惩罚。另一方面记者还要懂得，不是什么地方、什么活动都可以进行参与性的隐性采访的。比如，记者不能因为要采访“三陪女”，而以嫖客的身份涉足色情场所参与嫖娼；记者也不能因为要采访“吸毒少年”而去陪着吸毒等等。否则，记者本身就违反了社会公德，也违法了。

(3) 在具体运作中，隐性采访最好与显性采访结合使用。隐性采访一般是在显性采访无法获取事实真相的情况下才“被迫”使用的。由于缺少采访对象的支持与配合，隐性采访常常有着很大的难度，材料的采集也往往难以完整，而且还容易引发新闻诉讼。为此，隐性采访在使用中要尽量与显性采访相结合，尽量求得对象的支持。比如说，可以先进行显性采访，不行，再设法进行隐性采访；也可以先进行隐性采访，待到材料采集得差不多了，再进行显性采访，向对象核实事实；还可以在采访报道完成后，征求对象对报道的意见，当然是否听从对方的意见，记者要根据自身的判断来决定。此外，在使用隐性采访中，对那些事件的旁观者、目击者或者受害者，也可以使用显性采访的方式，以使得获取的材料更全面、更可靠。比如，上文提到的中央电视台记者采拍的《“罚”要依法》这则报道中，不仅有记者用隐性采访的方式获取的许多典型、生动的直接性的事实材料，而且也有记者用显性采访的方式，从汽车司机讲述中获取的多次被罚款的经历等面上的间接性材料。这样，就使这则报道更丰满，更有说服力了。

二、体验式采访

体验式采访，也叫参与式采访，是指记者参与到被采访的事实之中，用亲身体验和感受来了解和掌握新闻事实的一种新闻采访样式。

1. 体验式采访的方式与作用。

体验式采访的方式是多种多样的。如果从采访的内容看，体验式采访一般有这样两种：一种是“社会”类的体验式采访，即记者针对某种社会现象或社会问题进行的体验式采访。这种采访方式也叫作“调查”型体验采访。比如，1994 年获得社会和有关部门普遍关注的《菜价追踪》① 这则报道，就是新华社两位记者运用这种采访方式完成的。当年年初，市场上物价涨势“强劲”，群众议论纷纷。为此，这两位记者以市民的身份，天天“泡”在北京各主要市场作“调研”，并且“以和人民生活关系最为密切的菜价作为调研”的重点。这样亲身的体验感受，终于使他们找到了菜价上涨的真正原因。报道以后，不仅回答了当时社会上广泛关注的“疑问”，而且也给有关部门调控物价以有力的启示。另一种是“生活”类的体验式采访，即记者为了更真切地了解对象的实际生活而进行的体验式采访。这样采访方式也叫作“打工”型的体验式采访。比如，记者可以与作为采访对象的公交售票员一道跟车卖票，招呼乘客，这样几趟跟车下来，你就会对售票员的工作有了新的认识。记者也可以同作为采访对象的下岗女工共同生活一些日子，同吃同住同跑“职业介绍所”，这样你就会对下岗女工心中的“苦恼”与“期待”有一种切身的感受……新华社记者郭超人等人当年为了采访我登山队员征服珠穆朗玛峰的壮举，跟随登山队员们一起参加了这次登山

---

① 新华社 1994 年 4 月 12 日电。

活动。其间，他们克服了“整天狂风翻滚、大雪纷飞”的恶劣天气，以及“自然环境险恶”等所带来的种种困难，甚至“不顾生命危险”，终于登上了6 600米高度的一个营地。这次采访使他们“揭开了珠穆朗玛峰的神奇的面纱”，同时也“深刻地体验到了登山英雄”的生活。这种采访方式就是“生活”类的体验式采访。

如果从记者的职业身份和采访意图是否为采访对象知晓上看，体验式采访一般又有着这样两种方式：一种是“公开”型的体验式采访，即记者公开向对象表明身份并告知真实的采访意图的体验式采访。这种采访方式适用的对象一般是属于正面报道的对象。比如，值得向社会推荐颂扬的先进人物、先进集体等，或者是值得向社会介绍的一些有着“奇特”经历的“普通”人，以及在日常生活中作出“不平凡”事迹的“平凡”人等等。另一种是“隐蔽”型的体验式采访，即记者向对象隐瞒自己的职业身份和采访意图而进行的体验式采访。这种采访方式，类似前文所述的参与性的隐性采访，其适用对象主要是批评性、揭露性的人与事。另外，这种采访方式还适用于不“习惯”与记者打交道的对象，比如，因文化程度或者心理素质等原因，“害怕”采访的对象，或者不愿“张扬”自己、“讨厌”采访的对象等。

体验式采访的作用主要表现在这样几个方面：

(1) 有助于记者主体意识的提升。记者的使命不是消极地、被动地接收信息、传递信息，仅仅满足于记录正在发生的历史，更重要的是要发挥自己的主体能动性，积极、主动地去发现新闻，更好地传播新闻，从而达到充分地、深刻地记录正在发生的历史之目的。当然，记者发挥主体能动性可以有多种方法和途径；但体验式采访独辟蹊径，它追求的是经过“体验”来真切地感受采访对象。“体验”就不是传统的“倚马可待”，它需要充分的精力，需要过人的胆量，需要细致的分析，更需要访前的充分准备与进入角色后的随机应变。这都是对记者主体意识的检验和锻炼，也正因为这样，体验式采访的对象才会被记者认识、把握得更准确、更深刻。比如 1998 年，上海《新民晚报》一位记者亲自当了四天出租车司机，他同其他出租车司机一样出车、收车、载客、拉客，结果采写出了报道《啊！的士》，在社会上引起强烈反响。报道中，记者记述了自己的经历与感受：一次遇到一位乘客，上车后不仅不说去哪里，问他，他却说："叫你往哪里开，你就往哪里开。"还有，司机常常早出晚归，与家人团聚时间不多，当遇到乘客一家三口叫车外出旅游时，内心便会激起一种羡慕和妒嫉之心。这种复杂的社会人际关系，这种微妙的心态，如果记者不是积极主动地亲临其境，亲身体验，是很难体会到的。体验式采访的这一作用，是其他采访所难以替代的。

（2）有助于提高采访材料的可信度和感染力。体验式采访是记者参与到所要采访的事实中去的一种采访形式，采访的材料便是记者所见所闻所思的东西。这样，从信息传播的角度说，就减少了传播体系中由他人转述这一多余环节而带来的信息损耗，大大提高了被传递的信息的"保真"度。同时，这种采访所获取的事实现场的材料，形象生动，自然也更具感染力。因此，体验式采访的结果——所采写的报道，一般都是记者亲身经历的实录，犹如记者把受众带到事件的现场去，使受众同记者一起感同身受，自然更可信，也更感人。《中国体育报》记者鲁光谈到他采写《中国姑娘》的经过时，很有感触地认为，这篇报道的成功得力于与中国女排姑娘们朝夕相处 20 多天的体验式采访。他介绍说："那些日子天天下雨，训练生活很单调。运动队在郴州一个公园里训练。队员说：'老鲁，你去看看，公园里关着一群残废猴，除了猴子就是我们了。''我们整天都在地上滚，就像一群泥猴子，你看了就知道我们的生活了。'""队员们练得真苦，我想和她们交谈交谈都没时间。从早晨开始练，练到吃中午饭，午休后又练到吃晚饭。我也不能呆在屋里，就到球场为她们满场拣球，乘拣球的机会说上一两句话。教练袁伟民对我说：

‘我看你进入角色了。如果没有兴趣的话，是很难在球场数天呆下去的。’我说：‘我是拣球拣出味来了。’运动员的真实情况我看见了，许多在赛场上看不到的东西我看到了。训练场上，是这样枯燥，这样单调，同时又是这样艰苦。可以说，运动员没有几个不练得哭的，有时练得当场躺在地上哭。曹慧英才 27 岁，应是青春妙龄吧，可从运动场上下来，就不一样，累得很老相。但她还是玩命地练。有的同志对她说：‘我看你真像祥林嫂了。’曹慧英急忙说：‘可不能这样比我啊，祥林嫂是旧社会逼的，我练球，可是自己心甘情愿的。’我听了以后非常感动，心想：我国一代一代的女排队员，就是这样艰苦奋斗了 30 来年，现在应该写个东西了……”

就是靠着这 20 多天的体验式采访，鲁光获得了大量的、生动形象的第一手材料，采写的这则报道才具有了很强的震撼力。

2. 体验式采访的特殊要求。

在实际运作中，体验式采访要注意这样几点：

（1）采访选题的确定要严谨。体验式采访的选题应该是当前受众关注的、感兴趣的新闻事件，而且是正在“进行”之中的新闻事件。记者参与、介入新闻事件，只是为了更好地发现、挖掘其新闻价值。当然，由于记者的参与、介入，可能会推动事件的发展，从而导致事件本身新闻价值的提升。但是，必须明确的是，事件的新闻价值是客观存在的，决不是因为记者的参与、介入才出现的；同时，记者参与、介入后事件新闻价值的提升，也应该符合其自身的发展规律，而决不能“人为”地“催化”。否则，借记者的参与、介入，随意“制造”新闻，“导演”新闻，势必使体验式采访走上歧路。比如，有的记者用“体验”的方法，故意谎报假案，以此来对公安局的 110 报警电话进行测试，并以此作选题进行报道；有的记者假扮“刁民”，有意去商场为难售货员，以“考验”商场的服务承诺，并据此采写报道。诸如此类的所谓的“体验式采访”，都是不尊重客观事实的表现，是必须坚决反对的。

（2）记者的情感要善于调控。体验式采访中，记者参与、介入事件现场，势必会因体验、感受而产生情感上的变化。情感是记者认识、把握事实的“原动力”。尤其是面对一些群众反映强烈的社会问题和社会现象，记者的责任感、使命感往往会“油然而生”，探求事实真相的决心会更坚定。但是，应该指出的是，情感是带有鲜明的倾向性的，而新闻的采访报道则要讲究客观性。正确处理好情感的倾向性和新闻采访报道的客观性之间的矛盾，便是体验式采访必定面临而又必须解决好的一个重要问题。为此，就需要记者在体验式采访中善于调控情感，把握好情感的导向性，力求使自己的情感与尊重事实的客观性相融合，切忌让情感去“改造”事实或对事实赋予错误的导向。

（3）要注意“钻进去，跳得出”。体验式采访由于记者以参与者的身份直接介入到新闻事实之中，这样，记者就容易产生真情实感，认识与把握新闻事实自然也更具体、细致。但与此同时也要注意，记者的身份变了，记者的角色不能变，记者的使命不能忘。在“体验”中，记者不能被具体的人、事“牵着鼻子走”，从而陷入“当局者迷”的境地，而要注意“钻进去，跳得出”，即把微观的“体验”与宏观的思考结合起来，从而提高“体验”的层次和水准。

思考与练习

1. 座谈会采访和记者招待会采访在运作上各有些什么特殊要求？

2. 以班或小组为单位，举办一次模拟记者招待会，然后采写出一则报道。

3. 专门采访和交叉采访分别要注意些什么？

4. 机动采访和驻地采访分别要注意些什么？

5. 隐性采访的特殊要求是什么？

6. 体验式采访的作用表现在哪些方面？运作中有些什么特殊要求？

7. 试着进行一次隐性的体验式采访，如采访一位商场售货员，或一位公交车的售票员等，然后写下自己的采访感受。

第十七章　新闻采访的中介工具属性分类

当前，我国的新闻传播渠道，主要有报纸媒介、广播媒介、电视媒介以及新近出现的“互联”网媒介等四种。而作为新闻采访中介的物质性工具也有着这样四种，即录音机、摄像机、电话和“互联”网。当然，一种媒介的采访活动，其使用的中介物质工具常常是多样的，但其中必有一样工具是主要的，从而显示出不同媒介采访的不同特色。据此，本章按照采访的中介物质工具属性，把新闻采访分为四种类型：广播录音采访，电视摄像采访，电话采访和“互联”网上采访。

这里需要说明的是，报纸媒介采访的主要中介物质工具是笔和纸张，其采访特色前文已有具体论述，这里略去不谈。而与此同时，电话这一中介工具，又不为任何一种媒介采访所专门使用。也就是说，报纸、电视、广播等媒介都可以运用电话进行采访。只是为了叙述顺当，本章将电话归入报纸媒介采访经常使用的一种中介工具加以阐述。

第一节　广播录音采访

广播录音采访，就是指借助录音机采制录音报道的一种广播媒介采访形式。这一概念指出了广播录音采访的两个必备要素：一是借助录音机进行采访；二是为采制录音报道进行采访。如果仅仅是借助录音机进行采访，而不是为了采制录音报道进行采访，是不能称作广播录音采访的。这是因为报纸媒介的采访和电视媒介的采访也往往需要借助录音机进行。

广播录音采访始于20世纪30年代末期，较早的有前苏联中央广播电台和地方广播电台播出的从新闻事件现场采访来的录音报道，以及第二次世界大战初期美国哥伦比亚广播公司（CBS）驻欧洲办事处记者爱德华·默罗在欧洲主持的现场广播。当时最有代表性和影响力的录音报道便是爱德华·默罗于1940年8月~12月主持的《这里是伦敦》这一现场广播专题报道。40年代后，随着录音机的推广与普及，广播录音采访在广播媒介里得到了广泛使用，并成为最能显示广播新闻传播活动特色的一种采访形式。

一、广播录音采访的特点与优势

广播录音采访的特点，主要是由广播新闻传播的特性所决定的。广播运用发射系统，通过无线电波传播以声音为物质外壳的节目，并诉诸人们的听觉而产生作用。声音是广播信息的唯一载体，这便是广播新闻传播的一大特色。与此同时，广播录音采访又是为采制录音报道而进行的。而录音报道是一种带有现场音响和人物讲话的广播新闻体裁。新闻事件现场的实况音响，记者本人的口述、采访对象的谈话等人物讲话音响，都是声音的记录与反映。声音是录音报道最基本的构成要素，录音报道是以声音为素材组成报道的。由此，决定了广播录音采访的显著特点，就在于以采集声音为主体，传递听觉所接受的新闻事实为其全部内容和目的。

正因为以采集声音为主体，所以，广播录音采访的素材与内容，与报纸媒介的采访相比较，就有着如下优势：

1. 有着更高的可信度。

作为广播录音采访的素材和内容的声音，与其他声音一样，都是物体振动的结果，是有着明显的物理属性的。这主要表现为声音不仅传得快，在气温为0℃，一个大气压的空气中，声音传播的速度（声速）为每称 340 米，而且还具有立体感，也就是有方位感与空间感。这是因为，振动物体的声频会像波浪一样向四周辐射，辐射到不同的方位，便在不同的方位上留下互有差别的声音。声音的这种方位感、空间感特征，就为听者准确地把握声音、依靠声音识别现场情景创造了条件。而录音报道所要采集的声音直接来自新闻事件现场，直接来自新闻报道的对象本身，又直接作用于听者的听觉器官，因此具有信息传播的直接性。从信息论的观点看，这种直接性，能较好地消除信息传播中的“熵”值，减少信息的不确定性，加大信息的“保真度”。所以，从这个意义上说，广播录音采访素材与内容的可信度要高于报纸媒介采访的素材与内容。

2. 有着鲜明的现场感。

声音的特定态势，声音的力度，声音的音调、音色的不同组合诉诸听觉，便具有了描述客观事物状貌、表情、达意的写意性特性。比如，汽笛一声长鸣，伴随着“空咚空咚”的车轮滚动的声音，可以告诉人们列车已经启动，一批旅客正在奔向远方；呼啸而来的、短促而急迫的消防车警报声，人们的不安的呼喊声，可以昭示出一场扑灭大火的战斗揭开了序幕。再如，欢腾热烈的谈笑声、鼓掌声，能烘托出一个热闹、喜庆的场面；而哀怨、忧伤的哭泣声则显然是在讲述一个令人肝肠寸断的故事……声音的这种表情性、写意性特征，是由人的听觉和视觉的通感作用而体现出来的。日常生活中，人们听到某种引起自己“注意”的声音后，往往会通过听觉器官产生听觉形象；这种听觉形象反映到大脑神经中枢，必然激起人们的某种心理和意识活动，从而调动起大脑中储存的对外部世界的感觉、知觉及其表象，再借助于联想和想象，进行新的思维活动，得到新的具体形象；这种形象，再通过大脑的转换，转化为视觉形象。这时，人们所听到的声音，便“变换”成了一幕幕图画，在人们的眼前出现。广播录音采访所采集的声音，一旦为听者接受，听觉形象就可能为视觉形象所“取代”，这种由听觉所产生的视觉形象，如果再进一步作用于大脑，经过思维的强化，新闻现场感就可能深刻地留在人们的记忆中。广播录音采访的这一优势是报纸媒介采访所难以做到的。

3. 有着强烈的感染力。

声音通过听觉会引起人的心理活动与心理感受，或认同或抵制，或喜欢或厌恶。比如，听到自己感兴趣的、亲切的、快乐的声音，便会声声入耳，陶醉于心，甚至喜形于色；而听到自己厌恶的、恐怖的声音，则会唯恐避之不及。当然，由于人们的生活经历、文化教养、审美观念各不相同，对声音引起的心理效应也各不相同。比如，面对“迪斯科”舞厅里“疯狂”的舞曲声，有人会听得如痴如醉，而有人则会发出深恶痛绝之感。广播录音采访所采录的新闻现场的实况声音，是新闻事物运动状态的生动记录，能真实地再现新闻现场的感人情景，使听众如临其境，同新闻人物心灵共振，情感共鸣；其采录的人物讲话声音则是人的思想、情感的直接反映，更能直接感染听众，影响听众的情绪。因此，广播录音采访的素材与内容，依靠着声音的情感冲击，能显示出更为直接、更为强烈的感染力。一些报纸媒介采访的素材与内容虽然也包含着情感，但它是渗透在字里行间，要靠文字素养较高，或者有类似经历的受众去细心琢磨、领会，并经过大脑思维的数次转换，才能受到感染。

二、广播录音采访的特殊要求

在实际运作中，广播录音采访要注意这样几点：

1. 要认真做好采访报道的题材选择工作。

广播录音采访报道的题材，应该符合这样两个基本条件：一是题材本身具有较高的新闻价值，二是新闻现场具有合适的音响可以采录。这也就是说，只有那些既有新闻价值又有能体现新闻价值的音响的题材，才是广播录音采访报道的对象。具体地说，适宜作广播录音采访报道的题材有这样几种：

（1）音响有着深刻“思想”内涵的新闻题材。这些有着深刻“思想”内涵的题材，即是较高新闻价值和较高“宣传”价值相统一的题材。它可以是那些涉及重大社会活动和政治生活大事的题材，比如《莫斯科发生流血事件（连续报道）》（中国国际广播电台）、《陕西省率先整顿金融秩序》（中央人民广播电台）、《隆福大厦火灾目击记》（北京人民广播电台）、《外国人谈邓小平和他的改革开放政策》（中国国际广播电台）、《再筑90年红旗渠》（河南人民广播电台）、《今又清明祭始祖，黄帝陵前话统一》（陕西人民广播电台）等等。它也可以是那些涉及日常生活中平凡的但又有着正确“导向”意义的人与事的题材，比如，《人民崇尚这颗星》（中央人民广播电台）、《南街情》（河南省获嘉县广播站）、《一场特殊的音乐会》（上海人民广播电台）、《张树军和他的新三怪》（吉林省磐石人民广播电台）、《一个经常挨批评的文明火车站》（江苏省常州人民广播电台）、《驻京党小组》（吉林省柳河人民广播电台）等等。①

（2）有人物活动音响的新闻题材。人是广播录音采访报道的主体对象，人的活动音响是展示新闻事实的主要音响。所以，对广播录音采访报道的题材选择，还要注意从有无人的活动音响来考虑。要注意抓住蕴藏新闻价值的人物活动音响来作为广播录音采访报道的题材。比如，救灾现场、体育比赛、文艺演出、群众集会、节日游行等等，场面紧张、热烈，人物活动的音响丰富多彩，尤其适宜于作广播录音采访报道的题材。

（3）音响能反映社会舆论的题材。社会舆论总是和现实问题交织在一起，体现出民众对当前社会政治生活、经济生活中一些问题，诸如住房、就业、物价、交通、子女升学、社会服务以及行政司法腐败等等问题的看法、意见和要求。反映社会舆论、

---

① 参见《第四届新闻奖获奖作品名录》，《中国新闻年鉴（1995）》，第526~531页。

实行舆论监督是新闻传媒义不容辞的责任。因此，这类有代表性的民众的呼声和情绪表达，也是广播录音采访报道要注意选择的题材。

2. 要精心采录现场实况音响。

新闻事件及其客观环境所具有的全部声音，都可以作为广播录音采访所选择音响的对象。但是，声音并不等于音响；换言之，并不是任何一种随心所欲或信手拈来的声音都可以作为录音采访所要求的音响。广播录音采访需要采制的音响，是那些能直接或间接地体现新闻报道主题的声音。现场实况音响，一般包括人物语言音响（采访对象的讲话声等）、自然音响（事件现场的风声雨声雷电声、动物的鸣叫声、流水声等）和由于人物的活动带来的音响（新闻现场的鼓掌声、欢笑声、锣鼓声、开动机器声等）三种。采录现场实况音响，首先要求记者注意采录那些能反映新闻事实特点，深刻表现新闻主题的典型音响。所谓典型音响，既可以是新闻事件所特有的音响，如聋哑病人经过治疗开口说话的声音，喉病患者装上人工喉后发出的第一声声音等。也可以是虽非新闻事件所特有，但却是发生在特殊的时间和环境里的音响，如宇航员在太空打电话的声音，卫星发射时发出的轰鸣声等。其次，要注意采录那些能加强事件现场气氛，说明事件所处环境，起烘托新闻主题作用的背景音响，如农贸市场上的嘈杂声、运动场上的“加油声”、联欢会上的欢笑声、空难现场的呼唤声等等。此外，现场实况音响的采录，同文字新闻材料的采集一样，必须确保其真实性，不允许用布置、导演等手法去人为制造。

3. 要注意搞好访问过程的采录。

广播录音采访中记者的提问和对象的回答，往往是“一锤定音”，事后不便进行大的加工处理。因此，要求记者的提问既简洁、明快、具体，让对象和受众一听便明了，又注意围绕新闻主题，问出受众想了解和感兴趣的问题，还要注意便于对象回答。切忌“走题”，问些无关紧要的问题，也不要明知故问，叫人感到虚假、做作，更不要在提问中吹捧对象，让受众反感。同时，也要求对象的回答亲切、自然，表达准确、清楚，切忌生硬、呆板的“报告腔”或“读书调”。这就需要记者访前做些必要的启发、引导工作。比如，把提问中心或要点先告诉对象，让其有所准备，也可以事前提醒对象一些应注意的问题。在采录过程中，记者同对象的问答最好是即兴交谈的方式，这样一方面能给受众以真实感，另一方面也容易使对象谈出符合人物身份的、有特点的个性化语言，从而避免“照本宣科”所出现的空话、套话。请看四川人民广播电台的一则录音报道：《为大熊猫与人类共生存》，其中有段记者与采访对象的交谈音响：

……

记者：老钟同志，今天你们全家都在这里，我们还是先认识认识吧。

钟：好吧！坐在我对面这个是我爱人，叫陈锡华，是平武县乡村企业局供销公司的会计。坐在我右边的是我女儿，叫钟敏，今年14岁。坐在我左边这个是我的小儿子，叫钟华，今年12岁。

记者：老钟同志，这些年你们全家为抢救大熊猫做了很多工作，你能不能把这方面的事给我们的听众摆一摆啊？

钟：好的！地处岷山的平武县，由于冷箭竹大面积开花死亡，造成大熊猫的缺食。这10年来……我们总共救活了32只（熊猫）。在我们家里度过了幼年的有14只，其中有5只在我们家里度过了春节。

记者：它们有哪些名字呢？

钟：比如讲，到英国去的晶晶，在上海杂技团做演员的伟伟，还有最近也到上海杂技团的南南，在北京的迎新，这些当时都是几斤到十几斤，都是通过野外抢救回来，在我家和我们一起度过春节的。

记者：哪一只小熊猫在你们家做客，最淘气，照看起来最困难？

钟：在我们家最淘气的，也就是说跟我们家感情最深的，那还是迎新和现在我们平武县饲养场的这只龙龙。迎新，是1982年1月1日到我们家来的，当时只有4斤8两。因为它体重轻，加上又是元旦那天，所以我们全家给它取名叫“迎新”，就是迎接新的一年……

陈：当时迎新到我们家里来的时候很小，看起来很难养活它，我们全家都是很担心的，看起它来比护理一个婴儿的难度还要强10倍。来的时候，我就……把被子给它缝起，把窝给它摆起，摆的是一个箩篼，垫的一些小孩原来的那些片片（尿布）和棉絮。因为它来的时候正是冷的时候……在这种情况下，我们把它放在床里头，一晚上要起来两三次，一是害怕它‘扳’（乱动的意思）了那个被子，把鼻孔捂倒，发生危险。这是一个，二一个是害怕屎和尿把它憋坏了，要起来给它倒两三次屎和尿，还要喂它两次。

记者：喂的啥东西呢？

陈：喂的是奶粉。我们白天给它打的牛奶。白天还要好些，白天我们能够一天看得到它。晚上因为人毕竟还有睡着的时候，所以我们两个就轮流……那几个月我们从来没有一个晚上把觉睡好过……

记者：小龙龙是你们不久才接待过的一个小客人，你们哪个最了解它？

陈：还是我的女儿，你说嘛！

钟敏：龙龙才来的时候，它没吃饱饭，我们不管亲它、抱它，它都不开腔。吃饱饭后，我们抱它，它就吼我们。才来的时候吼得最凶，轻轻一摸它，就是到它前面去，它都要吼。

记者：它怎么吼呢？

钟敏：就像狗一样，“汪！汪！”

记者：高兴的时候呢？

钟敏：高兴的时候它不吼。

陈：它高兴的时候就是“嗯！嗯！”

钟敏：每天早上，一般都是我去打牛奶，打牛奶后除了给它喂，就是抱它到处耍，爬楼梯，把我的梳子拿来给它梳头发……还用我的一些发夹、绸子给它扎起来，把它打扮得漂漂亮亮的，还给它洒香水。本来，龙龙屙了屎尿后很臭，给它洒了香水，龙龙就变得臭香臭香的。

……

这段访问的录音是值得称道的，无论是记者的提问，还是采访对象的答话，都十分自然、亲切，而且采访对象的语言富有个性特征，生动活泼，这些都给报道增添了色彩，赢得了广播听众的青睐。

4. 要注意记者描述音响的采录。

记者描述，包括记者对新闻发生的时间、地点、涉及人物的有关情况的说明，新闻事件有关背景的交代，以及记者在新闻现场观察、感受得来的材料的介绍等等，这也是广播录音采访要注意采录的一个重要内容。其要求除了类似前文所述的一般新闻采访的要求外，还应强调记者的语言要简练鲜明、朴实无华，且要具体形象，切合现场情景；同时，在语言风格上也要与现场实况音响保持一致。比如，欢快的音响，要用活泼的语言；昂扬的音响，要用豪迈的语言；悲壮的音响，要用低沉的语言。一般说来，多数实况音响弹性较大，节奏感较强，记者描述的语言也要与此相适应，要多用短段落、短句子，多用音节鲜明而起伏明显的句子，否则会影响实况音响作用的发挥。此外，记者的描述音响与现场的实况音响、人物的讲话音响在衔接上还要注意自然、和谐，以体现采制的录音报道的整体的美感。比如，记者的描述音响同现场的实况音响衔接时，既可以由实况音响引出记者的描述，也可以由记者的描述引出实况音响，还可以由实况音响启发记者描述，记者描述承接实况音响，借实况音响来“发挥”描述。这里要注意的是，记者的描述切忌同现场的实况音响自相矛盾，如记者描述的是“他的话音刚落，下面便响起了一阵热烈的掌声”，而接着出现的实况音响却是稀稀拉拉、有气无力的掌声。再如，记者的描述同人物讲话衔接时，既可以直接引出人物讲话，即把讲话人的姓名在讲话录音出现前直接给予介绍，也可以间接引出人物讲话，即先通过对人物的材料或对某一事件的介绍，再引出人物讲话。这里要注意的是，记者描述的内容及人物讲话的内容切忌重复。如记者介绍说：“××市长认为，菜篮子工程大大改善了我市蔬菜供应状况，今后还要继续抓下去。”接着便是该市长的讲话录音：“我认为，菜篮子工程大大改善了我市蔬菜供应状况，今后还要继续抓下去。”

第二节 电视摄像采访

电视摄像采访，是指借助摄像机采制电视新闻报道的一种电视媒介采访形式。电视摄像采访是伴随着电视的诞生而出现的。1936 年 8 月，英国广播公司（BBC）在伦敦市郊的亚历山大宫建造了世界上第一座正规电视台。从此，电视走出了实验室，成为一种新型的大众传播工具。当年 11 月 2 日，这座电视台开始定时播送电视节目，在简短的开幕词后，首先播送的是由歌星演唱的一首名为《电视》的歌曲，大意是：“神秘的电波，从蓝天而降，把迷人的魔术，强有力地送到我们身旁。”神奇的电视诞生了，电视时代也由此开始了。因此，1936 年 11 月 2 日这一天，被公认为世界电视的诞生日，也是电视摄像采访的开创之日。然而，令人遗憾的是，发生在 20 世纪 30 年代末期的第二次世界大战，给刚刚兴起的电视事业以沉重打击，随着许多国家电视的停播，电视摄像采访也走向了沉寂，甚至夭折。第二次世界大战后，电视业的重新崛起，才使电视摄像采访迎来了“第二个春天”。如今电视摄像采访已成为独具“异常魅力”的一种电视媒介采访形式。

一、电视摄像采访的特点与优势

电视摄像采访的特点，是由电视新闻的传播特性所决定的。电视是通过电子视频和声讯双项媒介作用于人的视觉和听觉双项感官的传播工具，融像、声、色于一体，是电视新闻传播的明显特色。由此，决定了电视摄像采访不同于报纸媒介采访，也不同于广播媒介采访的显著特点，那就是它以采集具有新闻价值的画面和音响，传递视觉和听觉共需的新闻信息为其全部内容和目的。其结果是直接为现场报道、专题报道等电视新闻服务。

电视摄像采访的这一显著特点，也就使它在实践运作中显示出如下优势：

1. 信息容量的丰富性。

电视摄像采访报道的内容和素材，不仅有声音还有画面。这种多元符号的传递，加之声音和画面符号本身又具有多义性的特征，势必大大扩充传递的信息容量。尤其是画面语言的多义性，更是电视摄像采访报道的信息量丰富的优势所在。比如，海湾战争爆发前夕，美国国务卿贝克和伊拉克外长阿齐兹最后一次会谈破裂。电视在报道这一新闻时，荧屏上出现了贝克和阿齐兹的近景镜头：一个板起面孔、十分严肃，一个面带微笑、镇定自若。这一画面不仅包含了双方会谈“不欢而散”这一主要信息，而且还包含了这两位“大人物”各自的风度这样的次要信息，以及在这不同“风度”的背后所隐约显示的开火前交战双方的心态（一方积蓄已久，怒形于色，即将发作；一方准备充分，自以为可以从容对付）这样的潜在信息。在同一时空里，能如此巧妙地将诸如此类的主要信息、次要信息、潜在信息融合在一些予以显现，是其他媒介采访所不能做到的。

2. 活动图像的直觉性。

电视摄像采访所面对的是新闻事实的现场的活动图像，它具有对语言解说的“证实”作用，能给人以深刻的直觉印象，并带来不容质疑的真实感。比如，海湾战争期间，“爱国者”导弹拦截“飞毛腿”导弹的镜头，就多次出现在电视荧屏上，画面虽略嫌单调，但它证实了“以导弹拦截导弹的客观存在，摆脱了报纸媒介或者广播媒介采访报道这一事实时，由大脑去营造这一‘幻景’的过程和对这一‘幻景’的将信将疑”。还有当年美国电视新闻报道直播的“阿波罗”登月实况，登月舱的镜头让观众“目击”了人类踏上月球的全过程，活动图像本身特有的直觉作用，让人们对征服月球壮举的实现确信不疑，并为之欢呼雀跃。

凡是人类可见之物，或者想见而不得见之物，都可以通过电视摄像采访逼真地再现于人们的眼前，电视作为人类眼睛功能的延伸与扩张，是其他媒介所无法匹敌的。日本的新闻节目中有大量的新闻直播报道，这些节目的播送方式，日语叫作“生放送”，直译为“未经加工的播放”。“生”即“熟”的反意，指节目未经编辑处理，以其原汁原味的原始风貌直接播放，以便于观众了解不折不扣的真相。比如，当记者用“突入”方式采访某个人时，观众可以通过电视屏幕传递的那个人没经过修饰的风度、气质、表情去判断他（她）的意愿、个性和素质。“生放送”告诉我们，面对真正的原生态，电视画面的直觉性表达可以取代一切中间环节，而直接反映对象本身。它把语言、文字符号的“线性”传输变为“信息阵”传输。这样，传输内容的客观真实，满足了观众“百闻不如一见”的心理要求，使观众如同亲眼看见。

3. 时空一致的现场性。

电视摄像采访，具有从声、画两个方面“还原”新闻事实现场的能力，从而使观众通过电视了解新闻现场的真实情景。现场这个特定的时空有着重要的内涵，它是新闻事实的起点，是采访报道的场所，是传播过程与事件发生共时性的根据，也是受众关注的焦点。新闻事实的形态、新闻现场的环境、事件的细节和可能在现场获取的各方面反映，由记者在摄像机前一一道来，这一系列的行为都要发生和完成于新闻现场这一特定时空，并且一览无余地暴露在观众面前。这样，自然会产生耳闻目睹、身临其境的传播效果。比如，荣获 1991 年全国电视新闻奖一等奖和中国新闻奖一等奖的电视新闻报道《南浦大桥成为上海人民心中的丰碑》，画面中一位盲人兴趣盎然地用脚步丈量、用手触摸来感受大桥的宏伟的情景；一位在岸边居住了几十年的老太太在大桥上抚今追昔，她那激动得连话都说不出来的形象；那位已故大桥设计师张介望的未亡人徐为华怀着悲喜交加的心情，边参观大桥边悼念亡夫的景象……这些生动、形象的现场镜头，极大地加强了新闻报道对人的情感的“冲击力”和感染力。

二、电视摄像采访的特殊要求

电视摄像采访的特点，对电视记者的采访工作有着这样几个特殊要求：

1. 要注意立足“抓拍”。

电视新闻是事物具体形象的现场纪实性报道。因此，电视记者必须坚持现场“抓拍”，即在新闻事件发生的特定时间和空间中，对具体事物进行采访拍摄，切忌重演新闻事件和“补拍”，或者运用“摆布”、“导演”等手法组织拍摄。电视摄像采访中的“抓拍”，主要体现在“挑”、“等”、“抢”三种拍摄手法的配合使用上。

（1）“挑”就是记者在新闻事件现场进行观察、分析，从中挑选新闻素材。“挑”的内涵十分丰富：拍摄前，“挑”表现为记者对素材所进行的理性选择，是新闻报道主题确立与主题物化（画面）的内容挑选；拍摄中，是记者对新闻现场中的事件、人物、环境、光线、过程（节奏）等因素的综合考虑与选择；拍摄后，是记者对画面综合组接内容的思考与选择。

(2)“等”，就是记者以充分的耐心，等待最佳拍摄时机的到来。新闻现场事态的发展进程，是不以记者的意志为转移的。最富于表现力的时机，可以出现在事件发展进程的任何一个阶段，在这个时机出现之前，要求记者把握好事物发展变化的脉络与走向，进行有“准备”的等候。

(3)“抢”，就是记者在新闻事件（或素材）出现的瞬间，不失时机，眼明手快地抢拍。电视新闻报道的魅力在于能忠实地、具象地记录事物运动过程中的若干高潮。抢拍这些转瞬即逝的画面，不但要求记者有纯熟的拍摄技巧，更要求记者在千变万化的新闻现场倾注全部心血，甚至自己的生命。

2. 要注意精选“画面”。

电视新闻的画面，是诸多可视性的非语言符号集合而成的总体形式，是信息传播的主要载体。画面的选择，应注意这样几点：

(1) 画面的信息容量。对电视记者来说，不但要求一条新闻告诉受众至少一个信息，而且要求在每一个镜头里把这一信息的有关方面有层次地展现出来。如五个 W，分解成镜头（或画面），它们都是信息。电视摄像采访所选择拍摄的镜头（或画面），主要看其是否包含一定的信息，是否有新闻价值，是否有助于表现或深化新闻主题。

(2) 画面的移情审美价值。电视新闻是以其“活动”的秉性，为受众展示出多视角的形象画面，让受众从画面上不仅看到新闻事件本身，而且由于视觉的联想作用，还能看到画面以外的内容，以产生移情想象而获得审美的快乐。因此，要讲究拍摄技巧，注意画面的构图（包括影调、线条、光线、色彩等基本要素）、拍摄角度、镜头运用、用光控制等。这里要指出的是，电视新闻画面的审美快乐机制，是以社会美和自然美为基础的，假定性艺术美并不是它所追求的内容。电视新闻画面的美学价值，主要体现在强烈的现场感和生活气息，以及人物真情实感的自然流露上。

3. 要注意场面调度。

电视新闻所要采拍的新闻现场的事物是呈“动态”型的，即不断运动变化的。为了抢到最佳角度，以客观、全面的画面反映新闻的内容，摄像机因此也不时要改变拍摄方位。这便是电视新闻摄像采访的场面调度。

在场面调度中，新闻人物的行动方向或人物之间相互交流的位置关系会形成一条无形的轴线，这条轴线是制约电视摄像记者活动变换范围的界线，是保持拍摄方向统一的分界线。视角所在的轴线一侧180°范围内，摄像机的角度无论怎样变化，所拍摄的不同视角的镜头连接起来后，都不会在画面上造成空间方向的混乱。遵守轴线规律来变换摄像机的拍摄方位，可以保证所采拍的人物行动路线和人物关系始终清楚、明确，从而使观众对各个镜头所表现的空间有一个完整的、统一的感觉。否则，摄像机的视点在这条轴线两侧移过来移过去（称为“越轴”），那么，画面上人物之间的关系、运动方向就会一会儿正、一会儿反，产生混乱，使人产生空间错觉。

4. 要注意访谈现场的采拍。

记者对新闻人物所进行的访谈，是电视摄像采访的主要内容之一，更是电视现场报道的重要组成部分。搞好访谈现场的采拍，是关系到电视新闻报道质量的一个极为重要的因素。为此，访谈现场的采拍要注意：

（1）选择好恰当的采访对象。电视新闻报道的采访对象，是记者与之交谈，并要“出镜头”的新闻主体人物。为此，采访对象应该是和记者所要采访的新闻事实有着十分密切的关系的人，或者是当事人，或者是目击者、知情人；同时，采访对象还应该有着一定的语言表达能力。

（2）让采访对象在特定的环境中讲话。环境是交代新闻发生场合的一大要素，也是体现电视新闻报道“现场性”的决定性条件。被采访者只有处在符合其身份的特定环境中，他的讲话才具有真实感和可信性。尤其是电视新闻的现场报道，更应以其特有的现场缩短新闻受众与新闻事件之间的“空间距离和心理距离”。否则，置特定环境于不顾，而在一个假设性环境里与采访对象交谈，其结果不但会让采访对象因环境生疏而拘谨，而且新闻受众也会因时空距离与心理距离的扩大而产生怀疑甚至厌恶。

（3）记者提问要将“访谈”逐步引向深入。与一般采访不同，电视摄像采访的记者“访谈”是要进入“画面”的。尤其是电视现场报道，一般没有画外的“语言说明”，一切内容皆以画面内的交谈为载体。为此，要求记者的提问应该是自然导入、逐步深入；同时还应该注意拉开一段时间“距离”，以便在这段“距离”中，通过双方的交谈，有计划、有目的地展示新闻细节（包括思想活动细节、情态细节等），以达到有节奏地叙事、表情、说理之目的。请看美国NBC记者于1987年采拍的《变化中的中国》这则电视现场报道。其中有一段记者访问青年农民、油漆工沈云岳时的对话：

记者（以下简称记）：你为什么选择油漆工这个工作？

沈云岳（以下简称沈）：因为我喜欢色彩，干油漆工又赚钱，每天收入十多元。

记：你的业余爱好是什么？

沈：轻音乐。

记：你喜欢流行歌曲吗？

沈：也爱听。

记：你对前途怎么看。

沈：我很乐观。

记：乐观的根据是什么？

沈：党的改革政策好，这几年生活开始富裕了。

记：你的未婚妻干什么工作？

沈：在农村做缝纫。

记：你哥哥结婚让妻子带彩电来；你结婚时，准备让妻子带什么来呢？

沈：我不要求女方带什么，这要看条件。经济条件好，就多带一点，到时候再商量。

记：你父亲有两个儿子，你结婚要几个孩子？

沈：生一个就够了。

记：你的目标是什么？

沈：前几年父亲盖了6间平房，我准备积蓄二三万元，盖一幢楼房。

记：你还有什么目标？

沈：我们要超过西方，不能落在他们后面。

记：你见过西方人吗？

沈：见过。

记：我希望中国超过西方，请告诉我西方哪些东西值得你学习？

沈：接受好的东西，不要坏的东西。

记：西方有哪些好的东西你能接受，哪些不能接受？

沈：西方的油漆技术我就要学习，黄色录像，我们就不能接受。

……

这段交谈，从拉家常引入，围绕着一个青年农民所从事的油漆工这一职业，展开问答式的访问。记者按照其报道“变化中的中国”这一新闻主题的需要，选择了颇有代表意义的人物(农民阶层的一分子)，并向他提出了一大串深入浅出的问题。这些问题的特点是，让对方有话可答，符合对方实际，从而使对方的回答也符合他自己的身份，答得质朴自然。这样，记者与农民双方，以逐步深入的交谈，生动地反映了中国新一代农民的精神面貌。这种采访方法是值得我们学习和借鉴的。

第三节　电话采访

电话采访，就是指记者借助电话，与访问对象交谈，从而获取新闻素材的一种新闻采访形式。

电话采访不仅为报纸媒介开展新闻传播活动所经常运用，而且也被一些广播媒介、电视媒介所使用。尤其是有的广播媒介，甚至把记者同采访对象的电话访谈直接录下播送出去，并取名曰“电话直播”。如，上海东方广播电台的《东方大哥大》，便是一档电话直播节目，现改名为《东方传呼》，内容也更改为电话录音节目。当然，广播媒介、电视媒介在一些节目中使用的这种“电话采访”，其主要目的是为了增强节目的受众参与性，扩大受众的参与面，这和这里所说的为了了解和掌握新闻事实而进行的电话采访，是不完全相同的两个概念。本节主要阐述报纸媒介经常使用的电话采访的优缺点及其特殊的采访要求。

一、电话采访的优势与劣势

与一般的面对面的采访相比较，电话采访有着这样几个优势：

1. 快速。

采访通常都要花费较长的时间在寻找对象的路途上，而电话采访则大大节省了这个时间。电话是“利用电信号的传输以互通语言的通信方式”①，通过导线传送的称为“有线电话”，而通过无线电波传送的称为“无线电话”。现今社会里，人们经常

---

① 见《辞海》(缩印本)，第 1373 页，上海辞书出版社 1980 年版。

使用的电话，便是无线电话。无线电波的传输速度是每秒钟 30 万公里，以无线电波为载体的声音速度也是每秒钟 30 万公里。这就是为什么远在几千里外的电话机旁的采访者，同近在咫尺的采访者一样能几乎同时听到对方的讲话声的缘故。电话采访的这种快速的优势，有助于新闻采访报道的时效性的提高。比如，1985 年 11 月 20 日晚，中国女排在日本举行的第四届世界杯女子排球赛中获得冠军，实现了“四连冠”。新闻媒介报道了这一激动人心的消息后，不少受众很想知道此时此刻中国女排主教练邓若曾的心情如何，更想知道中国女排的下一步打算。但是，邓若曾远在日本，作为上海《新民晚报》的记者无法当面采访他，于是，他们便在当天深夜通过国际长途电话找到邓若曾，进行了采访。第二天《新民晚报》头版发表了记者对邓若曾的访谈记，及时满足了受众的新闻欲。这则报道因此也成了当时《新民晚报》的独家新闻。

2. 方便。

电话作为现代通讯工具，目前已进入千家万户。在西方发达国家，几乎家家户户都有了电话（据有关资料测算，20 世纪 80 年代美国家庭有电话户就已达到 98%①）。在今天的中国，不但机关单位都有电话，在许多城市以及农村里，私人家庭也普遍安装和使用电话了。尤其是城市里，家庭有电话户已达到 60% 以上。运用电话进行访问，无论何时（白天还是黑夜，上班还是下班），也无论何地（国内还是国外，城市还是农村），记者都能及时地找到自己的采访对象，及时进行采访。记者的采访自然方便多了，工作效率也大大提高了。与此同时，电话机还有一种潜在的“心理亲和力”，电话铃声一响，人们常常会自觉或不自觉地拿起话筒，接听电话。这样，也为记者的采访提供了客观上

---

① 参见［美］肯经恩 · D · 贝利：《现代社会研究方法》（中译本），第 279 页，上海人民出版社 1986 年版。

的“方便”条件，免除了有些对象找借口拒绝接见记者带来的尴尬。美国新闻学者约翰·布雷迪在《采访技巧》一书中谈到："有时，在亲身采访办不到的情况下电话倒可以引起采访对象的注意。一个不愿受打扰的人可以对敲门声置之不理，却会去接房间中响个不停的电话。有一次纽约的一位记者想得到关于得克萨斯州一个学校发生爆炸事件的详情，便打电话给该城的行政司法长官。‘啊，记者们请等一下。’他听到那位长官说：‘有人那么远从纽约打来电话。’”① 电话采访这一优势，是面对面采访所难以达到的。

3. 轻松。

电话采访既可以减轻或者免除一些采访对象因怕见“生人”而带来的紧张、拘束之感，也可以卸去一些记者在采访中因社会地位等差异所造成的“压力”。记者和采访对象都“隔”机交谈，当然相对轻松、自如多了。比如，1987 年中国首届艺术节在北京召开，全国各大新闻媒体的记者云集北京。艺术节组委会副主任、文化部副部长、著名艺术家英若诚，自然成了记者们争相追踪的“热点”人物。当时，《郑州晚报》的两位年轻记者也很想对英若诚作一专访。但是，作为一家地方小报的记者，又是如此年轻、不知名的记者，英若诚能接受他们的采访吗？即使接受采访，面对自己仰慕的“大人物”，怎能“平等”交谈呢？这两位年轻记者颇费了一番心思，最后决定用电话来闯关。于是，中午时分，他俩把电话直接打到英若诚家里去，英若诚当时尚未吃午饭，但还是热情地接受了采访。结果，双方谈得十分融洽，一直交谈到下午 1 点钟。后来，这两位记者根据这次电话采访写成了报道，获得了郑州市当年好新闻一等奖。

电话采访虽然有着以上优势，但也存在着无法避免的短处：

---

① ［美］约翰·布雷迪：《采访技巧》（中译本），第 239 页，新华出版社 1986 年版。

一是由于缺乏像个别访问那样的面对面的“交流”，记者和采访对象间难以产生情感上的“共鸣”，即使今后随着“可视电话”的普及、运用，记者与对象可以通过话机屏幕互相“见面”，但屏幕的“阻隔”仍然会使双方的情感交流难以达到面对面交谈时那样直接、强烈。与此同时，记者对采访对象的心理状态及其谈话的内容，也就难以作出准确的、科学的判断和把握。二是由于缺乏像个别访问那样在“通话”时间长短上的自由，因此双方交谈便难以达到具体、深刻的地步，记者得到的材料往往难免肤浅。此外，电话传输线路的物理性干扰，尤其是远距离“通话”，难免因噪音干扰，而使信息的传递失真、失误。

总之，随着社会进步，通讯工具的发展，电话访问有其优越性，但切不可忽视其弊端，滥用之。

二、电话采访的特殊要求

在实际运作中，电话采访要特别注意这样几点：

1. 要掌握好使用电话采访的适宜性原则。

一般说来，电话采访可在下列情况时使用：

（1）有些对象因为某种客观条件的限制和约束，记者一时不可能与他们直接接触和见面。比如，我国台湾歌星邓丽君，是大陆音乐爱好者所熟悉的，但由于台湾当局的限制，大陆记者无法对她进行面对面的个别访问。1985 年 1 月 30 日，《北京青年报》的一位记者在外国记者和香港记者的协助下，知道邓丽君在新加坡演出，还打听到她下榻的酒店。于是，这位记者从北京挂长途电话到新加坡找到邓丽君。邓丽君非常吃惊又非常高兴地接受了记者的电话访问。①

（2）有些新闻人物由于日常工作繁忙，无暇接待记者来访；或者当他们出现在某地、某场合时，周围“人多嘴杂”，记者很

① 见《中国青年报》1985 年 2 月 1 日。

难作个别访问（至多只能在匆忙中说上几句）；加之，有关部门对记者的访问又不予安排。比如，1986 年 12 月，美国著名华裔电视节目主持人靳羽西来我国制作《改革中的中国》电视系列片。当时，有关部门考虑到她的工作日程很紧，不安排记者单独采访，只组织一次对她的集体采访，而且时间很短。哈尔滨《新晚报》的记者为了能对她作较为详细的报道，想方设法打听到她在北京的行踪，于 12 月 26 日晚上 11 时 10 分，把电话直接打到她的卧室。结果，“靳羽西兴致勃勃地同记者交谈了 24 分钟而无倦意”，一篇《靳羽西接受本报电话采访》的独家新闻就这样形成了。①

（3）有些新闻事实发生时，记者不在现场且无法迅速赶到现场，但又需要立即报道。比如，1982 年 7 月我国著名粤剧表演艺术家红线女率广东粤剧团赴美巡回演出，演出的情景和效果怎样？当代美国人对中国这一古老的戏曲艺术有何评价？这些，对于广东受众来说都是感兴趣的新闻。而当时《羊城晚报》没有派记者随团出访。因此，当粤剧团在美国旧金山演出最后一场的前夕，该报记者就利用电话向红线女进行采访，从而满足了受众的新闻欲。②

（4）对于外界和社会上流传的一些谣言或不明真相的事实，需及时发布新闻予以澄清或证实时，记者也可借助电话向有关部门负责人或权威人士进行访问。比如，1988 年 2 月上旬，外界传出林彪反革命集团及“四人帮”有些成员病重，有的被假释等消息。为了弄清这些传闻的真相，中新社记者特地通过电话访问我国司法部新闻发言人。司法部新闻发言人在电话中对此事作

---

① 参见《新闻写作》1987 年第 2 期和《新晚报》1986 年 12 月 28 日。

② 见《羊城晚报》1982 年 7 月 29 日。

了正式答复，记者迅速发了新闻。①

2. 要掌握好使用电话采访的工作要点。

电话采访的目的通常有两种：一种是作为现场采访的辅助性手段，利用电话了解或核实某个事实或意见；另一种是把其作为新闻报道的一个样式，整个通话的过程、情景都是新闻报道的内容。运用电话采访，尤其是要达到后一种目的时，要注意根据具体情况慎重使用。而且，在运用过程中，要注意这样几点：

（1）事先要认真、详细地拟好提问的提纲。提的问题不宜太多、太杂，在有限的时间里，要抓住主要的、受众关心的问题。提问要明确、具体，表达要通俗、清楚，让对方一听就明白。比如，上文提到的中国女排夺得第四届世界杯女子排球赛冠军后，上海《新民晚报》的记者深夜通过越洋电话，采访中国女排主教练邓若曾。记者当时先后提了这样八个问题：1. “中国队得了冠军，女排成为‘四连冠’，请谈谈你的心情。”2. “中国队七战全胜荣获桂冠，关键何在？”3. “国际排联主席阿科斯塔说，中国女排是世界排坛的一个榜样。中国队今后的目标是什么？”4. “请你展望一下今后两年世界女子排球的发展趋势，中国队的主要对手是谁？”5. “今后你将从哪几个方面加强对中国队的训练？”6. “外电评论中古之战从某种意义上讲是朗平和露易斯的较量，请你谈谈郎平在比赛中的作用。”7. “听说中古之战后，郎平病了，现在她的身体情况如何？”8. “在这次比赛中，给你印象最深的外国运动员是谁？”这八个问题问的都是涉及颇具新闻价值的事，并且问得简单、明了。邓若曾一一作答，自然产生了很好的传播效果。

（2）要保持“通话”的原貌。对对方的讲话内容及语气、语调、用词等要准确把握，防止误解、曲解。重要的、作为新闻报道样式的电话采访，应尽量做好录音，以备资料查核。一般电

---

① 见《南方日报》1988年2月11日。

话采访，也应把事实核对清楚。

（3）要注意自身的“通话”态度。一般说，对初次接触的采访对象，通话开始时要作亲切的问候，并说明自己的身份和通话用意，使对方乐意在电话中与你交谈。整个通话过程中，要讲究声调低缓平和、愉快自信、热情友好、富有活力，切忌哼哼哈哈和装腔作势。即使得不到满意的材料和答复时，也不能性急责怪，更不能粗声大气地发问。通话结束时，不要忘了向对方表示谢意或者歉意，并表示今后进一步加强联系、合作的愿望。总之，每次电话采访都应尽量给对方留下美好的印象。

第四节 “互联”网上采访

所谓“互联”网上采访，就是指记者借助国际互联网络和多媒体技术所进行的一种新闻采访样式。其具体表现方式是，记者在网上通过“电子邮件”（E-mail）这一信息传递载体向特定的对象进行采访，或者以“电子公告牌”（mailinglist）、“新闻讨论组”（usenet）等形式向不确定的对象群进行采访；也可以是由记者借助电脑网络进行资料检索、数据查询等“静态”采访。目前，网上采访的结果，一般用作在传统媒体（报纸、广播、电视）上发表新闻报道，也有的直接用于传统媒体在“互联”网上所开办的“网络版”。

网上采访作为一种新型的采访样式，现今在欧美等国已得到较为广泛的使用。1995 年，在美国发行量 2 万份以上的 287 家报纸中，有 44.6%家报纸经常使用这种网上采访样式。1996 年，美国已有 1/4 的报纸几乎天天使用互联网络进行采访。我国新闻传媒虽然开展网上采访的时间稍晚，但发展相当迅速。据有关资料表明，截至 1999 年 6 月 15 日，我国上网的报纸媒体已达 273 家，占 1998 年统计的全国报纸总数 2053 家的 13.2%。其中，在全国性的报纸中，有 1/4 开办了“网络版”；而地方报纸中，则有11.6%开办了“网络版”。① 如果加上广播、电视等媒体在“互联”网上开设的网站，那么我国上网的媒体数量就更大了。由此，经常使用“互联”网进行网上采访，也已开始成为我国记者的一种“自觉”行为。

一、“互联”网上采访的特点

与一般采访相比较，“互联”网上采访的特点主要体现在这样几个方面：

1. 网上采访不受时空限制，因而能高效、便捷地进行采访。

利用“互联”网络进行采访，记者只需向具体的采访对象发出“电子邮件”，告知采访目的和内容，让对象随时随地发回相应的反馈信息。这样，既可弥补面对面采访需记者费时、费力、费钱找采访对象之不足，又可摆脱电话采访所造成的电话不通、找不到对象之困境。网上采访便捷、高效多了。比如，1998年10月12日，华裔物理学家崔琦成为当年三名诺贝尔物理奖得主之一。新华社驻斯德哥尔摩分社记者将这一消息传回后，新华社总社国际部一面对之加以编辑，一面迅速组织力量在因特网上“走访”了崔琦所在的美国普林斯顿大学的在线主页，搜集有关他的资料，并利用这些资料向崔琦办公室发去“电子邮件”，查询他的个人资料和研究课题，很快得到对方答复。从而在较短时间里，既编发出崔琦成为诺贝尔物理奖得主这一新闻，又采写出了一篇有关他的人物特写。由于新闻时效性强，内容翔实丰富，国内很多报纸都同时全文刊登了这两则报道。②

2. 网上采访能使记者的信息来源更具广泛性。

首先，这种广泛性表现为网络本身就是一个取之不尽、用之

---

① 转引自刘学红：《到因特网上去冲浪》，《新闻记者》1999年第9期，第17页。

② 引自《网络时代的世界性通讯社》，《中国记者》1999年第1期。

不竭的信息资料库：政府上网，企业团体上网，世界性大型体育赛事也通过网络频频发布资料、赛况……对于掌握新技术的记者来说，“互联”网是一个无所不有的信息源。其次，在有关公众话题或民意测验的采访中，记者在网上发布“电子公告牌”、“新闻讨论组”等，将能获得数目庞大的公众意见或评论。而这种意见的采集，如果靠面对面的访谈，显然是一项繁琐的工作。此外，记者还可利用“网络数据库”进行数据分析与统计，增强新闻的精确度与翔实性；互联网上众多的资讯，也为记者发现、选择新闻线索提供了便利。

3. 网上采访“互动性”强，它为公众的参与和不定时的双向交流开了方便之门。

一些媒体、记者有意识地公开自己的网址、“账号”，其目的就是为了让公众（包括采访对象）参与采访活动，从而“共同书写新闻”。比如，中央电视台《东方时空》的记者就曾利用“互联”网上公众的“介入”完成各种采访与调查核实工作：曾有一位先生从网上发来电子邮件，反映山东某市在摩托车产品上实行税收歧视，搞地方保护主义。记者就此直接在网上发出询问邮件。对方反馈积极，一天之内来回几次“通信”，证据和细节得以确证。同样，有关江苏某市邮电部门“拜年”时机不对，反而让用户频受骚扰的新闻报道，也是有赖于网上“互动性”采访的成功，才不致失去时效性。① 记者与公众的这种网上“互动”性，在公众讨论与网上调查中表现得更为明显。

二、网上采访应注意的问题

网上采访对记者有着这样几个特殊的采访要求：

1. 要求记者有着更强的鉴别能力，切忌让时间性凌驾于新

---

① 转引自《网络建设：电视传媒面向信息化社会的生存策略》，《新闻大学》1999 年春季号。

闻的真实性之上。

在“信息高速公路”上，日益上升的网络结点、数以万计的新增页面，连同轮番增加的网络用户，使得互联网的影响与使用率日渐增大。但与此同时，网上流动的诸多信息由于缺乏“控制”，“自由度”相当大，因此难免片面、残缺不全，甚至充斥着大量的“游戏之作”。为此，记者的网上采访更需在准确度和真实性上严加把关，对于网上得来的资讯，更应审慎鉴别。

1998年底，一则分别以《网上葬礼，为美丽哭泣》、《伊人去，茶室温磬如旧》为题的“网络新闻”，先后在湖北和辽宁两地很有影响的报纸刊出，该文讲述湖北省孝感市一位才华横溢的花季少女张清仪，幼时为哥哥张清锋雨中送伞遭雨淋患病，右肺叶全部切除，十多年来她勇敢地与病魔作斗争，写下了大量精美的古典诗词。她与哥哥联手夺得过市里的围棋冠军。她还开办了电脑公司，先以“马哥”为名上网聊天，后又自现“女儿身”，在网上闲聊栏目“温馨茶室”当主持人。其间，她忍受病痛的折磨，给网友写了大量的信件，把快乐和温馨带给他人。她的才华和热情赢得众多网友的心，以致她死在键盘前时，全国各地的网友悲痛万分，设立“悼念清仪”网址，为她举行中国第一个网上葬礼，发表悼念诗文500余篇。有的网友还不远千里，到孝感烟灯山公墓去凭吊她。

武汉《知音》杂志编辑得知此事后，打电话到《孝感日报》，委托该报找张清仪的哥哥弄几张张清仪生前的照片，但《孝感日报》记者根据报道中提到的所有线索去寻找都查无此人：孝感市没有兄妹俩联手夺得围棋冠军的事；烟灯山公墓没有接收到这样一位女孩的骨灰；工商局也没有登记开电脑公司的张氏老板；市新华书店也没有张清仪的嫂子；网上张清仪的倩影也是另一个仍在校读书的女孩的照片……

事实上，这篇报道的所有素材都取自于网上，是一篇没有经过核实和现场采访的彻头彻尾的“网上假新闻”。① 可见，利用网络采集新闻，记者如果把关不严，更易酿成虚假报道。因此，记者必须以专业的眼光、科学的思维尽可能地多方验证、过滤网上信息，从而去粗取精，去伪存真，确保新闻报道的客观性、真实性。

2. 要求记者掌握多种采访方式的“合成”使用，增强采访报道的说服力。

与面对面的直接访谈以及记者现场观察等采访不同，网上采访时，记者无法看到新闻事件的现场，也体察不到对象表情的变化、语调的转变等，因而在现场感和事实细节等方面必然有所缺失。为此，网上采访要求记者应有意识地创造条件采取其他采访方式予以弥补，以增强采访报道内容的说服力和感染力。比如，有关公众话题的采访报道，记者可在借助网上采访获得一定数量的公众反应的同时，选择其间有代表性的公众作面对面的直接访谈。这样既可使记者获取更具体、更全面的采访材料，又可使记者增强直接的采访体验。

3. 要求记者注意网上知识产权的保护。

网上采访使记者在信源、新闻背景知识以及有关资料的获取方面赢得了便利。但记者要切切注意不能因此而过分“沉迷”于借用甚至滥用别人的“知识”成果，以防侵犯对方的知识产权。在网上采访，记者必须依据“知识产权法”和“反不正当竞争法”的有关规定，既平等地对待各种资讯源、信息流，又自觉地尊重他人的精神劳动成果，维护他人的精神产品不受侵犯的权益。比如，使用有关“汇编成果”或“数据库”的资料，要征得对方同意，要注意注明信息来源等。

---

① 引自《警惕“网络新闻”》，《新闻采编》1999 年第 3 期。

思考与练习

1. 广播录音采访的特点是什么？有哪些特殊的采访要求？

2. 电视摄像采访有些什么特点和优势？它对记者提出了哪些特殊要求？

3. 电话采访有哪些弊端？运作中要注意些什么？

4. “互联”网上采访有些什么特点？使用中要注意些什么？

5. 搞一次网上采访（选题自拟），并写下自己的采访体会。

后　记

正当建国五十周年的钟声响起的时候，拙著的正文划上了最后的一个句号。面对即将举行的举国上下的盛大庆典，此时此刻，如释重负的我，心情格外激动、格外兴奋：祖国母亲啊，我没有“两手空空”来庆贺您的五十大寿！尽管这“礼”也许太轻微了，也许太不完美了，但它寄托着儿子的一份深情！

说来不好意思，拙著的酝酿、构思早在两年前便开始了，然而教学、行政与社会活动诸多事务缠身，实在找不到一段完整的空闲时间坐下来安心写作，“害”得出版社的责任编辑高璐同志不时叮咛、催促。今天，拙著终于历经磨难，拖拖拉拉地完成了。回顾这两年撰写此书的“苦难历程”，我要衷心感谢新闻界的许多朋友以及我的诸多同事与学生，是他们的热忱鼓励与帮助，才使我激发起并保持着一股充足的写作“活力”；我还要从内心里向我的夫人余义环道声谢谢，是她的关爱和支持，才让我有了多余的时间和精力从事写作。我感谢一切关心拙著出版的朋友们，谢谢他们的良好祝愿与殷切期望。同时，我也期待着拙著出版后，能得到更多朋友的赐教。

罗以澄

1999 年 10 月 1 日凌晨于武昌珞珈山